中国博士后发展蓝皮书·系列报告
BLUE BOOK OF CHINA POSTDOCTORAL DEVELOPMENT · REPORTS

中国博士后发展报告·2016
Annual Report on China Postdoctoral Development · 2016

数字人才研究中心　组织编写

主　编　王修来

副主编　曹　阳　马宁玲　张玉韬　刘晓琳　付新彦

中国人事出版社

图书在版编目(CIP)数据

中国博士后发展报告.2016/王修来主编.—北京:中国人事出版社,2017
(中国博士后发展蓝皮书·系列报告)
ISBN 978-7-5129-1227-4

Ⅰ.①中… Ⅱ.①王… Ⅲ.①博士后-教育制度-研究报告-中国-2016 Ⅳ.①G644.8

中国版本图书馆 CIP 数据核字(2017)第 185080 号

中国人事出版社出版发行

(北京市惠新东街 1 号　邮政编码:100029)

*

保定市中画美凯印刷有限公司印刷装订　　新华书店经销
787 毫米×1092 毫米　16 开本　25.75 印张　437 千字
2017 年 8 月第 1 版　　2017 年 8 月第 1 次印刷
定价:55.00 元

读者服务部电话:(010)64929211/64921644/84626437
营销部电话:(010)64961894
出版社网址:http://www.class.com.cn

版权专有　　侵权必究

如有印装差错,请与本社联系调换:(010)50948191
我社将与版权执法机关配合,大力打击盗印、销售和使用盗版图书活动,敬请广大读者协助举报,经查实将给予举报者奖励。
举报电话:(010)64954652

《中国博士后发展蓝皮书·系列报告》编委会

主　任：赵永贤
副主任：周德群　冯俊文　王修来
委　员：（按照姓氏音序排列）
白冰洋　陈大胜　邓练兵　段永建　范德尚　顾红云　黄尔嘉
季　勇　季汝贤　姜生文　刘　磊　刘　运　李世贵　麻晓莉
慕永国　潘　慧　钱　思　沈　威　杨　柳　占家礼　张　成
张建敏　张　晶　张仁伟　张永祎　张有乾　张　燕　张跃雄
周元敏　朱露晓

《中国博士后发展报告·2016》编写组

主　编：王修来
副主编：曹　阳　马宁玲　张玉韬　刘晓琳　付新彦
编写者：（按照姓氏音序排列）
曹　阳　付新彦　胡雅文　姜楠见　姜　叶　兰晓亚　冷　宇
李锦城　刘晓琳　马宁玲　马雪燕　莫家敏　孙绪闻　田　军
陶程云　王修来　王业甫　吴美娟　邢　凯　邢　雪　许　斌
许　宁　徐小换　杨　凯　姚俊楠　赵晓雯　张玉韬　张　强

前　言

"新故相推，日生不滞。"2016年，对中国人民来说，是非凡的一年，也是难忘的一年，"十三五"实现了开门红。2016年，对中国博士后来讲，是共同成长的一年，也是硕果满枝的一年，博士后事业迈上了新台阶。为客观记录中国博士后制度发展历史，及时报告博士后工作最新进展，充分展现博士后研究人员创新业绩，我们继2015年11月出版中国首部《中国博士后发展蓝皮书》、2016年11月推出《中国博士后发展蓝皮书·系列报告》的首个报告《中国博士后发展报告·2015》之后，现又推出了《中国博士后发展报告·2016》（以下简称《报告·2016》）。

《报告·2016》的读者定位仍然是全国、各省（自治区、直辖市）以及新疆生产建设兵团、中央直属机关博士后管理部门的各位领导，各博士后设站单位、科研流动站（工作站）的博士后工作管理人员、广大博士后研究人员，以及热心于中国博士后制度的研究者和社会公众。该报告既可以为博士后主管部门提供决策咨询，供博士后工作管理人员、博士后研究人员以及社会公众阅读收藏，也可以为深入研究中国博士后制度的人员参考引证。

《报告·2016》的编撰体例不是一般性的年度工作总结，也不是相关研究的论文汇集，而是以年度为时间单位，综合报告中国改革完善博士后制度及相关理论研究成果，研究分析博士后专项工作和业务管理的周期性连续出版物。报告坚持以习近平总书记关于人才工作的系列重要讲话为指导，着眼深入实施人才优先发展战略和创新驱动发展战略，充分发挥博士后人才在经济发展、社会事业、科学研究、创新创业等方面的独特作用，聚焦2016年全国博士后专项工作的开展和业务管理的组织实施，客观报告相关情况并进行条理分析，具有内在的严密逻辑结构。该报告一般不涉及跨年度的博士后工作（除进行必要比较分析外），所选用的数据、资料等信息有较强的时效性，所选择的个案和例证有根据、有特色，具有一定的典型性和代表性。

《报告·2016》的研究范围锁定在2016年中国博士后事业发展情况特别是博士后专项工作和业务管理方面。无论是对全国博士后进出站工作、中国博士后科学基金资助工作等的研究分析，还是对博士后国（境）外的合作交流、博士后学术交流（论坛）活动等的实况报告，都有特定的地域和论域，即以其内部横向或纵向时空分布为起点，按照计划制定、组织实施以及各项活动展开的时间顺序和空间范围来分配。在客观报告相关情况及研究分析的过程中，编写者注重从现代人力资源管理的新视角来审视对象，综合运用主体判断法、经验预测法、趋势分析法等多种方法来处理对象，具有较为专业的理论性和研究性。

《报告·2016》的基本内容除"前言"和"信息链接"外共分为十章。第一章综合报告了2016年中国博士后事业的主要成就、博士后工作的突出亮点、博士后制度发展的基本经验，介绍了美国、德国、法国、日本等发达国家博士后制度发展的新动态，预测了中国博士后制度发展的新趋势；第二章至第十章紧紧围绕2016年度博士后进出站工作与挂职锻炼、中国博士后科学基金资助工作、博士后国（境）外的合作交流、博士后学术交流（论坛）活动、博士后科技服务团及联谊活动、博士后站与创新实践基地建设、博士后工作管理人员及业务培训、博士后管理信息网络系统的建与用、博士后科研成果转化及项目对接等进行如实报告，既充分肯定成绩，又不回避矛盾和问题；既有定性描述，又有定量分析。对采集到的各种原始数据、资料等信息，编写者注重认真核对、重新整理和深度加工，并在此基础上提出相关对策或建议，具有较强的原创性和针对性。

《报告·2016》的编撰工作一如既往地得到了全国博士后

管委会，全国博士后管委会办公室，中国博士后科学基金会，各省（自治区、直辖市）以及新疆生产建设兵团、中央直属机关博士后管理部门领导的关心支持，得到了各博士后设站单位、科研流动站（工作站）的博士后工作管理人员以及广大博士后研究人员的鼎力相助。江苏省人才创新创业促进会、南京航空航天大学经济与管理学院数字人才研究中心、解放军博士后管理信息中心、南京总医院博士后科研工作站的部分研究人员参与了数据、资料等信息的采集和初稿撰写。《中国博士后发展蓝皮书·系列报告》编委会对送审稿提出了许多宝贵意见和建议。中国人事出版社编辑部有关领导和编辑为该报告的出版发行付出了辛勤劳动。在编写过程中，我们还引用了中国博士后网、中国博士后科学基金会官网、中国博士后网上办公系统，各省（自治区、直辖市）以及新疆生产建设兵团、中央直属机关博士后网站发布的许多资料和信息，参考了国内外一些专家、学者有关博士后制度研究的最新成果，值此机会，谨向上述单位和个人表示最真诚的谢意！

"看似寻常最奇崛，成如容易却艰辛。"近半年多来，编写组成员从框架构思到观点提炼，从信息采集到整理加工，从初稿撰写到统一修改，集思广益，反复推敲，几易文稿，最终付梓。由于编写者的理论政策水平和分析写作能力所限，加之有些资料、数据等信息发布不及时、不完全，报告中难免还会存在纰漏或不足之处，恳请各位领导、专家、学者和广大读者不吝赐教，以便我们续编《中国博士后发展报告·2017》时加以改进和完善。

《中国博士后发展蓝皮书·系列报告》编委会
《中国博士后发展报告·2016》编写组
2017年5月，于金陵·西安门

目 录

第一章 2016年中国博士后事业发展情况综述 ………………………… （ 1 ）
- 1.1 2016年中国博士后事业的主要成就 ………………………… （ 1 ）
- 1.2 2016年中国博士后工作的突出亮点 ………………………… （ 6 ）
- 1.3 2016年中国博士后发展的基本经验 ………………………… （ 11 ）
- 1.4 把握博士后制度发展的新动态、新趋势 ………………………… （ 15 ）

第二章 2016年博士后进出站工作与挂职锻炼 ………………………… （ 26 ）
- 2.1 2016年全国博士后研究人员进站工作 ………………………… （ 26 ）
- 2.2 2016年全国博士后研究人员出站工作 ………………………… （ 52 ）
- 2.3 2016年全国博士后进出站分布及比例变化 ………………………… （ 63 ）
- 2.4 博士后进出站工作的总体分析与建议 ………………………… （ 69 ）
- 2.5 2016年博士后研究人员挂职锻炼活动 ………………………… （ 72 ）
- 2.6 博士后挂职锻炼活动的总体分析与建议 ………………………… （ 85 ）

第三章 2016年中国博士后科学基金资助工作 ………………………… （ 88 ）
- 3.1 2016年中国博士后科学基金面上资助工作 ………………………… （ 88 ）
- 3.2 2016年中国博士后科学基金特别资助工作 ………………………… （109）
- 3.3 2016年两批面上资助及特别资助工作比较 ………………………… （118）
- 3.4 2016年出（退）站博士后获基金资助与结题情况 ………………………… （128）
- 3.5 2016年中国博士后科学基金其他资助工作 ………………………… （134）
- 3.6 博士后科学基金资助工作的总体分析与建议 ………………………… （154）

第四章 2016年博士后国（境）外的合作交流 ………………………… （161）
- 4.1 2016年博士后国际交流项目的申报与执行 ………………………… （161）
- 4.2 2016年"香江学者计划"的申报与执行 ………………………… （178）
- 4.3 2016年中德博士后交流项目的申报与执行 ………………………… （183）
- 4.4 博士后国（境）外合作交流的总体分析与建议 ………………………… （188）

第五章 2016年博士后学术交流（论坛）活动 ………………………… （195）
- 5.1 2016年全国博士后学术交流（论坛）申报与执行 ………………………… （195）
- 5.2 2016年全国性博士后学术交流（论坛）举办情况 ………………………… （208）
- 5.3 2016年区域性博士后学术交流（论坛）举办情况 ………………………… （239）

5.4 2016年全国博士后学术交流（论坛）活动特点分析 …………（245）
5.5 加强和改进博士后学术交流（论坛）活动的建议 …………（249）

第六章 2016年博士后科技服务团及联谊活动 ……………………（252）
6.1 2016年中国博士后科技服务团活动情况 ……………………（253）
6.2 2016年其他博士后科技服务活动的情况 ……………………（263）
6.3 博士后科技服务活动的总体分析与建议 ……………………（266）
6.4 2016年全国博士后联谊活动集萃 ……………………………（269）
6.5 博士后联谊活动的总体分析与建议 …………………………（277）

第七章 2016年博士后站与创新实践基地建设 ……………………（279）
7.1 2016年全国博士后站分布与建设情况 ………………………（279）
7.2 2016年博士后创新实践基地建设情况 ………………………（287）
7.3 博士后站与创新实践基地建设的总体分析与建议 …………（308）

第八章 2016年博士后工作管理人员及业务培训 …………………（313）
8.1 2016年全国博士后工作管理人员培训 ………………………（313）
8.2 2016年中国博士后科学基金业务培训 ………………………（320）
8.3 2016年地方博士后工作管理人员及业务培训 ………………（329）
8.4 博士后工作管理人员及业务培训的总体分析与建议 ………（335）

第九章 2016年博士后管理信息网络系统的建与用 ………………（343）
9.1 2016年博士后管理网络信息系统的完善与新建 ……………（343）
9.2 2016年博士后管理网络信息系统的维护与应用 ……………（360）
9.3 完善与用好博士后管理信息网络系统的对策建议 …………（362）

第十章 2016年博士后科研成果转化及项目对接 …………………（365）
10.1 2016年出站博士后人员的科研成果情况 …………………（365）
10.2 2016年博士后科研成果转化及项目对接情况 ……………（376）
10.3 博士后科研成果转化及项目对接的总体分析与建议 ……（384）

信息链接 ………………………………………………………………（389）

第一章　2016 年中国博士后事业发展情况综述

2016 年,是"十三五"规划①开局之年,是深入推进供给侧结构性改革②之年,也是深化落实《国务院办公厅关于改革完善博士后制度的意见》(国办发〔2015〕87 号,以下简称《意见》)之年。这一年,全国、各省(自治区、直辖市)以及新疆生产建设兵团、中央直属机关博士后管理部门,各博士后设站单位、科研流动站(工作站)及博士后工作管理人员,深入学习贯彻习近平总书记关于人才工作的系列重要讲话,按照党中央、国务院决策部署,深入实施人才优先发展战略和创新驱动发展战略,推进人才发展体制改革和政策创新,以解决制约博士后事业发展的重大问题为导向,以提高博士后研究人员培养质量为核心,创新符合高层次创新型青年人才成长特点规律的管理制度,完善组织体制管理机制,健全服务保障工作体系,提升博士后人才培养国际化水平,推动博士后事业发展迈上了一个新的台阶。

1.1　2016 年中国博士后事业的主要成就

1.1.1　优化站点结构布局,博士后人才队伍规模不断壮大

2016 年,全国、各地博士后管理部门,各博士后设站单位、科研流动站(工作站)积极适应中国科技、教育和国民经济发展新需求,进一步严格设站条件,严守设站程序,优化设站结构布局,适度控制设站规模,促使博士后

---

① "十三五"规划是《中华人民共和国国民经济和社会发展第十三个五年规划纲要》的简称,是 2016—2020 年中国经济社会发展的宏伟蓝图,主要阐明国家战略意图,明确政府工作重点,引导市场主体行为,是各族人民共同的行动纲领,也是政府履行经济调节、市场监管、社会管理和公共服务职责的重要依据。

② 供给是相对于需求而言的,但供给侧结构性改革并非单指供给端的改革,如果用一个公式来描述,供给侧结构性改革即是"供给侧 + 结构性 + 改革",旨在从生产、供给端入手,调整经济结构,使劳动力、土地、资本、制度创造、创新等要素实现最优配置,提升经济增长的质量和数量,为真正启动内需、打造经济发展新动力寻求路径。

站点设置结构布局更加合理。截至 2016 年年底，在 30 个省（自治区、直辖市）相关高等院校、科研院所的 494 个博士后科研流动站设站单位共设立 3 009 个博士后科研流动站，在 31 个省（自治区、直辖市）的企业、科研生产型事业单位和特殊的区域性机构共设立 3 364 个博士后科研工作站，研究领域已覆盖全部 13 个学科门类的 110 个一级学科。与 2015 年相比，虽然全国博士后站点总数略有减少（减少流动站 1 个、工作站 5 个），但各站点的学科门类和区域分布更加科学合理，建设质量普遍得到提升。[①]

从全国进出站及在站博士后研究人员数量和质量看，截至 2016 年年底，累计进站博士后研究人员 167 146 人，比 2015 年年底增加 17 693 人，同比增幅约为 11.84%；累计出站博士后研究人员 97 850 人，比 2015 年年底增加 10 228 人，同比增幅约为 11.67%；退站博士后研究人员 2 024 人；在站博士后研究人员 67 272 人，比 2015 年年底增加 5 441 人，同比增幅约为 8.52%。在博士后研究人员中，已有不少人入选国家"百千万人才工程""国家杰出青年科学基金""中科院百人计划"等国家层面的人才项目，有的当选为中国科学院院士、中国工程院院士；许多博士后研究人员主持和参与了国家重点领域、重大专项、前沿技术和重大科学研究，在经济、社会、科技、教育、民生、国防等多个领域取得了一大批高水平研究成果，成为推进中国经济社会发展和科学技术创新的重要力量。事实说明，中国博士后制度具有很强的生命力和强大的吸引力，博士后人才队伍规模正在不断发展壮大。

1.1.2 改革招收培养方式，博士后人才培养质量持续提升

2016 年，全国和各省（自治区、直辖市）博士后管理部门、各博士后设站单位、科研流动站（工作站）及博士后工作管理人员在认真总结经验的基础上，继续开展博士后科研工作站独立招收试点工作，加大了对中小型高科技企业特别是民营中小型高科技企业设立博士后科研工作站的支持力度，下放了园区类博士后科研工作站分站设站审批权限，促使中国博士后招收培养方式更加科学。与此同时，进一步规范博士后科研流动站、工作站联合培养工作，积极鼓励设站单位、备案的非设站单位依托国家重点科研基地或承担的国家重大科技项目招收培养博士后研究人员，积极鼓励设站单位围绕博士

---

① 这里及本章参考引用的其他原始数据、资料等信息，均源自中国博士后网、中国博士后网上办公系统和中国博士后科学基金会官网，作者对相关数据、资料等进行了认真核实、重新整理和加工。需要强调的是，目前，除我国台湾省、香港特别行政区和澳门特别行政区外，中国大陆仅有西藏自治区没有设立博士后科研流动站。又经认真核对，截至 2016 年年底，中国大陆有博士后科研流动站设站单位 494 个，共设博士后科研流动站 3 009 个、博士后科研工作站 3 364 个。这与一些网站和媒体公布的 3 010 个博士后科研流动站、3 396 个博士后科研工作站有差异。

后研究人员组建科研创新团队，大力支持博士后研究人员参与国家重点领域、重大专项、前沿技术和重大科学研究计划。

为持续提升博士后人才培养质量，2016年全国博士后管委会办公室、中国博士后科学基金会、中国留学基金管理委员会等机构精心筹划和具体指导相关博士后设站单位组织拟进站的应届博士毕业生、在站博士后研究人员申报"国际交流计划""香江学者计划"和中德博士后交流项目。全年共有120人获得博士后"国际交流计划"派出项目资助，比2015年度增加20人，另有18名博士后被确定为推荐人员；有120人获得博士后"国际交流计划"学术交流项目资助，比2015年度增加20人；给84个设站单位分配了400名博士后研究人员"国际交流计划"引进项目指标；60名博士后获得"香江学者计划"资助，比2015年度增加5人；两批选派新近获得博士学位的15名优秀青年科研人员赴德国于利希研究中心、DESY和GSI开展合作交流。这些国（境）外交流活动的组织实施，进一步提升了中国博士后人才培养的国际化水平。

为了给广大博士后搭建交流创新思想的平台，2016年全国博士后管委会办公室、中国博士后科学基金会以及有关省（自治区、直辖市）人力资源和社会保障厅（局）、中央直属机关有关部门，先后举办了37场全国性博士后学术交流（论坛）活动，相关博士后设站单位又自行安排了多场（次）区域性博士后学术交流（论坛）活动，促进了博士后人才培养质量的提高，仅从出站博士后研究人员的科研成果统计便可见一斑。2016年，全国出站博士后研究人员共发表学术论文40 247篇，人均发表学术论文3.93篇，其中被SCI、SSCI、EI、A&HCI、ISTP、CSCD、CSTPCD、CSSCI检索或收录的有30 126篇，约占学术论文总数74.85%。出站博士后研究人员共出版学术著作2 523部，人均出版学术著作0.25部。出站博士后研究人员共获得各种专利3 691件，其中发明专利2 583件，约占所获专利总数的69.98%。出站博士后研究人员共承担各类科研项目25 300项，人均承担科研项目2.47项。其中，国家级科研项目9 522项，约占承担科研项目总数的37.64%；省部级科研项目9 062项，约占承担科研项目总数的35.82%。2016年出站博士后研究人员的科研成果无论是数量还是质量，均比2015年有大幅提高，这从一个侧面反映出中国博士后人才培养质量的持续提升。

1.1.3　推动科研成果转化，博士后人员创新创业成效显著

2016年，全国和各省（自治区、直辖市）博士后管理部门、各博士后设站单位紧紧围绕深化实施创新驱动发展战略和国家区域发展总体战略，大力

推进供给侧结构性改革，积极适应企业和产业转型升级需要，统筹利用既有科技资源，依托既有创新示范中心和科研成果转化基地，开辟博士后科研成果转化的新绿色通道，提高了博士后科研成果转化率。例如，2016年由中国博士后科学基金会牵头，先后组织了11批中国博士后科技服务团深入中西部地区开展科技服务活动，有200余名优秀博士后在参加科技服务团活动中与100多个项目需求单位进行科技项目对接。2016年，全国不少省（自治区、直辖市）组织的博士后科研成果转化及项目对接工作也各有特色。例如，在第九届中国留学人员南京国际交流与合作大会上，16个区（含园区）与留学博士（后）达成落户或合作意向430多个。江苏省苏州市举办的第八届苏州国际精英创业周与博士（后）正式签约项目689个，达成合作意向项目701个，洽谈或对接项目1157个。在中国山东第九届海内外高端人才交流会上，有20名博士后与山东省德州市相关企业达成合作意向。中国海外人才交流大会暨第18届中国留学人员广州科技交流会，先后与博士后研究人员洽谈或对接13 528对次，签约项目意向1 306个。其中，广州市相关单位与博士后研究人员洽谈2 500对次，签约项目意向80个。"中国·绍兴'名士之乡'人才峰会暨国际人才科技项目洽谈大会"组织18名海外博士（后）与绍兴市20余家企业进行了商谈和项目对接，与4家企业达成了合作意向。河北省充分发挥落户在省内的国家博士后成果转化基地优势，先后吸引49家相关企业签约入驻，累计签约投资额达33.7亿元人民币。辽宁省大连市企业博士后科研成果转化或转让，1年新增收入近28亿元人民币，产生直接利润近9亿元人民币。各省（自治区、直辖市）博士后管理部门坚持统筹规划、服务发展、统一管理、稳步推进的原则，持续加强博士后创新实践基地建设，进一步推动产、学、研、用相结合，既提高了博士后科技成果转化率，也提高了相关企业的技术创新能力。

着眼推动大众创业万众创新步伐，2016年全国和各地博士后管理部门、各博士后设站单位积极鼓励广大博士后创新创业，进一步完善在站博士后研究人员按规定享受国家关于支持科技人员创新创业的激励政策，支持博士后研究人员按国家有关规定享受在站期间的科研成果转化收益，鼓励符合条件的企业按照有关规定，通过股权、期权、分红等激励方式调动博士后研究人员创新创业的积极性。为培养更多高层次创新型青年人才，2016年中国博士后科学基金会继续组织实施各项基金资助工作，共21 094名博士后研究人员（不含军队系统）提交了中国博士后科学基金各类资助申请，有6 852人获得资助，资助比例约为32.48%。其中，两批面上资助5 870人（含两批"西部资助计划"资助80人），第9批特别资助982人。同时，中国博士后科学基金会与科学出版社继续开展博士后优秀学术专著出版资助工作，共资助出版优秀学术专著30部（已列入资助计划，2017年正式出版）；为支持《"率先行动"计划》①，与中国科学院联合资助优秀博士后50人；与全国博士后管委会办公室一起，首次在全国组织实施"博士后创新人才支持计划"（以下简称"博新计划"），共资助200人。2016年中国博士后科学基金会资助经费总额为54 043万元人民币（不含军队系统以及资助出版优秀学术专著的经费）。其中，用于两批面上资助经费34 813万元人民币（含两批"西部资助计划"400万元人民币），特别资助经费14 730万元人民币，联合资助优秀博士后项目经费500万元人民币，"博新计划"资助经费4 000万元人民币。②

为了给博士后创新创业营造良好的氛围，2016年各省（自治区、直辖市）博士后管理部门紧密结合本地区实际，参照国家规定标准和要求，增加了博士后研究人员日常经费和薪酬，加大了博士后站点基础设施建设的经费投入，为博士后研究人员开展科研工作创造了更加优越的条件。例如，广东省佛山市人力资源和社会保障局，对新建立的博士后科研流动站和科研工作站，由市财政一次性拨付建站启动经费40万元人民币；对经人力资源社会保障部批准设立的博士后站，每进站1名博士后给予10万元人民币的科研工作经费；对区级博士后设站单位开展相应工作后，市财政一次性给予20万元人民币的建站启动经费；对市直设站（分站、基地）单位在站博士后，每人每月给予2 000元人民币工资外津贴、2 000元人民币住房补贴（发放时间不超过3年），并解决子女入学等后顾之忧。再例如，武汉市人力资源和社会保障局明文提出，凡是在武汉市企业和科研生产型事业单位博士后科研工作站的博士后研究人员，只要从事国家、省、市重点科技攻关项目、重大技术改造项目、具有广泛应用前景的新技术研究开发项目，或者某一学科领域具有领先水平的研究开发项目等，均可申请10万元人民币科研项目启动经费，2016年武汉市有23名博士后首次拿到了该科研项目启动经费。广东省珠海市人力

---

① 《"率先行动"计划》是中国科学院牵头启动实施《中国科学院"率先行动"计划暨全面深化改革纲要》的简称，2014年7月7日由国家科技体制改革和创新体系建设领导小组第7次会议审议通过。根据该计划，中国科学院对所属100多个研究机构进行了大刀阔斧的全面改革，力求到2030年全面实现"四个率先"，即"率先实现科学技术跨越发展，率先建成国家创新人才高地，率先建成国家高水平科技智库，率先建设国际一流科研机构"。

② 本书中中国博士后科学基金的资助总经费不含军队系统，因此，与《2017年度中国博士后科学基金资助申请指南》的相关数据不一致。其中，由于优秀学术专著2017年出版，150万元（5×30 = 150万元）的资助经费未到位，总经费中也未统计在内；中国博士后科学基金会对每名获得联合资助优秀博士后项目的人员资助10万元，共计500万元；"博新计划"资助每人60万元，40万元为博士后日常经费，20万元为博士后科学基金，中国博士后科学基金会承担的经费为4 000万元（20×200 = 4 000万元）。

资源和社会保障局明确提出，给予在站博士后研究人员每人每年10万元人民币作为开展科研活动的经费补贴，对于获得中国博士后科学基金资助的博士后研究人员，再给予等额配套资助。山东省青岛市人力资源和社会保障局不仅给国家批准设立的博士后科研流动站和工作站设站单位一次性发放30万元人民币的建站资助，而且对承担具有创新性或创业前景应用研究项目的博士后，一次性给予5万元人民币的科研启动经费，对博士后科研流动站（工作站）每招收1名博士后人员（不含在职人员），给予合作导师2万元人民币的科研经费资助，对招收的博士后研究人员出站后留在青岛创业的，再给予合作导师5万元人民币奖励。全国和各地博士后站点建设以及博士后创新创业经费投入的不断加大，进一步改善了博士后研究人员的工作环境和生活条件，充分调动了博士后研究人员创新创业的热情，并取得显著成效。

1.2 2016年中国博士后工作的突出亮点

1.2.1 博士后人员身份定位更准确

长期以来，对于什么是博士后，一直没有形成一个十分权威且为众人都能接受的概念。有人认为，博士后应当是高层次人才；有人认为，博士后属于国家正式职工；还有人认为，博士后是"高知"学者，是科学家的储备力量；等等。由于对博士后的定位不准，在一定程度上影响了博士后研究人员的积极性，阻碍了博士后管理工作的顺利进行，也制约着中国博士后事业的科学发展。2015年《意见》中明确了博士后研究人员的身份定位，即"博士后研究人员是国家有计划、有目的培养的高层次创新型青年人才，在站期间是具有流动性质的科研人员"。

按照国家对博士后的科学定位，2016年各省（自治区、直辖市）、新疆生产建设兵团以及中央直属机关有关部门进一步提高博士后管理部门、各博士后设站单位、科研流动站（工作站）博士后工作管理人员的思想认识并统一口径，要求各级组织和领导把博士后研究人员作为国家培养的高层次创新型青年人才看待，在站期间作为具有流动性质的科研人员对待。强调所有事业性质的设站单位必须与博士后研究人员签订事业单位聘用合同，企业性质的设站单位必须与博士后研究人员签订企业劳动合同或工作协议，明确双方的权利、责任和义务。同时规定，博士后研究人员享受设站单位相同层次在职科研人员待遇，出站享受同区域市场化薪酬待遇。各博士后设站单位应为博士后研究人员提供必要的科研条件和生活条件，并按有关规定为在站博士后缴纳社会保险费。实践证明，科学界定博士后这一概念，对博士后研究人员身份进行准确定位，不仅有利于完善中国博士后制度，有利于解决博士后工作管理中遇到的诸多难题，更有利于调动广大博士后开展科学技术研究和创新创业的积极性、主动性和创造性。

1.2.2 博士后组织管理体制更健全

早在1985年中国建立博士后制度之初，由国务院有关部门委派相关负责人和专家成立了全国博士后科研流动站管理协调委员会，主要负责制定全国博士后工作的发展方针、政策以及全国博士后工作发展规划和计划，并对贯彻执行情况督促检查；审议确定新增设博士后科研流动站；作为中国博士后科学基金会的主管机构，指导基金会的各项业务工作。1990年，为了加强对博士后工作的组织管理，原人事部先后在博士后工作发展较好、规模比较大的14个省（直辖市），陆续开展了博士后工作管理体制改革试点，核心是充分发挥地方政府在博士后工作中的重要作用，由各地人事行政部门承担本地区博士后日常管理工作，形成国家、地方（部门）、设站单位三级管理体制。20多年的实践证明，中国博士后管理体制改革方向正确，总体运行情况良好，但也不可避免地存在一些矛盾和问题。这些矛盾和问题突出表现在：①由于全国和各地博士后管理部门只是同级人力资源社会保障行政部门下的一个咨询和执行机构，在与国家、地方有关部门进行横向协调与沟通方面存在一定的困难。②有的人力资源社会保障行政部门相关领导直接插手设站单位博士后招收培养等工作，给博士后设站单位带来不小的困扰。③有关中小型高科技企业特别是民营中小型高科技企业设立的博士后科研工作站、一些园区类博士后科研工作站分站，以及备案的非设站单位招收培养的项目博士后工作等，管理职责不明确，权力界限不清晰，博士后管理工作很不得力。

为有效解决上述问题，2016年全国和各地博士后管理部门深化落实《意见》中关于全面推开分级管理的要求，不断完善国家、地方（部门）、设站单位三级组织管理体制，进一步明确各级博士后管理部门的职责和权力，规定全国博士后管委会主要负责制定全国博士后工作发展规划、政策法规、管理制度，组织实施国家重点项目、资助计划，开展设站审批、交流服务等工作；省级博士后工作管理部门主要负责制定本省（自治区、直辖市）博士后工作管理实施细则，开展进出站管理、经费资助、评估考核、服务保障等工作；各设站单位主要负责博士后研究人员的招收、培养、考核、管理、服务等具体工作。博士后三级管理体制的进一步健全完善，不仅有利于调动各级博士后管理部门的积极性，而且有利于强化设站单位的主体地位，有利于解决博士后管理工作中的矛盾和难题，促进中国博士后工作管理的制度化、规范化和科学化。

1.2.3 设站单位地位作用更加凸显

博士后设站单位主要是指设立博士后科研流动站的相关高等院校或科研院所，设立博士后科研工作站的相关企业、科研生产型事业单位和特殊的区域性机构，是全国博士后工作管理的基层单位，其直接面对各个博士后科研流动站（工作站）博士后工作管理人员和广大博士后研究人员，负责博士后研究人员的日常事务和业务管理。以往，由于博士后管理体制不太健全，设站单位主体地位作用没能充分体现，以致一些设站单位的主人翁意识不强，博士后招收培养工作不主动，博士后管理服务工作不到位，有的甚至将博士后日常管理工作作为一项额外任务来看待，这在一定程度上影响和制约了博士后科研工作的正常开展。

着眼调动和发挥各博士后设站单位在博士后招收、培养和使用中的主体地位和作用，2016 年全国和各地博士后管理部门深化贯彻落实《意见》，进一步明确各设站单位是博士后研究人员管理的责任主体，不仅负有研究制定本设站单位所属博士后科研流动站（工作站）管理的具体办法、规范博士后研究人员进站程序、加强博士后人才培养过程评价、严格博士后研究人员出站考核等方面的责任，而且必须切实履行好博士后研究人员招收、培养、考核、管理、服务等工作管理的重任。与此同时，全国和各地博士后管理部门将部分博士后科研流动站设立审批权限以及博士后证书发放等权力下放到各博士后设站单位，还明文提出，鼓励各博士后设站单位依托国家重点科研基地或承担的国家重大科技项目招收培养博士后研究人员，鼓励设站单位围绕博士后研究人员组建科研创新团队。这些规定及其举措的落地，促使全国各博士后设站单位由原来的"中转站"转变为"主力军"，主人翁地位更加凸显，应有的作用发挥也更加明显。

1.2.4 博士后服务保障工作更优良

健全服务保障体系是改革完善中国博士后制度的重要落脚点。2016 年全国、各地博士后管理部门、各博士后设站单位和博士后工作管理人员按照《意见》的规定和要求，坚持以人为本，进一步健全服务协调机制，完善博士后服务保障平台，努力提升服务保障质量，促使博士后服务保障工作更加优良。具体体现在以下方面。

（1）进一步完善博士后日常经费和科研经费投入机制。全国博士后管委会办公室和中国博士后科学基金会落实相关规定，不仅及时将博士后研究人员的日常经费标准由每人每年 5 万元人民币提高到每人每年 8 万元人民币，而且主动整合优化各项博士后人才培养计划,突出优势学科特色,提升人才培养效率和效益。各省(自治区、直辖市)博士后管理部门和博士后设站单位根据本地区、本单位实际,在国家、地方政府财政支持博士后事业投入的基础上,想方设法筹措资金给予配套投入,不少省(自治区、直辖市)博士后管理部门和博士后设站单位设立了专门用于博士后研究人员的创新创业基金。各省(自治区、直辖市)按照国家税收有关规定,在投入博士后工作的经费中,对用于研发新技术、新产品、新工艺的,享受企业所得税税前加计扣除优惠。各地博士后管理部门和博士后设站单位采取多种方式,争取地方政府教育、科技、财政等有关部门的大力支持,持续推进博士后公寓建设,有效解决了在站博士后研究人员周转住房的问题。

(2)继续鼓励社会资金投入支持博士后创新创业和科研成果转化。全国、各省(自治区、直辖市)博士后管理部门和博士后设站单位充分利用市场机制,采取多项鼓励政策措施,积极引导社会资金通过设立优秀博士后奖励基金、风险投资基金、产业引导基金等,支持博士后研究人员创新创业、资助创业孵化和科技成果转化,并获得相应的回报。例如,为充分调动高等院校、科研机构科技人员创新创业积极性,促进科技成果在鄂的转化应用,2016年湖北省各级政府深化落实《促进高校、院所科技成果转化暂行办法》(鄂政发〔2013〕60号),授予科研团队研发成果的使用权、经营权、处置权和收益权,确保高校、院所研发团队在鄂实施科技成果转化、转让的收益,其所得不得低于70%,最高可达99%;高校、院所在职称评聘和相关考核工作中,科技人员创办科技型企业所缴纳的税收和创业所得捐赠给原单位的金额,等同于纵向项目经费。经高校、院所同意,科技人员离岗转化科技成果、在鄂创办科技型企业的,保留编制、身份、人事关系,档案工资正常晋升,5年内可回原单位;高校、院所高级技术职称评聘,参与技术转移、科技成果转化的科技人员必须占有一定比例,将科技成果转化作为重要指标纳入科技人员考评体系,对在技术转移、科技成果转化中贡献突出的,可破格评定相应专业技术职称。这些举措,不仅有力激活了博士后研究人员的科技成果转化,而且使湖北省科技潜能得到巨大释放。

(3)不断提升博士后研究人员的服务质量水平。2016年,人力资源社会保障部留学人员和专家服务中心、中国博士后科学基金会、中国高级公务员培训中心联合举办了两期全国博士后工作管理人员培训班、两期中国博士后科学基金业务培训班。来自各地100多所高校、科研院所和企事业单位的545人参加了全国博士后工作管理人员培训班;全国博士后科研流动站、工作站设站单位管理工作人员,相关省(自治区、直辖市)博士后主管部门负责人共815人参加了中国博士后科学基金业务培训班。北京市、内蒙古自治区、江苏省、浙江省、安徽省、河南省、山东省、广东省等人力资源和社会保障厅（局）及其所属部分省辖市、地级市也组织本区域内1 500余名博士后工作管理人员进行了相关培训。通过各级各类培训，进一步提高了博士后工作管理人员的综合素质与业务能力。为进一步完善博士后进出站服务流程，提高服务质量和工作效率，建立博士后档案信息化管理机制，全国博士后管委会办公室印发了《关于启用"在线预审、一次办结"博士后进出站服务平台的通知》（博管办〔2016〕3号），决定自2016年2月起在全国各博士后服务窗口启用"在线预审、一次办结"博士后进出站服务平台。各省（自治区、直辖市）博士后主管部门和博士后设站单位管理工作人员，借助"在线预审、一次办结"博士后进出站服务平台启用的良好契机，进一步加强和改进博士后服务工作，完善博士后研究人员进出站的材料审核和备案管理办法，促使博士后服务窗口做到标准更统一、程序更规范、服务更优质、运转更高效。此外，全国、各地博士后管理部门和设站单位积极为海外留学归国博士、外籍来华博士进站做博士后人员提供便利，并按照在站时间办理签证、工作许可和居住手续，得到了海外留学归国博士、外籍来华博士进站博士后人员的广泛好评。

（4）加快建设博士后管理网络信息系统和服务平台。2016年全国、各省（自治区、直辖市）博士后管理部门以及各设站单位积极适应博士后事业发展的新要求，持续完善和加强博士后管理信息网络系统建设及其应用工作，改版升级了博士后信息发布系统（网络）的中国博士后科学基金会官网，拓展了博士后交互式网络办公系统的"中国博士后网上办公系统"和"中国博士后科学基金申报评审系统"的相关功能，新研制开发了博士后创新人才支持计划申报和评审系统、博士后工作管理人员培训报名系统、全国博士后人才和科技交流信息服务系统、留学人员创业企业专家评审系统以及博士后项目对接系统，进一步规范博士后管理网络信息系统的运行维护管理工作，确保网络信息系统安全可靠运行，切实提高了应用效率和服务质量。全国博士后管委会办公室、中国博士后科学基金会坚持将全国博士后人才和科技项目交流信息服务系统纳入"金保工程"①统筹建设，加强博士后人才、科技成果与用人单位和市场的信息沟通，提供相应的服务。2016年各省（自治区、直辖市）教育、科技、财政等部门和各类社会组织，积极搭建区域性博士后合

---

① "金保工程"是利用先进的信息技术，以中央、省、市三级网络为依托，涵盖县、乡等基层机构，支持劳动和社会保障业务经办、公共服务、基金监管和宏观决策等核心应用，覆盖全国的统一的劳动和社会保障电子政务工程。

作交流平台，不仅为相关企事业单位和基层政府寻找到合适的博士后人才，而且推动了博士后科技项目与需求单位的有效对接。各地博士后管理部门还通过政府转移职能、购买服务等方式，支持社会组织为博士后科技研发、自主创新、人才培养等方面提供服务。通过上述各项工作，促使博士后服务保障体系更加健全，各项服务保障工作质量更加优良。

1.3 2016年中国博士后发展的基本经验

1.3.1 必须不断凝聚思想共识

解放思想、凝聚共识，是中国创建博士后制度的前提条件，也是加快推进中国博士后事业发展的重要基础。31年来，中国博士后事业从无到有、从小到大，得到了持续长足发展，一个重要原因，就是敢于打破思想禁锢，坚持在不断解放思想中凝聚全国上下思想共识，进而将博士后制度的建立和发展上升为一个有高度自觉意识的国家行为。2016年，中国博士后工作之所以能够取得许多新成就，呈现许多新亮点，首要经验，同样是不断凝聚人们的思想共识。全国、各地博士后管理部门、各设站单位深入实施人才优先发展战略和创新驱动发展战略，始终用习近平总书记关于人才工作的系列重要讲话统一人们思想认识，促使各级政府领导、各有关部门特别是博士后管理部门、各设站单位和博士后工作管理人员充分认识到，当今世界，人才资源是比物质资源、金融资本更为稀缺的资源，已成为最重要的可持续发展资源。放眼全球，各国和地区间日趋白热化的竞争，归根到底是人才资源的竞争。中国最大的国情是人口众多，最大的优势是可以培养全世界规模最大的人才队伍。在"十三五"时期，我们要有效应对发展面临的能源资源和环境等刚性约束，提高全要素劳动生产率，在世界新一轮科技革命和产业变革中抢占先机，实现跨越"中等收入陷阱"，就必须把创新驱动放在更加突出的位置，更多依靠人才资源支撑，以大众创业万众创新增强发展新动能，在人才供给和需求两个方面推进结构性改革，促进中国经济中高速增长、迈向中高端水平。多年来，中国培养的博士后人才具有深厚知识基础和探索创新能力，是实施创新驱动发展战略的高层次人才群体，进一步做好博士后工作，充分调动和激励广大博士后争做科研创新突破的探索者，争做大众创业万众创新的践行者，争做世界科技创新潮流的弄潮者，对于全面建成小康社会和实现中华民族伟大复兴的中国梦具有十分重要的战略意义。

思想认识上的统一，带来了行动上的自觉。2016年，全国博士后管委会、全国博士后管委会办公室、中国博士后科学基金会等，全面贯彻党中央、国务院的决策部署，充分发挥博士后制度在培养创新型青年人才、推动大众创业万众创新中的重要作用。各地政府特别是博士后管理部门进一步解放思想，开拓思路，以解决制约博士后事业发展的重大问题为导向，以提高博士后研究人员培养质量为核心，聚焦创新引领发展，深化体制机制改革，积极扩大国际合作，加大政策支持力度，大力扶持博士后研究人员创新创业。各博士后设站单位和博士后工作管理人员进一步营造有利于尊重人才、尊重创造、鼓励创新、宽容失败的氛围，构建符合高层次新型创新青年人才成长规律的管理制度，完善评估机制和创新创业激励政策，资助博士后创业孵化和科技成果转化。全体博士后合作导师传道解惑、为人师表、奖掖后学、甘为人梯，为国家未来发展培育更多人才种子做出了新的贡献。广大博士后瞄准国际前沿，不断向未知领域进军、向科技和学术高峰攀登，聚焦经济社会发展需要，将创新成果加快转化为现实生产力，树立世界眼光，在开放发展中不断提升能力、完善自我。

1.3.2 必须切实加强组织领导

强有力的组织领导是推动中国博士后事业发展的重要保证。2016年全国博士后管委会、全国博士后管委会办公室、各省（自治区、直辖市）博士后管理部门及各设站单位，进一步提高对改革完善博士后制度重要性的认识，切实加强组织领导，密切各方协同配合，努力将国务院办公厅提出的改革完善博士后制度各项目标任务落实到位，把博士后工作和日常管理抓紧抓好抓实。具体体现在以下方面。

（1）履职尽责，勇于担当。全国和各地博士后管理部门充分发挥职能作用，切实履行好应尽的职责，科学制定全国博士后工作发展规划、政策法规、管理制度，严密组织实施国家重点项目、资助计划，开展设站审批、交流服务等工作；制定出台落实改革完善博士后制度意见的具体措施，指导各设站单位开展进出站管理、经费资助、评估考核、服务保障等工作。各级博士后管理部门主要负责人经常深入一线，准确掌握博士后工作情况，面对改革发展中的重大问题和难题，敢于站在风口浪尖，勇于责任担当，既当组织者，又做参与者和示范者。

（2）统筹谋划，具体指导。针对改革完善博士后制度进程中遇到的重点难点问题，进一步明确博士后研究人员定位，完善博士后考核奖励制度，巩固博士后制度独特优势，增强博士后制度吸引力。坚持把提升博士后研究人员培养质量作为改革完善博士后制度的核心，强化设站单位和博士后合作导师在博士后研究人员培养中的作用，支持设站单位对博士后研究人员实施分类管理。紧密结合重大项目，强调博士后科研工作的创新性，加大学术交流和国际交流力度，培养更多高层次创新型青年人才。坚持把扶持创新创业作为改革完善博士后制度的着力点，制定扶持政策，引导博士后研究人员到企业创新创业，把科研成果转化为生产力。坚持把健全服务体系作为改革完善博士后制度的落脚点，建立博士后研究人员进出站工作服务协调机制，建设交流平台，充分发挥社会组织作用，为博士后研究人员提供更好的服务保障。

（3）加强督查，务求落实。各级博士后主管部门严格按照国务院和各地政府的决策部署要求，把规定动作做到位，把各个环节抓到位，把各项要求落实到位。切实加强博士后工作的检查督导，防止和纠正以会议落实会议、以文件落实文件、以形式主义反对形式主义等不正之风，定期和不定期对各设站单位、博士后站点进行检查考核，树立先进典型，通报批评落后单位，对于考核不合格的博士后科研流动站、工作站，要求其限期整改，经再次评估仍然不合格则撤销站点。强有力的组织领导，保证和推动了中国博士后事业的平稳快速发展。

1.3.3 必须创新完善制度机制

博士后制度作为中国培养高层次创新型青年人才的一项重要制度，对于提高博士后研究人员培养质量，增强博士后学术创新能力和促进博士后科研成果转化，起到了根本性、基础性、长久性的作用。但随着科技的进步和社会的快速发展，一些具体的制度，如招收进站制度、中期考评制度、出站考核制度、日常管理制度、工资福利制度、科研项目管理制度、奖惩表彰制度等，已不能完全适应中国博士后工作的新需求，需要以改革开放的时代精神，在创新实践中不断加以完善。

2016年全国、各地博士后管理部门、各设站单位及博士后工作管理人员，深化贯彻落实《意见》精神，在明确改革完善博士后制度总体目标和要求的基础上，进一步改革完善博士后工作管理具体制度，围绕提高博士后培养质量提出了许多新政策，对支持博士后研究人员创新创业采取了一些新举措，在博士后经费保障方面也出台了许多新意见，从而迈出了改革完善博士后制度更加坚实的步伐。一是围绕改革创新博士后人才培养制度，创建了以科研能力为核心的"两全"模式，即让博士后"全过程"参与科研活动和"全方面"提升博士后科研能力。二是坚持以国家和地方政府为主导，建立与中国市场经济相适应的博士后管理体制，突出地方政府与设站单位的自主性，逐步形成国家、地方（部门）和设站单位三级责权利配套的管理体制。三是改革完善博士后经费筹措制度，建立与市场经济相适应的多层次、多渠道的资金来源体制。四是鼓励社会资金投入，建设交流平台，发挥社会组织作用，进一步完善博士后日常经费和科研经费投入机制。五是针对不同学科专业、博士后招收的类型、科研流动站和工作站的特点等，确定相应的评价指标、科学的权重，采用不同的评价方法，改变了"一刀切"的评价制度。六是在明确主体职能、下放审批权限、引导多元投入、完善服务保障、推动创新创业等方面出台了务实性和操作性强的举措，且取得显著成效。

1.3.4 必须强化相关理论研究

历史和现实告诉我们，推动中国博士后事业科学发展，必须防止和克服重实践、轻认识，重具体工作、轻理论研究的现象，坚持在实践的基础上，不断提高人们的思想认识，强化博士后相关理论研究，坚持用新理论指导新发展新实践。2016年，在全国博士后管委会、全国博士后管委会办公室的正确指导下，各省（自治区、直辖市）博士后管理部门、各设站单位和博士后工作管理人员、博士后研究人员以及相关领域的专家学者，积极开展博士后相关理论研究并取得了可喜的成绩。

（1）在基础理论研究方面，主要研究成果有：葛昀洲、梁枫、赵文华撰写的《历史追溯与发展现状：基于对美国企业博士后制度的探究》（载2016年《科技管理研究》第12期）；王娜撰写的《大数据环境下博士后培养质量测度体系研究》（载2016年《中国高新技术企业》第26期）；尹娣、仝美妮撰写的《浅析博士后工作站建设》（载2016年《经营管理者》第20期）；刘宝存、袁利平编著的《博士后制度的国际比较》（2016年3月，党建读物出版社出版）；许士荣主编的《中国博士后政策分析》（2016年7月，浙江大学出版社出版）。

（2）在应用理论研究方面，主要研究成果有：陈敏撰写的《提高博士后研究人员的培养质量问题初探——以华中科技大学博士后培养工作为例》（载2016年《广西教育学院学报》第2期）；范铁兵、朱晓博、顾东黎撰写的《中医药传承博士后的培养与创新》（载2016年《中医药管理杂志》第13期）；葛昀洲、黄欣钰、赵文华撰写的《美国企业博士后职业选择与发展研究——以IBM公司Goldstine Fellowship项目为例》（载2016年《科学管理研究》第2期）；汪传艳、任超撰写的《我国博士后人才培养：问题与展望》（载2016年《科技管理研究》第16期）；王佩、方心撰写的《高校师资博士后制度的思考与实践》（载2016年《价值工程》第31期）；卫丹、任武刚、张红撰写的《高校博士后人才培养对师资队伍建设的影响作用研究》（载2016年《教育教学论坛》第40期）；吴云良、刘莉、单成俊等撰写的《博士后成为省级农科院引才主渠道的"供给侧改革"研究——以江苏省农业科学院为例》（载2016年《农业科技管理》第4期）；姚云、方芳等编著的《博士后发展年度研究报告2015》（2016年1月，学苑出版社出版）；张洪娟、陈大胜、张爱莉编著的《中国博士后创新管理实践研究》（2016年3月，南京大学出版社出版）；王修来主编的《中国博士后发展报告·2015》（2016年11月，中国人事出版社出版）。

（3）在有关博士后制度执行中的问题与对策研究方面，主要成果有：陈晖、杨慧、冯健等撰写的《地市级医院博士后管理工作的实践与思考》（载2016年《中医药管理杂志》第17期）；范铁兵、朱晓博、顾东黎等撰写的《从中医急症角度浅谈中医药传承博士后建设项目》（载2016年《中国中医急症》第9期）；黄蓬蓬撰写的《做好新形势下县域博士后科研站工作的思考》[载2016年《财经界（学术版）》第16期]；蒋瑛、殷凌飞撰写的《人才流动与高校博士后制度建设研究》（载2016年《中国高校师资研究》第2期）；孙忠河、陈小兰、张颖冬等撰写的《医院博士后科研工作站的国际化背景及发展建议》（载2016年《中国医药导报》第8期）；谢秋丽撰写的《博士后过程质量管理评价及后效作用研究》（载2016年《高教学刊》第5期）；张骏撰写的《人才国际化视角下中国博士后管理创新研究》（载2016年《中国成人教育》第13期）；赵克宁撰写的《扎实推进博士后管理 促进企业科技创新——LPEC博士后科研工作站管理提升的理性思考》（载2016年《继续教育》第6期）。

以上这些理论研究成果，对于推动中国博士后制度创新发展，指导全国博士后工作最新实践，都起到了积极的促进作用。

1.4 把握博士后制度发展的新动态、新趋势

为推动中国博士后事业持续稳步健康发展，更好地发挥博士后制度在培养创新型青年人才、推动大众创业万众创新中的重要作用，在全面回顾和认真总结2016年中国博士后事业发展基本情况的基础上，很有必要进一步了解和把握美国、德国、法国、日本等发达国家博士后制度发展新动态，并对中国博士后制度发展的新趋势做出科学预测。

1.4.1 部分发达国家博士后制度发展的新动态

1.4.1.1 美国博士后制度发展新动态

美国是世界上最早提出和建立博士后制度的国家，经过130多年的实践

积累和持续发展，已形成了符合美国国情具有鲜明特色的博士后制度体系，主要体现在以下方面。

（1）在博士后制度价值上，人才培养与人才使用并重。美国一开始建立博士后制度的目的非常明显与简单，就是"人才培养"，尤其是为年轻博士提供条件，让他们进一步从事科学研究。无论是首开博士后制度的霍普金斯大学，还是紧随其后的哈佛大学、耶鲁大学等许多研究型大学，都把"人才培养"这一价值贯穿于整个博士后制度发展之中。近些年来，随着美国博士后招收机构逐步从大学增加到政府机构和企业，出现了博士后制度的第二个目的，即"人才使用"。无论是资助人数较多的国家卫生研究院、国家科学基金会、农业部、能源部、国防部、环保局、海洋大气部门、地质勘探局等政府机构与组织，还是以洛克菲勒为代表的民间组织，或是以IBM公司、杜邦公司等为代表的高科技公司，都希望通过招收博士后来促进科学研究与技术开发。特别是对一些公司而言，博士后"廉价物美"、年富力强，省去了聘用科技人才的高薪，而且还没有"解聘"的后顾之忧。因此，近些年美国企业成为博士后人数增长较快的领域。需要特别指出的是，在美国，除了极特殊的专业领域外，都面向全世界招聘博士后研究人员，目前在美外籍博士后已占博士后总人数的65%左右，其中有五成以上外籍博士后出站后留在了美国。这种巧借他国教育资源来为本国培养高层次人才的做法，很值得我们学习借鉴。

（2）在博士后管理制度上，呈现松散性与差异性。美国人认为，作为科学技术研究人员类型之一的博士后，其研究的共性远远大于个性，因此不少大学并没有成立专门的机构和制定特殊的博士后管理规定，博士后管理比较松散。目前，美国在招收博士后的大学中，只有56%的大学设有负责博士后工作的校级办公室；50%的大学有博士后教育管理政策的制定及审议程序；87%的大学向博士后提供执教的机会，其中79%有正式的博士后执教管理制度。就大学对博士后管理而言，各校在管理机构、管理政策、管理制度等方面很不统一，显示在博士后管理上存在差异性。同时，美国联邦政府也没有设立专门的博士后管理机构。从博士后经费资助来源来看，虽然美国国家卫生研究院和国家科学基金会是参与博士后培养活动最多的两大联邦机构，但它们既没有提出任何明确的指导性意见和规定，也没有建立博士后人员的跟踪与反馈机制，它们的参与仅仅是一种科研拨款行为。需要指出的是，尽管美国政府没有设置管理博士后的专门机构并出台相应的管理政策，但这并不意味美国政府对博士后管理的不作为。由于受到宪法等规定的制约，美国的教育发展属于各州的权力，联邦政府通常不能干涉，但联邦政府通过"无形之手"的方式，即通过经费资助等来加强博士后管理工作，引导博士后专业、规模等的发展。

(3) 在博士后质量评价上,完全根据协议执行。博士后质量评价,既是博士后制度可持续发展的需要,也是博士后个人工作水平的证明以及寻求工作的重要依据。由于没有全国性博士后管理机构,美国对博士后的质量评价主要根据经费来源的不同而有所不同。概括起来,美国对博士后的资助模式主要有3种:①教授项目。这是当前美国大多数博士后获得资助的方式,也是资助方式中增长最快的一种。大学教授在获得政府或企业的研究项目后,根据项目需要招聘博士后作为自己的研究助手,或让博士后承担子项目的研究。由于教授对博士后的任务规定不同,评估标准也会不一样,教授有相当的自主权。②联邦政府培训项目。联邦政府资助某些研究型大学挑选博士后作为大学发展的人才培养,或由资深教授带领博士后实施一些课程或课题的研究计划,或由博士后自己选择研究课题。这类资助中,大学对博士后的招收、任务计划等方面有很强的自主权。③博士后奖学金。这类资助由政府研究机构或大学提供奖学金,通过对刚毕业博士提交的研究计划和学术背景等信息进行价值、需求、能力分析后筛选招收。以上3种资助模式,虽然资助的主体和重点不一样,但在评价博士后的质量上保持着一致性。那就是导师、大学或研究机构在招收博士后时,对要招收的博士后在任务、要求、时间以及待遇等方面都有明确规定。一旦招收,双方就如同签署了聘用或合作协议,对博士后的质量评价则完全根据协议来执行。

1.4.1.2 德国博士后制度发展新动态

德国是一个特别强调依靠科技兴国的创新型国家。近年来,为培养高层次创新型青年人才,推动德国科技发展始终走在世界前列,政府和民间团体投入大量精力、财力和物力,全力支持已获博士学位的德国年轻学者开展创新性科研工作,同时鼓励和吸引大量已获得博士学位的外籍研究人员到德国开展合作交流。其中,德意志研究联合会、德意志学术交流中心和洪堡基金会在德国的博士后制度发展上所做的贡献更为突出。

(1) 德意志研究联合会(Deutsche Forschungsgemeinschaft,简称DFG),是德国主要的科研资助单位之一,下属成员有53所高等学校、5个科学院、13个专门研究所(院、中心)和3个学术性协会,其宗旨是促进基础研究、应用研究和工程研究,资助范围为人文科学、生物科学、自然科学、工程技术四大领域。同联邦科技部、科学顾问委员会一样,DFG是德国一个重要的科研管理机构。DFG通过资助所有学科的科研项目(重点为基础研究),支持和协调研究课题,来服务于德国的科学及艺术领域,其资助方式为资助重点课题研究、特殊研究领域,也根据学者的申请资助个人自选课题研究。DFG

的经费一半来源于联邦政府,另一半来源于各州政府和德意志科学基金会的捐赠。DFG 特别重视科研新生力量的培养,创立了培训奖学金、研究奖学金、教授资格奖学金等一系列奖学金项目,专门资助已获得博士学位的德国年轻学者,还创立了黑森堡(Heisenberg)、黑斯(Gerhard Hess)、莱布尼兹(Gottfried Wilhelm Leibniz)和研究生院项目(相当于中国的博士后科研流动站)等特殊的资助项目,用于资助已具有教授资格或有突出科研成绩的德国年轻科学家。

(2) 德意志学术交流中心(Deutsche Akademischer Austausch Dienst,简称 DAAD)代表了德国 231 所高校和 128 个大学生团体,其主要经费由德国政府提供,是德国文化和高等教育政策的对外执行机构,也是目前全球最大的教育交流机构之一。DAAD 主要是通过学生和学者的交流,增进德国各大学的对外联系,促进德国与世界各国的学术交流与合作。DAAD 的主要项目分为外国人项目和德国人项目。外国人项目,主要通过设立学生与青年学者奖学金,资助给符合一定条件的外国学生和青年学者到德国的大学学习或研究;资助外国学者到德国为期 3 个月的短期学习访问;资助外国学生到德国为博士学位论文收集资料、参加暑期课程或到歌德学院学习德国语言。近年来,中国与德国电子同步加速器中心(Deutsches Elektronen Synchrotron,简称 DESY)、达姆施塔特重离子研究所(Gesellschaft für Schwerionenforschung,简称 GSI)以及于利希研究中心(Forschungs zentrum Juelich,简称 FZJ)开展的博士后合作交流项目,就是 DAAD 主导下的学术交流与合作项目。德国人项目,主要是通过设立德国学生和青年学者奖学金,资助德国学生和青年学者到世界上任何一个国家进行短期或 1 年期限的学习研究;设立海外联合培养项目(IAS),给德国学生提供 1 个至 2 个学期的国外学习费用,让其在一些规定的领域学习;还经常派遣青年教师到国外的高等学校从事德国语言和文学的教学工作,组织安排德国学生团体到国外进行学术访问活动,这种访问通常是以文化和学术交流为目的而开展的一种特殊服务。

(3) 洪堡基金会(Alexander von Humboldt - Stifung/Foundation,简称 AVH),是以德国科学家洪堡(A. von)的名字命名的基金会组织,主要给优秀的外国科学家提供研究奖学金和科研奖金,使他们在德国从事课题研究并建立由此产生的学术联系。其中,外国科学家研究奖学金申请者可随时向洪堡基金会递交申请材料,中央选拔委员会每年进行 3 次评审选拔,对奖学金申请者审查的唯一标准是他们的学术水平,考虑的主要因素是发表论文及出版物,没有专业、国别的限制。从事自然科学和工程科学的学者以及医生至少要熟练掌握英语,从事人文科学的学者则需要很好的德语知识。

AVH 每年还对 200 名国际公认的外国知名科学家给予有关项目的科研奖金，并邀请他们到德国的大学或研究机构进行 4~12 个月的自选课题研究，提供每月 2 100~3 000 欧元的生活费等，奖学金获得者必须由德国著名科学家提名。此外，AVH 还和马克斯·普朗克学会（MPG）一起，每年向 20 名外国或德国科学家颁发 20 项 MPG 合作科研奖，奖金最高可达 10 万欧元，资助的研究时间为 3 年。近年来，AVH 设立的费欧多尔·吕能奖学金不断增加，每年资助 200 名已获得博士学位年龄在 30 岁以下的德国学者，使他们能在国外大学或研究机构进行 1~4 年的科学研究工作，每人每月奖学金 1 100 欧元（免税），另外还资助国际旅费及其他费用①。AVH 还负责管理其他奖学金，如总理奖学金，这是一个特殊的项目，每年只授予在德国进行长期工作的 10 名美国学者。AVH 认为，这些受资助人将来很可能成为美国科技界、经济界、政界及社会各界的领导人物。

从德国以上几个组织机构的设置和运作情况不难发现，德国政界、科技界、企业界对于包括博士后在内的优秀拔尖人才培养是非常重视的，特别是 AVH 在培养年轻高级人才、促进国际的科技交流合作等方面，有许多很有特色做法值得学习和借鉴。

1.4.1.3 法国博士后制度发展新动态

法国十分重视鼓励已取得博士学位的青年科研人员到国家科学技术公共机构或工商业公共机构做博士后，其总体情况与美国类似，但规模要比美国小得多。目前，法国每年大约授予博士学位人员 1 万名，每年大约在国家科学技术公共机构（包括大学、"大学校"②、国家科研中心、国家信息与自动化研究中心等）和工商业公共机构设置 800 个左右具有国家公务员身份的研究岗位（前者相当于中国博士后科研流动站博士后研究人员，后者相当于中国博士后科研工作站博士后研究人员），约占法国获得博士学位人员总数的 8%。

法国博士后研究人员的管理，并没有设立全国性的统一管理机构，而是由各大学、"大学校"、研究中心或工商企业单位自行实施管理。博士后研究经费一般由教育部或法国科学研究中心提供。招收工作由各大学、"大学校"或研究机构刊登招聘广告，博士毕业生根据广告或专业联系而选择博士后的岗位。法国对申请做博士后的博士年龄、毕业时间长短没有严格要求，但一

---

① 数据来源：《国外博士后和相关制度》。http://www.jiaodong.net. 2007-03-20.
② "大学校"（法语 grande école），或称精英学校、学院，是法国对通过入学考试（concours）来录取学生的高等院校的总称，用来区别于普通大学（université），中文有时也译为高等专业学院。"大学校"系统是法国特有的不同于其他西方国家的高等教育系统。

般研究期限为2年。博士后研究人员的研究课题绝大部分是从招收开始时就确定的，而且是由设立研究岗位的大学或研究机构所确定，具体地讲是由项目负责人所确定的。法国的博士后开展科学研究工作只有项目负责人而没有合作导师，他们一般根据研究协议进行科研工作。有些项目负责人对博士后管理严一些，有些则根本不管，只是检查最终的研究成果。结束博士后研究时，并没有类似中国博士后出站报告答辩等活动。博士后的待遇与不做博士后的同类人员相似，一些做博士后的人员主要是为了完成科技训练和充实自己，同时有相当一部分人是因未找到合适的工作处在过渡阶段而选择做博士后研究工作。

法国博士后制度的一个很大特色，就是鼓励工商企业单位与大学、"大学校"以及科研机构合作资助和培养博士后研究人员。通常由法国科学研究中心（CNRC）牵头，与有关大企业签订协议，由工商企业出资让博士后到科学研究中心进行研究工作，但博士后研究人员的科研成果必须能够为工商企业服务，且招收博士后研究人员的工商企业还可以享受国家的"科研退税"（如果企业与具有博士学位或同等学力的研究人员签为期23个月以上合同的，退税数额为研究人员薪酬和社会保险总金额的2倍）。这样做，一方面博士后的研究课题与实际应用的距离大大缩小，能使企业的科研质量保持在一个较高的水平；另一方面，博士后研究人员因与企业联系紧密，可以为他们在企业发展提供良好的契机，同时也解决了培训和科研经费的问题。

1.4.1.4　日本特别研究员制度发展新动态

从1985年日本学术振兴会创立"特别研究员制度"（类同欧美国家和中国的博士后制度）以来，该制度有效促进了日本高层次创新型人才培养。

日本的"特别研究员制度"设置了4类特别研究员（相当于中国的博士后研究人员），即（一般）特别研究员、（癌）特别研究员、海外特别研究员和外国人特别研究员。日本学术振兴会每年对近7 000名各类特别研究员提供科研经费资助。

由于日本创立的特别研究员制度属于非官方性质，难免存在许多突出矛盾和问题，如国家统一管理制度缺失、特别研究员权益难以得到保障、再就业环境不容乐观、性别失衡及高龄化等。为了有效解决这些问题，近年来日本政府通过不断加大政策保障和国家投入的方式，为博士学位获得者提供独立研究的机会与条件。例如，日本文部科学省下辖的独立行政法人"科学技术振兴机构"（JST）就创设了"战略性创造研究推进事业"，围绕生命科学、信息通信、环境科学、纳米技术4个重点领域设置了若干战略课题，通过公开招标的方式确定资助对象，由课题负责人对外招募具有博士学位的研究员组成课题组，并由负责人确定研究内容、指导计划以及经费分配（研究员一般每月可获得 54 万日元的酬金）。针对特别研究员再就业难的问题，日本文部科学省实施了"科学技术人才职业多样化促进事业"，以北海道大学、京都大学、早稻田大学、理化学研究所等大学和研究所为试点单位，资助这些单位围绕特别研究员就业问题进行各种探索。为解决特别研究员中男女性别失衡的问题，特别是为了鼓励更多女性特别研究员因为生育而被迫中断研究活动之后尽快回到科研一线，由日本学术振兴会负责提供为期 2 年每月 36.20 万日元的补助金。

日本为了加强国内外研究人员的交流与合作，一方面加大资助在日本获得博士学位的海外特别研究员到国外著名大学从事科学研究；另一方面专门设立外国人特别研究员项目，每年招聘约 1 600 名外国籍博士到日本从事科学研究，对拥有博士学位、有前途、高素质的年轻外籍研究人员，由日本学术振兴会提供 1~2 年的科研资助，包括来回机票报销、每月 36.20 万日元的日常生活费、20 万日元的安顿津贴以及海外旅行意外和疾病保险。近年来，针对外国籍学者无法到日本进行长期研究的问题，又特别设置了"欧美短期项目"和"夏季项目"，资助欧美发达国家著名大学培养的博士到日本进行短期学术研究，以加大日本与欧美国家科学技术的交流，培养具备国际领导能力、富有创造性的青年科技人才。

1.4.1.5 发达国家博士后制度发展的共同特点

从美国、德国、法国、日本以及其他一些发达国家博士后制度发展最新动态来看，具有以下几个共同特点。

（1）坚持把博士后制度作为高等教育高度化的具体体现。每一个国家的博士后制度都是以培养国家高级专门人才进而提升人才国际竞争力为目的，普遍认定博士后研究人员不仅是承担国家重点科研项目、发展高新技术产业的依托力量，而且是国际间高科技竞争前沿的先锋。所以，各国在高等教育普及化的基础上，逐步形成了硕士、博士、博士后"一条龙"的高层次教育体系，以积极应对人才国际竞争和高科技领域的竞争。

（2）将博士后制度作为高等教育国际化的一种表现。当今世界，各国的高等教育都已成为国际化教育的一个组成部分，哪一个国家都不可能脱离世界高等教育发展的轨道而自行发展。因为现今世界科技领域中某些重大科研课题已经超出了一国的范围，往往需要几个国家以至世界各国相关科学家的配合与合作。另外，科技信息的全球化、学术及文化教育的国际化等，都需要各国之间相互沟通与协作，高等教育国际化已经成为不可阻挡的潮流，而创立和发展博士后制度正是各国面对这一潮流的必然选择。

（3）把博士后制度当作集聚优秀人才的一种重要措施。当今世界正处于大变革的时代，各国都在为本民族的生存、发展和繁荣而采取各种措施培养高级专门人才，吸引大量优秀人才，美国、德国、法国、日本等国家在加紧培养本国高级专门人才的同时，十分重视集聚其他国家、民族的优秀人才。其中，美国博士后研究人员中有65%以上为外籍人员，日本的外国人特别研究员制度也是为吸引国外的优秀人才到日本开展科学研究工作而实施的。因为这些外籍特别研究人员带来了世界各民族最优秀的文化以及他们的聪明才华，充分利用这些人才对于促进本国的科技发展具有十分重要的意义。

（4）各国博士后制度及其发展过程存在较大的差异。西方发达国家博士后制度具有许多共同特征，但其发展过程也有较大的差异。例如，各国政府都很支持博士后制度，但支持的力度和介入方式并不相同，主要在经费投向、科技政策以及在官方机构设立的博士后项目上，对博士后事业发挥导向性影响作用。各国并非不重视博士后工作的管理，但多数国家走的是博士后招收机构自行管理、自我约束、自主发展的道路，总体显得比较宽松、灵活，比较注重竞争和自我约束，比较注意发挥大学、研究机构和企业单位的积极性和能动性。在博士后的发展方向和数量规模上，强调依据科学研究的发展和市场机制来调控与制约。对博士后研究人员资助的经费来源和管理办法，包括研究期限、考核制度、工资待遇上也存在一定的差异，形成多样化的特点。此外，由于西方发达国家普遍推行资本主义自由经济制度，依靠市场调节人们的经济关系，雇佣或人事制度法制健全，配套法规完善，人员迁移、流动条件自由宽松，因此，招收博士后人员的灵活性和出站博士后人员的流动性并不特别引人注目。

1.4.2 中国博士后制度发展的新趋势

1.4.2.1 博士后人才培养目标和任务将更加明确

当前，世界新一轮科技革命和产业变革蓄势待发，互联网、云计算、大数据、智能机器人、三维（3D）打印等现代技术深刻改变着人类的思维、生产、生活和学习方式，国际间的竞争日趋激烈，人才培养与争夺成为焦点。"十三五"时期，中国发展仍处于可以大有作为的重要战略机遇期，也面临诸多矛盾叠加、风险隐患增多的严峻挑战。有效应对各种风险和挑战，不断开拓发展新境界，对高层次创新型青年人才培养工作提出了前所未有的新任务新要求。为充分发挥中国博士后制度优势，培养造就一支规模宏大、素质优良、结构合理的博士后人才队伍，必然要求我们进一步明确博士后人才培养目标任务，按照党中央、国务院的决策部署，深入实施人才优先发展战略和创新驱动发展战略，推进人才发展体制改革和政策创新，以解决制约博士后事业发展的重大问题为导向，以提高博士后研究人员培养质量为核心，积极借鉴发达国家的成功经验，不断提升中国博士后人才培养国际化水平，为全面建成小康社会、实现中华民族伟大复兴的中国梦提供更加有力的人才支撑。

1.4.2.2　博士后招收数量和培养质量将同时提升

数量是体现博士后人才培养的重要指标，而质量才是博士后人才培养的关键和核心。多年来，中国博士后设站数量持续增加，但博士后人才培养质量与预期还有一定差距。为此，全国博士后主管部门明确提出，要适度控制设站规模，提高人才培养质量，将博士后人才培养由追求数量规模向注重质量效益逐渐转变。积极适应和推进这一转变，未来中国在招收和培养博士后人才方面，不但要保持一定的数量规模，更要突出强调人才培养质量，努力走出一条内涵式发展之路。为此，将更加重视博士后科研能力水平的提升，鼓励以团队申报科研课题，更多关注产、学、研、用相结合，加速推进博士后科研成果转化，提倡和鼓励建设发展博士后创新实践基地，为博士后科研成果转化和项目对接提供有效载体和平台。将进一步加强对出站博士后人员的跟踪服务，在研发设备、资金等方面对出站博士后给予支持，促使博士后在站期间的科研项目向纵深发展，研发更前沿的科技成果，打造尖端高科技人才。将进一步规范设站单位、合作导师和博士后三方之间的关系，就博士后在站期间的科研计划、职业发展规划做出合理安排，打破僵化的人才使用机制，促进人才合理流动，防止学用脱节，及时为出站博士后提供发挥能力的平台和空间。

1.4.2.3　博士后工作管理制度机制将更加健全

管理是指通过计划、组织、领导、控制及创新等手段，结合人力、物力、财力、信息、环境、时间这六要素，来高效地达到组织目标的过程。全面贯彻落实中国博士后制度，推动博士后工作创新发展，根本的一条在于加强管理，不断完善管理制度机制。今后将适时推出更加符合实际、区别层次、分类指导、上下贯通、职责明确的政策措施，制定出台《加强博士后人才队伍建设与管理的指导意见》《加强博士后管理工作者队伍建设的指导意见》《加强博士后合作导师队伍建设的指导意见》《加强博士后科研学术评审专家队伍建设的指导意见》等。面对博士后管理工作信息化网络化建设不断发展的新形势，博士后管理工作必将加快向科学化、信息化、精细化方向迈进。为加强和改进博士后工作管理，必然要建立健全上下左右整体联动机制，进一步完善国家、各地（部门）、各设站单位三级管理体制，引导大家围绕一个共同目标，加强沟通协调，互相理解包容，从而形成上下心往一处想、劲往一处使的博士后工作管理新局面。

1.4.2.4　博士后工作资源配置将更加合理

博士后工作资源配置包括人力、财力、组织、信息等多方面的内容。多年来，国家和地方有关部门不断加大人力和财力投入，完善组织管理体制，提供优质信息，有效融合各种资源，推动了博士后事业的快速发展。为促使博士后工作资源配置更加合理，今后将更加积极借助各地人才项目做好博士后招收、培养与使用工作，以达到聚智聚才的目的；更加注重借助校企合作项目聚资聚师，借助合作导师项目聚贤聚能，借助项目洽谈会聚资聚势，借助"创客空间"平台聚知聚思；更加积极主动利用好国家、省部级单位组织的项目交流洽谈会，做好企业与高校科研院所的博士后、教授、研究人员以及海外留学归国博士或博士后的项目对接工作，实现双赢。仅就博士后工作资金配置而言，截至2016年年底，中国博士后科学基金会组织实施的各类资助总金额已达32.90亿元人民币（比2015年增加6.60亿元人民币），60 630余名博士后研究人员从中受益。随着今后博士后站站点数量和进站人数的不断增加，经费保障压力将越来越大，要解决好这个问题，未来在继续加大国家财政投入的同时，将更好地引导地方、行业部门、设站单位及社会力量积极参与其中。此外，中国博士后科学基金会以筹措博士后基金资助为核心的作用将得到进一步提升，甚至可能出现试行接受部分基金捐赠，待条件成熟后再全面铺开的资金筹措模式，不断加大对博士后科研资助的投入，特别是对基础学科研究的投入。国家财政拨款和博士后经费使用的管理办法也将进一步完善，例如通过减少财政拨款中间环节，放宽博士后日常经费的设置标准，不断加强科研流动站资金管理能力，使博士后基金和专项资助成为博士后人才培养的真正动力源。

1.4.2.5　博士后国际交流合作之路将越走越宽

早在中国建立博士后制度之初，李政道先生就向邓小平同志提出建议，要让青年人才到国外从事博士后研究，这是加速人才培养的一条重要途径，是对国内博士后制度的补充。面对当今世界人才竞争、科技竞争日益激烈残酷的现实，从实现人才强国、科教兴国的战略高度考虑，要求我们继续破除各种陈旧体制机制的束缚，让博士后研究人员走出"中国圈"、走进"地球村"，促使中国博士后国（境）外交流合作之路越走越宽广。今后，将在认真总结实施博士后国际交流合作计划成功经验的基础上，进一步延长国际交流合作期限、扩大出国交流规模、加大出国培养经费投入，提高外籍博士后招收比例，争取在"十三五"期间外籍博士后在站人员达到在站总人数的5%以上。将进一步建立健全完善博士后人才国际化培养政策制度，以更加开阔的高度和战略思维,构建具有中国特色的博士后人才国际化战略,主动把博士后工作放到全球化的国际格局和视野中谋划开展,积极吸引留学归国博士和西方发达国家博士到中国从事博士后研究工作。将通过设立专项博士后国际交流基金,资助优秀博士后在站期间开展国际项目合作,推动不同研究视角、方法、学派和最新成果的国际交流,进一步与国际相关领域先进科研成果接轨,真正把"走出去、请进来"的要求落到实处,吸引、聚集和培养更好更多的国内外优秀青年才俊。

习近平总书记强调指出,创新的事业呼唤创新的人才。实现中华民族伟大复兴,人才越多越好,本事越大越好。知识就是力量,人才就是未来。中国要在科技创新方面走在世界前列,必须在创新实践中发现人才、在创新活动中培育人才、在创新事业中凝聚人才,必须大力培养造就规模宏大、结构合理、素质优良的创新型科技人才。要把人才资源开发放在科技创新最优先的位置,改革人才培养、引进、使用等机制,努力造就一批世界水平的科学家、科技领军人才、工程师和高水平创新团队,注重培养一线创新人才和青年科技人才。[①] 我们坚信,有党中央、国务院的坚强领导,有国家和地方政府相关部门的大力支持,在全国博士后管委会的精心组织下,经过全国和各地博士后管理部门、各博士后设站单位、科研流动站(工作站)及博士后工作管理人员和广大博士后的不懈努力,中国博士后制度必将变得更加完善,博士后事业必将得到更大发展,博士后工作必将取得更大成就,从而不断超越自我、走向新的辉煌!

---

① 习近平. 在中国科学院第十七次院士大会、中国工程院第十二次院士大会开幕会上的重要讲话 [N]. 人民日报,2014-06-09.

第二章 2016年博士后进出站工作与挂职锻炼

2016年，在全国博士后管委会、全国博士后管委会办公室的正确领导和具体指导下，各省（自治区、直辖市）以及新疆生产建设兵团、中央直属机关博士后管理部门、各博士后设站单位、科研流动站（工作站）深入贯彻落实国办发〔2015〕86号、87号文件①精神，进一步改革博士后招收培养办法，完善博士后进出站服务流程，以确保博士后进出站工作正规有序。与此同时，为切实提升博士后人才培养质量，2016年中国博士后科学基金会协调组织各地有关部门和相关博士后设站单位，继续选派部分优秀在站博士后开展挂职锻炼活动，不仅使这些博士后得到了锻炼、增长了才干，而且为企事业单位、基层政府机关加强干部队伍建设提供了新的途径和平台。

2.1 2016年全国博士后研究人员进站工作

2.1.1 2016年全国博士后进站总体情况

2016年，31个省（自治区、直辖市）博士后设站单位共进站博士后研究人员17 693人（不含军队系统，含留学归国博士进站做博士后1 978人，以及外籍来华博士进站做博士后759人）。其中，进入科研流动站的博士后研究人员14 705人，约占博士后研究人员进站总数的83.11%；进入科研工作站的博士后研究人员2 948人，约占进站博士后研究人员总数的16.67%；招收项目博士后40人，② 约占进站博士后研究人员总数的0.23%。③

---

① 国办发〔2015〕86号文件是指《国务院办公厅关于简化优化公共服务流程方便基层群众办事创业的通知》，国办发〔2015〕87号文件是指《国务院办公厅关于改革完善博士后制度的意见》。

② 项目博士后，是根据重大科研项目的需要招收博士进站集中精力进行相关研究工作。与其他进站博士后有所不同，项目博士后是先确定科研项目然后再被招收进站做博士后，而其他博士后是进站后才确定科研项目的。

③ 这里及本章其他参考引用的原始数据、资料等信息除特别注明出处外，均源自中国博士后网、中国博士后网上办公系统和中国博士后科学基金会官网，作者又对相关数据和资料进行了认真核实、重新整理和加工。

2.1.1.1 进站博士后研究人员的学科分布

2016年，各个学科门类进站博士后研究人员分布及所占比例详见表2—1、图2—1。

表2—1　2016年各学科门类进站博士后研究人员数量

序号	学科门类	进站数量（人）	序号	学科门类	进站数量（人）
1	哲学	167	8	工学	7 190
2	经济学	783	9	农学	874
3	法学	666	10	军事学	6①
4	教育学	190	11	医学	1 781
5	文学	390	12	管理学	868
6	历史学	255	13	艺术学	104
7	理学	4 419		合计	17 693

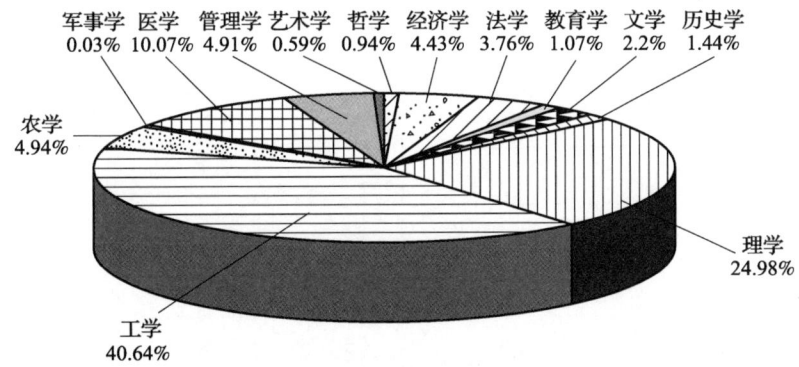

图2—1　2016年各学科门类进站博士后研究人员所占比例

由表2—1、图2—1分析可知，2016年进站博士后研究人员总数比2015年（16 041人）多1 652人，同比增幅约为10.3%。从进站博士后所在学科门类分布来看，工学、理学和医学这3个学科门类位居前三名。其中，工学7 190人，约占进站总人数的40.64%；理学4 419人，约占进站总人数的24.98%；医学1 781人，约占进站总人数的10.07%。与2015年进站博士后人数相比，理学、工学和医学分别增加了439人、1 027人、303人，但医学与理学、工学进站博士后之比分别是40.30∶100、24.77∶100。哲学、经济学、

---

① 本表中军事学进站6人是由地方设站单位招收的博士后，而非军队系统招收进站的博士后。

法学、教育学、文学、历史学、农学、管理学、艺术学等学科门类进站博士后人数所占比例均在5%以下，与2015年相比呈下降趋势，与理学、工学、医学进站博士后人员的数量差增大。

2.1.1.2 进站博士后研究人员的区域分布

2016年，31个省（自治区、直辖市）进站博士后研究人员数量及所占比例详见表2—2、图2—2。

表2—2　2016年31个省（自治区、直辖市）进站博士后研究人员数量

序号	省（自治区、直辖市）	进站数量（人）	序号	省（自治区、直辖市）	进站数量（人）
1	北京	4 109①	17	湖北	802
2	天津	386	18	湖南	390
3	河北	110	19	广东	1 593
4	山西	66	20	广西	62
5	内蒙古	39	21	海南	8
6	辽宁	503	22	重庆	245
7	吉林	434	23	四川	443
8	黑龙江	655	24	贵州	66
9	上海	1 495	25	云南	110
10	江苏	1 826	26	西藏	2
11	浙江	807	27	陕西	836
12	安徽	312	28	甘肃	106
13	福建	322	29	青海	2
14	江西	140	30	宁夏	8
15	山东	1 332	31	新疆	101
16	河南	383	合计		17 693

① 北京市进站博士后总人数中含中央直属机关所属院校和科研院所的进站人数。

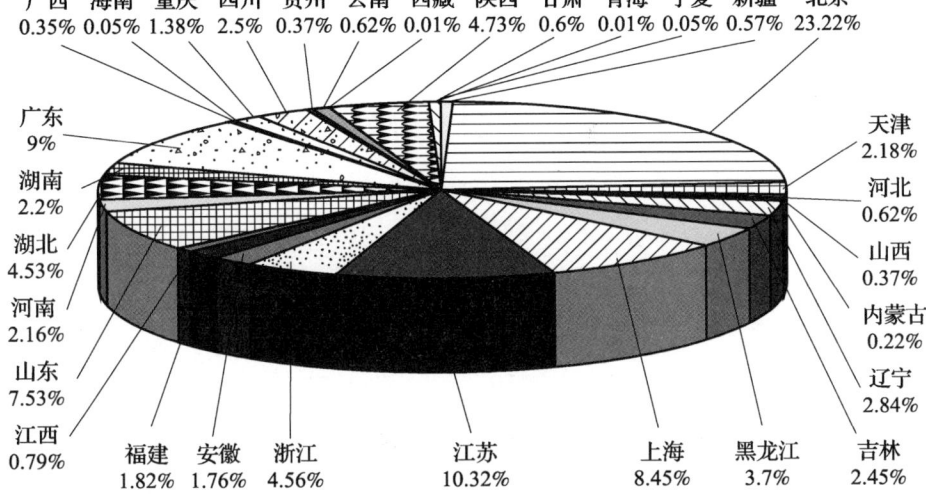

图 2—2 2016 年各省（自治区、直辖市）进站博士后研究人员所占比例

由表 2—2、图 2—2 分析可知，2016 年北京市（含中央直属机关所属院校和科研院所）进站博士后研究人员最多，为 4 109 人，约占进站总人数的 23.22%；其次是江苏省，为 1 826 人，约占进站总人数的 10.32%；再次是广东省，为 1 593 人，约占进站总人数的 9%。2016 年进站博士后人数最少的是西藏自治区和青海省，都为 2 人，均占进站总人数的 0.01%。北京市和江苏省进站博士后数量位居前两名，但两者之间的差距明显，江苏省比北京市少 2 283 人，仅为北京市的 44.44%。2016 年广东省进站博士后人数由 2015 年排名第四跃升到第三位，超过了上海市，上海市则由 2015 年排名第三位降为第四位。具体到各个省（自治区、直辖市）进站博士后的人数，与 2015 年相比，增减情况不一。其中，增加人数百人以上的有山东省（391 人）、广东省（381 人）、江苏省（309 人）、湖北省（185 人）、浙江省（170 人）。广东省、江苏省、山东省 2016 年进站人数明显增加，可能与这几个省 2015 年新增多个博士后科研工作站有关。2016 年进站博士后数量明显减少的有四川省（91 人）、黑龙江省（79 人）、北京市（51 人）。其中，北京市 2015 年新增了 75 个博士后科研工作站，从理论上来讲 2016 年的进站人数应当增加，但实际进站人数反而减少。

2.1.1.3 进站博士后研究人员的年龄结构

2016 年，各年龄段进站博士后研究人员数量及所占比例详见表 2—3、图 2—3。

表 2—3　　2016 年各年龄段进站博士后研究人员数量

序号	年龄段	进站数量（人）
1	30 岁及以下	7 903
2	31～35 岁	6 885
3	36～40 岁	2 752
4	40 岁以上	153
	合计	17 693

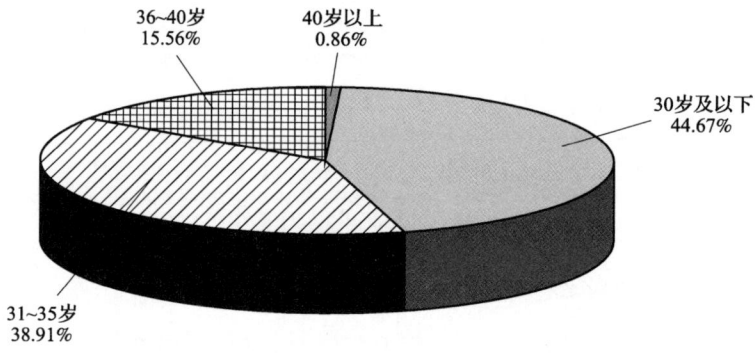

图 2—3　2016 年各年龄段进站博士后研究人员所占比例

由表 2—3、图 2—3 分析可知，2016 年进站博士后研究人员中，35 岁及以下的为 14 788 人，约占进站总人数的 83.58%。其中，30 岁及以下的为 7 903 人，约占进站总人数的 44.67%；31～35 岁之间的为 6 885 人，约占进站总人数的 38.91%。35 岁以上进站的博士后约占进站总人数的 16.42%，其中 36～40 岁之间的为 2 752 人，约占进站总人数的 15.56%；40 岁以上的为 153 人，约占进站总人数的 0.86%。与 2015 年相比，35 岁及以下进站的博士后人员比例约增加 2.77 个百分点，而 36～40 岁及 40 岁以上进站的博士后比例数明显减少，尤其是 40 岁以上进站的博士后研究人员不足 1%。这表明国办发〔2015〕87 号文件有关博士后研究人员进站的年龄规定得到了落实。

2.1.2　2016 年博士后进入科研流动站情况

2.1.2.1　进入科研流动站的博士后学科分布

2016 年，30 个省（自治区、直辖市）进入科研流动站的博士后研究人员

14 705 人（不含军队系统），其所在学科门类分布及所占比例详见表2—4、图2—4。

表2—4　　2016年科研流动站各学科门类进站博士后研究人员数量

序号	学科门类	进站数量（人）	序号	学科门类	进站数量（人）
1	哲学	159	8	工学	5 733
2	经济学	476	9	农学	699
3	法学	613	10	军事学	6①
4	教育学	169	11	医学	1 511
5	文学	375	12	管理学	733
6	历史学	242	13	艺术学	93
7	理学	3 896		合计	14 705

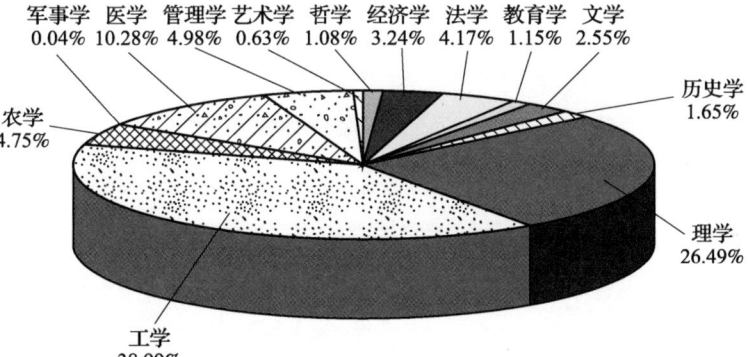

图2—4　2016年科研流动站各学科门类进站博士后研究人员所占比例

由表2—4、图2—4分析可知，2016年科研流动站各学科门类进站的博士后与全国进站的博士后所在学科门类分布相似，工学、理学和医学进站人数排在前三名。其中，工学进站博士后研究人员最多，为5 733人，约占进站总人数的38.99%；其次是理学，为3 896人，约占进站总人数的26.49%；再次是医学，为1 511人，约占进站总人数的10.28%。但工学、理学和医学之间的差距也比较大，医学与工学、理学进站人数之比分别是26.36∶100、38.78∶100。2016年农学、法学、管理学进站博士后分别约占科研流动站进站

---

① 本表中军事学进站6人是由地方设站单位招收的人数，而非军队系统招收的进站人数。

总人数的 4.75%、4.17%、4.98%，其他 7 个学科门类进站的博士后占科研流动站进站总人数比例均在 4% 以下，由地方设站单位招收的军事学博士后约占科研流动站进站总人数的 0.04%。从 2016 年科研流动站进站博士后的绝对数来看，理学、工学、农学、医学和管理学进站人数分别比 2015 年增加 340 人、749 人、95 人、264 人、8 人，而其他 8 个学科门类进站人数比 2015 年均有不同程度减少。

2.1.2.2 进入科研流动站的博士后区域分布

2016 年，30 个省（自治区、直辖市）进入科研流动站博士后研究人员数量及所占比例详见表 2—5、图 2—5。

表 2—5　　2016 年 30 个省（自治区、直辖市）科研流动站进站博士后研究人员数量

序号	省（自治区、直辖市）	进站数量（人）	序号	省（自治区、直辖市）	进站数量（人）
1	北京	3 391	17	湖北	726
2	天津	307	18	湖南	361
3	河北	76	19	广东	1 147
4	山西	43	20	广西	44
5	内蒙古	28	21	海南	2
6	辽宁	431	22	重庆	223
7	吉林	417	23	四川	388
8	黑龙江	542	24	贵州	38
9	上海	1 369	25	云南	83
10	江苏	1 509	26	陕西	757
11	浙江	671	27	甘肃	92
12	安徽	271	28	青海	2
13	福建	250	29	宁夏	2
14	江西	93	30	新疆	67
15	山东	1 071			
16	河南	304		合计	14 705

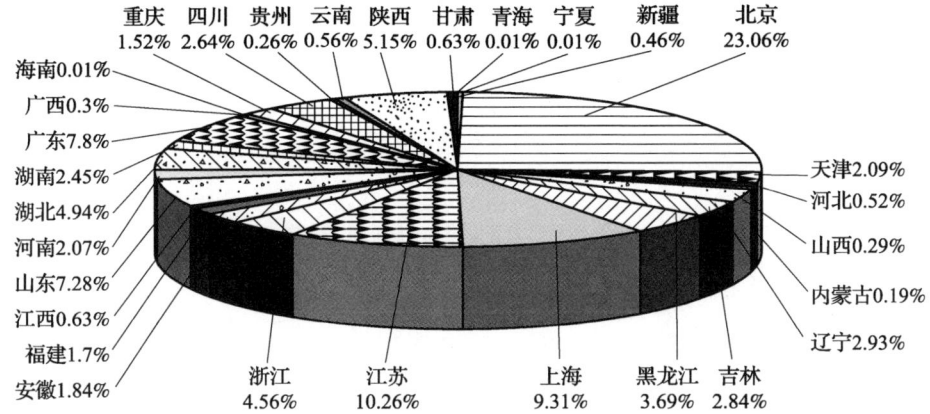

图 2—5 2016 年 30 个省（自治区、直辖市）科研流动站进站博士后研究人员所占比例

由表 2—5、图 2—5 分析可知，2016 年北京市科研流动站的进站博士后研究人员最多，为 3 391 人，约占科研流动站进站总人数的 23.06%；其次是江苏省，为 1 509 人，约占科研流动站进站总人数的 10.26%；再次是上海市，为 1 369 人，约占科研流动站进站总人数的 9.31%。与 2015 年相比，北京市、江苏省、上海市科研流动站进站博士后人数依然位列前三名，但上海市与江苏省的位次发生了变化，即江苏省上升为第二位，上海市下降到第三位；宁夏回族自治区、青海省和海南省科研流动站进站博士后各有 2 人，均占科研流动站进站博士后总数的 0.01%；科研流动站进站博士后增量在百人以上的省分别是广东省（337 人）、山东省（301 人）、江苏省（224 人）、湖北省（146 人）、湖南省（103 人）；减少数量比较明显的有四川省和黑龙江省，均为 113 人，其他省（自治区、直辖市）变化不大。

2.1.2.3 进入科研流动站的博士后年龄结构

2016 年，科研流动站各年龄段进站博士后研究人员数量及所占比例详见表 2—6、图 2—6。

表 2—6　　2016 年科研流动站各年龄段进站博士后研究人员数量

序号	年龄段	进站数量（人）
1	30 岁及以下	6 734
2	31～35 岁	5 674
3	36～40 岁	2 190
4	40 岁以上	107
	合计	14 705

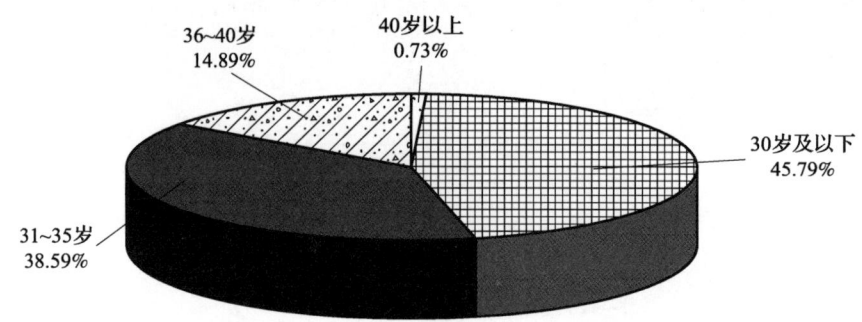

图 2—6　2016 年科研流动站各年龄段进站博士后研究人员所占比例

由表 2—6、图 2—6 分析可知，2016 年科研流动站进站博士后研究人员中，30 岁及以下人数最多，为 6 734 人，约占科研流动站进站总人数的 45.79%；其次是 31～35 岁的，为 5 674 人，约占科研流动站进站总人数的 38.59%；再次是 36～40 岁的，为 2 190 人，约占科研流动站进站总人数的 14.89%；40 岁以上进站的博士后研究人员 107 人，约占科研流动站进站总人数的 0.73%。与 2015 年相比，30 岁及以下的进站人员增加了 395 人，所占比例却降低了 1.55 个百分点；31～35 岁的进站人员增加了 1 106 人，所占比例提高了 4.55 个百分点；36～40 岁以及 40 岁以上的进站人员分别减少了 61 人、155 人，所占比例分别降低约 1.88、1.22 个百分点。从总体情况看，2016 年科研流动站 35 岁及以下的进站人员比例较 2015 年提高了 3.1 个百分点，40 岁以上的进站人员数量明显减少。这与国办发〔2015〕87 号文件有关博士后研究人员进站年龄的规定相吻合。

2.1.3　2016 年博士后进入科研工作站情况

2.1.3.1　进入科研工作站的博士后学科分布

2016 年，30 个省（自治区、直辖市）进入科研工作站博士后研究人员 2 948 人（不含军队系统），其所在学科门类分布及所占比例详见表 2—7、图 2—7。

表 2—7　2016 年科研工作站各学科门类进站博士后研究人员数量

序号	学科门类	进站数量（人）	序号	学科门类	进站数量（人）
1	哲学	8	4	教育学	20
2	经济学	307	5	文学	15
3	法学	53	6	历史学	13

续表

序号	学科门类	进站数量（人）	序号	学科门类	进站数量（人）
7	理学	511	11	管理学	132
8	工学	1 437	12	艺术学	11
9	农学	175			
10	医学	266		合计	2 948

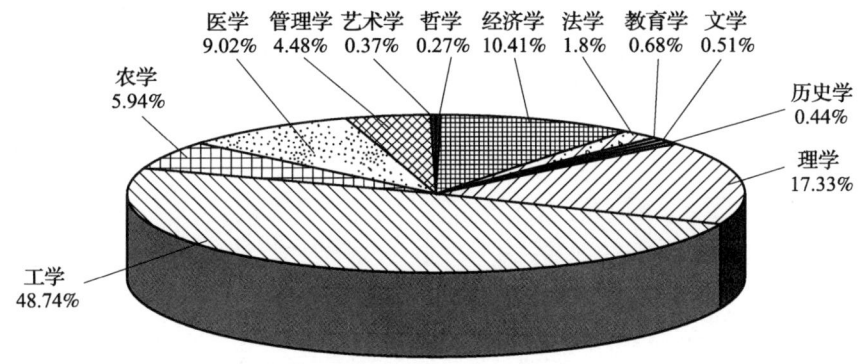

图 2—7　2016 年科研工作站各学科门类进站博士后研究人员所占比例

由表 2—7、图 2—7 分析可知，2016 年科研工作站进站博士后研究人员中，工学人数最多，为 1 437 人，约占科研工作站进站总人数的 48.74%；其次是理学，为 511 人，约占进站总人数的 17.33%；再次是经济学，为 307 人，约占进站总人数的 10.41%。与 2015 年相比，工学的进站人数增加了 275 人，所占比例提升了 3.77 个百分点。经济学、法学、军事学、管理学和艺术学进站人数分别减少了 27 人、16 人、2 人、50 人、7 人。

2.1.3.2　进入科研工作站的博士后区域分布

2016 年，30 个省（自治区、直辖市）科研工作站的进站博士后研究人员数量及所占比例详见表 2—8、图 2—8。

表 2—8　2016 年 30 个省（自治区、直辖市）科研工作站进站博士后研究人员数量

序号	省（自治区、直辖市）	进站数量（人）	序号	省（自治区、直辖市）	进站数量（人）
1	北京	714	4	山西	23
2	天津	76	5	内蒙古	11
3	河北	35	6	辽宁	70

续表

序号	省（自治区、直辖市）	进站数量（人）	序号	省（自治区、直辖市）	进站数量（人）
7	吉林	17	20	广西	18
8	黑龙江	113	21	海南	6
9	上海	126	22	重庆	22
10	江苏	312	23	四川	54
11	浙江	135	24	贵州	27
12	安徽	41	25	云南	27
13	福建	71	26	西藏	2
14	江西	45	27	陕西	76
15	山东	261	28	甘肃	14
16	河南	78	29	宁夏	6
17	湖北	70	30	新疆	34
18	湖南	27			
19	广东	437		合计	2 948

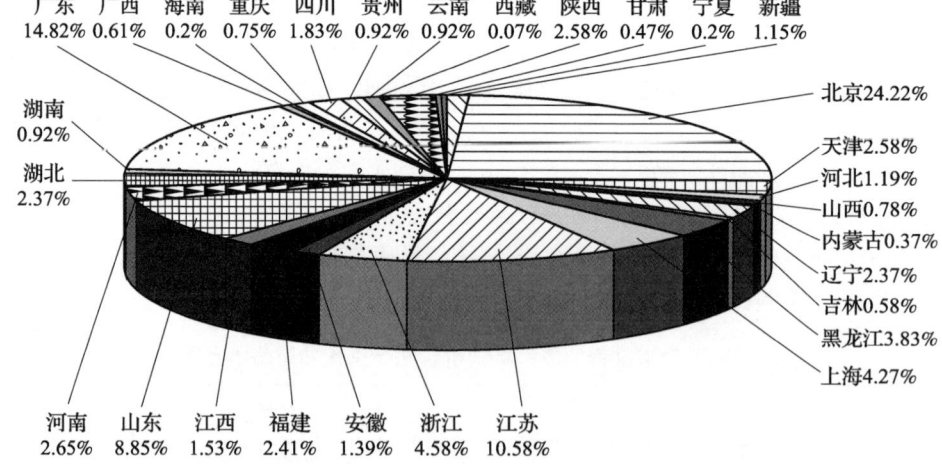

图2—8 2016年30个省（自治区、直辖市）科研工作站进站博士后研究人员所占比例

由表2—8、图2—8分析可知，2016年科研工作站进站博士后研究人员中，北京市科研工作站的进站人数最多，为714人，约占科研工作站进站总

人数的24.22%；其次是广东省，为437人，约占进站总人数的14.82%；再次是江苏省，为312人，约占进站总人数的10.58%。西藏自治区为2人，约占进站总人数的0.08%；青海省科研工作站无人进站。2016年科研工作站进站人数排在前六位的依旧是北京市、广东省、江苏省、山东省、浙江省、上海市，但各省（自治区、直辖市）进站的具体人数有增有减，山东省增加人数最多，为91人，广东省、江苏省、浙江省、上海市分别增加了46人、81人、16人、24人，北京市减少人数最多，为49人。

2.1.3.3　进入科研工作站的博士后年龄结构

2016年，进入科研工作站各年龄段博士后研究人员数量及所占比例详见表2—9、图2—9。

表2—9　2016年科研工作站各年龄段进站博士后研究人员数量

序号	年龄段	进站数量（人）
1	30岁及以下	1 155
2	31~35岁	1 186
3	36~40岁	561
4	40岁以上	46
	合计	2 948

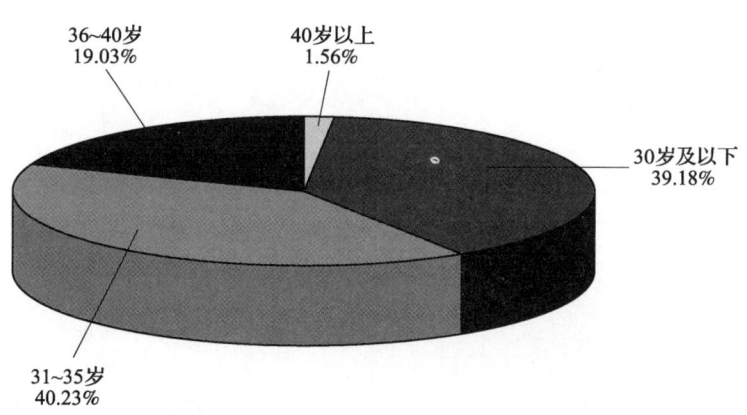

图2—9　2016年科研工作站各年龄段进站博士后研究人员所占比例

由表2—9、图2—9分析可知，2016年进入科研工作站的博士后研究人员中，35岁及以下的2 341人，约占科研工作站进站总人数的79.41%。其中，31~35岁的最多，为1 186人，约占科研工作站进站总人数的40.23%；30岁及以下的次之，为1 155人，约占科研工作站进站总数的39.18%；36~40岁的 561 人，约占科研工作站进站总人数的 19.03%；40 岁以上的 46 人，约占科研工作站进站总人数的 1.56%。同 2016 年进入科研流动站的博士后年龄结构相比，进入科研工作站的博士后 40 岁以上的人员比例偏高，而 35 岁以下尤其是 30 岁及以下的人员比例偏低。2016 年进入科研工作站的博士后研究人员总数比 2015 年增加了 364 人，同比增幅约为 14.09%。其中 30 岁及以下、31～35 岁、36～40 岁的进站人员数量均有所增加，增额分别是 37 人、283 人、72 人，而 40 岁以上的进站人员减少了 28 人。这表明 2016 年博士后科研工作站的进站人员在总体上趋于年轻化。

2.1.4 留学归国博士进站做博士后情况

2.1.4.1 留学归国博士进站前留学区域分布

2016 年，28 个省（自治区、直辖市）博士后设站单位共招收 1 978 名留学归国博士①（含在中国香港、澳门和台湾地区获得博士学位的人员）进站做博士后，其进站前的留学区域及分布详见表 2—10、图 2—10。

表 2—10　　2016 年各个留学区域归国博士的进站数量

序号	留学区域及总数（人）	留学国家或地区	进站数量（人）	序号	留学区域及总数（人）	留学国家或地区	进站数量（人）
1	亚洲(986)	中国澳门	15	10	亚洲(986)	孟加拉国	1
2		中国台湾	27	11		缅甸	2
3		中国香港	185	12		日本	227
4		阿塞拜疆	1	13		沙特阿拉伯	3
5		巴基斯坦	32	14		泰国	10
6		巴勒斯坦	1	15		乌兹别克斯坦	1
7		菲律宾	10	16		新加坡	63
8		韩国	120	17		伊朗	11
9		马来西亚	15	18		印度	262

---

① 这一数据是通过"获得博士学位"相关字段在中国博士后办公系统数据库中查询所得，而 2015 年及之前的数据是通过"是否留学"和"留学国家"的相关字段查询所得。其中，有的博士后进站前考取或被保送到国内高校或科研院所攻读博士，但其一直在国外开展课题研究和学习专业理论知识，毕业时由国内大学或科研院所授予其博士学位；有的博士后进站前本科或硕士研究生阶段就读于外国大学或科研机构，博士研究生就读于国内的高校或科研院所。鉴于此，2016 年及以后的留学归国博士进站数据均以获得博士学位的国家（地区）人员数量为准。

续表

序号	留学区域及总数（人）	留学国家或地区	进站数量（人）	序号	留学区域及总数（人）	留学国家或地区	进站数量（人）
19	欧洲（639）	爱尔兰	10	37	欧洲（639）	土耳其	1
20		奥地利	4	38		乌克兰	7
21		白俄罗斯	4	39		西班牙	21
22		比利时	20	40		希腊	1
23		波兰	3	41		意大利	31
24		丹麦	12	42		英国	184
25		德国	118	43	非洲（19）	阿尔及利亚	2
26		俄罗斯	14	44		埃及	13
27		法国	121	45		摩洛哥	2
28		芬兰	9	46		苏丹	1
29		荷兰	34	47		突尼斯	1
30		捷克	2	48	北美洲（241）	加拿大	34
31		卢森堡	1	49		美国	205
32		挪威	5	50		墨西哥	2
33		瑞典	21	51	南美洲（3）	巴西	3
34		瑞士	13	52	大洋洲（90）	澳大利亚	85
35		斯洛伐克	1	53		新西兰	5
36		斯洛文尼亚	2		合计		1 978

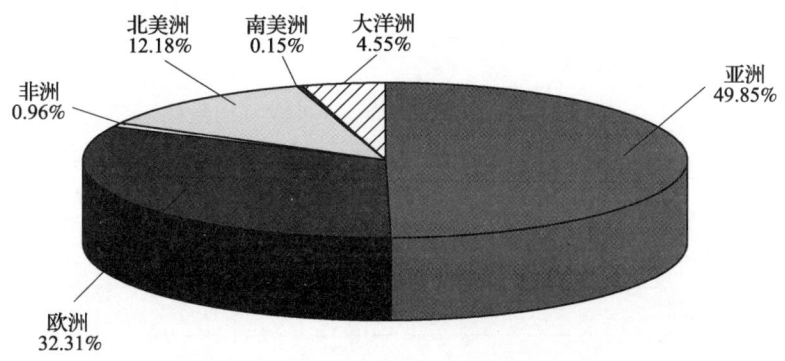

图2—10 2016年留学归国博士进站前的留学所在区域占比

由表 2—10、图 2—10 分析可知，2016 年进站的留学归国博士在亚洲留学的人数最多，为 986 人，占留学归国博士进站总人数的 49.85%，其中又以印度、日本、中国香港为多，分别为 262 人、227 人和 185 人；其次是欧洲，为 639 人，占留学归国博士进站总人数的 32.31%，其中又以英国、法国、德国居多，分别为 184 人、121 人、118 人，在欧洲其他国家留学进站的博士均未达到 50 人；再次是北美洲，为 241 人，占留学归国博士进站总人数的 12.18%，其中在美国、加拿大、墨西哥留学的分别为 205 人、34 人、2 人；大洋洲 90 人，占留学归国博士进站总人数的 4.55%，其中澳大利亚 85 人，新西兰 5 人；在非洲和南美洲留学的归国博士分别为 19 人、3 人，均不足留学归国博士进站总人数的 1%。

进一步分析可知，留学归国博士进站前之所以集中在印度、日本、美国、韩国、英国、法国、德国等留学，主要原因有两个：一是到这些国家留学人员的基数比较大。《中国留学发展报告（2016）NO.5》相关数据显示，2015 年中国在海外留学学生达 126 万人，约占世界国际留学生总数的 25%。另据中国与全球化智库（CCG）的调查，截至 2015 年，中国是美、加、英、澳等英语国家的最大留学生来源国，也是日、韩、新等汉语文化圈国家的最大留学生来源国。据统计，中国留学生数量占美国、加拿大两国留学生总人数的比例均超过 30%。此外，在以日本、韩国以及新加坡为代表的汉语影响范围内的国家，中国留学生也是人数最多的留学群体。以韩国为例，2015 年到韩国留学的中国学生约占在韩留学生总数的 62%。二是从这些国家留学后回国的人员数量也比较多。近年来，在全球经济发展不景气但中国经济发展平稳增长的大背景下，越来越多的中国留学生选择回国发展。相关报告数据显示，2015 年中国留学回国人员数量比 2014 年增长 21%，达到 40.91 万人。①

2.1.4.2 留学归国博士进站学科门类分布

2016 年，留学归国博士进站做博士后所在学科门类分布详见表 2—11、图 2—11。

表 2—11　　2016 年各学科门类进站的留学归国博士数量

序号	学科门类	进站数量（人）	序号	学科门类	进站数量（人）
1	哲学	23	4	教育学	25
2	经济学	68	5	文学	50
3	法学	48	6	历史学	23

---

① 王辉耀，苗绿. 中国留学发展报告（2016）NO.5 [M]. 北京：社会科学文献出版社，2016.

续表

序号	学科门类	进站数量（人）	序号	学科门类	进站数量（人）
7	理学	599	11	管理学	88
8	工学	807	12	艺术学	7
9	农学	86			
10	医学	154		合计	1 978

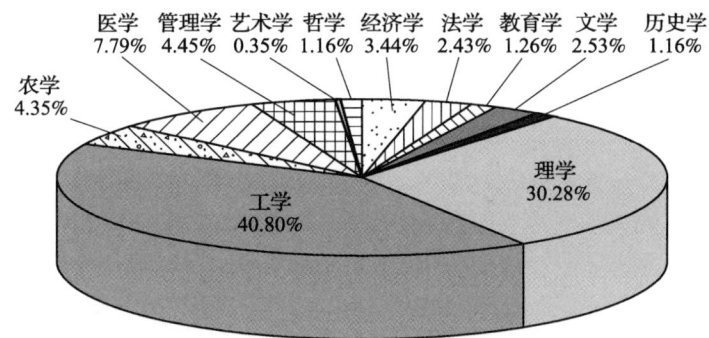

图2—11 2016年各学科门类进站的留学归国博士所占比例

由表2—11、图2—11分析可知，2016年留学归国博士进站做博士后人员中，工学人数最多，为807人，约占留学归国博士进站总数的40.8%；其次是理学，为599人，约占留学归国博士进站总数的30.28%；再次是医学，为154人，约占留学归国博士进站总数的7.79%。进入这3个学科门类的留学归国博士合计为1 560人，约占留学归国博士进站总数的78.87%。之所以出现这一情况，除这3个学科门类的设站单位数量比较多之外，还与留学归国博士研究生期间的专业及研究领域有很大关联。据2016年4月学生与交流访问学者项目（Student and Exchange Visitor Program，简称SEVP）公布的国际学生地图报告显示，在美国就读于Science（科学）、Technology（技术）、Engineering（工程）、Mathematics（数学）专业（简称STEM）的国际留学生中，约有87%来自亚洲，其中中国大陆有12.5万名留学生就读于STEM，约占中国大陆留学生总数的39%。[①]

2.1.4.3 留学归国博士进站区域分布

2016年，28个省（自治区、直辖市）进站的留学归国博士数量及所在区域占比详见表2—12、图2—12。

---

① 王辉耀，苗绿. 中国留学发展报告（2016）NO.5 [M]. 北京：社会科学文献出版社，2016.

表 2—12　2016 年 28 个省（自治区、直辖市）进站的留学归国博士数量

序号	省（自治区、直辖市）	进站数量（人）	序号	省（自治区、直辖市）	进站数量（人）
1	北京	390	16	河南	17
2	天津	45	17	湖北	86
3	河北	2	18	湖南	39
4	山西	3	19	广东	291
5	内蒙古	2	20	广西	6
6	辽宁	45	21	海南	2
7	吉林	30	22	重庆	24
8	黑龙江	43	23	四川	61
9	上海	223	24	贵州	7
10	江苏	177	25	云南	12
11	浙江	133	26	陕西	100
12	安徽	19	27	甘肃	9
13	福建	67	28	新疆	8
14	江西	7			
15	山东	130		合计	1 978

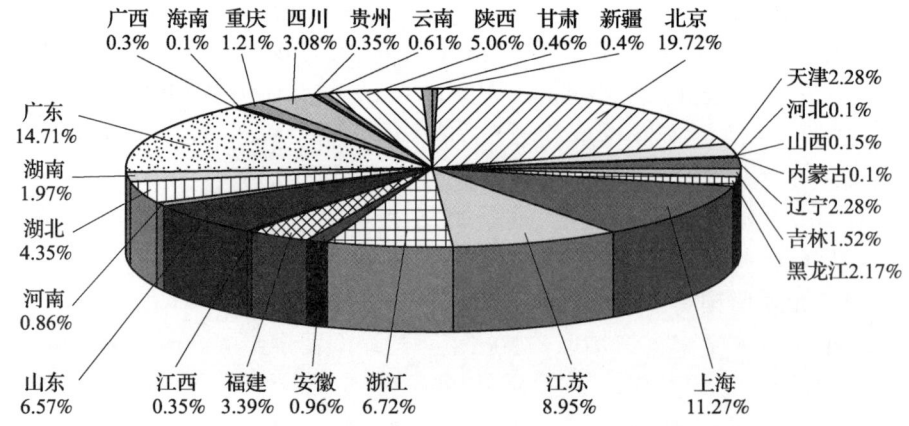

图 2—12　2016 年 28 个省（自治区、直辖市）进站的留学归国博士所占比例

由表2—12、图2—12分析可知，2016年留学归国博士在北京市相关博士后站做博士后的人数最多，为390人，约占留学归国博士进站总人数的19.72%；其次是广东省，为291人，约占留学归国博士进站总人数的14.71%；再次是上海市，为223人，约占留学归国博士进站总人数的11.27%。江苏省、浙江省、山东省、陕西省相关博士后站招收留学归国博士人数均达到或超过100人。2016年青海省、宁夏回族自治区和西藏自治区没有招收到留学归国博士进站做博士后。留学回国人员之所以扎堆在北京、上海、广州一线城市和南京、杭州、济南、西安等省会城市，主要原因有两个：一是这些城市集聚了中国众多一流高校和科研院所、一流专家学者，具有较好的科研环境；二是这些城市相继出台并实施了诸多吸引留学归国博士进站做博士后的优惠政策，提供了相对优厚的薪资福利待遇。

2.1.4.4 留学归国博士进站的年龄结构

2016年，各年龄段进站的留学归国博士数量及所占比例详见表2—13、图2—13。

表2—13　　2016年各年龄段进站的留学归国博士数量

序号	年龄段	进站数量（人）
1	30岁及以下	766
2	31～35岁	1 002
3	36～40岁	202
4	40岁以上	8
	合计	1 978

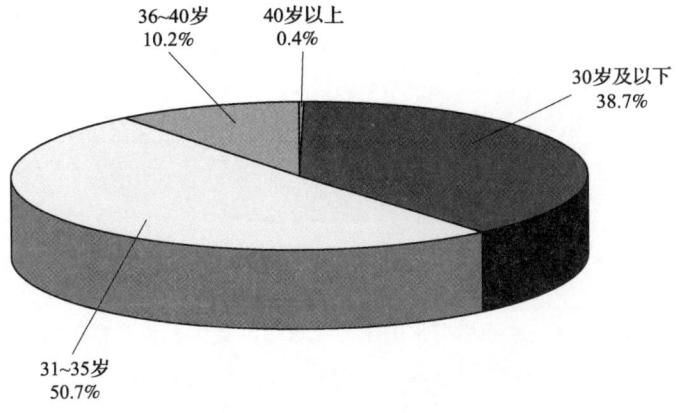

图2—13　2016年各年龄段进站的留学归国博士所占比例

由表2—13、图2—13分析可知,在2016年进站的留学归国博士中,35岁及以下的进站人员约占进站总人数的89.4%,既高于2016年科研工作站进站博士后的同年龄段比例(79.4%),也高于科研流动站进站博士后的同年龄段比例(84.4%)。其中,31~35岁的进站人员最多,为1 002人,约占留学归国博士进站总人数的50.7%;其次是30岁及以下的人员,为766人,约占留学归国博士进站总人数的38.7%;36~40岁的人员为202人,约占留学归国博士进站总人数的10.2%;40岁以上的人员为8人,约占留学归国博士进站总人数的0.4%。

2.1.4.5 留学归国博士的进站类型

2016年,留学归国博士进入博士后科研流动站的有1 762人,约占留学归国博士进站总人数的89.08%;进入博士后科研工作站的有216人,约占留学归国博士进站总人数的10.92%。在进入博士后科研工作站的人员中,有55人由科研工作站单独招收,161人由科研工作站和流动站联合招收,详见表2—14、图2—14。

表2—14　　2016年留学归国博士进站的类型及招收方式

序号	站点类型	进站数量(人)	招收方式
1	科研流动站	1 762	科研流动站设站单位招收
2	科研工作站	55	科研工作站设站单位招收
		161	工作站和流动站联合招收
合计		1 978	

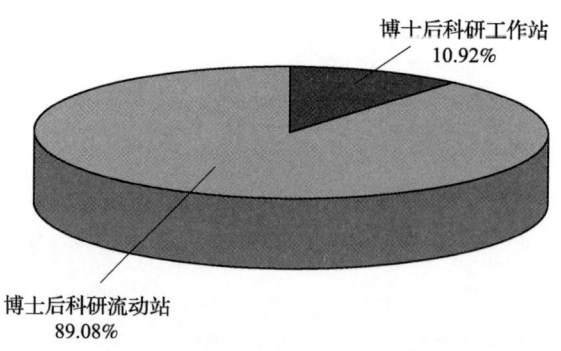

图2—14　2016年留学归国博士进站的类型及其分布比例

由表2—14、图2—14分析可知,从2016年留学归国博士进站类型及其分布来看,绝大部分留学归国博士选择到科研流动站做博士后研究,即使选择到科研工作站做博士后研究的，也偏向于由科研工作站和科研流动站联合招收的站点。这说明，不少留学归国博士的传统观念还没有改变，总以为在高校和科研院所设立的博士后科研流动站才是探究高深学问的最佳场所，而在企事业单位设立的博士后科研工作站通常会将科研产出和经济效益放在首位，在科研环境和科研氛围方面远不如科研流动站。事实上也存在这样的情况。

2.1.5 外籍来华博士进站做博士后情况

2.1.5.1 进站外籍来华博士的区域和国籍分布

2016年，全国共招收759名外籍来华博士进站做博士后，他们分别来自亚洲、欧洲、非洲、北美洲、南美洲、大洋洲的70多个国家（地区），具体分布情况详见表2—15、图2—15。

表2—15　2016年进站的外籍来华博士的区域和国籍分布

序号	区域及总数（人）	国家（地区）	进站数量（人）	序号	区域及总数（人）	国家（地区）	进站数量（人）
1	亚洲（526）	印度	279	18	亚洲（526）	菲律宾	1
2		巴基斯坦	115	19		乌兹别克斯坦	2
3		伊朗	34	20		新加坡	1
4		韩国	14	21		亚美尼亚	1
5		孟加拉国	12	22	欧洲（109）	意大利	11
6		日本	17	23		英国	14
7		也门	5	24		俄罗斯	7
8		尼泊尔	5	25		法国	13
9		越南	6	26		德国	9
10		缅甸	2	27		土耳其	5
11		叙利亚	5	28		西班牙	10
12		伊拉克	2	29		乌克兰	11
13		泰国	7	30		荷兰	2
14		斯里兰卡	4	31		爱尔兰	1
15		马来西亚	9	32		罗马尼亚	2
16		印度尼西亚	4	33		波兰	4
17		以色列	1	34		挪威	1

续表

序号	区域及总数（人）	国家（地区）	进站数量（人）	序号	区域及总数（人）	国家（地区）	进站数量（人）
35	欧洲（109）	葡萄牙	1	55	非洲（72）	津巴布韦	1
36		奥地利	1	56		突尼斯	3
37		瑞士	1	57		马达加斯加	2
38		丹麦	1	58		肯尼亚	1
39		白俄罗斯	4	59		科摩罗	1
40		比利时	2	60		塞内加尔	1
41		希腊	2	61		阿尔及利亚	2
42		克罗地亚	1	62		中非	1
43		捷克	2	63		摩洛哥	3
44		斯洛文尼亚	2	64	北美洲（28）	美国	16
45		斯洛伐克	1	65		加拿大	8
46		波黑	1	66		墨西哥	2
47	非洲（72）	埃及	26	67		萨尔瓦多	1
48		苏丹	15	68		古巴	1
49		尼日利亚	5	69	南美洲（5）	巴西	2
50		加纳	2	70		哥伦比亚	3
51		喀麦隆	4	71	大洋洲（12）	澳大利亚	11
52		埃塞俄比亚	1	72		新西兰	1
53		贝宁	3	73	其他（7）	无效数据	7①
54		多哥	1		合计		759

① 本表所列的"无效数据"是因为 7 名外籍来华博士未明确填写来华前所在区域和国籍，相关部门核实后也没有及时公布。

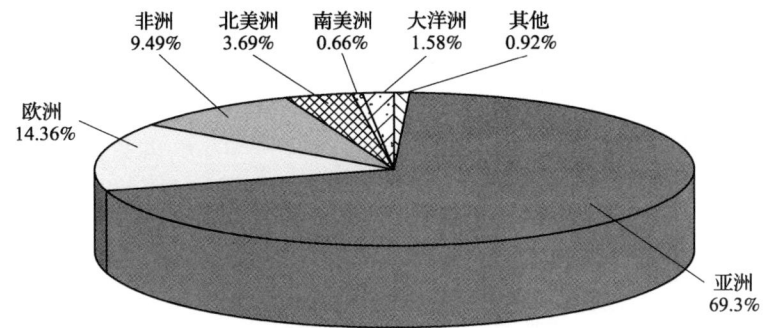

图 2—15　2016 年外籍来华博士进站前所在区域占比

由表 2—15、图 2—15 分析可知，2016 年外籍来华博士进站做博士后的人员中，亚洲籍的人数最多，为 526 人，约占外籍来华博士进站总人数的 69.3%，其中又以印度（279 人）和巴基斯坦（115 人）的数量为多。其次是欧洲籍的博士，为 109 人，约占外籍来华博士进站总人数的 14.36%，其中又以英国、法国、意大利、乌克兰、西班牙的数量为多，分别为 14 人、13 人、11 人、11 人、10 人；再次是非洲籍的博士，为 72 人，约占外籍来华博士进站总人数的 9.49%，其中又以埃及（26 人）和苏丹（15 人）的数量为多。最少的是南美洲籍的博士，只有 5 人，约占外籍来华博士进站总人数的 0.66%。有 7 人因在相关统计中未明确填写来华前所在区域和国籍被列为"其他"，约占外籍来华博士进站总人数的 0.92%。

与 2015 年相比，2016 年外籍来华博士进站做博士后的总人数增加了 84 人，同比增幅达 12.44%。其中，除南美洲减少 2 人外，其他各洲均有增加，亚洲、欧洲、非洲、北美洲、大洋洲分别增加 21 人、31 人、14 人、11 人、2 人。之所以出现这一情况，与外籍来华博士的国籍所在地对其施加的影响密切相关。据《中国留学发展报告（2016）NO.5》相关数据显示，近年来，来华留学生主要源于中国周边国家以及与中国经贸关系比较密切的美国、法国、德国等国家，"一带一路"沿线国家来华留学生数量也在增长。2015 年，来华留学生生源位居前三位的分别是韩国、美国和泰国。从来华留学生生源增长情况来看，亚洲和非洲的增幅分别是 6.5% 和 19.47%。另外，随着全球化的深入发展、新兴市场的不断拓展，反向留学（即传统留学目的国学生到其他国家留学）潮苗头出现。例如，美国分别在政府及民间两个层面推进本国学生到海外留学。2014 年，美国学生出国留学的人数达到 304 467 人，比 2013 年增长了 5.2%。2015 年，美国总统奥巴马提出到 2020 年实现 100 万美国学生到中国学习中文的计划[①]。因

---

① 王辉耀，苗绿. 中国留学发展报告（2016）NO.5 [M]. 北京：社会科学文献出版社，2016.

为有更多的外籍人员来华留学,加强了他们对中国的了解,也使很多来华留学人员或外籍博士选择在华进站做博士后研究。除了受到外部的影响外,外籍来华博士本身也会权衡在本国和到中国后的发展潜力、工作环境、薪酬待遇等情况,从而做出比较理性的选择。正因如此,来华留学生生源数量未进入前三名的周边发展中国家如印度、巴基斯坦则会有更多的博士选择到中国进站做博士后,而韩国等发达国家来华留学的博士选择进站做博士后的人员相对较少,2016年韩国仅有14人来华做博士后研究。

2.1.5.2 外籍来华博士进站学科分布

2016年,各学科门类进站的外籍来华博士数量及其所占比例详见表2—16、图2—16。

表2—16　　2016年各学科门类进站的外籍来华博士数量

序号	学科门类	进站数量（人）	序号	学科门类	进站数量（人）
1	哲学	3	8	工学	310
2	经济学	4	9	农学	54
3	法学	5	10	医学	49
4	教育学	3	11	管理学	17
5	文学	7	12	艺术学	2
6	历史学	7			
7	理学	298		合计	759

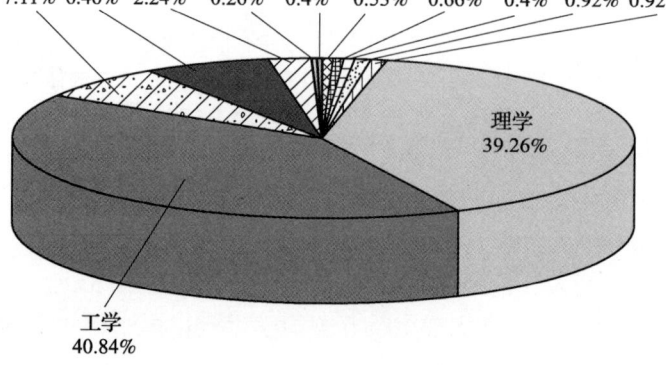

图2—16　2016年各学科门类进站的外籍来华博士所占比例

由表2—16、图2—16分析可知,2016年外籍来华博士进站做博士后的人员中,工学人数最多,为310人,约占外籍来华博士进站总人数的40.84%;其次是理学,为298人,约占外籍来华博士进站总人数的39.26%,两者合计比例为80.1%。其他学科门类,如农学54人,约占外籍来华博士进站总人数的7.11%;医学49人,约占外籍来华博士进站总人数的6.46%;管理学17人,约占外籍来华博士进站总人数的2.24%;哲学、经济学、法学、教育学、文学、历史学和艺术学招收的外籍来华博士均不足10人,所占比例也均不足1%。与2015年相比,外籍来华博士进站做博士后的所在学科门类排在前四名的依然是理学、工学、农学和医学,但理学和工学的位次发生了变化,即理学降为第二名,工学升为第一名;外籍来华博士进入人文社科类博士后站的人数仍然偏少。

2.1.5.3 外籍来华博士进站区域分布

2016年,27个省(自治区、直辖市)进站的外籍来华博士数量及其区域分布详见表2—17、图2—17。

表2—17 2016年27个省(自治区、直辖市)进站的外籍来华博士数量

序号	省(自治区、直辖市)	进站数量(人)	序号	省(自治区、直辖市)	进站数量(人)
1	北京	129	15	河南	4
2	天津	19	16	湖北	70
3	河北	1	17	湖南	8
4	山西	1	18	广东	99
5	辽宁	12	19	广西	4
6	吉林	8	20	海南	2
7	黑龙江	13	21	重庆	10
8	上海	101	22	四川	23
9	江苏	80	23	贵州	3
10	浙江	74	24	云南	13
11	安徽	11	25	陕西	9
12	福建	36	26	甘肃	7
13	江西	2	27	新疆	5
14	山东	15	合计		759

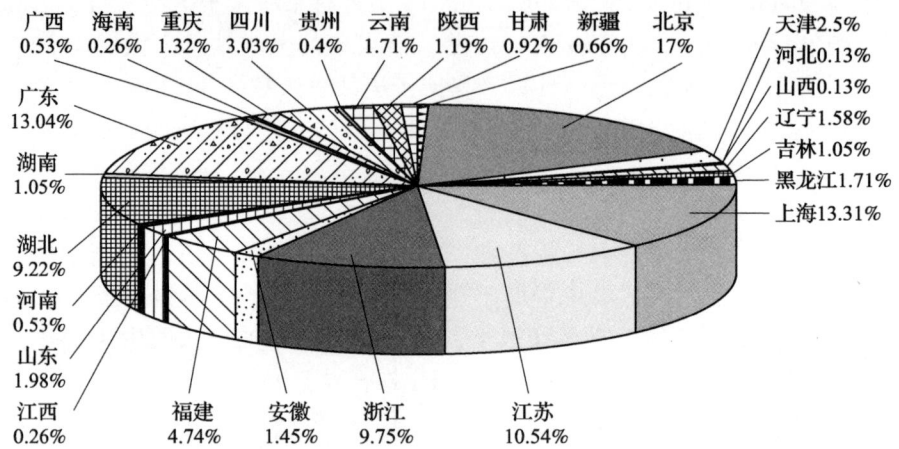

图 2—17　2016 年 27 个省（自治区、直辖市）进站的外籍来华博士所占比例

由表 2—17、图 2—17 分析可知，2016 年国内有 27 个省（自治区、直辖市）招收了外籍来华博士进站做博士后研究工作，进站人数排在前六位的是北京市、上海市、广东省、江苏省、浙江省和湖北省。其中，北京市进站的外籍来华博士最多，为 129 人，约占外籍来华博士进站总人数的 17%；上海市次之，为 101 人，约占外籍来华博士进站总人数的 13.31%；再次是广东省，为 99 人，约占外籍来华博士进站总人数的 13.04%；江苏省为 80 人，约占外籍来华博士进站总人数的 10.54%；浙江省为 74 人，约占外籍来华博士进站总人数的 9.75%；湖北省为 70 人，约占外籍来华博士进站总人数的 9.22%。其他 21 个省（自治区、直辖市）共招收外籍来华博士 214 人，约占外籍来华博士进站总人数的 28.19%。西藏自治区、青海省、宁夏回族自治区、内蒙古自治区未招收到外籍来华博士进站做博士后研究。总体上看，2016 年招收外籍来华博士进站做博士后的区域分布不太均衡。

2.1.5.4　外籍来华博士进站的年龄结构

2016 年，不同年龄段外籍来华博士进站数量及其所占比详见表 2—18、图 2—18。

表 2—18　　　　2016 年各年龄段外籍来华博士进站数量

序号	年龄段	进站数量（人）	序号	年龄段	进站数量（人）
1	30 岁及以下	231	4	40 岁以上	7
2	31～35 岁	397			
3	36～40 岁	124		合计	759

由表2—18、图2—18可知，在2016年招收的外籍来华博士进站人员中，35岁及以下的人员约占外籍来华博士进站人数的82.74%。其中，30岁及以下的231人，约占外籍来华博士进站人数的30.43%；31～35岁的397人，约占外籍来华博士进站人数的52.31%；36～40岁的124人，约占外籍来华博士进站人数的16.34%；40岁以上的7人，约占外籍来华博士进站人数的0.92%。

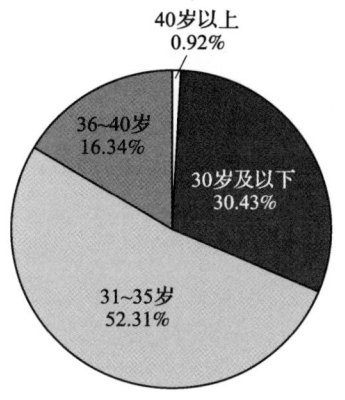

图2—18　2016年各年龄段进站的外籍来华博士所占比例

2.1.5.5　外籍来华博士的进站类型

2016年，外籍来华博士进入科研流动站做博士后的有736人，约占外籍来华博士进站总人数的96.97%；进入科研工作站做博士后的有23人，占外籍来华博士进站总人数的3.03%，在这23人中，6人由科研工作站独立招收，17人由科研工作站和流动站联合招收，详见表2—19、图2—19。

表2—19　2016年外籍来华博士进站的类型、数量及招收方式

序号	站点类型	进站数量（人）	招收方式
1	科研流动站	736	科研流动站设站单位招收
2	科研工作站	6	科研工作站设站单位招收
		17	工作站和流动站联合招收
	合计	759	

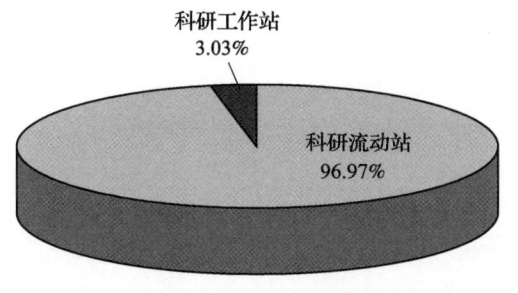

图2—19　2016年外籍来华博士进站的类型及分布比例

由表2—19、图2—19分析可知，2016年绝大部分外籍来华博士选择到高校和科研院所设立的博士后科研流动站开展博士后研究，即使选择到企事业

单位设立的科研工作站开展博士后研究的,多数也选择由科研工作站、科研流动站联合招收培养的设站单位。这与留学回国博士选择进站类型的意愿相似。这警示我们,一方面要加大对企事业单位博士后科研工作站的宣传力度,改变留学回国博士和外籍来华博士的传统观念;另一方面要努力改善企事业单位博士后科研工作站的科研环境,才能吸引更多留学回国博士和外籍来华博士进入企事业单位的科研工作站开展博士后研究工作。

2.2 2016年全国博士后研究人员出站工作

2016年,全国共有10 228名(不含军队系统)博士后研究人员出站(不含退站2 024人),比2015年出站博士后多1 413人,同比增幅约为16.03%。其中,科研流动站出站博士后8 274人,约占出站博士后总人数的80.9%;科研工作站出站博士后1 915人,约占出站博士后总人数的18.72%;项目博士后出站39人,约占出站博士后总人数的1.38%。

2.2.1 2016年全国博士后出站总体情况

2.2.1.1 出站博士后的学科分布

2016年出站博士后研究人员中,工学出站的博士后人数最多,为4 086人,约占出站博士后总人数的39.95%;其次是理学,为2 388人,约占出站博士后总人数的23.35%;再次是医学,为832人,约占出站博士后总人数的8.13%,详见表2—20、图2—20。

表2—20　　2016年各学科门类出站博士后研究人员数量

序号	学科门类	出站数量(人)	序号	学科门类	出站数量(人)
1	哲学	139	8	工学	4 086
2	经济学	674	9	农学	432
3	法学	425	10	军事学	5①
4	教育学	121	11	医学	832
5	文学	296	12	管理学	599
6	历史学	173	13	艺术学	58
7	理学	2 388		合计	10 228

① 本表军事学出站5人系由地方博士后站招收的出站博士后人数,而非军队系统出站的博士后。

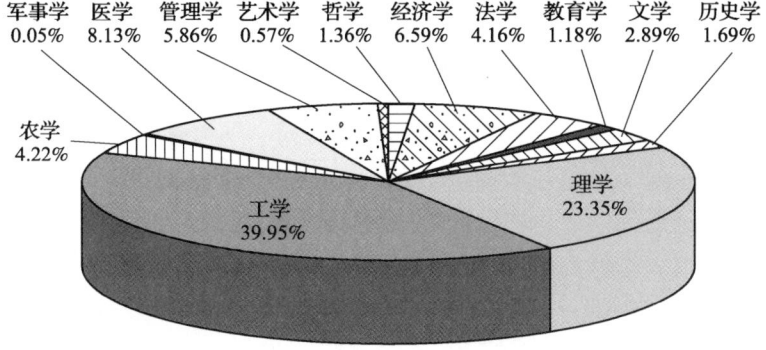

图 2—20　2016 年各学科门类出站博士后研究人员所占比例

由表 2—20、图 2—20 分析得知，与 2015 年相比，2016 年各学科门类出站的博士后人数增量排在前三位的仍然是工学、理学和医学。其中，工学增加 627 人，同比增幅约为 18.13%；理学增加 290 人，同比增幅约为 13.82%；医学增加 85 人，同比增幅约为 11.38%。其他 9 个学科门类出站博士后人数比 2015 年均有不同程度增加，唯有艺术学出站博士后人数比 2015 年减少了 11 人。其中，哲学增加 3 人，经济学增加 125 人，法学增加 55 人，教育学增加 16 人，文学增加 25 人，历史学增加 37 人，农学增加 57 人，军事学（由地方设站单位招收的军事学博士后）增加 3 人，管理学增加 81 人。

2.2.1.2　出站博士后的区域分布

从 2016 年出站博士后人员所在区域分布看，北京市出站博士后人数最多，为 3 348 人，约占全国出站博士后总数的 32.73%；其次是上海市，为 1 007 人，约占全国出站博士后总数的 9.85%；再次是江苏省，为 946 人，约占全国出站博士后总数的 9.25%，详见表 2—21、图 2—21。

表 2—21　2016 年 31 个省（自治区、直辖市）出站博士后数量

序号	省（自治区、直辖市）	出站数量（人）	序号	省（自治区、直辖市）	出站数量（人）
1	北京	3 348①	5	内蒙古	10
2	天津	176	6	辽宁	220
3	河北	79	7	吉林	246
4	山西	37	8	黑龙江	414

① 2016 年北京市出站博士后人数中含中央直属机关所属院校和科研院所出站博士后人数。

续表

序号	省（自治区、直辖市）	出站数量（人）	序号	省（自治区、直辖市）	出站数量（人）
9	上海	1 007	21	海南	4
10	江苏	946	22	重庆	143
11	浙江	463	23	四川	289
12	安徽	193	24	贵州	22
13	福建	129	25	云南	52
14	江西	47	26	西藏	1
15	山东	553	27	陕西	289
16	河南	168	28	甘肃	36
17	湖北	383	29	青海	7
18	湖南	208	30	宁夏	4
19	广东	641	31	新疆	79
20	广西	34	合计		10 228

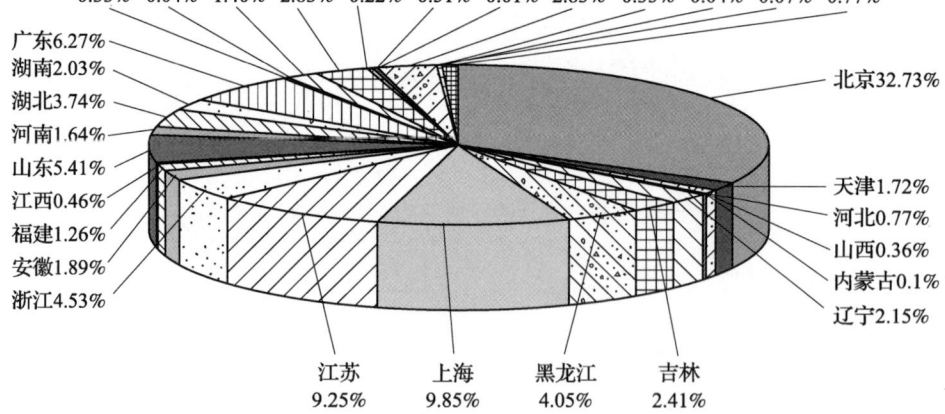

图2—21　2016年31个省（自治区、直辖市）出站博士后所占比例

由表2—21、图2—21分析可知，与2015年相比，2016年北京市、江苏省、山东省、上海市出站的博士后人数增加比较明显，分别为397人、224人、116人、112人；其他省（自治区、直辖市）出站的博士后人数增减量均

未超过百人;从出站博士后所在区域的占比来看,除江苏省增加 1.06 个百分点外,其他省(自治区、直辖市)增减幅度均未超过 0.8 个百分点。

2.2.1.3 出站博士后的去向选择

2016 年出站的 10 228 名博士后研究人员中,回原工作单位的人数最多,为 3 794 人,约占出站总人数的 37.09%;其次是流动到新单位,为 3 070 人,约占出站总人数的 30.02%;留设站单位工作的有 2 532 人,约占出站总人数的 24.76%;回原籍待业的 308 人,约占出站总人数的 3.01%;出国的有 271 人,约占出站总人数的 2.65%;进二站(下一个博士后站点)继续做博士后研究的有 206 人,约占出站总人数的 2.01%;还有 47 人暂未明确去向(列为"其他"),约占出站总人数的 0.46%,详见表 2—22、图 2—22。

表 2—22　　　　2016 年出站博士后数量及其去向分布

序号	出站去向	出站数量(人)	序号	出站去向	出站数量(人)
1	留设站单位	2 532	5	出国	271
2	流动到新单位	3 070	6	回原籍待业	308
3	回原工作单位	3 794	7	其他	47
4	进二站	206	合计		10 228

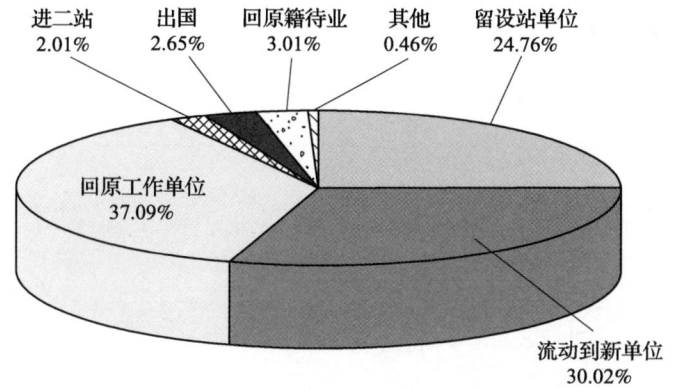

图 2—22　2016 年出站博士后不同去向所占比例

由表 2—22、图 2—22 分析可知,2016 年出站博士后回原工作单位的比 2015 年增加 805 人,所占比例提高了 3.18 个百分点;留设站单位和流动到新单位的比 2015 年分别增加了 302 人、241 人,所占比例分别降低了 0.54 个百分点、2.07 个百分点;进二站和出国的比 2015 年分别增加了 56 人、71 人,所占比例分别提高了 0.31 个百分点、0.38 个百分点;回原籍待业的比 2015

年增加了43人,所占比例与2015年相同;暂未明确去向的比2015年减少了105人,所占比例降低了1.26个百分点。这反映了2016年出站博士后的去向比2015年更加明确。

2.2.2 2016年科研流动站博士后出站情况

2.2.2.1 科研流动站出站博士后的学科分布

2016年,博士后科研流动站共有8 274人(不含军队系统)出站,比2015年增加1 266人,同比增幅约为18.07%。其中,工学出站人数最多,为3 167人,约占科研流动站出站总人数的38.28%;其次是理学,为2 108人,约占科研流动站出站总人数的25.48%;再次是医学,为678人,约占科研流动站出站总人数的8.19%,详见表2—23、图2—23。

表2—23　　2016年科研流动站各学科门类博士后出站数量

序号	学科门类	出站数量(人)	序号	学科门类	出站数量(人)
1	哲学	136	8	工学	3 167
2	经济学	403	9	农学	338
3	法学	373	10	军事学	5①
4	教育学	101	11	医学	678
5	文学	283	12	管理学	457
6	历史学	170	13	艺术学	55
7	理学	2 108		合计	8 274

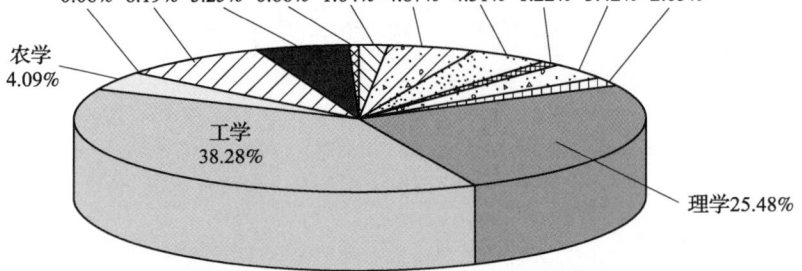

图2—23　2016年科研流动站各学科门类出站博士后所占比例

---

① 本表中军事学出站5人是由地方招收的出站博士后人数,而非军队系统科研流动站出站博士后人数。

由表 2—23、图 2—23 分析可知，在 2016 年科研流动站各学科门类出站博士后人员中，除艺术学出站博士后比 2015 年减少 9 人、教育学出站博士后数量与 2015 年持平外，其他学科门类均不同程度有所增加。例如，工学出站博士后比 2015 年增加 614 人，所占比例提高了 1.14 个百分点；理学出站博士后比 2015 年增加 323 人，所占比例降低了 1.02 个百分点；经济学出站博士后比 2015 年增加 70 人，所占比例提高了 1.06 个百分点。

2.2.2.2 科研流动站出站博士后区域分布

从 2016 年博士后科研流动站出站人员所在区域分布看，北京市出站博士后人数最多，为 2 731 人，约占科研流动站出站总人数的 33.01%；其次是上海市，为 884 人，约占科研流动站出站总人数的 10.68%；再次是江苏省，为 752 人，约占科研流动站出站总人数的 9.09%。宁夏回族自治区科研流动站出站博士后 1 人，约占科研流动站出站总人数的 0.01%；青海省科研流动站无博士后人员出站；西藏自治区因未设博士后科研流动站，也没有博士后出站，详见表 2—24、图 2—24。

表 2—24　2016 年 29 个省（自治区、直辖市）科研流动站出站博士后数量

序号	省（自治区、直辖市）	出站数量（人）	序号	省（自治区、直辖市）	出站数量（人）
1	北京	2 731	16	河南	116
2	天津	123	17	湖北	356
3	河北	47	18	湖南	176
4	山西	22	19	广东	431
5	内蒙古	4	20	广西	22
6	辽宁	178	21	海南	2
7	吉林	222	22	重庆	124
8	黑龙江	364	23	四川	248
9	上海	884	24	贵州	14
10	江苏	752	25	云南	34
11	浙江	336	26	陕西	260
12	安徽	182	27	甘肃	35
13	福建	88	28	宁夏	1
14	江西	22	29	新疆	61
15	山东	439	合计		8 274

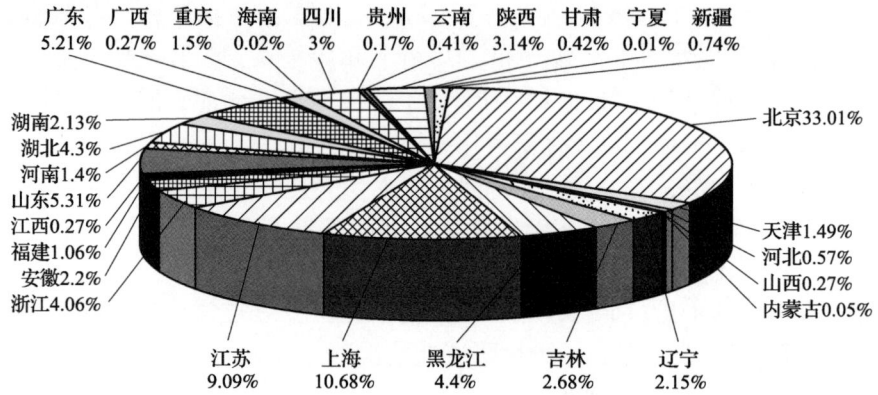

图2—24　2016年29个省（自治区、直辖市）科研流动站出站博士后所占比例

由表2—24、图2—24分析可知，2016年北京市各科研流动站出站博士后人数比2015年增加1 033人，同比增幅达60.84%，所占比例提高了8.78个百分点。分析北京市科研流动站出站博士后人数和所占比例大幅提升，主要原因有三个：一是北京市科研流动站在站博士后研究人员基数较大；二是因不少博士后研究人员由于延长在站时间积压到2016年才出站；三是在北京的中央直属机关所属高等院校和科研院所较多。上海市科研流动站出站博士后比2015年增加311人，所占比例提高了2.5个百分点；江苏省科研流动站出站博士后增加226人，所占比例提高了1.58个百分点；河南省科研流动站出站博士后减少108人，所占比例降低了1.8个百分点。其他省（自治区、直辖市）科研流动站出站博士后人数增减不一，但上下浮动均在百人以内。

2.2.2.3　科研流动站出站博士后去向选择

从2016年博士后科研流动站出站人员的总体去向来看，回原工作单位的最多，为2 982人，约占科研流动站出站总人数的36.04%；其次是流动到新单位，为2 651人，约占科研流动站出站总人数的32.04%；再次是留设站单位，为1 895人，约占科研流动站出站总人数的22.9%，详见表2—25、图2—25。

表2—25　　　　2016年科研流动站出站博士后去向分布

序号	出站去向	出站数量（人）	序号	出站去向	出站数量（人）
1	留设站单位	1 895	5	出国	251
2	流动到新单位	2 651	6	回原籍待业	251
3	回原工作单位	2 982	7	其他	47
4	进二站	197		合计	8 274

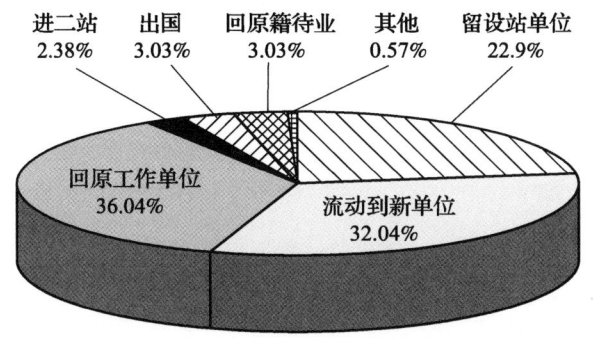

图2—25 2016年科研流动站出站博士后不同去向所占比例

由表2—25、图2—25分析可知，与2015年相比，2016年科研流动站出站博士后回原工作单位的人员增加660人，所占比例提高了1.78个百分点；留设站单位的人员增加284人，所占比例降低了0.09个百分点；流动到新单位的人员增加281人，所占比例降低了1.78个百分点；进二站、出国的人员分别增加52人、59人，所占比例分别提高了0.31、0.29个百分点；回原籍待业的人员增加35人，所占比例降低了0.05个百分点；去向暂时不明（列为"其他"）的人员减少105人，所占比例降低了1.6个百分点。2016年科研流动站出站博士后选择回原工作单位的人数及所占比例比2015年大幅度增加，而去向暂时不明的人数和所占比例明显降低，这可能与博士后科研流动站设站单位集中清理超长时间留站人员有关，同时也反映出博士后回原工作单位的生存和发展环境有了明显的改善。

2.2.3　2016年科研工作站博士后出站情况

2016年博士后科研工作站共有1 915人（不含军队系统）出站，比2015年增加149人，同比增幅8.44%，明显低于全国出站博士后的增幅（16.03%）以及科研流动站出站博士后的增幅（18.07%），其主要原因有两个：一是科研工作站在站博士后研究人员的基数本来就少。以2015年为例，进入科研流动站的博士后13 421人，而进入科研工作站的博士后只有2 584人，两者相差10 837人。二是周期效应所致。尽管2015年全国新增了628个博士后科研工作站，但这些新增科研工作站招收的博士后离出站还有一段时间。

2.2.3.1　科研工作站出站博士后的学科分布

从2016年博士后科研工作站出站人员所在学科门类分布看，工学出站博士后人数最多，为896人，约占科研工作站出站总人数的46.79%；其次是理学,为 272 人,约占科研工作站出站总人数的 14.2%;再次是经济学,为 270 人,约占科研工作站出站总人数的 14.1%,详见表 2—26、图 2—26。

表 2—26　　　　2016 年各学科门类科研工作站出站博士后数量

序号	学科门类	出站数量（人）	序号	学科门类	出站数量（人）
1	哲学	3	8	工学	896
2	经济学	270	9	农学	94
3	法学	51	10	医学	151
4	教育学	19	11	管理学	140
5	文学	13	12	艺术学	3
6	历史学	3			
7	理学	272		合计	1 915

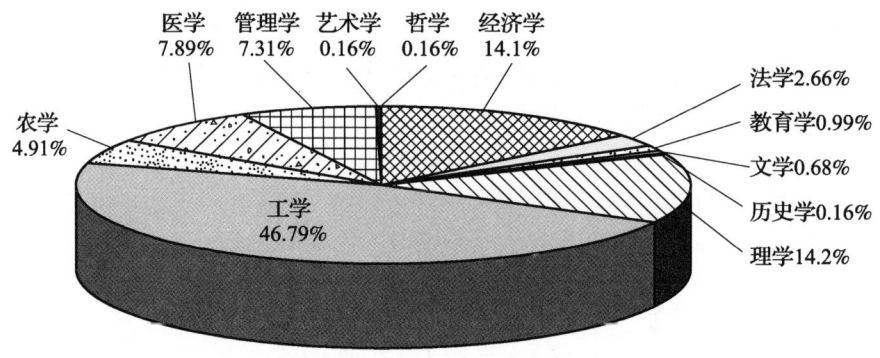

图 2—26　2016 年各学科门类科研工作站出站博士后所占比例

由表 2—26、图 2—26 分析可知,与 2015 年相比,2016 年各学科门类科研工作站出站博士后增量最多的是医学,为 55 人,增幅为 57.29%;增幅最大的是教育学,由 2015 年的 4 人增至 19 人,同比增幅达 375%。从各学科门类出站博士后所占比例数来看,医学所占比例提高了 2.45 个百分点,经济学提高了 1.87 个百分点,管理学提高了 1.14 个百分点,而工学降低了 3.15 个百分点,理学降低了 2.84 个百分点。其他学科门类所占比例增减幅度均不足 1 个百分点。

2.2.3.2　科研工作站出站博士后的区域分布

2016 年科研工作站出站博士后达百人以上的有 6 个省（直辖市）。其中,北京市出站人数最多，为613人，约占科研工作站出站总人数的32.01%；其次是广东省，为207人，约占科研工作站出站总人数的10.81%；再次是江苏省，为188人，约占科研工作站出站总人数的9.82%。2016年，浙江省、上海市、山东省科研工作站的出站博士后分别为125人、118人、113人，分别约占科研工作站出站的博士后总数的6.53%、6.16%、5.9%。西藏自治区、甘肃省出站博士后人数最少，均为1人，约占科研工作站出站总人数的0.05%，详见表2—27、图2—27。

表2—27　2016年31个省（自治区、直辖市）科研工作站出站博士后数量

序号	省（自治区、直辖市）	出站数量（人）	序号	省（自治区、直辖市）	出站数量（人）
1	北京	613	17	湖北	27
2	天津	53	18	湖南	31
3	河北	32	19	广东	207
4	山西	14	20	广西	11
5	内蒙古	6	21	海南	2
6	辽宁	40	22	重庆	18
7	吉林	23	23	四川	41
8	黑龙江	46	24	贵州	8
9	上海	118	25	云南	17
10	江苏	188	26	西藏	1
11	浙江	125	27	陕西	26
12	安徽	10	28	甘肃	1
13	福建	40	29	青海	7
14	江西	24	30	宁夏	3
15	山东	113	31	新疆	18
16	河南	52	合计		1 915

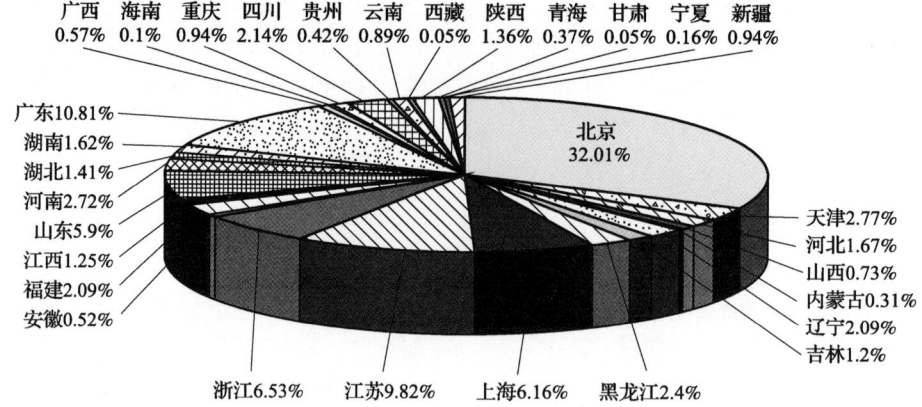

图2—27 2016年31个省（自治区、直辖市）科研工作站出站博士后所占比例

由表2—27、图2—27分析可知，由于2016年全国科研工作站出站博士后总人数不多，具体到各省（自治区、直辖市）的数量变化也不是太大，除北京市科研工作站出站博士后比2015年多147人外，其他区域增减幅度均在百人之内。例如，青海省科研工作站出站博士后比2015年增加6人，甘肃省科研工作站出站博士后比2015年减少6人，陕西省科研工作站出站博士后比2015年减少29人，浙江省科研工作站出站博士后比2015年增加55人。

2.2.3.3 科研工作站出站博士后去向选择

从2016年博士后科研工作站出站人员的去向来看，出站后回原工作单位的人数最多，为779人，约占科研工作站出站总人数的40.68%；其次是留设站单位工作，为635人，约占科研工作站出站总人数的33.16%；再次是流动到新单位，为416人，约占科研工作站出站总数的21.72%；进二站博士后的人数最少，为8人，约占科研工作站出站总人数的0.42%。从科研工作站出站博士后总体去向分布来看，有54.88%的出站博士后通过流动到新单位或留博士后设站单位找到了新的工作，详见表2—28、图2—28。

表2—28 2016年科研工作站出站博士后去向分布

序号	出站去向	出站数量（人）	序号	出站去向	出站数量（人）
1	留设站单位	635	4	进二站	8
2	流动到新单位	416	5	出国	20
3	回原工作单位	779	6	回原单位待业	57
				合计	1 915

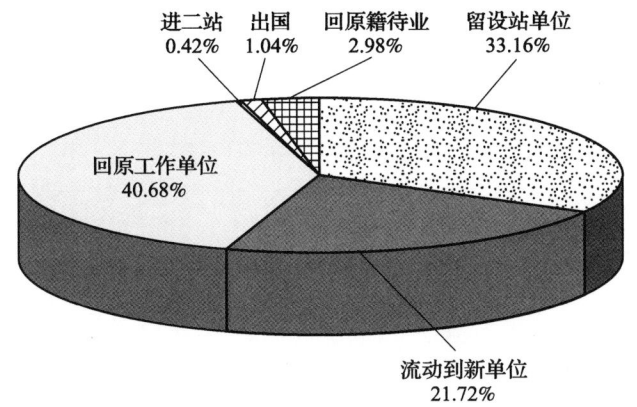

图 2—28 2016 年科研工作站出站博士后不同去向所占比例

由表 2—28、图 2—28 分析可知，2016 年科研工作站出站博士后人员中，除流动到新单位的出站博士后人员比 2015 年减少 40 人外，其他去向的出站博士后人员数量均比 2015 年有所增加。其中，回原工作单位的人员增量最多，为 143 人，所占比例提高了 4.67 个百分点；留设站单位的增量次之，为 21 人，所占比例却降低了 1.61 个百分点；出国的人员为 14 人，所占比例提高了 0.7 个百分点。去向暂时不明的出站博士后比 2015 年有所增加，说明不少科研工作站出站博士后人员在去向选择上处于彷徨之中。

2.3 2016 年全国博士后进出站分布及比例变化

2.3.1 进出站博士后学科门类分布及比例变化

2016 年，全国进出站博士后所在学科门类分布及所占比例变化曲线如图 2—29 所示。根据图 2—29 作进一步分析可知以下几点。

（1）全国进出站博士后所在学科门类的分布比例、科研流动站进出站博士后所在学科门类分布比例、留学归国博士进站所在学科门类的分布比例曲线变化趋于一致、几乎重合。主要原因有三个：一是各学科门类博士后进、出站人员所占比例相对匹配；二是 2016 年科研流动站进、出站人数分别约占全国进、出站总数的 83.11%、80.9%；三是进站的留学归国博士有 89.08% 选择在科研流动站做博士后，且留学归国博士在进站前所学专业以理工类为主，其他学科专业为辅，具有多样性。

图 2—29　2016 年各学科门类进出站博士后所占比例变化曲线①

① 2016 年由地方设站单位招收和出站的军事学博士后人数较少，故未列入图 2—29 中进行分析。

（2）2016年科研工作站进出站博士后所在学科门类人员分布，与全国进出站博士后所在学科门类分布、科研流动站进出站博士后所在学科门类分布有明显区别。这主要体现在经济学、理学、工学、教育学、文学、历史学等学科门类上，即经济学和工学进站人数所占比例明显高于全国和科研流动站，理学、教育学、文学、历史学等基础研究和人文社科类学科的进站人数比例又明显低于全国和科研流动站。原因主要是，在企事业单位设立的科研工作站通常以应用研究为主，尤其是企业科研工作站的博士后不仅要求出科研成果，而且要创造经济效益，而教育学、文学、历史学等学科门类的博士后虽然也强调要有科研成果，但更偏重于社会效益，以致一些设站单位在投入一定人力成本和科研成本后却无经济效益，所以在招收人文社科类博士后方面缺乏积极性。

（3）外籍来华博士进站做博士后有着特殊性，其进站博士后所在学科门类与全国进站博士后、科研流动站进站博士后、科研工作站进站博士后所在的学科门类分布及比例曲线有比较明显的差别。原因有两个：一是理学和工学两个学科门类招收外籍博士人数约占外籍博士进站数量的80.1%，而哲学、经济学、法学等8个学科门类招收外籍博士进站人员比例均不足1%。二是外籍来华博士进站做博士后的人员78.79%为亚洲籍和非洲籍，且这些人员中有90%以上又来自发展中国家，其经济文化教育水平相对落后于中国，他们进站后扎堆集中在理学、工学、农学、医学等与科学技术密切相关的学科开展博士后研究也在情理之中。

2.3.2 进出站博士后区域分布及比例变化

2016年，进出站博士后所在区域分布及其比例变化曲线如图2—30所示。根据图2—30作进一步分析可知以下几点。

（1）27个省（自治区、直辖市）进出站博士后分布及所占比例、科研流动站进出站博士后分布及所占比例变化基本趋于一致，几乎重合。这是因为2016年相关省（自治区、直辖市）博士后进、出站人员所占比例相对匹配，科研流动站进、出站人数分别占全国进、出站人员的83.11%、80.9%。

（2）27个省（自治区、直辖市）科研工作站进出站博士后人员所占比例总体趋势比较一致，但部分省（直辖市）进出站所占比例相差比较明显。例如，北京市科研工作站进站人数约占全国比例为24.22%，比出站比例低7.79个百分点；山东省进站比例为8.85%，比出站比例高2.95个百分点；广东省进站比例为14.82%，比出站比例高4.02个百分点。

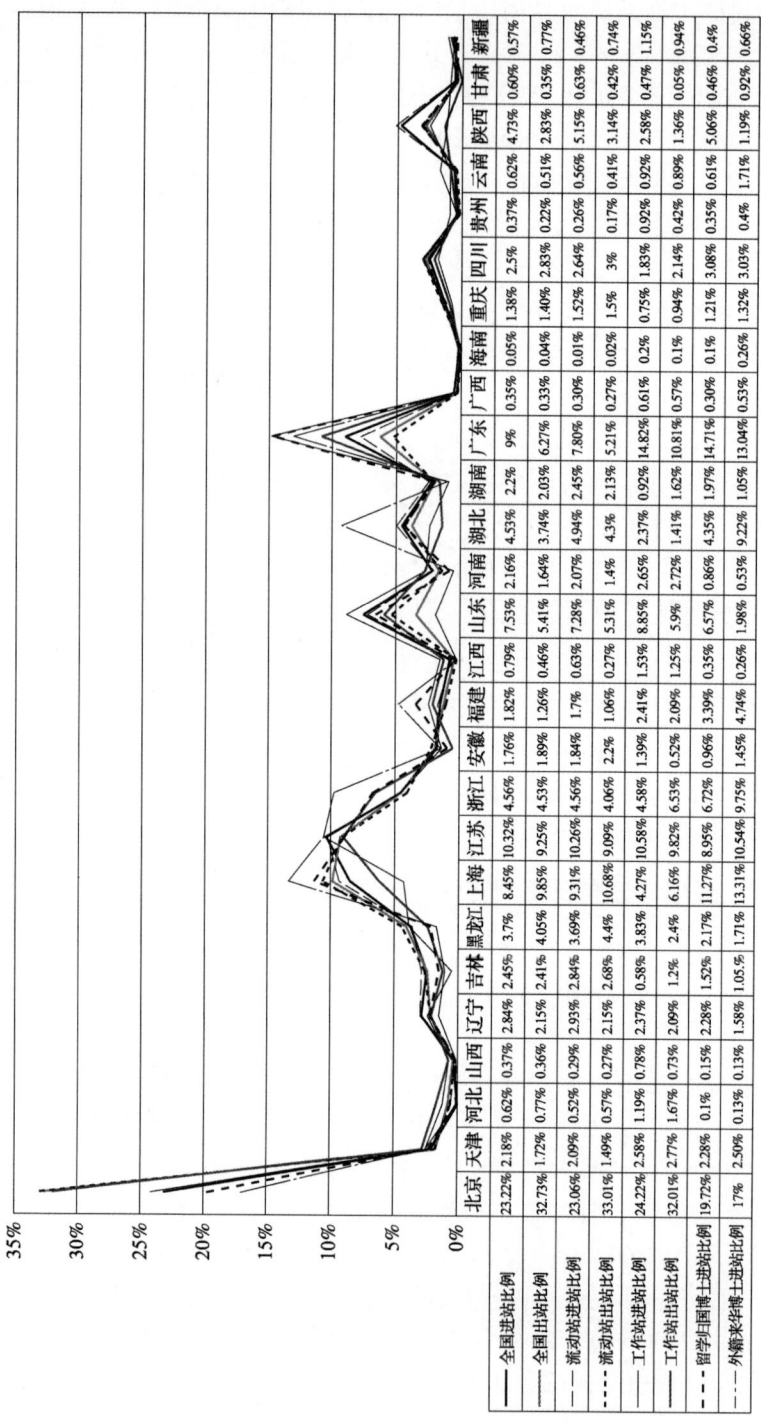

图 2—30 2016 年进出站博士后所在区域分布及其比例变化曲线①

---

① 2016 年青海、宁夏、内蒙古、西藏 4 个省（自治区）进出站博士后人数较少，这里仅对 27 个省（自治区、直辖市）进出站博士后人员情况进行比较。

（3）留学归国博士进站所在区域与全国、科研流动站进站所在区域相比，中西部地区所占比例基本相同，差异主要体现在东部地区上，即东部博士后工作稳步发展的省（直辖市）招收的留学归国博士所占比例略低于全国进站比例或基本持平；东部经济快速发展或博士后工作迅速发展的省（直辖市）招收的留学归国博士后所占比例略高于全国进站比例。例如，北京市留学归国博士的进站人员所占比例为19.72%，比全国进站比例低3.5个百分点；江苏省留学归国博士的进站人员所占比例为8.95%，比全国的进站比例低1.37个百分点；广东省留学归国博士的进站人员所占比例为14.71%，比全国的进站比例高5.71个百分点；浙江省留学归国博士的进站人员所占比例为6.72%，比全国的进站比例高2.16个百分点。

（4）东部地区经济文化教育综合水平较高或快速发展，其招收的外籍博士后所占比例高于全国进站比例；东北、西北、西南地区招收的外籍博士后所占比例与全国的进站比例相近或略低。例如，上海市招收的外籍博士后所占比例为13.31%，比全国进站比例高4.86个百分点；浙江省招收的外籍博士后所占比例为9.75%，比全国进站比例高5.19个百分点；广东省招收的外籍博士后所占比例为13.04%，比全国进站比例高4.04个百分点；贵州省招收的外籍博士后所占比例为0.4%，比全国进站比例高0.03个百分点，两者所占比例十分相近。

（5）27个省（自治区、直辖市）博士后进出站总体分布、科研流动站进出站分布、科研工作站进出站分布、留学归国博士进站分布以及外籍博士来华做博士后进出站分布，同2015年的分布情况基本相似。具体讲，各省（自治区、直辖市）进出站的总体比例与科研流动站相似，科研工作站进出站分布与全国、科研流动站有明显区别，留学归国博士和外籍来华博士比较青睐东部地区的设站单位，尤其是经济快速发展、教育科技水平比较高的省（直辖市）。

2.3.3 进出站博士后年龄结构及比例变化

2016年，全国进出站博士后的年龄结构及其所占比例变化情况如图2—31所示。根据图2—31可知以下几点。

（1）全国、科研流动站博士后进站年龄比例变化曲线趋于一致且排列紧密，两者都是随着年龄段的增大所占比例逐步下降。全国、科研流动站、科研工作站出站博士后年龄比例变化曲线趋于一致且排列紧密，三者都是"30岁及以下"至"31~35岁"之间的曲线陡增至最高点，然后下降，且"31~35岁"至"36~40岁"的降幅比较明显；留学归国博士和外籍来华博士进站年龄比例变化曲线趋于一致，但排列有些松散，都是"31~35岁"处为最高点，第一年龄段与第二年龄段以及第二年龄段与第三年龄段增减幅度比

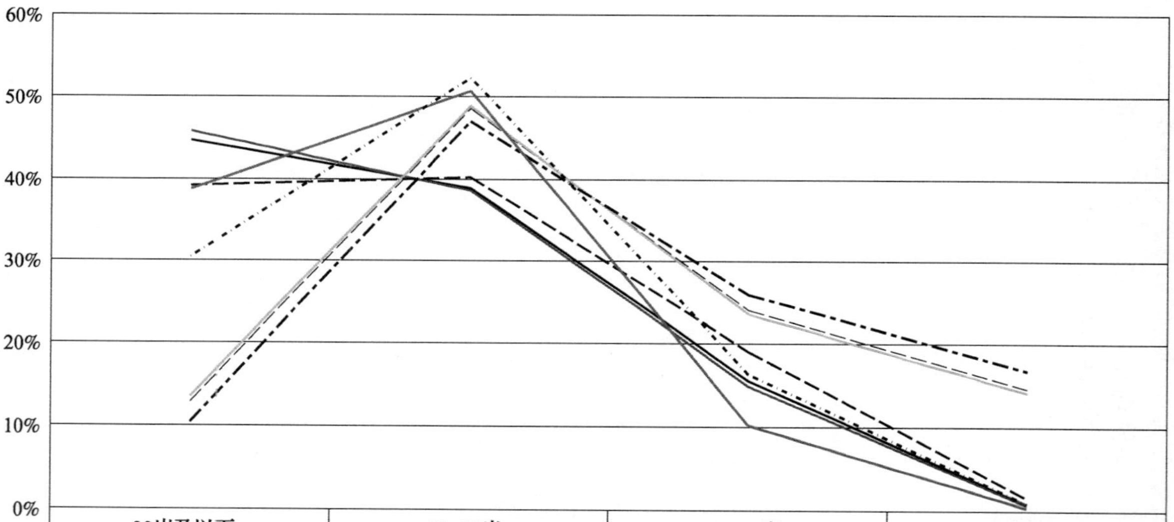

	30岁及以下	31~35岁	36~40岁	40岁以上
全国进站比例	44.67%	38.91%	15.55%	0.86%
全国出站比例	12.85%	48.56%	23.99%	14.6%
科研流动站进站比例	45.79%	38.59%	14.89%	0.73%
科研流动站出站比例	13.48%	48.86%	23.52%	14.14%
科研工作站进站比例	39.18%	40.23%	19.03%	1.56%
科研工作站出站比例	10.39%	47%	25.85%	16.76%
留学归国博士进站比例	38.73%	50.66%	10.21%	0.4%
外籍来华博士进站比例	30.43%	52.31%	16.34%	0.92%

图 2-31 2016 年进出站博士后的年龄结构及其比例变化曲线

较明显;科研工作站进站博士后所占比例变化曲线虽然也是"31~35岁"处为最高点,由于第一、第二年龄段所占比例非常相近,"30岁及以下"至"31~35岁"之间几乎为一条水平线,第二与第三年龄段及第三年与第四年龄段的降幅相近,所以"31~35岁"之后几乎为一条直线。

(2)全国、科研流动站、科研工作站、留学归国博士、外籍来华博士的进站年龄比例变化曲线与2015年非常相似,但全国、科研流动站、科研工作站出站博士后年龄比例变化曲线与2015年相差较大。2015年全国、科研流动站、科研工作站各年龄段出站人员所占比例与进站情况十分相似,40岁以上的出站人员所占比例均在3%左右,30岁及以下的出站人员所占比例均在44%以上;2016年40岁以上的出站人员所占比例均超过了14%,30岁及以下的出站人员所占比例则在10%~14%之间。这可能是设站单位对于比较年轻的博士后允许其适当延期1年,从而降低了低年龄段出站人员的比例;同时因为加强了在站时间超长人员的出站催办工作,导致高年龄段人员的出站人员增加(2016年全国出站博士后人员中有221人超过45周岁)。

2.3.4 出站博士后去向分布及比例变化

2016年,全国出站博士后的去向分布及比例变化曲线如图2—32所示。

根据图2—32可知,全国、科研流动站和科研工作站出站博士后中,回原工作单位的人数最多,进二站、出国、回原籍待业、其他去向的变化曲线走向一致,比例值相近。全国、科研流动站出站博士后选择流动到新单位的人数比例居第二位,而科研工作站出站博士后留设站单位的人员比例居第三位。与2015年相比,出站博士后各个去向所占比例变化不大,只是在科研流动站出站博士后人员中,回原工作单位的人数超过了流动到新单位的人数。

2.4 博士后进出站工作的总体分析与建议

(1)全国、科研流动站、科研工作站进出站博士后总人数持续增加。2016年全国博士后科研流动站进站总人数比2015年增加1 284人,同比增幅约为9.57%;出站博士后数量增加1 266人,同比增幅约为18.07%。2016年全国博士后科研工作站进站总人数比2015年增加364人,同比增幅约为14.09%;出站博士后数量增加149人,同比增幅约为8.44%。为进一步贯彻落实国家有关部门加快高层次创新型青年人才培养步伐的指示精神,建议继续保持博士后进出站总人数持续稳定增长的态势。

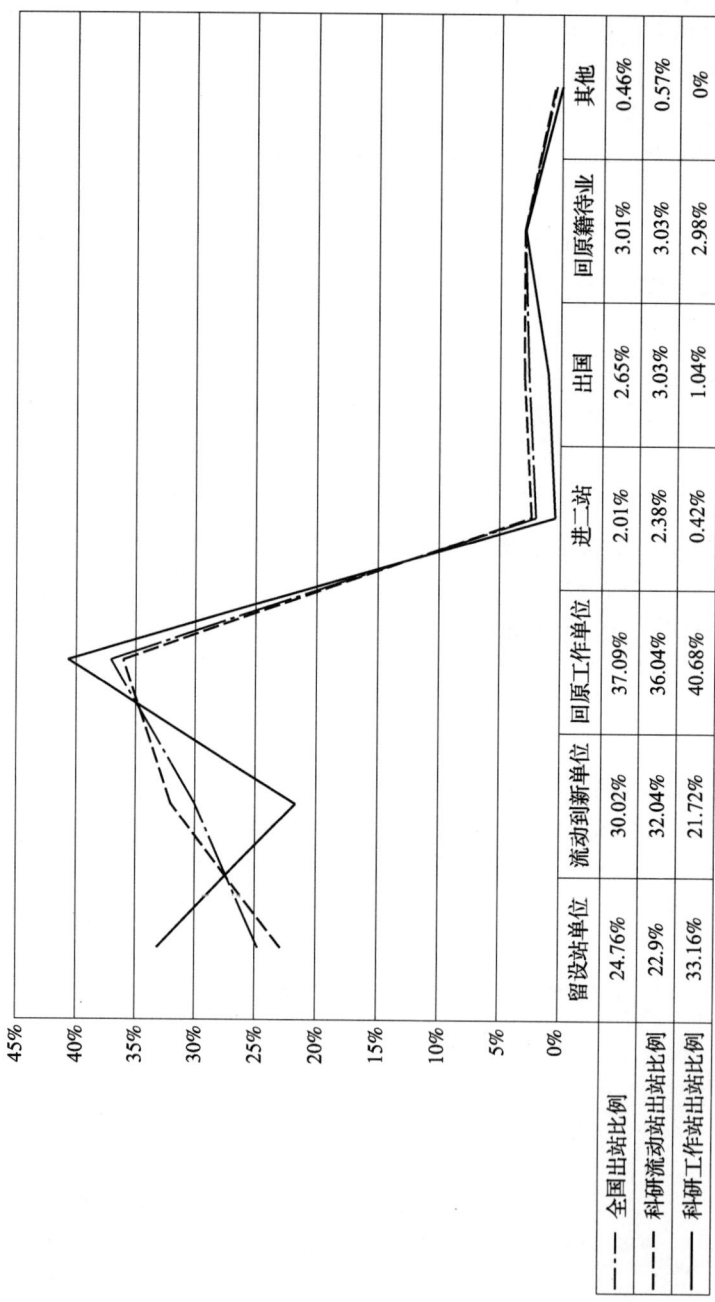

图 2—32 2016年出站博士后去向选择及比例变化曲线

(2) 科研流动站、科研工作站进出站博士后人数相差悬殊。2016 年全国博士后科研流动站进站人员占进站总人数的 83.11%，而博士后科研工作站进站人员只占进站总人数的 16.66%，两者相差 66.45 个百分点。2016 年全国博士后科研流动站出站人员占出站总人数的 80.9%，而博士后科研工作站出站人员只占出站总人数的 18.72%，两者相差 62.18 个百分点。这与现有博士后科研流动站、科研工作站的设站数量（分别为 3 009 个、3 364 个）形成明显倒挂的现象。为此建议：博士后工作主管部门及博士后科研工作站设站单位通过深入调查研究，找准博士后科研工作站难招收博士后的真正原因，进一步改革科研工作站招收博士后人员办法，调动科研工作站招收博士后研究人员的积极性，不断扩大科研工作站招收博士后的数量规模。要鼓励企事业单位科研工作站围绕博士后研究人员组建科研创新团队，支持科研工作站博士后研究人员参与国家和省部级重点领域、重大专项、前沿技术和重大科学研究计划。

(3) 进出站博士后所在学科门类排列前 3 位的与往年基本相同，且进站数量呈现递增趋势。2016 年进站博士后人员所在学科门类位列前 3 的仍然是工学、理学和医学，且进站数量呈递增趋势。其中，工学增加了 1 027 人，同比增幅约为 16.66%；理学增加了 439 人，同比增幅约为 11.03%；医学增加了 303 人，同比增幅约为 20.5%。2016 年出站博士后人员所在学科门类位列前 3 位的也是工学、理学和医学，且呈递增趋势，与进站博士后人员的数量呈正相关关系。其中，工学增加了 627 人，同比增幅约为 18.13%；理学增加了 290 人，同比增幅约为 13.82%；医学增加了 125 人，同比增幅约为 22.77%。如果任由这一现象发展下去，在进出站总量不变的情况下，其他学科门类尤其是哲学、文学、艺术学的在站博士后研究人员比例必将出现不断下降的趋势。为此建议：要分类做好博士后招收和培养工作，在维持工学、理学和医学 3 个学科门类进出站博士后适当数量的同时，充分考虑其他学科门类特别是人文社科类博士后进出站数量的增长，对于哲学、文学、艺术学等在站博士后人员较少的学科，在招收数量上要实施政策倾斜，以保证各个学科门类博士后人才培养的均衡发展。

(4) 进出站博士后人员所在地域分布与往年基本相同但增减数量差别较大。2016 年全国博士后进站人数位列前 3 名的是北京市、江苏省和广东省，其中广东省由 2015 年的第 4 位跃升至第 3 位，而上海市由 2015 年的第 3 位下降至第 4 位。2016 年全国博士后出站人数位列前 3 名的是北京市、上海市和江苏省，位次与 2015 年相比没有变化。但 2016 年进出站博士后人数增减情况与 2015 年相比差别比较大。全国进站博士后人数增量位居前 3 位的分别是山东省、广东省和江苏省。其中，山东增加 391 人，同比增幅约为 41.55%；广东增加 381 人，同比增幅约为 31.44%；江苏省增加 309 人，同比增幅约为 20.37%。全国出站博士后人数增量位居前 3 位的分别是北京市、江苏省、山东省。其中，北京市增加 397 人，同比增幅约为 13.45%；江苏省增加 224 人，同比增幅约为 31.02%；山东省增加 161 人，同比增幅约为 41.07%。相比之下，2016 年部分省（自治区、直辖市）进出站博士后人数减少量较大。为此建议：引导多年来招收博士后人数较多的省（直辖市）重点招收国家和地方急需的"高精尖缺"人才，紧密结合国家、地方重点支持的新兴战略发展领域和重大项目研究领域招收培养博士后，而对云南、贵州、四川、青海、宁夏、新疆等省（自治区）在博士后招收政策上适度放宽要求，鼓励这些地区多招收和多培养博士后人才。

（5）进站博士后人员年龄结构及其分布趋于合理。2016 年进站博士后研究人员中，年龄 35 岁及以下的占进站总人数的 83.58%。其中，30 岁及以下的 7 903 人，比 2015 年增加 436 人，同比增幅约为 5.84%；40 岁以上的 153 人，比 2015 年减少 183 人，同比降幅约为 83.61%。为此建议：进一步贯彻落实国办发〔2015〕87 号文件中有关博士后研究人员进站年龄的相关规定，严格控制 40 岁以上进站人员的比例，尤其是不得招收年龄偏大且为党政机关领导干部的人员在职从事博士后研究。

（6）进站的留学归国博士和外籍来华博士所在学科、地域过于集中。2016 年进站的留学归国博士所在学科集中在理、工、农、医类，占留学归国博士进站总人数的 78.87%。进站所在区域集中在北京、上海、广州一线城市和南京、杭州、济南、西安等省会城市，占留学归国博士进站总人数的 73%。进站的外籍来华博士，亚洲籍、非洲籍的人员占进站总人数的 78.79%，而教育科技水平比较发达的欧洲和美国的人员相对较少；进入理、工、农、医类博士后站的人员占进站总人数的 93.68%；选择到北京市、上海市、江苏省、浙江省、广东省做博士后研究工作的占进站总人数的 63.64%。为此建议：一方面继续加大中国博士后制度的宣传力度，注重引导留学归国博士和外籍来华博士正确选择博士后研究的地域和学科；另一方面，努力改善非一线城市、省会城市特别是中西部地区博士后设站单位的科研环境，大力扶持理、工、农、医类之外的学科门类，力求形成更多的优势学科，吸引更多留学归国博士和外籍来华博士进站做博士后研究。

2.5　2016 年博士后研究人员挂职锻炼活动

2016 年，中国博士后科学基金会（以下简称"基金会"）继续组织部分优秀博士后开展挂职锻炼服务活动,相关省(自治区、直辖市)也根据所在区域基层党政机关和企事业单位的人才培养需求,积极组织在站博士后开展挂职锻炼活动,不仅提升了博士后研究人员的科研创新和社会实践能力,而且推动了地方经济、科技、文化的建设与发展,实现了双赢。

2.5.1 "基金会"组织的博士后挂职服务活动

2.5.1.1 "基金会"组织博士后赴钦州市的挂职服务活动

2016年"基金会"继续与广西壮族自治区钦州市合作实施第四期"筑巢引博"行动。① 钦州市17个单位提供了34个博士后挂职锻炼岗位,接收单位和岗位需求详见表2—29。

表2—29　　2016年钦州市博士后挂职锻炼岗位需求计划表

序号	接收单位	挂任职务	岗位主要职责和任务	所需专业或研究方向	挂职岗位及数量(人)
1	市人大财经委	副主任委员	联系市直财政经济金融部门,按法律法规进行预决算审查,听取联系部门相关工作情况汇报,完成自治区人大财经委交办的任务和市人大及其常委会交付的议案审议和处理工作	财政、经济类	1
2	市委宣传部	副部长	负责新闻宣传、新媒体融合发展等	新闻专业	1
3	市委政研室	副主任	负责市委、市政府重大专项调查研究,为市委、市政府提供决策服务	经济类	1
4	市中级人民法院	院长助理、审判委员会委员	负责法院审判工作理论研究和指导工作,科研院(所)联系工作	法学类	1

① 从2013年开始,全国博士后管委会办公室、中国博士后科学基金会与广西钦州市合作实施"筑巢引博"行动,面向全国选聘优秀博士后到各县区、产业园区和市直属单位挂职锻炼,通过挂职锻炼服务活动,有计划、有重点地引进优秀人才。截至2015年年底,已经实施了3期"筑巢引博"行动,共引进优秀博士后35人。

续表

序号	接收单位	挂任职务	岗位主要职责和任务	所需专业或研究方向	挂职岗位及数量（人）
5	市司法局	局长助理	负责提供法律服务、法律援助、人民调解，处理律师事务，进行法制宣传，上报社情民意以及其他相关工作	法律专业	1
			负责社区矫正工作，对矫正对象定期开展思想、法制、社会公德等方面的教育，做好对社区矫正对象的监督考察及其他相关工作	法律专业	1
6	市卫计委	市卫生学校副校长	负责科研、教学工作	临床医学专业	1
				药学专业	1
		市第一人民医院副院长	负责临床、科研工作	肿瘤学	1
		市妇幼保健院副院长	负责临床管理或实验室工作	生殖临床或生殖实验室	1
7	市海洋局	副局长	负责落实钦州市海洋经济发展"十三五"规划、海洋环境保护计划等工作	海洋经济、海洋环境保护、海域使用与管理	1
8	市法制办	副主任	负责政府法律事务、规范性文件审查、行政复议、行政诉讼	行政法学	1
9	市石化办	副主任	负责石化园区规划或石化产业链培植	规划或石油化工类	1
10	市投资促进局	副局长	负责协助局长开展工作	新材料、新能源	1

续表

序号	接收单位	挂任职务	岗位主要职责和任务	所需专业或研究方向	挂职岗位及数量（人）
11	中马钦州产业园	财政局副局长、副总监	负责金融发展工作	金融专业	1
			负责财政工作	财政或经济类	1
		投资合作局副局长	负责对外招商合作	经济类、工程类专业	1
		组织人事处副处长	负责人力资源服务工作	人力资源专业	1
		中马研究院副院长（或经发局副总监）	负责政策研究	自贸试验区政策或中国—东盟合作	2
		中马研究院研究员	负责中国与马来西亚及东盟国家相关研究	经济学专业（宏观经济学或产业经济学）	2
				金融学专业	1
				法学专业	1
				财经、技术类复合型专业	2
12	市开投集团公司	副总经理	负责协助开展集团公司融资工作	金融经济、财会	1
13	灵山县	副县长	负责城建规划工作	城建规划、城镇化建设	1
			负责教育工作	熟悉教育及管理	1
14	浦北县	副县长	负责县域经济发展工作	法律专业	1
15	钦南区	副区长	负责研究区域发展规划、金融发展方向及规划、园区建设规划及招商引资工作	经济学、金融学专业	1
			负责研究钦南区农业特色产业规划等工作	农业产业规划及发展	1

续表

序号	接收单位	挂任职务	岗位主要职责和任务	所需专业或研究方向	挂职岗位及数量（人）
16	钦北区	副区长	负责经济、金融或工业园区管理工作	经济、金融、工业园区管理	1
17	钦州港经济技术开发区	管委副主任	负责危化品安全生产攻坚工作	安全生产与管理	1
合计					34

由表2—29可知，2016年钦州市提供的34个博士后挂职锻炼岗位中，有15个属于党政机关部门，有2个属于企事业单位，挂职岗位为副区长、副县长、副部长、副局长、副院长、副主任、副总经理等，履职要求偏重于全局性业务管理与规划等，专业领域涉及经济学、法学、教育学、文学、工学、医学、管理学等多个学科门类，详见表2—30、图2—33。

表2—30　2016年赴钦州市挂职锻炼博士后所在学科门类数量

序号	学科类别	挂职数量（人）	序号	学科类别	挂职数量（人）
1	经济学	15	5	工学	6
2	法学	6	6	医学	4
3	教育学	1	7	管理学	1
4	文学	1	合计		34

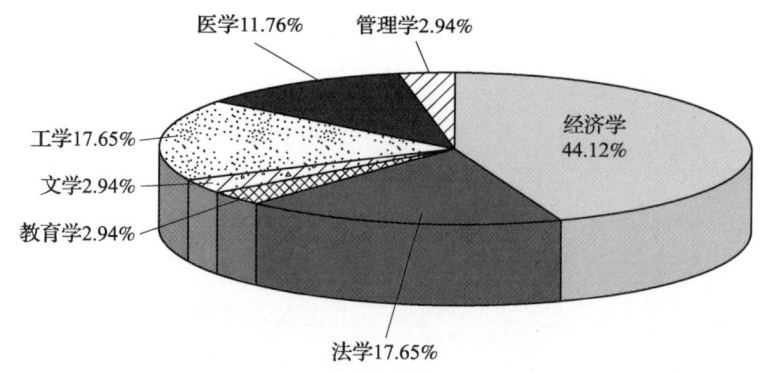

图2—33　2016年赴钦州市挂职锻炼博士后所在学科门类占比

由表2—30、图2—33分析可知,在2016年钦州市挂职锻炼博士后的专业需求中,经济学的人数最多,为15人,占挂职锻炼人数的44.12%;其次是法学和工学,均为6人,占挂职锻炼人数的17.65%;再次是医学,为4人,占挂职锻炼人数的11.76%;教育学、文学、管理学均为1人,占挂职锻炼人数的2.94%。此外,根据钦州市提供的挂职锻炼岗位和专业需求,全国共有34名博士后提出挂职锻炼申请,后经中国博士后科学基金会和钦州市组织人事部门联合审核,来自北京大学、清华大学、中国海洋大学等院校的24名博士后获得面谈资格,实际参加面谈考察的人员为19人,最终确定清华大学、上海财经大学、中国社会科学院等院所的13名博士后,分别到钦州市直属部门以及钦南、钦北等地进行挂职服务。据了解,这13名博士后非常珍惜此次挂职锻炼的机会,在各自的工作岗位上都干得很出色,受到了用人单位的广泛好评。

2.5.1.2 "基金会"组织博士后赴葫芦岛市的挂职服务活动

2016年"基金会"组织博士后赴辽宁省葫芦岛市开展挂职服务活动。葫芦岛市21家单位提供了23个博士后挂职锻炼岗位,详见表2—31。

表2—31　　2016年葫芦岛市博士后挂职锻炼需求计划表

序号	需求单位	挂任职务	岗位主要职责	所需专业方向或研究方向	挂职岗位及数量(人)
1	市政府金融办	副主任	1. 结合葫芦岛市市情,研究推动葫芦岛市互联网金融、普惠金融、绿色金融等新型金融业态发展 2. 结合葫芦岛市产业结构、财政、经济发展现状及"十三五"发展规划,研究推动葫芦岛市投融资体制改革,促进葫芦岛市新型融资渠道及工具使用,有效借助金融工具推动地区经济发展 3. 积极协助做好当前金融风险防范及处置工作	金融发展与金融结构、区域投融资与区域经济、金融风险管理	1
2	市招商局	副局长	负责搭建招商平台,进行项目对接、科研成果转化,充分利用各种资源开展招商活动	高新技术	1

续表

序号	需求单位	挂任职务	岗位主要职责	所需专业方向或研究方向	挂职岗位及数量（人）
3	市旅游委	副主任	负责旅游宣传、旅游项目建设开发	旅游管理、营销类	1
4	市经济和信息化委	副主任	负责组织实施"中国制造2025"葫芦岛行动规划	装备制造	1
5	市发展改革委	副主任	研究制定推进"智慧城市"建设的各项措施，研究起草促进智慧城市健康发展的相关政策，指导"智慧城市"建设各成员单位的分工和协调	云计算、大数据等与"智慧城市"建设相关的专业	1
6	市环保局	副局长	协助局长领导业务工作	环境科学	1
6	市环保局	副局长	分管环保业务工作	土壤修复方向	1
7	市政府法制办	副主任	负责重大合同、决策、项目的合法性审查及法律实施	行政法或商法	1
8	市规划局	副局长	负责城市规划工作	城建规划类	1
9	市科技局	副局长	负责"双创"基地建设	科技管理	1
10	市体育局	副局长	负责体育场维运营、管理	体育场维运营、管理	1
11	市港口与口岸局	副局长	负责全市港口规划建设	港口及航道工程	1
12	市卫生计生委	副主任	负责基层公共卫生及疾病预防	医疗管理	1
13	市疾控中心	副主任	负责公共卫生防疫	公共卫生	1
14	市妇幼保健院	副院长	负责临床管理或实验室工作	妇科、儿科专业	1
15	市中心医院	副院长	负责医疗管理	医院管理	1

续表

序号	需求单位	挂任职务	岗位主要职责	所需专业方向或研究方向	挂职岗位及数量（人）
16	市规划设计院	副院长	负责葫芦岛区域研究、风貌规划	城市规划类	1
17	渤海船舶职业学院	系副主任	负责科研教学	船舶动力	1
18	大台山果树农场	副场长	负责农场规划、水土保持等工作	果树、水利相关专业	1
19	葫芦岛港集团有限公司	生产业务部副经理	负责葫芦岛港生产运营	港口经营管理	1
20	葫芦岛高新技术产业开发区	副主任	负责招商引资工作	工科	1
21	市投资集团有限公司	副总经理	对有关"政府购买服务"和"PPP"内容有清晰的认识和了解，具有较高管理能力和运作能力	财政、金融、经济类	1
21	市投资集团有限公司	副总经理	落实海洋环境保护计划等相关工作，具备海洋资源利用与管理经验，熟悉海岸工程，对于人工鱼礁、深海网箱等方面有实践性经验	海洋经济、海洋环境保护、海域使用与管理	1
合计					23

由表2—31分析可知，2016年葫芦岛市21个拟接收博士后挂职锻炼的单位中，有13家属于党政机关部门，8家为企事业单位；挂职锻炼岗位分别是副局长、副院长、副主任、副总经理等；从需求专业或研究方向来看，主要集中在经济学（2人）、法学（1人）、理学（2人）、工学（8人）、医学（4人）、管理学（5人）。根据葫芦岛市博士后挂职锻炼需求计划，"基金会"协

调相关博士后设站单位组织博士后积极报名参加，按照"专业对口、急需紧缺"的原则进行筛选，最终确定中国社会科学院农村发展研究所、清华大学、哈尔滨工业大学、中国海洋大学、沈阳大学、北京大学医学部的 6 名优秀博士后于 2016 年 11 月 10 日到葫芦岛挂职服务，并签订了《挂职服务协议书》。根据协议，葫芦岛市相关部门为 6 名优秀博士后免费提供了住宿和办公用房，发放给每人每年生活补贴 6 万元人民币，还购买了人身意外伤害险。6 名参加挂职锻炼的优秀博士后不负众望，用自己所学专业知识和掌握的技能，为葫芦岛市加快"智慧城市"建设、旅游宣传及其项目推介、基层公共卫生及疾病预防等服务，受到了有关部门和用人单位的好评。

2.5.1.3 "基金会"组织博士后赴天津市的挂职服务活动

2016 年 4 月 15 日，"基金会"与天津市人力资源和社会保障局联合举办"2016 年天津博士后人才与项目引荐会"，天津共有 5 家企事业单位提出博士后挂职锻炼需求计划，详见表 2—32。

表 2—32　2016 年天津市部分企事业单位博士后挂职锻炼岗位需求计划

序号	单位名称	挂职锻炼岗位	专业要求	数量（人）
1	天津凯德实业有限公司	化工机械设计工程师/机械设计工程师	化工机械设计/机械设计	2
2	天津市宁河现代生物技术研究推广中心	种猪及饲料生产研发部	动物遗传、营养、兽医	3
3	天津金城银行股份有限公司	研究员	经济学、金融学、计量经济学	1~2
4	天津唐邦科技股份有限公司	硬件研发工程师	医疗电子类	1
4	天津唐邦科技股份有限公司	软件研发工程师	虚拟现实应用	1
5	民生金融租赁股份有限公司	业务规划研究	数理统计、经济、金融类	2
合计				10~11

由表 2—32 分析可知，2016 年除"基金会"协调组织的博士后赴天津挂职锻炼服务活动外，天津市本身如西青区、红桥区、河西区等还通过招聘会、联谊会、项目引荐会等形式，单独组织了博士后挂职锻炼服务活动。例如，西青区围绕互联网金融、工业园区建设、电子信息产业发展等重点任务的人

才需求，由区政府办、区人才办、开发区等单位提供了10个博士（后）挂职锻炼岗位，吸引了来自清华大学、中国传媒大学、中国科学院、社会科学院等知名高校和科研院所的30名博士（后）报名参加，最终有15名博士（后）被派赴西青区各有关单位挂职锻炼，促进了西青区互联网金融、工业园区建设和电子信息产业的发展。

2.5.2 部分省（直辖市）组织的博士后挂职锻炼活动

2.5.2.1 北京市组织的博士后挂职锻炼活动

2016年，为充分发挥首都教育资源和智力优势，发现、培养和储备一批有发展潜力的青年人才，为进一步推进首都改革发展提供人才支持，北京市委组织部、市委教育工委继续组织选拔硕士、博士和博士后等进行挂职锻炼活动。全市预设挂职锻炼岗位402个，需求挂职人员448名，符合博士（后）挂职锻炼岗位要求的人数为229人，详见表2—33、图2—34。

表2—33　2016年北京市拟接收博士（后）挂职锻炼单位及人数

序号	接收单位类别	拟挂职数量（人）	序号	接收单位类别	拟挂职数量（人）
1	北京市党政机关	36	7	平谷区党政机关	5
2	昌平区党政机关	11	8	顺义区党政机关	10
3	东城区党政机关	14	9	通州区党政机关	10
4	房山区党政机关	25	10	延庆区党政机关	4
5	海淀区党政机关	43	11	企事业单位	70
6	怀柔区党政机关	1		合计	229

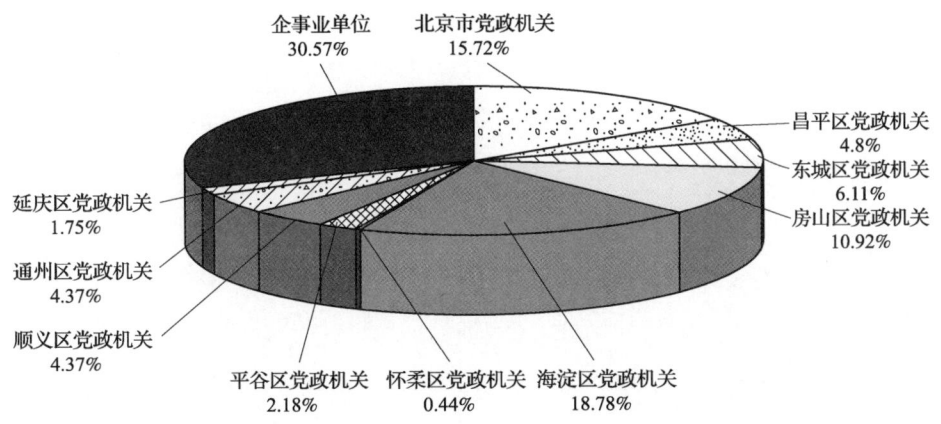

图2—34　2016年北京市接收博士（后）挂职锻炼单位分布比例

由表2—33、图2—34可知，2016年北京市党政机关部门拟接收挂职锻炼博士（后）159人，占挂职锻炼博士（后）的69.43%；企事业单位拟接收挂职锻炼博士（后）70人，占挂职锻炼博士（后）的30.57%。在党政机关部门中，海淀区党政机关拟接收挂职锻炼的博士（后）最多，为43人，占挂职锻炼博士（后）的18.78%；其次是北京市党政机关部门，为36人，占挂职锻炼博士（后）的15.72%；再次是房山区党政机关部门，为25人，占挂职锻炼博士（后）的10.92%，其他区党政机关拟接收人员大多在10人左右。从挂职锻炼岗位和级别来看，北京市党政机关提供的博士（后）挂职锻炼岗位主要是局长助理、部长助理、书记助理、主任助理、镇长助理等，级别为副处级或正科级；企事业单位提供的博士（后）挂职锻炼岗位主要是总裁助理、总经理助理、厂长助理、项目经理、部门主管等，一般属于企业中的高层管理人员。

2016年北京市对博士（后）挂职锻炼人员的学科专业需求情况详见表2—34、图2—35。

表2—34 2016年北京市各学科门类博士（后）拟挂职锻炼人员数量

序号	学科类别	挂职数量（人）	序号	学科类别	挂职数量（人）
1	文学、历史学、哲学	29	4	理学、工学、农学	31
2	经济学、管理学、法学	80	5	专业不限	48
3	医学、教育学	41		合计	229

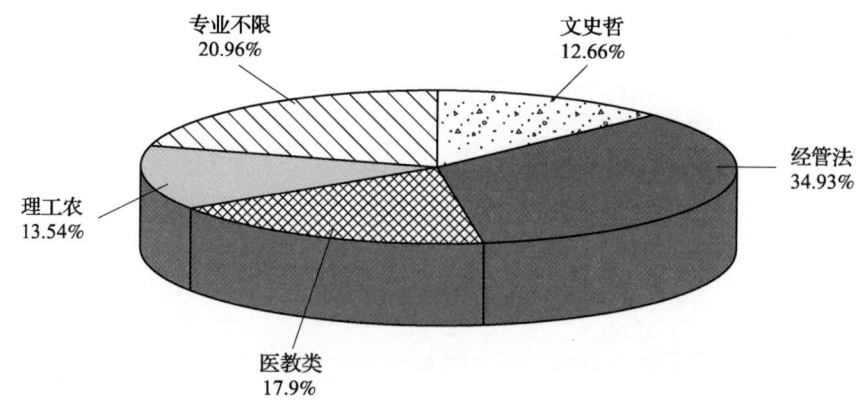

图2—35 2016年北京市各学科门类拟挂职锻炼博士（后）数量占比

由表2—34、图2—35可知，2016年北京市对经济学、管理学、法学3个学科门类的挂职锻炼博士后人员需求量最多，为80人，占挂职锻炼博士后的34.93%；其次是"专业不限"的岗位，为48人，占挂职锻炼博士后的20.96%；再次是医学和教育学2个学科门类，为41人，占挂职锻炼博士后的17.9%；理学、工学、农学3个学科门类为31人，占挂职锻炼博士后人员的13.54%；文学、历史学和哲学3个学科门类的需求量最少，为29人，占挂职锻炼博士后的12.66%。另外，"专业不限"的工作岗位所占比例比2015年（9.9%）明显增加，但是，从其职责任务来看，他们主要从事一些基础调研、协助领导处理日常管理、协助乡镇领导换届、日常行政管理、学生管理等工作，这些工作对挂职锻炼人员没有太多的专业技术要求，具有博士学位的人员都能胜任，所以降低了挂职锻炼岗位的要求，扩大了挂职锻炼人员的报名范围。

2016年北京市共有135名人员确认参加挂职锻炼，其中博士后18人。实际参加挂职锻炼的博士后人数与拟接收挂职锻炼的博士（后）人数（229人）之比约为7.86:100，实际参加挂职锻炼的博士后人数与博士后的需求相差较大，与预设的挂职锻炼岗位也不匹配（其原因可参见后文的总体分析与建议）。

2.5.2.2　河北省沧州市组织的博士后挂职锻炼活动

2016年，河北省沧州市接收清华大学21名博士后到该市渤海新区挂职锻炼，其挂职锻炼岗位涉及港口、物流、国际投资、化工、材料科学、生物医药等近20个专业方向。为保证清华大学博士后挂职锻炼工作的顺利进行，渤海新区组织人事部成立了专门工作办公室，制定了博士后挂职锻炼实施办法；建立了"博士后服务微信群"，为挂职锻炼博士后进行信息交流、项目探讨、资源对接、个人需求搭建了综合服务平台；相关单位积极做好挂职锻炼博士后食宿、交通等生活保障工作，解决了他们的后顾之忧。清华大学21名博士后在挂职锻炼期间，充分发挥自己的学术专长，为渤海新区规划建设、保税区、物流网络、人才制度等多项工作提出建议和创想。例如，黄湘民博士后参与了渤海新区公路物流港的规划和研究工作，起草了《渤海新区公路港项目规划（框架）》；胡珊博士后进行了全面调研和考察，撰写了《渤海新区沧海文化公园方案设计意见》……博士后们通过在渤海新区挂职锻炼找到了施展才华的舞台，而渤海新区由于"清华力量"的加入，也优化了本区的人才队伍结构，促进了当地经济发展和产业结构的优化升级。

2.5.2.3　贵州省铜仁市组织的博士后挂职锻炼活动

2016年，贵州省铜仁市为加大人才引进力度，积极向外借智借力，助推本市科学发展，决定面向全社会引进一批博士（后）到铜仁挂职锻炼，其挂职锻炼岗位需求计划详见表2—35。

表2—35　2016年贵州省铜仁市博士（后）挂职锻炼岗位需求计划表

序号	专业方向要求		拟承担工作	挂职需求单位
	学科	专业		
1	哲学	哲学	行政管理和教学科研	铜仁职院人文学院
2	经济学	应用经济学	经济、财政、金融等工作	财政局、高新区、大龙开发区、九龙地矿公司、印江经开区
3	法学	法学、政治学、社会学等	市委重大决策课题指导	政研室
4		民族学	民族学教学与研究	铜仁幼专
5	教育学	教育学	教育教学与管理、科研及其管理工作	教育局、职院、幼专
6	文学	外国语言文学	行政管理和教学科研	铜仁职院国际教育学院
7		新闻传播学	文化产业发展	文体广电新局
8	理学	地质学	浅层地温水（地）源热泵投资与项目实施	九龙地矿公司
9	工学	计算机科技、信息工程、电子科学与技术等	"智慧城市"建设、扶贫云、大数据、电子商务与现代物流等相关工作	住建局、扶贫办、商务局、投促局、环保局、高新区、大龙开发区、印江县、铜仁职院工学院、信息工程学院
10		建筑学、土木工程	城市规划建设管理等工作	大龙开发区、万山区、印江县、印江经开区
11		生物医学工程	中药现代化办公室	科技局
12	农学	农学	农学行政管理和教学科研	铜仁职院农学院
13		园艺学	茶产业发展	印江县
14	医学	基础医学、临床医学、公共卫生与预防医学等	医疗卫生管理及实务工作；行政管理和教学科研	疾控中心、妇保院、职院医学院、护理学院
15		药学	行政管理和教学科研	铜仁职院药学院

续表

序号	专业方向要求		拟承担工作	挂职需求单位
	学科	专业		
16	管理学	管理学	行政管理和教学科研	铜仁职院经管学院
17		企业管理	经营管理、投融资、项目建设等	水投公司
18		旅游管理	旅游资源开发、利用、保护等	玉屏县、石阡县、印江县、德江县

由表2—35可知，铜仁市提供的博士（后）挂职锻炼岗位需求，涵盖了10个大学科门类20个专业，承担的工作有行政管理、教学科研、课题研究与指导、医疗管理与实务、城市规划建设、智慧城市建设、旅游管理开发等，拟接收挂职锻炼的单位主要是县政府、开发区、教育局、科技局、商务局、环保局、医院、高校、专科学校、研究室以及企事业单位等。虽然在表2—35中未明确博士（后）挂职锻炼的具体人数，但据了解，铜仁市各有关单位普遍希望能有更多高层次创新型青年人才前往挂职锻炼服务，以推动铜仁市经济、教育、文化、生态和城市建设发展。

2.6 博士后挂职锻炼活动的总体分析与建议

（1）博士后挂职锻炼服务活动尚未普遍经常地开展。从目前情况看，全国东、中部地区组织博士后挂职锻炼活动的次数和参加人数相对多一些，西部地区组织博士后挂职锻炼活动的次数和参加人数相对较少。这可能与中组部、团中央组织的"博士服务团"，以及中国博士后基金会组织的"博士后科技服务团"有一定关系。自2000年起，中组部、团中央每年都要组织一批"博士服务团"（包括在读博士、已经工作的博士）到重庆市、四川省、贵州省、云南省、西藏自治区、内蒙古自治区、陕西省、甘肃省、宁夏回族自治区、青海省、新疆维吾尔自治区、江西省、海南省（2012年新增）以及吉林省延边朝鲜族自治州、湖北省恩施土家族苗族自治州等地挂职锻炼，截至2016年年底，已经组织了17批（次）。"基金会"每年也组织十几批（次）博士后科技服务团深入中、西部地区开展科技服务活动，中、西部一些地区在上报"博士服务团"和"博士后科技服务团"成员名单时，已将博士后挂职锻炼服务的需求报至相关部门，再单独上报博士后挂职锻炼的人数自然也就减少。有不少省（自治区、直辖市）对组织博士后挂职锻炼服务活动不重视、不经常，有的 2 年或更长时间才组织一次，真正将博士后挂职锻炼服务作为一项经常性工作来抓的很少。此外，有些地区自发组织了"博士（后）进企业活动"，这也从一定程度上对博士后正常参加挂职锻炼服务产生影响。为此建议：考虑到"博士服务团""博士后科技服务团""博士（后）进企业活动"与博士后挂职锻炼服务活动的主体相同、目的基本一致，应当由全国和各地博士后主管部门出面，协调相关博士后设站单位，将博士后挂职锻炼活动与"博士服务团""博士后科技服务团"以及"博士（后）进企业活动"等有机结合起来，一并科学筹划、计划和组织实施，防止互相冲突、顾此失彼。

（2）博士后挂职锻炼服务活动的批次和人数仍然偏少。2016 年，由"基金会"组织的博士后挂职锻炼服务活动共 3 个批次，实际参加挂职锻炼服务的只有 34 人左右，各省（自治区、直辖市）组织的挂职锻炼活动更少，除能够查询到的北京市、河北省沧州市、贵州省铜仁市分别组织了部分博士后挂职锻炼外，其他省（自治区、直辖市）都没有发现单独组织博士后挂职锻炼的相关信息。有的省（直辖市）提出挂职锻炼需求岗位和拟接收的挂职锻炼人数较多，但实际落实到位的人数尤其是博士后参加挂职锻炼的人数较少。有的博士后挂职锻炼需求计划不详细不具体，就连实际需求人数也不明确，很可能变成"纸上谈兵"。另据一些在站博士后反映，他们对博士后挂职锻炼服务的相关政策还了解不深透，对有些地方挂职锻炼服务需求信息掌握也不及时。为此建议：全国和各地博士后主管部门要通过中国博士后网站、各省（自治区、直辖市）人力资源管理部门的门户网站、《中国博士后》杂志等，大力宣传组织博士后参加挂职锻炼的好处，积极推广相关省（自治区、直辖市）博士后挂职锻炼管理实施办法，介绍博士后在挂职锻炼期间取得的成果以及为接收单位所创造的经济效益、社会效益等，使人们充分认识到，持续有计划地选派部分优秀在站博士后开展挂职锻炼服务，不仅可以让博士后在挂职服务过程中得到锻炼、增长才干，提高中国高层次人才培养质量，而且可以为企事业单位或基层政府机关加强干部队伍建设提供新的途径和平台，从而提高做好优秀在站博士后开展挂职锻炼服务的积极性、主动性和创造性。

（3）博士后挂职锻炼活动的实际成效不太理想。其中原因很多：一是博士后挂职锻炼的时间相对较短。半年的挂职锻炼时间，对于人文社科类的博士后可以开展一些相关社会调研，如果是复杂的项目，撰写调研报告都无法完成；对于理工类的博士后，如果是较大的工程项目和新产品的开发等，在半年时间内通常难以完成，也许只能开展一些需求项目的调研、项目方案设计等工作，不能全程参与或主持一个工程或产品开发，难以提高其系统的科研能力和水平。这可能是导致部分博士后参加挂职锻炼积极性不高的一个重要原因。二是接收单位提供的挂职岗位大多是协助相关领导处理日常事务和行政管理、协助乡镇领导换届选举等，扮演着"跑部员""联络员""招商员"等角色，做好这些工作也能锻炼博士后的组织协调能力、统筹沟通能力等，但与其以从事科研工作为主的身份不相吻合。三是有的博士后设站单位担心博士后离站后不好管理，甚至会影响到其在站课题或科研项目的进度而不能按时出站，因此不支持他们参加挂职锻炼活动。四是有些接收单位要求博士后挂职锻炼期间必须全职参加工作，达到规定的出勤时间要求才能发放相关福利补助，否则就要扣发，加上部分博士后过分计较挂职锻炼期间的福利待遇和补贴，也影响了挂职锻炼的积极性与实际成效。为持续扩展和推进博士后挂职锻炼工作，提高博士后挂职锻炼的质量效益，建议有关部门进一步加强相关制度建设，抓紧研究出台《博士后挂职锻炼工作管理实施办法》，对博士后挂职锻炼的基本条件、选拔程序、挂职时间、福利待遇、补贴标准、考核管理等做出明确统一的规范。同时，广泛搭建交流平台，支持帮助博士后在挂职锻炼期间发挥积极作用；不断总结经验教训，促进全国博士后挂职锻炼成果的积累，打造博士后挂职锻炼特色品牌，促使博士后挂职锻炼服务工作保持经常并不断走向正规有序。

第三章　2016年中国博士后科学基金资助工作

2016年，在全国博士后管委会的领导下，全国博士后管委会办公室、中国博士后科学基金会继续组织开展中国博士后科学基金面上资助（含"西部地区博士后人才资助计划"，以下简称"西部资助计划"）和特别资助的申报评审工作，实施与中国科学院共同开展联合资助优秀博士后项目，联合科学出版社组织优秀学术专著出版资助申报评审出版工作，同时为吸引新近毕业的优秀博士从事博士后研究工作，首次在全国组织实施了"博士后创新人才支持计划"（以下简称"博新计划"），对于实施人才强国战略、培养更多高层次创新型青年人才和促进高层次人才队伍建设，发挥了独特的不可替代的重要作用。

3.1　2016年中国博士后科学基金面上资助工作

2016年，中国博士后科学基金面上资助（含"西部资助计划"）工作分两批进行，提交申请的博士后研究人员17 978人（不含军队系统），获资助博士后研究人员5 870人，资助比例约为32.65%。其中，第59批面上资助有8 630人提交了申请，获资助博士后研究人员2 915人（含"西部资助计划"40人），资助比例约为33.78%。第60批面上资助有9 348人提交了申请，获资助博士后研究人员2 955人（含"西部资助计划"40人），资助比例约为31.61%。[①]

3.1.1　第59批面上资助工作

3.1.1.1　第59批面上资助的学科门类分布

2016年，共有2 875名博士后研究人员获得第59批面上资助，涵盖了13个

---

① 这里及本章参考引用的其他原始数据、资料等信息除特别注明出处外，均源自中国博士后网、中国博士后网上办公系统和中国博士后科学基金会官网，作者又对相关数据和资料进行了认真核实、重新整理和加工。需要说明的是，本报告有关2016年中国博士后科学基金申请人员、资助人员和资助总经费中均不包括军队系统，因此与《2017年度中国博士后科学基金资助申请指南》公布的数据存在差别。

大学科门类。其中，工学获得资助的人数最多，为 1 106 人（其中获一等资助 378 人、二等资助 728 人），约占该批面上资助总数的 38.47%；理学获资助人数次之，为 630 人（其中获一等资助 228 人、二等资助 402 人），约占该批面上资助总数的 21.91%；再次是医学，获得资助 317 人（其中获一等资助 109 人、二等资助 208 人），约占该批面上资助总数的 11.03%，详见表 3—1、图 3—1。

表 3—1　　　获第 59 批面上资助人员所在的学科门类分布

序号	学科门类	一等资助数量（人）	二等资助数量（人）	资助总数（人）
1	哲学	14	25	39
2	经济学	41	74	115
3	法学	47	99	146
4	教育学	20	40	60
5	文学	32	65	97
6	历史学	14	31	45
7	理学	228	402	630
8	工学	378	728	1 106
9	农学	47	94	141
10	医学	109	208	317
11	军事学	1	2	3①
12	管理学	54	100	154
13	艺术学	7	15	22
	合计	992	1 883	2 875

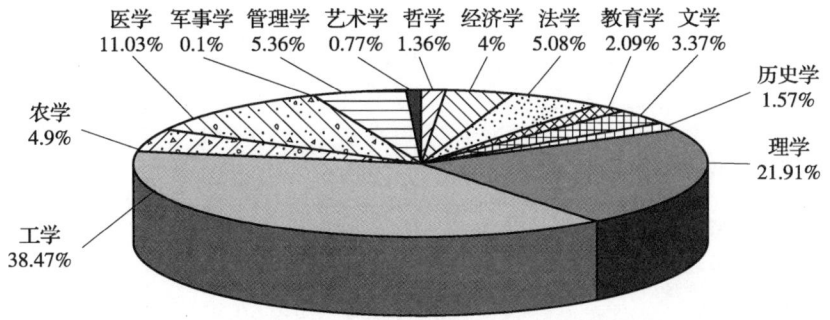

图 3—1　各学科门类获得第 59 批面上资助人员所占比例

---

① 这里获得一等资助 1 人、二等资助 2 人，均是由地方设站单位招收的军事学博士后所获得。

由表 3—1、图 3—1 分析可知，与 2015 年第 58 批相比，第 59 批面上资助历史学和理学获得资助的人数分别减少 7 人、28 人，农学获得资助的人数持平，其他 10 个学科门类获得资助的人数均有所增加。获得资助人数增加最多的是医学，为 70 人，增幅约为 28.34%；其次是教育学，为 26 人，增幅约为 76.47%。

3.1.1.2 第 59 批面上资助区域分布

2016 年获得第 59 批面上资助人员所在的区域覆盖了 28 个省（自治区、直辖市），西藏自治区无人申报也无人获得资助，海南省、青海省虽有人申报但无人获得资助。在获得资助的各个省（自治区、直辖市）中，北京市获得资助的人数最多，为 567 人，占该批面上资助总人数的 19.72%；江苏省获得资助的人数次之，为 365 人，占该批面上资助总人数的 12.7%；再次是上海市，为 261 人，占该批面上资助总人数的 9.08%；内蒙古自治区、宁夏回族自治区均有 1 人获得资助，占该批面上资助总人数的 0.03%，详见表 3—2、图 3—2。①

表 3—2　28 个省（自治区、直辖市）获第 59 批面上资助人员数量

序号	省（自治区、直辖市）	资助数量（人）	序号	省（自治区、直辖市）	资助数量（人）
1	北京	567	16	河南	59
2	天津	51	17	湖北	145
3	河北	10	18	湖南	67
4	山西	13	19	广东	233
5	内蒙古	1	20	广西	10
6	辽宁	72	21	重庆	55
7	吉林	64	22	四川	103
8	黑龙江	97	23	贵州	3
9	上海	261	24	云南	12
10	江苏	365	25	陕西	200
11	浙江	90	26	甘肃	16
12	安徽	78	27	宁夏	1
13	福建	40	28	新疆	18
14	江西	26			
15	山东	218		合计	2 875

---

① 2016 年西藏自治区、海南省、青海省无人获得第 59 批面上资助，故未列入表 3—2、图 3—2 作分析。

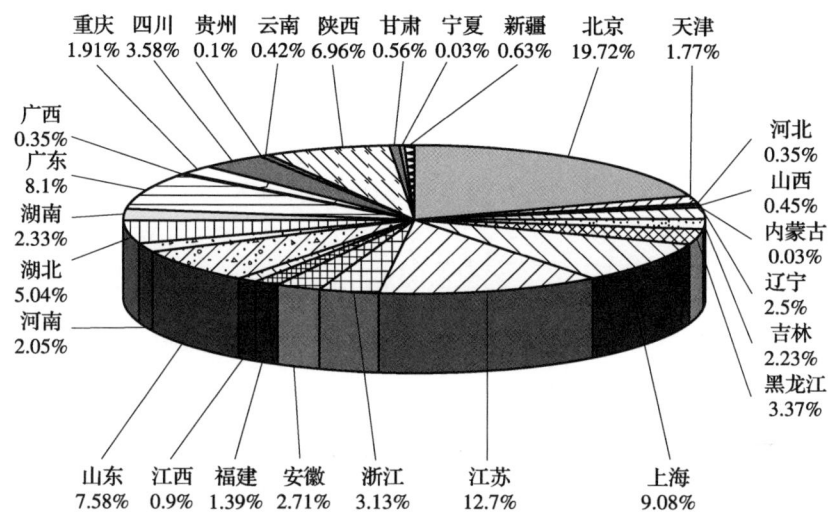

图 3—2 28 个省（自治区、直辖市）获第 59 批面上资助人员所占比例

由表 3—2、图 3—2 分析可知，获得第 59 批面上资助人员所在省（自治区、直辖市）由第 58 批的 29 个缩减到 28 个，少了青海省。与第 58 批面上资助相比，各省（自治区、直辖市）获得资助的人数增减情况不一。其中，增加人数最多的是广东省，为 51 人，增幅约为 28.02%；减少人数最多的是陕西省，为 29 人，减幅约为 12.66%。值得关注的是，往年获资助人数较少的山西省由 1 人增至 13 人，为第 58 批的 13 倍；江西省由 7 人增至 26 人，为第 58 批的 3.71 倍；新疆维吾尔自治区由 6 人增至 18 人，为第 58 批的 3 倍；云南省由 5 人增至 12 人，为第 58 批的 2.4 倍。

3.1.1.3　获第 59 批面上资助的设站单位类别及分布

从 2016 年获得第 59 批面上资助人员所在设站单位的类别及分布看，"985" 院校博士后设站单位获资助的人数最多，为 1 203 人，约占该批面上资助总人数的 41.84%；"211" 院校（不含 "985" 院校）博士后设站单位获得资助人数次之，为 586 人，约占该批面上资助总人数的 20.38%；普通高校博士后设站单位有 560 人获得资助，约占该批面上资助总人数的 19.48%；中国科学院所属博士后设站单位有 209 人获得资助，约占该批面上资助总人数的 7.27%；其他博士后设站单位有 317 人获得资助，约占该批面上资助总人数的 11.03%，详见表 3—3、图 3—3。

表3—3　获第59批面上资助人员所在设站单位类别及分布

序号	设站单位类别	资助数量（人）
1	中国科学院	209
2	"985"院校	1 203
3	"211"院校（不含"985"院校）	586
4	普通高校	560
5	其他	317
	合计	2 875

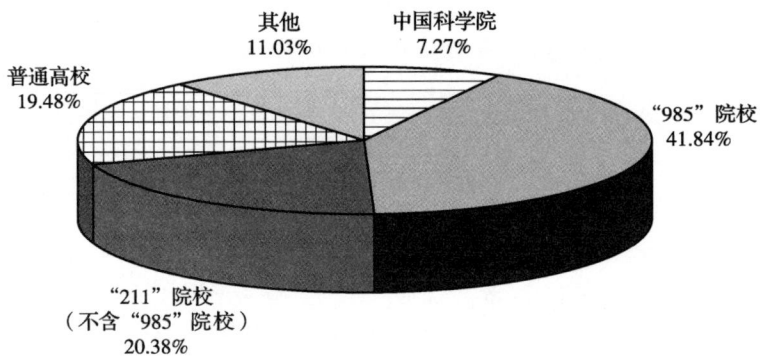

图3—3　第59批面上资助获得者所在设站单位占比

由表3—3、图3—3分析可知，中国科学院所属博士后设站单位获第59批面上资助人数比第58批减少了30人，减幅约为12.55%，所占比例降低1.45个百分点；"985"院校博士后设站单位获资助人数比第58批面上资助减少了53人，减幅约为4.22%，所占比例降低3.96个百分点；"211"院校（不含"985"院校）博士后设站单位获资助人数比第58批面上资助减少了9人，减幅约为1.51%，所占比例降低1.32个百分点；普通高校博士后设站单位获资助人数比第58批面上资助增加157人，增幅约为38.96%，所占比例提高4.78个百分点；其他博士后设站单位获资助人数比第58批面上资助增加68人，增幅约为27.31%，所占比例提高1.95个百分点。

3.1.1.4　获第59批面上资助人数居前十名的设站单位

2016年获得第59批面上资助人数居前十名的设站单位（均为"985"院校）共有607人获得资助，占该批面上资助总数的21.11%。其中，清华大学有96人获得资助,高居榜首;西安交通大学有78人获得资助,排名第二位;山东大学有69人获得资助,位居第三;排名第十位的四川大学有42人获得资助,不足排名第一的清华大学获资助人数的1/2,详见表3—4。与第58批面上资助人数居前十名的博士后设站单位(实际上有12个单位,其中山东大学和复旦大学并列第3名,武汉大学和中山大学并列第八名)相比,第59批面上资助减少了4家(中国科学技术大学、中山大学、中国社会科学院和中国矿业大学),新增了2家(南京大学、四川大学)。

表3—4 获第59批面上资助人数居前十名的设站单位和资助数量

名次	设站单位	一等资助数量(人)	二等资助数量(人)	资助总数(人)
1	清华大学	37	59	96
2	西安交通大学	29	49	78
3	山东大学	16	53	69
4	复旦大学	26	37	63
5	浙江大学	18	39	57
6	武汉大学	16	39	55
7	北京大学	24	30	54
8	上海交通大学	15	33	48
9	南京大学	15	30	45
10	四川大学	15	27	42
合计		211	396	607

3.1.1.5 各学科门类申报第59批面上资助与获资助人数比较

从各学科门类2016年第59批面上资助的获资助与申报人数比例看,工学申报人数最多,为3 301人,获得资助的人数也最多,为1 106人,获资助与申报人数之比约为33.50:100;教育学申报人数167人,获资助60人,获资助与申报人数之比最高,约为35.93:100;艺术学申报人数71人,获资助22人,获资助与申报人数之比最低,约为30.99:100,详见表3—5。

表 3—5   第 59 批面上资助各学科门申报人数与资助比例

序号	学科分类	申报数量（人）	资助数量（人）	资助比例（%）
1	哲学	111	39	35.14
2	经济学	349	115	32.95
3	法学	439	146	33.26
4	教育学	167	60	35.93
5	文学	293	97	33.11
6	历史学	134	45	33.58
7	理学	1 919	630	32.83
8	工学	3 301	1 106	33.50
9	农学	437	141	32.27
10	医学	944	317	33.58
11	管理学	465	154	33.12
12	艺术学	71	22	30.99
合计数及平均资助比例		8 630	2 872	33.28

由表 3—5 并与第 58 批面上资助情况比较可知，各学科门类申报第 59 批面上资助与获资助人数增减情况不一。其中，医学申报人数增加 185 人，增幅约为 24.37%，资助比例提高了 1.04 个百分点；理学申报人数减少 128 人，减幅约为 6.25%，资助比例却提高了 0.68 个百分点；教育学申报人数增幅最大，为 62.14%，申报人数由第 58 批的 103 人增至 167 人，增加了 64 人；历史学、艺术学获资助比例比第 58 批有所下降，分别降低了 2.78、2.35 个百分点。

3.1.1.6　各区域申报第 59 批面上资助与获资助人数比较

通过对各区域申报 2016 年第 59 批面上资助与获资助人数比较可知，北京市申报人数最多，为 1 858 人，获得资助的人数也最多，为 567 人，资助比例为 30.5%；宁夏回族自治区有 2 人申报，获资助 1 人，资助比例为 50.00%；四川省申报人数为 258 人，获资助人数为 103 人，资助比例约为 39.92%。上海市、江苏省、陕西省等获得资助人数均在 200 人及以上，资助比例均超过 36%；其他省（自治区、直辖市）获资助比例均不足 20%。2016 年，西藏自治区无人申报第 59 批面上资助；海南省和青海省分别有 2 人、3 人申报，但均未获得资助，详见表 3—6。

表 3—6 第 59 批面上资助 30 个省（自治区、直辖市）申报人数与资助比例

序号	省（自治区、直辖市）	申报数量（人）	资助数量（人）	资助比例（%）
1	北京	1 858	567	30.52
2	天津	146	51	34.93
3	河北	56	10	17.86
4	山西	45	13	28.89
5	内蒙古	4	1	25
6	辽宁	271	72	26.57
7	吉林	183	64	34.97
8	黑龙江	391	97	24.81
9	上海	720	261	36.25
10	江苏	967	365	37.75
11	浙江	266	90	33.83
12	安徽	200	78	39
13	福建	114	40	35.09
14	江西	92	26	28.26
15	山东	631	218	34.55
16	河南	236	59	25
17	湖北	370	145	39.19
18	湖南	175	67	38.29
19	广东	709	233	32.86

续表

序号	省（自治区、直辖市）	申报数量（人）	资助数量（人）	资助比例（%）
20	广西	62	10	16.13
21	海南	2	0	0
22	重庆	163	55	33.74
23	四川	258	103	39.92
24	贵州	21	3	14.29
25	云南	49	12	24.49
26	陕西	534	200	37.45
27	甘肃	46	16	34.78
28	宁夏	2	1	50
29	青海	3	0	0
30	新疆	56	18	32.14
合计数及全国资助比例		8 630	2 875	33.31

由表3—6分析可知，2016年申报第59批面上资助的省（自治区、直辖市）总量与第58批相同，均为30个，只有西藏自治区无人申报；海南省有2人申报，青海省有3人申报，但均未获得资助，其他各区域申报与获资助人数增减情况不一。其中，广东省申报人数增加123人，增幅约为20.99%，资助比例提高了1.81个百分点；其次是江苏省申报人数增加51人，增幅约为5.57%，但资助比例却降低了0.14个百分点；再次是广西壮族自治区申报人数增加40人，申报总数是第58批的2.82倍，但资助比例却降低了约6.6个百分点；山西省获资助比例由第58批的5.88%上升至28.89%，提高了23.01个百分点，但仍低于该批次的总体资助水平。

3.1.1.7 获资助人数居前十名设站单位申报与获资助人数比较

2016年获第59批面上资助人数居前十名的博士后设站单位，平均资助比例为37.08%，高于全国总体资助比例。其中，西安交通大学有152人申报，获资助78人，资助比例约为51.32%，资助比例最高；清华大学申报人数和获资助人数最多，分别为304人、96人，资助比例约为31.58%；上海交通大学获资助比例最低,约为 30.19%。山东大学、上海交通大学和清华大学获资助人数虽然排列前十名,但获资助比例却均低于全国总体资助比例,详见表3—7。

表 3—7 获第 59 批面上资助人数居前十名设站单位申报资助人数及资助比例

名次	设站单位	申报数量（人）	资助数量（人）	资助比例（%）
1	清华大学	304	96	31.58
2	西安交通大学	152	78	51.32
3	山东大学	212	69	32.55
4	复旦大学	153	63	41.18
5	浙江大学	157	57	36.31
6	武汉大学	126	55	43.65
7	北京大学	154	54	35.06
8	上海交通大学	159	48	30.19
9	南京大学	108	45	41.67
10	四川大学	112	42	37.5
合计数及平均资助比例		1 637	607	37.08

由表 3—7 分析可知,获资助人数居前十名的设站单位平均资助比例（37.08%）高于第 59 批面上资助全国总体资助比例（33.31%）,但低于第 58 批获资助人数居前十名设站单位的平均资助比例（39.75%）。另外,获资助比例最高的西安交通大学也低于第 58 批获得资助的比例（59.04%）。

3.1.2 第 59 批面上资助"西部资助计划"工作

3.1.2.1 第 59 批面上资助"西部资助计划"资助学科门类分布

2016 年获第 59 批面上资助"西部资助计划"资助的 40 名博士后研究人员涵盖了 8 个学科门类,比第 58 批少了 3 个（教育学、历史学和农学）。其中,工学获得资助的人数最多,为 20 人,占该项资助总数的 50%；法学获得资助人数次之,为 8 人,占该项资助总数的 20%；理学有 5 人获得资助,占该项资助总数的 12.5%；文学、医学各有 2 人获得资助，分别占该项资助总数的 5%；哲学、经济学、管理学各有 1 人获资助，占该项资助总数的 2.5%，详见表 3—8、图 3—4。

表 3—8　各学科门类获第 59 批面上资助"西部资助计划"资助数量

序号	学科分类	资助数量（人）	序号	学科分类	资助数量（人）
1	哲学	1	6	工学	20
2	经济学	1	7	医学	2
3	法学	8	8	管理学	1
4	文学	2			
5	理学	5		合计	40

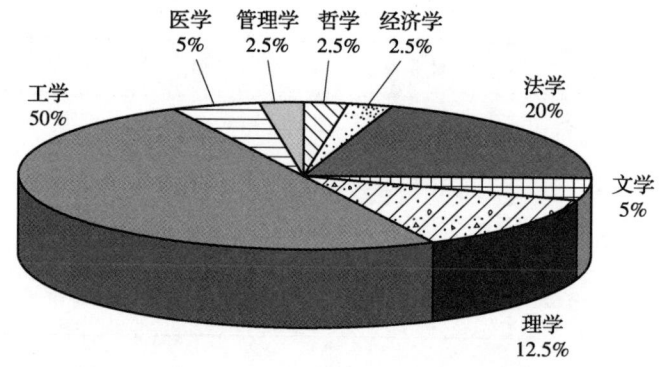

图 3—4　各学科门类获第 59 批面上资助"西部资助计划"资助人数占比

由表 3—8、图 3—4 分析可知，与第 58 批面上资助"西部资助计划"相比，获资助的人数仍是 40 人，由于获该项资助者所在的学科门类发生了变化（由第 58 批的 11 个减至 8 个），所以多个学科门类获资助人数也发生了变化。其中，哲学、经济学持平，均为 1 人；法学增加了 6 人，总数达到 8 人；文学增加 1 人，总数为 2 人；理学增加 2 人，总数为 5 人；工学增加 4 人，总数为 20 人；医学减少 5 人，总数为 2 人；管理学减少 1 人，总数为 1 人。

3.1.2.2　第 59 批面上资助"西部资助计划"资助区域分布

2016 年获第 59 批面上资助"西部资助计划"资助人员分布在中国西部的 8 个省（自治区、直辖市），比第 58 批面上资助"西部资助计划"资助少了 3 个省（自治区），分别是内蒙古自治区、四川省和宁夏回族自治区。在获资助的各个区域中,广西壮族自治区获资助人数最多,为 12 人,占该项资助总数的 30%;其次是陕西省,有 11 人获得资助,占该项资助总数的 27.5%;贵州省和新疆维吾尔自治区各有 4 人获得资助,均占该项资助总数的 10%;云南省有 3 人获得资助,占该项资助总数的 7.5%;重庆市、甘肃省、青海省各有 2 人获得资助,分别占该项资助总数的 5%,详见表 3—9、图 3—5。

表 3—9　8 个省(自治区、直辖市)获第 59 批面上资助"西部资助计划"资助数量

序号	省（自治区、直辖市）	资助数量（人）	序号	省（自治区、直辖市）	资助数量（人）
1	广西	12	6	甘肃	2
2	重庆	2	7	青海	2
3	贵州	4	8	新疆	4
4	云南	3			
5	陕西	11		合计	40

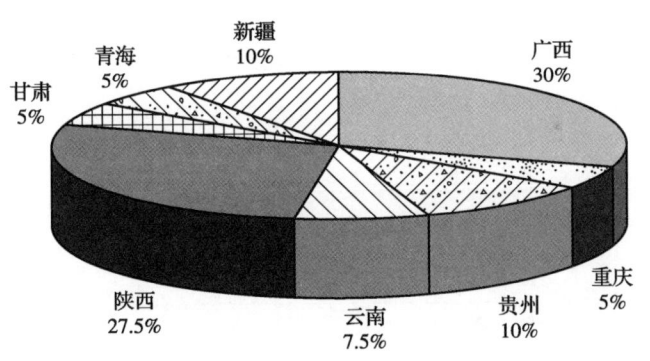

图 3—5　第 59 批面上资助"西部资助计划"获得者所在区域占比

由表 3—9、图 3—5 并与第 58 批面上资助"西部计划资助"情况进行比较可知,获资助者所在省(自治区、直辖市)发生了变化,由 11 个省(自治区、直辖市)减少到 8 个省(自治区、直辖市),各区域获得该项资助人数也相应发生了变化。其中,贵州省、云南省、甘肃省、青海省与第 58 批面上资助"西部计划资助"人数持平,分别是 4 人、3 人、2 人、2 人;广西壮族自治区增加 10 人,总数为 12 人;陕西省增加 4 人,总数为 11 人;重庆市减少 1 人,总数为 2 人;新疆维吾尔自治区减少 1 人,总数为 4 人。

3.1.3 第 60 批面上资助工作

3.1.3.1 第 60 批面上资助学科门类分布

2016 年获得第 60 批面上资助的 2 915 名博士后研究人员,所在学科门类涵盖了 13 个大学科门类。其中,工学获资助的人数最多,为 1 167 人(其中获一等资助 333 人、二等资助 834 人),约占该批面上资助总数的 40.03%;其次是理学,获资助 675 人(其中获一等资助 195 人、二等资助 480 人),约占该批面上资助总数的 23.16%;医学获资助人数排名第三,为 309 人(其中获一等资助 86 人、二等资助 223 人),占该批面上资助总数的 10.6%;艺术学获资助人员所占比例最少,不足 1%,详见表 3—10、图 3—6。

表 3—10　　各学科门类获第 60 批面上资助人员数量

序号	学科门类	一等资助数量(人)	二等资助数量(人)	资助总数(人)
1	哲学	9	20	29
2	经济学	27	72	99
3	法学	37	91	128
4	教育学	13	40	53
5	文学	24	63	87
6	历史学	14	31	45
7	理学	195	480	675
8	工学	333	834	1 167
9	农学	47	116	163
10	医学	86	223	309
11	军事学	0	1①	1
12	管理学	39	100	139
13	艺术学	5	15	20
	合计	829	2 086	2 915

---

① 这里获得第 60 批面上二等资助 1 人,是由地方设站单位招收的军事学博士后所获得。

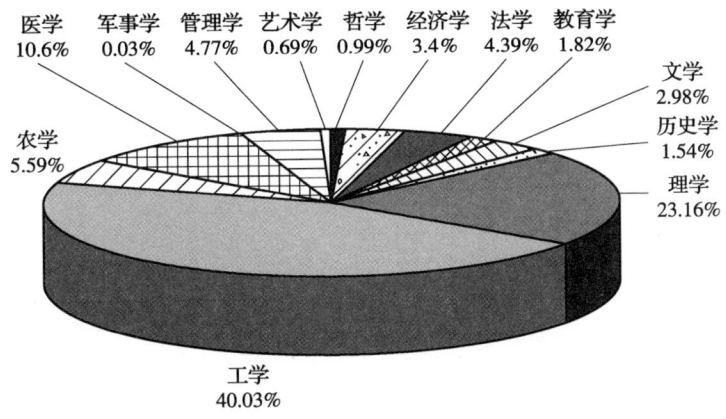

图 3—6　各学科门类获第 60 批面上资助人员所占比例

3.1.3.2　第 60 批面上资助区域分布

2016 年获第 60 批面上资助人员所在区域覆盖了 27 个省（自治区、直辖市），海南省、青海省无人申报也无人获得资助，西藏自治区、宁夏回族自治区均有 1 人申报但未获得资助。在获得资助的各区域中，北京市获资助人数最多，为 592 人，约占该批面上资助总数的 20.31%；江苏省获得资助的人数次之，为 349 人，约占该批面上资助总数的 11.97%；上海市获资助人数排名第三，为 294 人，约占该批面上资助总数的 10.09%。内蒙古自治区、广西壮族自治区、贵州省、新疆维吾尔自治区获资助的人数均在 10 人以下，详见表 3—11、图 3—7。①

表 3—11　27 个省（自治区、直辖市）获第 60 批面上资助人员数量

序号	省（自治区、直辖市）	资助数量（人）	序号	省（自治区、直辖市）	资助数量（人）
1	北京	592	6	辽宁	86
2	天津	48	7	吉林	59
3	河北	15	8	黑龙江	101
4	山西	6	9	上海	294
5	内蒙古	1	10	江苏	349

---

① 2016 年度海南省、青海省无人申报第 60 批面上资助，西藏自治区、宁夏回族自治区各有 1 人申报但未获得资助，故未列入表 3—11、图 3—7 作分析。

续表

序号	省（自治区、直辖市）	资助数量（人）	序号	省（自治区、直辖市）	资助数量（人）
11	浙江	87	20	广西	6
12	安徽	72	21	重庆	57
13	福建	49	22	四川	86
14	江西	13	23	贵州	3
15	山东	201	24	云南	13
16	河南	50	25	陕西	223
17	湖北	174	26	甘肃	24
18	湖南	50	27	新疆	9
19	广东	247	合计		2 915

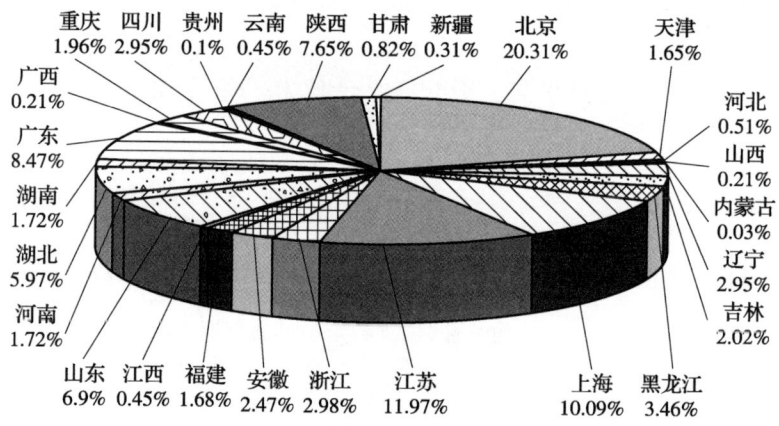

图3—7　27个省（自治区、直辖市）获第60批面上资助人员所占比例

3.1.3.3　获第60批面上资助的设站单位类别及分布

从2016年获得第60批面上资助人员所在的设站单位类别及其分布看，"985"院校博士后设站单位获得资助人数最多，为1 256人，约占该批资助总数的43.09%；"211"院校（不含"985"院校）博士后设站单位获得资助的人数次之，为594人，约占该批资助总数的20.38%；普通高校博士后设站单位获得资助的人数排名第三，为543人，约占该批资助总数的18.63%；中国科学院所属博士后设站单位获得资助244人，约占该批资助总数的8.37%；

其他博士后设站单位有 278 人获得资助，约占该批资助总数的 9.54%，详见表 3—12、图 3—8。

表 3—12　获第 60 批面上资助人员所在设站单位类别及分布

序号	设站单位	资助数量（人）
1	中国科学院	244
2	"985" 院校	1 256
3	"211" 院校（不含 "985" 院校）	594
4	普通高校	543
5	其他	278
	合计	2 915

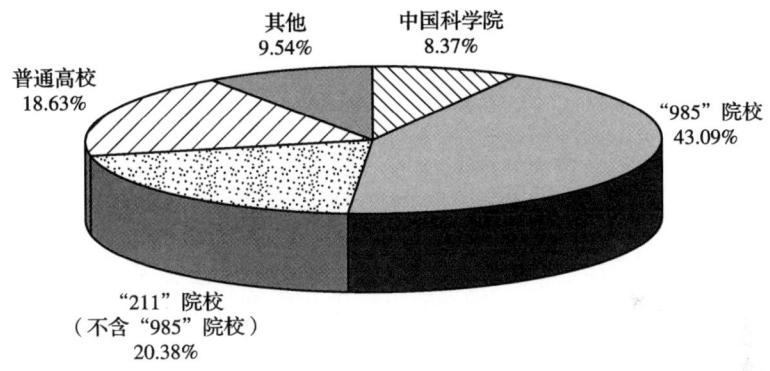

图 3—8　第 60 批面上资助获得者所在设站单位占比

由表 3—12、图 3—8 并与获第 59 批面上资助人员所在设站单位类别相比可知，第 60 批面上资助中，中国科学院所属博士后设站单位获资助人数增加 35 人，增幅为 16.75%，所占比例提高了 1.1 个百分点；"985" 院校博士后设站单位获资助人数增加 53 人，增幅为 4.41%，所占比例提高了 1.24 个百分点；"211" 院校（不含 "985" 院校）博士后设站单位获资助人数增加 8 人，增幅为 1.37%，所占比例降低了 0.01 个百分点；普通高校博士后设站单位获资助人数减少 17 人，降幅为 3.04%，所占比例降低了 0.85 个百分点；其他博士后设站单位获资助人数减少 39 人，降幅为 12.3%，所占比例降低了 1.49 个百分点。

3.1.3.4　获第 60 批面上资助人数居前十名的设站单位

2016 年获第 60 批面上资助人数居前十名的设站单位共有 709 人获得资助，约占该批资助总人数的 24.32%。其中，清华大学有 115 人获得资助，高居榜首;西安交通大学有 91 人获得资助,排名第二位;山东大学有 65 人获得资助,位居第三位;江苏大学有 46 人获得资助,排在第十位,详见表 3—13。

表 3—13 获第 60 批面上资助人数位居前十名的设站单位和资助数量

名次	设站单位	一等资助数量(人)	二等资助数量(人)	资助总数(人)
1	清华大学	35	80	115
2	西安交通大学	31	60	91
3	山东大学	18	47	65
4	复旦大学	19	45	64
5	武汉大学	14	45	59
6	华中科技大学	14	44	58
7	北京大学	16	41	57
8	上海交通大学	16	41	57
9	中山大学	11	38	49
9	浙江大学	15	33	48
10	江苏大学	19	27	46
	小计	208	501	709

由表 3—13 分析可知,尽管获第 60 批面上资助人数位居前三位的依然是清华大学、西安交通大学和山东大学,但与第 59 批面上资助相比,清华大学和西安交通大学分别增加了 19 人、13 人,而山东大学却减少了 4 人。在获得第 60 批面上资助人数位居前十名的 11 个设站单位中,除江苏大学为非"211"院校外,其他均为"985"院校。

3.1.3.5 各学科门类申报第 60 批面上资助与获资助人数比较

通过对 2016 年各学科门类申报第 60 批面上资助与获资助人数的比较可知,工学申报的人数最多,为 3 740 人,获得资助的人数也最多,为 1 167 人,资助比例为 31.2%;历史学申报人数为 135 人,获资助 45 人,资助比例约为 33.33%,获资助比例最高;艺术学申报人数 123 人,获资助 20 人,资助比例约为 16.26%,获资助比例最低,详见表 3—14。

表3—14　第60批面上资助各学科门类申报与获资助人数比例

序号	学科分类	申报数量（人）	资助数量（人）	资助比例（%）
1	哲学	92	29	31.52
2	经济学	308	99	32.14
3	法学	405	128	31.6
4	教育学	167	53	31.74
5	文学	276	87	31.52
6	历史学	135	45	33.33
7	理学	2 160	675	31.25
8	工学	3 740	1 167	31.2
9	农学	532	163	30.64
10	医学	978	309	31.6
11	管理学	432	139	32.18
12	艺术学	123	20	16.26
合计数及全国资助比例		9 348	2 914	31.17

3.1.3.6　各区域申报第60批面上资助与获资助人数比较

通过对2016年各区域申报第60批面上资助与获资助人数进行比较可知，北京市申报人数最多，为1 946人，获得资助的人数也最多，为592人，资助比例约为30.42%；甘肃省有54人申报，获资助24人，资助比例约为44.44%，资助比例最高；湖北省有455人申报，获资助174人，资助比例约为38.24%，仅次于甘肃省，位居第二位。海南省、青海省无人申报，西藏自治区和宁夏回族自治区各有1人申报但未获得资助，详见表3—15。①

表3—15　29个省（自治区、直辖市）第60批面上资助申报与资助人数比例

序号	省（自治区、直辖市）	申报数量（人）	资助数量（人）	资助比例（%）
1	北京	1 946	592	30.42
2	天津	156	48	30.77
3	河北	65	15	23.08

---

① 2016年度海南省、青海省无人申报第60批面上资助，西藏自治区和宁夏回族自治区各有1人申报但未获得资助，故未列入表3—15作分析。

续表

序号	省（自治区、直辖市）	申报数量（人）	资助数量（人）	资助比例（%）
4	山西	38	6	15.79
5	内蒙古	10	1	10
6	辽宁	295	86	29.15
7	吉林	210	59	28.1
8	黑龙江	468	101	21.58
9	上海	852	294	34.51
10	江苏	925	349	37.73
11	浙江	250	87	34.8
12	安徽	215	72	33.49
13	福建	150	49	32.67
14	江西	76	13	17.11
15	山东	750	201	26.8
16	河南	256	50	19.53
17	湖北	455	174	38.24
18	湖南	175	50	28.57
19	广东	815	247	30.31
20	广西	47	6	12.77
21	重庆	177	57	32.2
22	四川	246	86	34.96
23	贵州	21	3	14.29
24	云南	49	13	26.53
25	西藏	1	0	0
26	陕西	593	223	37.61
27	甘肃	54	24	44.44
28	宁夏	1	0	0
29	新疆	52	9	17.31
合计数及全国资助比例		9 348	2 915	31.18①

① 本表中获资助人员包括由地方设站单位招收的3名军事学博士后，故这里全国资助比例略高于表3—14中的全国资助比例值31.17%。

3.1.3.7 获资助人数居前十名设站单位申报与获资助人数比较

2016年获第60批面上资助人数居前十名的设站单位获资助与申报人数之比约为36.03∶100，低于第59批位居前十名的设站单位平均资助比例（37.08%）。其中，西安交通大学获资助与申报人数之比约为52.30∶100，获资助比例最高；武汉大学获资助与申报人数之比约为42.14∶100，获资助比例位居第二位；华中科技大学获资助与申报人数之比约为38.93∶100，获资助比例位居第三位；山东大学获资助与申报人数之比最低，约为28.51∶100，详见表3—16。

表3—16 获第60批面上资助人数居前十名设站单位申报与资助人数及资助比例

名次	设站单位	申报数量（人）	资助数量（人）	资助比例（%）
1	清华大学	337	115	34.12
2	西安交通大学	174	91	52.30
3	山东大学	228	65	28.51
4	复旦大学	177	64	36.16
5	武汉大学	140	59	42.14
6	华中科技大学	149	58	38.93
7	北京大学	171	57	33.33
7	上海交通大学	163	57	34.97
8	中山大学	157	49	31.21
9	浙江大学	153	48	31.37
10	江苏大学	119	46	38.66
合计数及平均资助比例		1 968	709	36.03

3.1.4 第60批面上资助"西部资助计划"资助工作

3.1.4.1 第60批面上资助"西部资助计划"资助学科门类分布

2016年获第60批面上资助"西部资助计划"资助的40名博士后研究人员所在学科门类涵盖了13个大学科门类中的8个。其中，工学获得资助的人数最多，为21人，占该项资助总数的52.5%；医学获得资助人数次之，为5人，占该项资助总数的12.5%；理学有4人获得资助，占该项资助总数的

10%；经济学、农学各有 3 人获得资助，均占该项资助总数的 7.5%；法学有 2 人获得资助，占该项资助总数的 5%；哲学、文学各有 1 人获资助，均占该项资助总数的 2.5%，详见表 3—17、图 3—9。

表 3—17　各学科门类获第 60 批面上资助"西部资助计划"资助数量

序号	学科门类	资助数量（人）	序号	学科门类	资助数量（人）
1	哲学	1	6	工学	21
2	经济学	3	7	农学	3
3	法学	2	8	医学	5
4	文学	1			
5	理学	4		合计	40

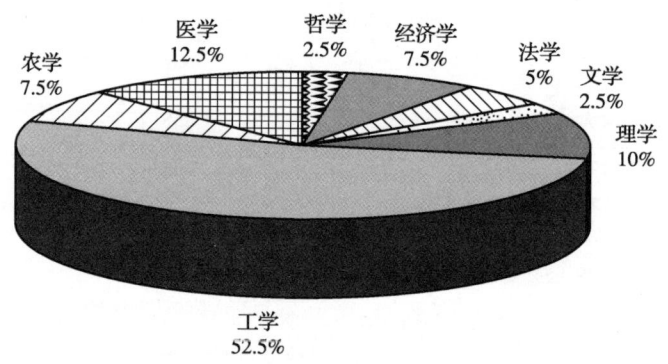

图 3—9　各学科门类获第 60 批面上资助"西部资助计划"资助人数比例

3.1.4.2　第 60 批面上资助"西部资助计划"资助区域分布

2016 年获第 60 批面上资助"西部资助计划"资助人员分布在西部地区的 11 个省（自治区、直辖市），与第 59 批面上资助"西部资助计划"资助者所在省（自治区、直辖市）相比，减少了青海省，增加了四川省、宁夏回族自治区、西藏自治区、内蒙古自治区。其中，陕西省获资助的人数最多，为 9 人，占该项资助总数的 22.5%；其次是广西壮族自治区，有 8 人获得资助，占该项资助总数的 20%；再次是新疆维吾尔自治区，有 7 人获得资助，占该项资助总数的 17.5%。四川省有 4 人获得资助，占该项资助总数的 10%；重庆市和贵州省各有 3 人获得资助，占该项资助总数的 7.5%；内蒙古自治区有 2 人获得资助，占该项资助总数的 5%；云南省、西藏自治区、甘肃省、宁夏回族自治区各有 1 人获得资助，均占该项资助总数的 2.5%，详见表 3—18、图 3—10。

表 3—18　西部 11 个省（自治区、直辖市）获第 60 批面上资助"西部资助计划"资助数量

序号	省（自治区、直辖市）	资助数量（人）	序号	省（自治区、直辖市）	资助数量（人）
1	广西	8	7	内蒙古	2
2	重庆	3	8	陕西	9
3	四川	4	9	甘肃	1
4	贵州	3	10	宁夏	1
5	云南	1	11	新疆	7
6	西藏	1		合计	40

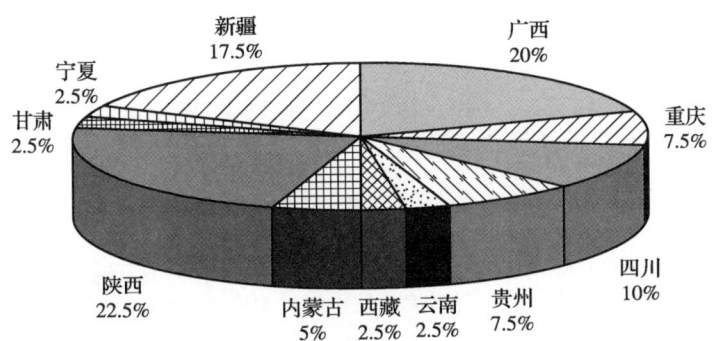

图 3—10　第 60 批面上资助"西部资助计划"资助获得者所在区域占比

3.2　2016 年中国博士后科学基金特别资助工作

2016 年中国博士后科学基金第 9 批特别资助共有 3 116 人（不含军队系统）申报，比第 8 批申报人数（2 987 人）多 129 人，增幅约为 4.32%；有 982 人获得资助，比第 8 批（1 073 人）减少 91 人，降幅约为 8.48%；获资助与申报人数之比约为 31.51∶100，比第 8 批资助比例（35.92%）降低了 4.41 个百分点。第 9 批特别资助总金额为 14 730 万元，比第 8 批减少 1 365 万元，降幅约为 8.48%。

3.2.1 第 9 批特别资助学科门类分布

2016 年获得第 9 批特别资助的博士后研究人员 982 人（不含军队系统），所在的学科门类涵盖了 13 个大学科门类。其中，工学获资助人员最多，为 395 人，约占该项资助总数的 40.22%；理学次之，为 207 人，约占该项资助总数的 21.08%；医学排在第三位，为 99 人，约占该项资助总数的 10.08%，详见表 3—19、图 3—11。

表 3—19　　各学科门类获第 9 批特别资助人员数量

序号	学科门类	资助数量（人）	序号	学科门类	资助数量（人）
1	哲学	10	8	工学	395
2	经济学	37	9	农学	49
3	法学	58	10	医学	99
4	教育学	21	11	军事学	2①
5	文学	35	12	管理学	44
6	历史学	20	13	艺术学	5
7	理学	207		合计	982

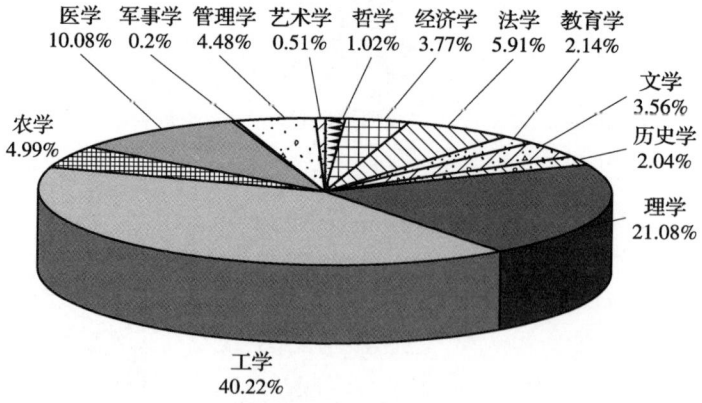

图 3—11　各学科门类获第 9 批特别资助人数比例

---

① 本表中军事学 2 名获资助者是由地方设站单位招收的博士后所获得。

由表 3—19、图 3—11 并与第 8 批特别资助情况相比可知，教育学获资助人数增加了 6 人，军事学（由地方设站单位招收的军事学博士后）获资助人数增加了 2 人，文学获资助人数持平，其他 10 个学科门类获资助人数均有减少。其中，工学获资助者减少 40 人，减幅约为 9.2%；经济学减少 16 人，减幅约为 30.19%；管理学减少 15 人，减幅约为 25.42%。

3.2.2　第 9 批特别资助区域分布

2016 年获得第 9 批特别资助的博士后研究人员所在区域覆盖了 25 个省（自治区、直辖市），海南省、山西省、内蒙古自治区、宁夏回族自治区、贵州省、西藏自治区无人获得资助。其中，北京市获第 9 批特别资助的人数最多，为 203 人，占该项资助总数的 20.67%；江苏省次之，有 133 人获得资助，占该项资助总数的 13.54%；陕西省排在第三位，有 82 人获得资助，占该项资助总数的 8.35%，详见表 3—20、图 3—12。

表 3—20　25 个省（自治区、直辖市）获第 9 批特别资助人员数量

序号	省（自治区、直辖市）	资助数量（人）	序号	省（自治区、直辖市）	资助数量（人）
1	北京	203	14	河南	21
2	天津	11	15	湖北	67
3	河北	4	16	湖南	22
4	辽宁	19	17	广东	53
5	吉林	33	18	广西	1
6	黑龙江	56	19	重庆	16
7	上海	79	20	四川	35
8	江苏	133	21	云南	2
9	浙江	28	22	陕西	82
10	安徽	33	23	甘肃	9
11	福建	11	24	青海	1
12	江西	2	25	新疆	1
13	山东	60	合计		982

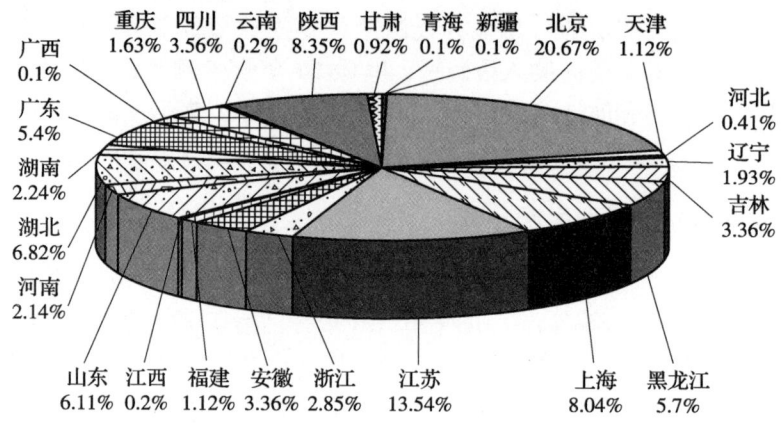

图 3—12　25 个省（自治区、直辖市）获第 9 批特别资助人员所占比例

3.2.3　第 9 批特别资助设站单位类别及分布

从 2016 年获得第 9 批特别资助人员所在设站单位的类别及分布来看，"985" 院校博士后设站单位获得资助的人数最多，为 505 人，约占该项资助总数的 51.43%；"211" 院校（不含 "985" 院校）博士后设站单位获得资助的人数次之，为 204 人，约占该项资助总数的 20.77%；普通高校博士后设站单位获得资助人员 131 人，约占该项资助总数的 13.34%；中国科学院所属博士后设站单位有 62 人获得资助，约占该项资助总数的 6.31%；其他博士后设站单位有 80 人获得资助，约占该项资助总数的 8.15%，详见表 3—21、图 3—13。

表 3—21　获第 9 批特别资助人员所在设站单位类别及分布

序号	设站单位	资助数量（人）
1	中国科学院	62
2	"985" 院校	505
3	"211" 院校（不含 "985" 院校）	204
4	普通高校	131
5	其他	80
	合计	982

由表 3—21、图 3—13 分析可知，在第 9 批特别资助中，"985" 院校设站单位获得资助的人数比第 8 批增加 39 人，所占比例提高了 8 个百分点；"211" 院校（不含 "985" 院校）设站单位获资助人数虽然比第 8 批减少了

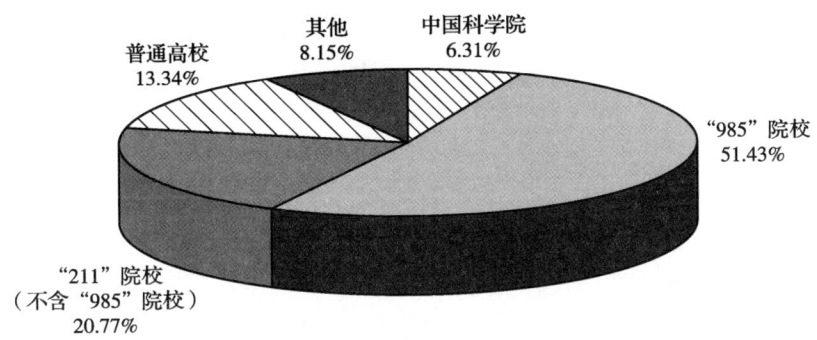

图 3—13　第 9 批特别资助获得人员所在设站单位占比

12 人，但所占比例却提高了 0.64 个百分点；普通高校设站单位获资助人数比第 8 批减少了 21 人，所占比例降低了 0.83 个百分点；中国科学院所属设站单位获资助人数比第 8 批减少了 19 人，所占比例降低了 1.24 个百分点；其他设站单位获资助人数比第 8 批减少了 78 人，所占比例降低了 6.58 个百分点。

3.2.4　获第 9 批特别资助人数居前十名的设站单位

获第 9 批特别资助人数居前十名的设站单位共有 369 人获得资助，占该项资助总数的 37.58%。其中，清华大学和西安交通大学各有 40 人获得资助，并列第一名；哈尔滨工业大学获得资助人数次之，为 35 人，位列第二名；武汉大学排在第三位，为 29 人；中国社会科学院、浙江大学、四川大学并列第七名，均为 21 人；东南大学、华南理工大学均有 16 人获得资助，位居第十位。除设站单位中国社会科学院外，苏州大学是进入前十名设站单位中唯一一所非"985"院校，与复旦大学并列第九位，详见表 3—22。

表 3—22　　获第 9 批特别资助人数居前十名的设站单位

名次	设站单位	资助数量（人）	名次	设站单位	资助数量（人）
1	清华大学	40	7	浙江大学	21
	西安交通大学	40		四川大学	21
2	哈尔滨工业大学	35	8	北京大学	19
3	武汉大学	29	9	复旦大学	17
4	吉林大学	28		苏州大学	17
5	中国科学技术大学	26	10	东南大学	16
6	山东大学	23		华南理工大学	16
7	中国社会科学院	21		合计	369

由表3—22并与第8批特别资助情况相比可知,第9批特别资助的获资助人数位居前十名的设站单位由13家(其中有3个单位并列第七名)增至15家(其中有2个单位并列第一名、3个单位并列第七名、2个单位并列第十名),但获资助总人数却比第8批(371人)减少了2人;获第9批特别资助人数少于20人的设站单位由1个升至5个。清华大学仍然位居第一位,但获资助人数减少了1人;西安交通大学由第8批的34人增至40人,与清华大学并列第一。中国社会科学院、哈尔滨工业大学、吉林大学、山东大学、浙江大学、北京大学、复旦大学等设站单位获资助数量仍然位居前十名,但是获资助人数和名次均发生了变化。此外,第8批获资助人数居前十名的设站单位中,有1所非"211"院校(江苏大学),第9批特别资助中有1所非"985"院校(苏州大学),其他都是"985"院校或中国社会科学院所属设站单位。

3.2.5 第9批特别资助申报与获资助人数比较

3.2.5.1 各学科门类申报第9批特别资助与获资助人数比较

通过对2016年各学科门类申报第9批特别资助与资助人数进行比较可知,工学申报的人数最多,为1 263人,获得资助的人数也最多,为395人,资助与申报人数之比约为31.27:100;艺术学申报人数最少,为16人,获资助5人,资助与申报人数之比约为31.25:100;教育学申报人数61人,获资助21人,获资助比例最高,资助与申报人数之比约为34.43:100;管理学申报人数148人,获资助44人,获资助比例最低,获资助与申报人数之比约为29.73:100,详见表3—23。

表3—23 第9批特别资助各学科门类申报与资助人数及资助比例

序号	学科门类	申报数量(人)	资助数量(人)	资助比例(%)
1	哲学	31	10	32.26
2	经济学	121	37	30.58
3	法学	182	58	31.87
4	教育学	61	21	34.43
5	文学	112	35	31.25
6	历史学	65	20	30.77
7	理学	658	207	31.46
8	工学	1 263	395	31.27
9	农学	153	49	32.03

续表

序号	学科门类	申报数量（人）	资助数量（人）	资助比例（%）
10	医学	306	99	32.35
11	管理学	148	44	29.73
12	艺术学	16	5	31.25
合计数及全国资助比例		3 116	980	31.45

由表3—23并同第8批各学科门类申报与资助人数相比，除哲学、经济学、管理学、艺术学申报人数有所减少外，其他8个学科门类（不含军事学）的申报人数均有所增加。其中，增量最多的是理学，为58人，但获资助比例却降低了4.54个百分点；增幅最大的是教育学，由37人增至61人，增幅约为67.86%，但获资助的比例降幅也最大，降低了6.11个百分点。

3.2.5.2　各区域申报第9批特别资助与获资助人数比较

通过对2016年各区域申报第9批特别资助与获资助人数进行比较可知，海南省、宁夏回族自治区和西藏自治区无人申报也无人获得特别资助；山西省、内蒙古自治区、贵州省分别有10人、3人、3人申报，但均无人获得资助。北京市申报人数最多，为567人，获得资助人数也最多，为203人，获资助比例约为35.8%；安徽省有82人申报，33人获资助，获资助比例约为40.24%，获资助比例最高；新疆维吾尔自治区有13人申报，有1人获得资助，获资助比例约为7.69%，获资助比例最低，详见表3—24。①

表3—24　28个省（自治区、直辖市）第9批特别资助申报与资助人数及资助比例

序号	省（自治区、直辖市）	申报数量（人）	资助数量（人）	资助比例（%）
1	北京	567	203	35.8
2	天津	51	11	21.57
3	河北	22	4	18.18
4	山西	10	0	0
5	内蒙古	3	0	0
6	辽宁	91	19	20.88

---

① 贵州省第9批特别资助申报人数为3人，但未有人获得资助。海南省、宁夏回族自治区和西藏自治区无人申报，故均未列入表3—24作分析。

续表

序号	省（自治区、直辖市）	申报数量（人）	资助数量（人）	资助比例（%）
7	吉林	122	33	27.05
8	黑龙江	160	56	35
9	上海	253	79	31.23
10	江苏	403	133	33
11	浙江	89	28	31.46
12	安徽	82	33	40.24
13	福建	44	11	25
14	江西	19	2	10.53
15	山东	240	60	25
16	河南	78	21	26.92
17	湖北	178	67	37.64
18	湖南	76	22	28.95
19	广东	175	53	30.29
20	广西	7	1	14.29
21	重庆	63	16	25.4
22	四川	125	35	28
23	贵州	3	0	0
24	云南	8	2	25
25	陕西	209	82	39.23
26	甘肃	23	9	39.13
27	青海	2	1	50
28	新疆	13	1	7.69
	合计数及资助比例	3 116	982	31.51

由表3—24分析可知，申报第9批特别资助的省（自治区、直辖市）由2015年第8批特别资助的27个增至28个，新增了青海省。因为申报第9批特别资助的总人数增加，但获资助的总人数减少，所以大部分省（自治区、直辖市）申报人数与获资助比例也发生了变化。其中，与第8批相比申报人数增量最多的是陕西省，为44人，增幅约为26.67%，但获资助比例却降低了1.98

个百分点；申报人数增幅最大的是四川省，为 42.05%，申报人数由 88 人增至 125 人，增量为 37 人，获资助比例却降低了 0.41 个百分点；申报人数减少最多的是北京市，减少了 22 人，降幅约为 3.74 个百分点，获资助比例却提高了 0.32 个百分点；获资助比例增幅最大的是广西壮族自治区，由 10% 增至 14.29%，提高了 4.29 个百分点，但获资助率仍低于全国总体资助水平；获资助比例降幅最大的是江西省，由 45.83% 降至 10.53%，降低了 35.3 个百分点。

3.2.5.3 获资助人数居前十名设站单位申报与获资助人数比较

通过对获第 9 批特别资助人数居前十名设站单位申报与获资助人数比较可以发现，平均资助比例为 38.16%。其中，武汉大学申报人数 49 人，获资助 29 人，获资助比例最高，约为 59.18%；清华大学申报人数和获资助人数最多，分别为 104 人、40 人，获资助比例约为 38.46%，略高于前 10 名设站单位的平均资助比例；山东大学获资助比例最低，为 20%；苏州大学是除中国社会科学院所属设站单位之外唯一一所非"985"院校，其资助比例约为 47.06%，仅低于武汉大学、中国科学技术大学（55.32%）、西安交通大学（54.79%），位居第四位，详见表 3—25。值得关注的是，山东大学获第 59、60 批面上资助和第 9 批特别资助人数虽位于全国前列，但获资助率却低于全国平均水平。另外，西安交通大学获资助比例虽然达到 54.79%，但与第 8 批特别资助的获资助比例（58.62%）相比略有下降，且被武汉大学、中国科学技术大学超越，降为第三位。

表 3—25　获第 9 批特别资助人数居前十名设站单位申报人数与获资助比例

名次	设站单位	申报数量（人）	资助数量（人）	资助比例（%）
1	清华大学	104	40	38.46
1	西安交通大学	73	40	54.79
2	哈尔滨工业大学	78	35	44.87
3	武汉大学	49	29	59.18
4	吉林大学	97	28	28.87
5	中国科学技术大学	47	26	55.32
6	山东大学	115	23	20
7	中国社会科学院	50	21	42
7	浙江大学	57	21	36.84
7	四川大学	45	21	42.22
8	北京大学	60	19	28.33

续表

名次	设站单位	申报数量（人）	资助数量（人）	资助比例（%）
9	复旦大学	43	17	39.53
	苏州大学	34	17	47.06
10	东南大学	51	16	31.37
	华南理工大学	104	16	38.46
合计及平均比例数		967	369	38.16

3.3 2016年两批面上资助及特别资助工作比较

3.3.1 第59、60批面上资助学科比较

2016年第59批面上资助总数2 875人，第60批面上资助总数2 915人，后者比前者多40人，但具体到13个学科门类，获资助人数增减情况不一。其中，获资助人数增加的有理学、工学和农学，分别为45人、61人、22人；获资助人数减少的有哲学、经济学、法学、教育学、文学、医学、军事学、管理学、艺术学，分别为10人、16人、18人、7人、10人、8人、2人、15人、2人；获资助人数持平的只有历史学，详见表3—26、图3—14。

表3—26　第59、60批面上资助各学科门类获资助人数及增减情况

序号	学科门类	第59批面上资助数量（人）	第60批面上资助数量（人）	第60批比第59批面上资助增减数量（人）
1	哲学	39	29	-10
2	经济学	115	99	-16
3	法学	146	128	-18
4	教育学	60	53	-7
5	文学	97	87	-10
6	历史学	45	45	0
7	理学	630	675	+45
8	工学	1 106	1 167	+61
9	农学	141	163	+22
10	医学	317	309	-8

续表

序号	学科门类	第59批面上资助数量（人）	第60批面上资助数量（人）	第60批比第59批面上资助增减数量（人）
11	军事学①	3	1	-2
12	管理学	154	139	-15
13	艺术学	22	20	-2
	合计	2 875	2 915	-40

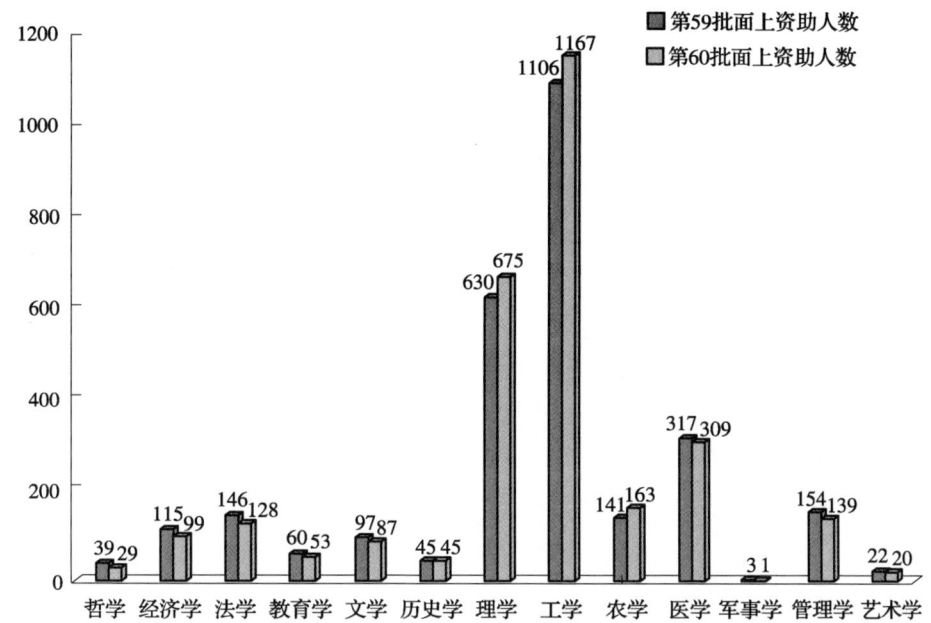

图3—14　第59、60批面上资助各学科门类获资助人数柱状图

3.3.2　第59、60批面上资助区域比较

通过对获第59、60批面上资助人员所在区域进行比较可知，28个省（自治区、直辖市）获资助人数的增减情况不一。其中，北京市、上海市、湖北省、广东省、陕西省第60批面上资助获得者比第59批分别增加25人、33人、29人、14人、23人，其他获资助人数有所增加的省（自治区、直辖市）均不足20人；江苏省、江西省、山东省、四川省第60批面上资助获得者比

---

① 本表中军事学获资助人数系由地方设站单位招收的军事学博士后。

第59批分别减少16人、13人、17人、17人，其他获资助人数有所减少的省（自治区、直辖市）均不足10人，详见表3—27、图3—15。

表3—27　第59、60批面上资助各区域获资助人数及增减情况

序号	省（自治区、直辖市）	第59批面上资助数量（人）	第60批面上资助数量（人）	第60批比第59批面上资助增减数量（人）
1	北京	567	592	+25
2	天津	51	48	−3
3	河北	10	15	−5
4	山西	13	6	−7
5	内蒙古	1	1	0
6	辽宁	72	86	+14
7	吉林	64	59	−5
8	黑龙江	97	101	+4
9	上海	261	294	+33
10	江苏	365	349	−16
11	浙江	90	87	−3
12	安徽	78	72	−6
13	福建	40	49	+9
14	江西	26	13	−13
15	山东	218	201	−17
16	河南	59	50	−9
17	湖北	145	174	+29
18	湖南	67	50	−17
19	广东	233	247	+14
20	广西	10	6	−4
21	重庆	55	57	+2
22	四川	103	86	−17

续表

序号	省（自治区、直辖市）	第59批面上资助数量（人）	第60批面上资助数量（人）	第60批比第59批面上资助增减数量（人）
23	贵州	3	3	0
24	云南	12	13	+1
25	陕西	200	223	+23
26	甘肃	16	24	+8
27	宁夏	1	0	−1
28	新疆	18	9	−9
	合计	2 875	2 915	+40

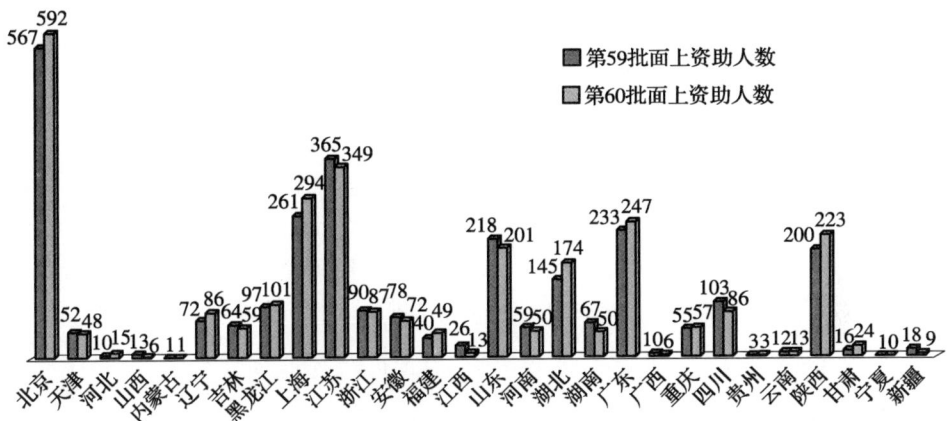

图3—15　28个省（自治区、直辖市）获第59、60批面上资助人数柱状图

3.3.3　两批面上资助分等级学科门类比较

3.3.3.1　面上一等资助的学科门类比较

获第59、60批面上一等资助人数分别是992人、829人，两者相差163人。从各学科门类获得第60批面上一等资助的人数与第59批的比较情况来看，除历史学和农学持平外，其他学科门类均减少。哲学、经济学、法学、教育学、文学、理学、工学、医学、军事学、管理学、艺术学的减少人数分别是5人、14人、10人、7人、8人、33人、45人、23人、1人、15人、2人，详见表3—28、图3—16。

表3—28 各学科门类获第59、60批面上一等资助的人数及增减情况

序号	学科门类	第59批一等资助数量（人）	第60批一等资助数量（人）	第60批比第59批一等资助增减数量（人）
1	哲学	14	9	-5
2	经济学	41	27	-14
3	法学	47	37	-10
4	教育学	20	13	-7
5	文学	32	24	-8
6	历史学	14	14	0
7	理学	228	195	-33
8	工学	378	333	-45
9	农学	47	47	0
10	医学	109	86	-23
11	军事学①	1	0	-1
12	管理学	54	39	-15
13	艺术学	7	5	-2
	合计	992	829	-163

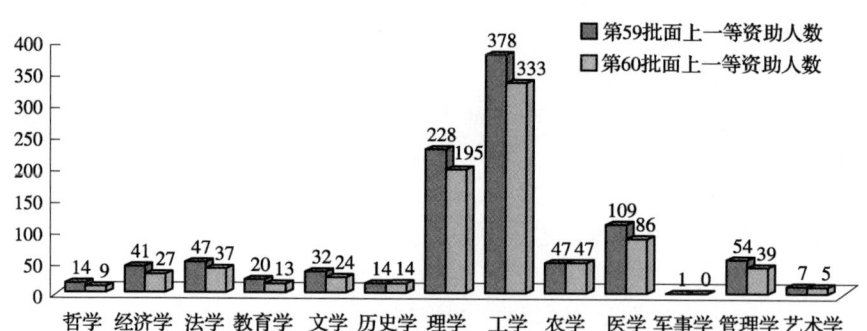

图3—16 各学科门类获第59、60批面上一等资助人数柱状图

3.3.3.2 面上二等资助的学科门类比较

获得第59、60批面上二等资助人数分别是1 883人、2 086人，两者相差203人。从各学科门类获得第60批面上二等资助的人数与第59批的比较情况来看，教育学、历史学、管理学、艺术学获资助人数持平；理学、工学、农

---
① 本表中军事学获资助1人系由地方设站单位招收的博士后所获得。

学、医学获资助人数均有增加，分别增加了 78 人、106 人、22 人、15 人；哲学、经济学、法学、文学、军事学均有减少，分别减少了 5 人、2 人、8 人、2 人、1 人，详见表 3—29、图 3—17。

表 3—29 各学科门类获第 59、60 批面上二等资助的人数及增减情况

序号	学科门类	第 59 批面上二等资助数量（人）	第 60 批面上二等资助数量（人）	第 60 批比第 59 批二等资助增减数量（人）
1	哲学	25	20	-5
2	经济学	74	72	-2
3	法学	99	91	-8
4	教育学	40	40	0
5	文学	65	63	-2
6	历史学	31	31	0
7	理学	402	480	+78
8	工学	728	834	+106
9	农学	94	116	+22
10	医学	208	223	+15
11	军事学①	2	1	-1
12	管理学	100	100	0
13	艺术学	15	15	0
	合计	1 883	2 086	+203

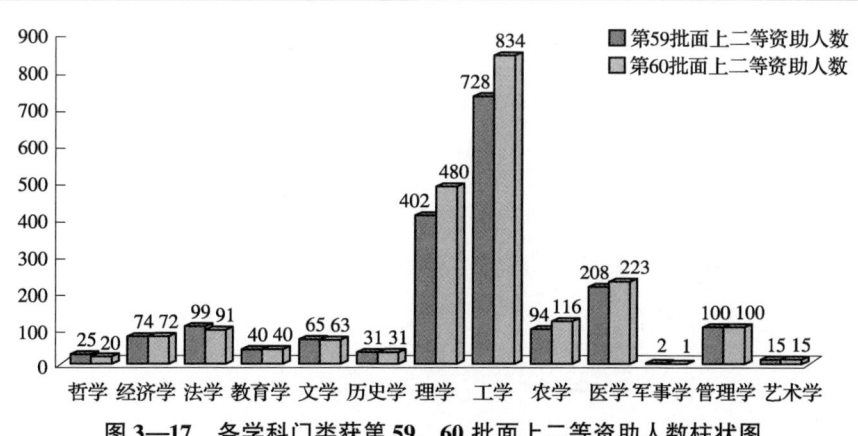

图 3—17 各学科门类获第 59、60 批面上二等资助人数柱状图

① 本表中军事学获资助 3 人系由地方设站单位招收的博士后所获得。

3.3.4 两批面上资助及特别资助分类比较

3.3.4.1 两批面上资助及特别资助学科门类比较

第 59 批面上资助各学科门类的资助比例总体高于第 60 批面上资助和第 9 批特别资助。第 60 批面上资助中,除经济学、历史学和管理学的资助比例略高,艺术学资助比例陡降外,其他学科门类的资助比例几乎在同一水平线,均维持在 30.5%~31.8% 之间,详见表 3—30。第 9 批特别资助各学科门类的资助比例略有起伏,获资助比例变化曲线与第 59 批面上资助有些相似,均是教育学的资助比例最高,形成明显的凸点,详见图 3—18。①

表 3—30 各学科门类获第 59、60 批面上资助及第 9 批特别资助的比例情况

序号	学科门类	第 59 批面上资助比例（%）	第 60 批面上资助比例（%）	第 9 批特别资助比例（%）
1	哲学	35.14	31.52	32.26
2	经济学	32.95	32.14	30.58
3	法学	33.26	31.60	31.87
4	教育学	35.93	31.74	34.43
5	文学	33.11	31.52	31.25
6	历史学	33.58	33.33	30.77
7	理学	32.83	31.25	31.46
8	工学	33.50	31.20	31.27
9	农学	32.27	30.64	32.03
10	医学	33.58	31.60	32.35
11	管理学	33.12	32.18	29.73
12	艺术学	30.99	16.26	31.25

---

① 因由地方招收的军事学博士后获资助比例信息统计不详,故未列入图 3—18 作分析。

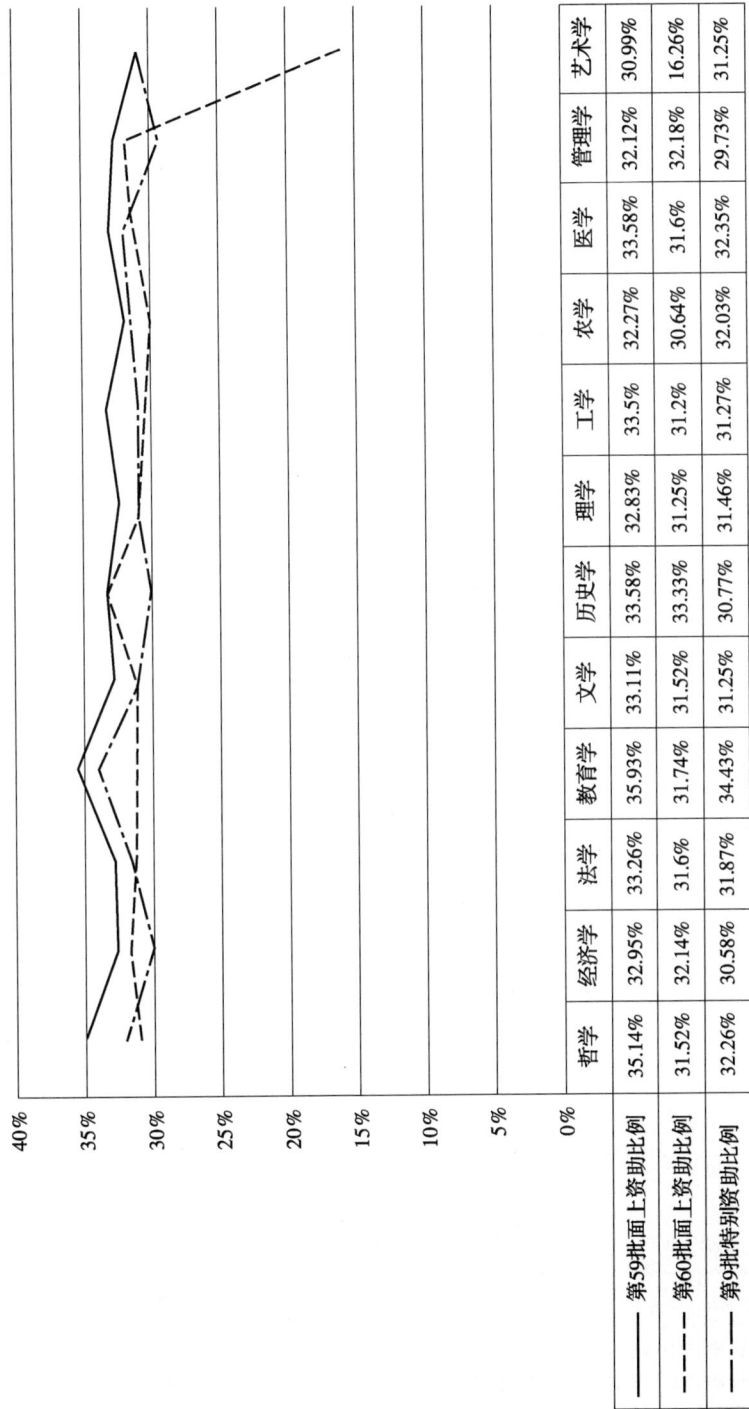

图 3—18　各学科门类获第 59、60 批面上资助及第 9 批特别资助比例变化曲线

3.3.4.2 两批面上资助及特别资助区域比较

通过对第59、60批面上资助及第9批特别资助分区域进行比较可以发现，各区域资助比例变化曲线起伏比较明显，尤其是第9批特别资助。获得第59、60批面上资助比例较高或较低的省（自治区、直辖市）变化曲线走势相似、数值相近，详见表3—31、图3—19。①

表3—31　27个省（自治区、直辖市）获第59、60批面上资助及第9批特别资助的比例情况

序号	省（自治区、直辖市）	第59批面上资助比例（%）	第60批面上资助比例（%）	第9批特别资助比例（%）
1	北京	30.52	30.42	35.8
2	天津	34.93	30.77	21.57
3	河北	17.86	23.08	18.18
4	内蒙古	28.89	15.79	0
5	山西	25	10	0
6	辽宁	26.57	29.15	20.88
7	吉林	34.97	28.1	27.05
8	黑龙江	24.81	21.58	35
9	上海	36.25	34.51	31.23
10	江苏	37.75	37.73	33
11	浙江	33.83	34.8	31.46
12	安徽	39	33.49	40.24
13	福建	35.09	32.67	25
14	江西	28.26	17.11	10.53
15	山东	34.55	26.8	25
16	河南	25	19.53	26.92
17	湖北	39.19	38.24	37.64

---

① 2016年西藏自治区无人申报第59批面上资助和第9批特别资助，海南省无人申报第60批面上资助和第9批特别资助，青海省无人申报第60批面上资助，宁夏回族自治区无人申报第9批特别资助，故均未列入表3—31、图3—19作分析。

续表

序号	省（自治区、直辖市）	第59批面上资助比例（%）	第60批面上资助比例（%）	第9批特别资助比例（%）
18	湖南	38.29	28.57	28.95
19	广东	32.86	30.31	30.29
20	广西	16.13	12.77	14.29
21	重庆	33.74	32.2	25.4
22	四川	39.92	34.96	28
23	贵州	14.29	14.29	0
24	云南	24.49	26.53	25
25	陕西	37.45	37.61	39.23
26	甘肃	34.78	44.44	39.13
27	新疆	32.14	17.31	7.69

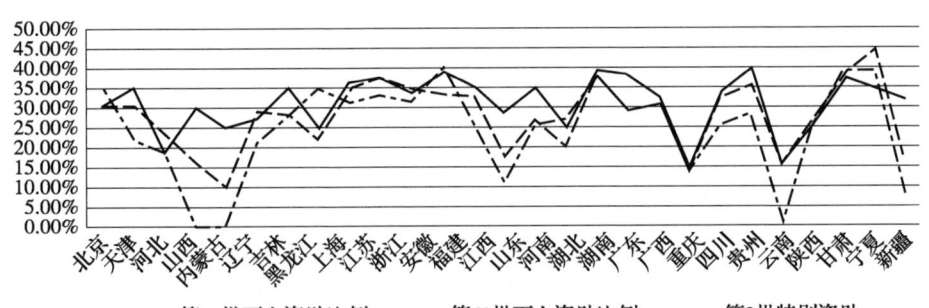

图3—19 27个省（自治区、直辖市）获第59、60批面上资助及第9批特别资助比例变化曲线

3.3.4.3 获两批面上资助及特别资助人数居前十名设站单位比较

通过对获第59、60批面上资助及第9批特别资助人数居前十名的设站单位进行比较可知，清华大学虽然获得资助的人数最多，排在全国之首，但资助比例分别位于第九位（第59批面上资助）、第七位（第60批面上资助，共有11个单位，有并列名次的情况）、第九位（第9批特别资助，共15个单位，有并列名次的情况），处于下游水平。西安交通大学第59、60批面上资助的获资助比例均列第一位，但第9批特别资助的获资助比例降为第三位。山东大学获得面上资助和特别资助的人数均居全国前列，但获资助比例却低于全国平均水平，尤其第9批特别资助的获资助比例仅为20%。在获资助人

数前十名的设站单位中,除中国社会科学院所属博士后设站单位外,第 60 批面上资助及第 9 批特别资助中均有一所非"985"院校,分别是江苏大学和苏州大学,详见表 3—32。

表 3—32　　获第 59、60 批面上资助及第 9 批特别资助人数居前十名设站单位及资助比例情况

名次	第 59 批面上资助		第 60 批面上资助		第 9 批特别资助	
	设站单位	资助比例（%）	设站单位	资助比例（%）	设站单位	资助比例（%）
1	清华大学	31.58	清华大学	34.12	清华大学	38.46
					西安交通大学	54.79
2	西安交通大学	51.32	西安交通大学	52.3	哈尔滨工业大学	44.87
3	山东大学	32.55	山东大学	28.51	武汉大学	59.18
4	复旦大学	41.18	复旦大学	36.16	吉林大学	28.87
5	浙江大学	36.31	武汉大学	42.14	中国科学技术大学	55.32
6	武汉大学	43.65	华中科技大学	38.93	山东大学	20
7	北京大学	35.06	北京大学	33.33	中国社会科学院	42
			上海交通大学	34.97	浙江大学	32.81
					四川大学	36.84
8	上海交通大学	30.19	中山大学	31.21	北京大学	42.22
					复旦大学	28.33
9	南京大学	41.67	浙江大学	31.37	苏州大学	39.53
10	四川大学	37.5	江苏大学	38.66	华南理工大学	47.06
					东南大学	31.37

3.4　2016 年出（退）站博士后获基金资助与结题情况

及时了解和全面掌握 2016 年出（退）站博士后[①]获基金资助与结题情况,

---

① 博士后研究人员在站期间如因个人原因无法继续博士后研究工作的,可向设站单位提出申请,经有关部门批准后退站。博士后退站通常划入出站工作范畴,故这里一并报告出（退）站博士后获基金资助和结题情况。

既有利于检查评估博士后研究人员使用资助基金的实际成效,也有助于中国博士后科学基金会不断改进相关资金资助工作,完善管理使用办法。

3.4.1 2016年出(退)站博士后获基金资助情况

3.4.1.1 2016年出(退)站博士后获基金资助总体情况

2016年出(退)站的博士后研究人员中,有4 068人获得博士后科学基金资助,占2016年出站人数(10 228人)的39.77%。其中3 268人只获得面上资助,占出(退)站获资助人员的80.33%;68人只获得特别资助,占出(退)站获资助人员的1.67%;732人既获得面上资助又获得特别资助(以下简称为双资助),占出(退)站获资助人员的17.99%。2016年出(退)站人员中获各类资助情况详见表3—33、图3—20。

表3—33　2016年出(退)站博士后获各类资助人员数量

序号	获资助类别	出(退)站博士后获各类资助数量(人)	退站博士后获各类资助数量(人)
1	面上资助	3 268	50
2	特别资助	68	0
3	双资助	732	4
	合计	4 068	54

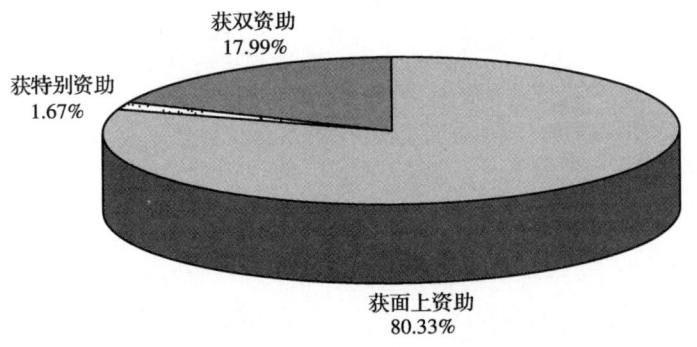

图3—20　获各类资助人员在2016年出(退)站博士后中所占比例

3.4.1.2 2016年出(退)站博士后获面上资助的学科分布

2016年获得面上资助出(退)站博士后研究人员数量及学科门类分布详见表3—34、图3—21。

表3—34 2016年各学科门类获面上资助出（退）站博士后人员数量

序号	学科门类	获面上资助博士后出站数量（人）	获得面上资助博士后退站数量（人）	序号	学科门类	获面上资助博士后出站数量（人）	获得面上资助博士后退站数量（人）
1	哲学	37	0	8	工学	1 261	23
2	经济学	197	4	9	农学	157	2
3	法学	168	1	10	医学	317	7
4	教育学	46	1	11	军事学	0	0
5	文学	116	1	12	管理学	198	1
6	历史学	65	1	13	艺术学	30	0
7	理学	676	9		合计	3 268	50

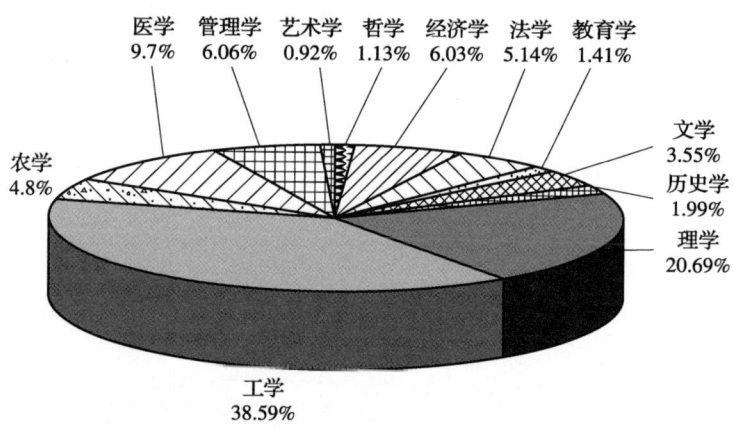

图3—21 各学科门类获面上资助博士后2016年出（退）站所占比例

由表3—34、图3—21可知，在获得面上资助并于2016年出（退）站的博士后研究人员中，工学人数最多，为1 261人，占总人数的38.59%；理学次之，为676人，占总人数的20.69%；再次是医学，为317人，占总人数的9.7%。这种分布情况与各学科门类进出站、获得面上资助和特别资助的情况基本一致，前三位都是工学、理学和医学，且工学所占比例为40%左右，理学为20%左右，医学为10%左右。从退站人员情况来看，有50名获得面上资助的博士后人员办理了退站手续，其中，理学9人，工学23人，医学7人，三者占获资助退站人员总数的78%。

3.4.1.3 2016年出（退）站博士后获特别资助的学科分布

2016年获得面上特别资助出（退）站博士后研究人员数量及学科门类分布详见表3—35、图3—22。①

表3—35 2016年各学科门类获特别资助出（退）站博士后人员数量

序号	学科门类	获得特别资助博士后出站数量（人）	获特别资助博士后退站数量（人）	序号	学科门类	获得特别资助博士后出站数量（人）	获特别资助博士后退站数量（人）
1	哲学	1	0	8	工学	14	0
2	经济学	4	0	9	农学	6	0
3	法学	5	0	10	医学	11	0
4	教育学	3	0	11	管理学	3	0
5	文学	1	0	12	艺术学	3	0
6	历史学	1	0				
7	理学	16	0		合计	68	0

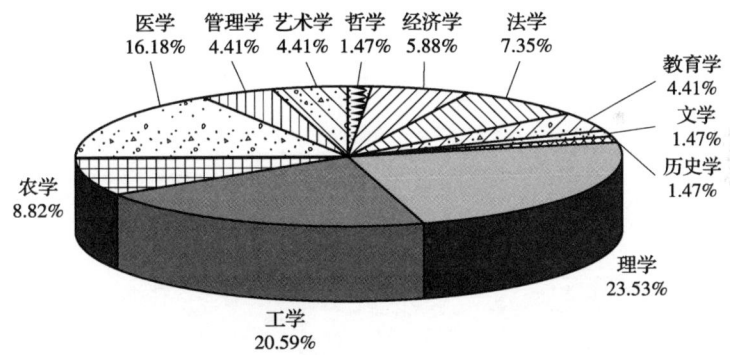

图3—22 各学科门类获特别资助博士后2016年出（退）站所占比例

由表3—35、图3—22可知，在获得特别资助并于2016年出（退）站的博士后研究人员中，理学人数最多，为16人，占总人数的23.53%；工学次之，为14人，占总人数的20.59%；再次是医学，为11人，占总人数的16.18%。虽然，理学、工学、医学获资助人数依然是前三位，但与面上资助情况相比，理学与工学的排名次序相互颠倒，且三者之间差距不明显。

---

① 2016年获得特别资助的出（退）站博士后有68人，但因无人办理退站手续，所以表3—35中退站人数为零。

3.4.1.4 2016年出（退）站博士后获"双资助"的学科分布

2016年，全国出（退）站博士后研究人员中获得"双资助"的有732人（含退站4人）。其中，获得"双资助"人数最多的是工学，为309人（含退站3人），占"双资助"人员总数的42.21%；其次是理学，为162人（含退站1人），占"双资助"人员总数的22.13%；再次是医学，为61人，占"双资助"人员总数的8.33%。获得"双资助"人员所在学科门类及其分布比例详见表3—36、图3—23。

表3—36 各学科门类2016年出（退）站博士后获"双资助"人员数量

序号	学科门类	获"双资助"出（退）站总数（人）	获"双资助"退站数量（人）	序号	学科门类	获"双资助"出（退）站总数（人）	获"双资助"退站数量（人）
1	哲学	8	0	8	工学	309	3
2	经济学	34	0	9	农学	28	0
3	法学	36	0	10	医学	61	0
4	教育学	14	0	11	军事学	0	0
5	文学	27	0	12	管理学	37	0
6	历史学	12	0	13	艺术学	4	0
7	理学	162	1		合计	732	4

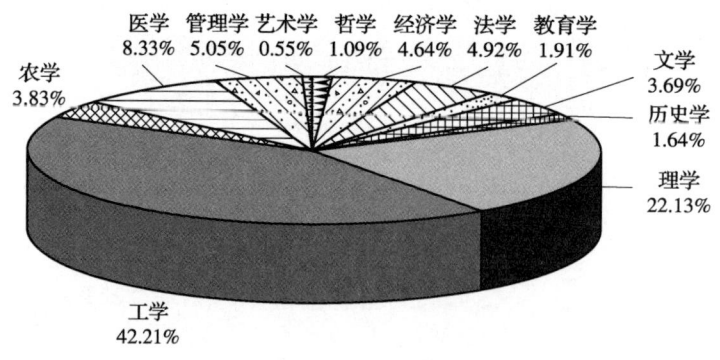

图3—23 2016年出（退）站博士后获"双资助"人员所在学科门类占比

3.4.2 2016年出（退）站博士后获资助者结题（项）情况

按照2016年全国出（退）站博士后研究人员获得各批次博士后科学基金资助的总人（次）计算，应提交结题（项）报告4 800份（含退站54人，其中获"双资助"退站4人），实际提交结题（项）报告4 626份，未提交结题（项）报告174份，提交率约为96.38%。获得博士后科学基金出（退）站人员未提交的结题（项）报告所属的学科门类、受资助类别详见表3—37、图3—24、表3—38、表3—39。

表3—37　2016年出（退）站博士后未提交结题（项）报告所属学科门类

序号	学科门类	未提交结题（项）报告数量（份）	序号	学科门类	未提交结题（项）报告数量（份）
1	哲学	3	7	理学	53
2	经济学	4	8	工学	43
3	法学	13	9	农学	6
4	教育学	2	10	医学	23
5	文学	14	11	管理学	11
6	历史学	2	合计		174

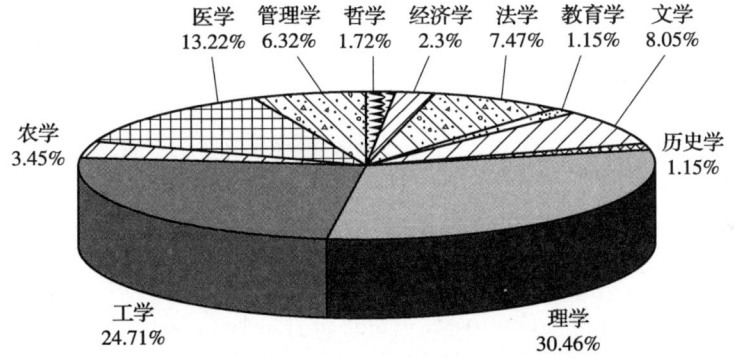

图3—24　2016年出（退）站博士后未提交结题（项）报告各学科门类占比

表3—38　2016年出（退）站博士后获资助类别及未提交结题（项）报告数量

序号	资助类别	未提交结题（项）报告总数量（份）	获"双资助"者未提交结题（项）报告数量（份）
1	面上一等资助	36	8
2	面上二等资助	77	8
3	特别资助	61	58
合计		174	74

表 3—39　　　2016 年出（退）站博士后获"双资助"
人员未提交结题（项）报告具体情况

序号	资助类别	未提交结题（项）报告人数（人）	未提交结题报告份数（份）
1	未提交面上资助报告	1	1
2	未提交特别资助报告	43	43
3	未提交面上和特别资助报告	15	30
	合计	59	74

由表 3—37、图 3—24 可知，2016 年出（退）站的博士后科学基金获资助人员中，理学博士后未提交结题（项）报告的数量最多，为 53 份，占未提交报告的 30.46%；工学次之，为 43 份，占未提交报告的 24.71%；再次是医学，为 23 份，占未提交报告的 13.22%；艺术学获资助并出站人员均提交了结题（项）报告。理学未提交报告的人数超过工学，这与博士后的进出站人员、博士后科学基金获资助情况非常不匹配，所以必须进一步督促理学博士后按照相关规定提交结题（项）报告，以保证博士后科学基金资助的质量。

由表 3—38、表 3—39 可知，在获得"双资助"的博士后研究人员中，1 人未提交面上资助结题（项）报告，43 人未提交特别资助结题（项）报告，15 人既未提交面上资助结题（项）报告也未提交特别资助结题（项）报告，分别占获"双资助"人员未提交结题（项）报告数量的 1.35%、58.11%、40.54%。从未提交结题（项）报告总体情况看，174 份未提交结题（项）报告中，获"双资助"人员 74 份，占未提交结题（项）报告的 42.53%。

3.5　2016 年中国博士后科学基金其他资助工作

2016 年中国博士后科学基金其他资助工作主要包括：①中国博士后科学基金会与中国科学院共同组织实施的支持"率先行动"联合资助优秀博士后项目（以下简称"联合资助"），共资助 50 人。②中国博士后科学基金会与科学出版社继续开展博士后研究人员优秀学术专著出版资助工作（2016 年该资助项目的资助结果未公布，以下简称"优秀学术专著资助"），计划资助 30 部专著的出版（每部专著的资助经费为 5 万元人民币）。③全国博士后管委会办公室和中国博士后科学基金会首次在全国组织实施"博士后创新人才支持计划"（以下简称"博新计划"），共资助200人。此外，中国博士后科学基金会还对2016年博士后学术交流（论坛）活动、科技服务团活动等分别进行了资助，详情可参见本报告第五、六章。

3.5.1 "联合资助"工作

为支持《"率先行动"计划》的实施，吸引、选拔和培养一批优秀青年科技人才，2016年中国博士后科学基金会继续和中国科学院共同出资联合资助优秀博士后项目。根据惯例，2016年度"联合资助"工作仍然采取站前资助方式，资助对象为有意向进入中国科学院"四类机构"[①] 博士后设站单位从事博士后研究的优秀博士。

3.5.1.1 "联合资助"申报单位及名额分配

2016年1月25日，中国博士后科学基金会和中国科学院人事局联合下发《关于申报2016年度支持"率先行动"联合资助优秀博士后项目的通知》（中博基字〔2016〕1号），通知发布时间远远提前于2015年（2015年10月20日发布的通知），说明相关单位非常重视该项目。2016年度联合资助与2015年不同，除支持"四类机构"的研究所（院）外，还在考虑各设站单位在站博士后队伍规模的基础上对其推荐名额进行了数量分配。根据该通知，推荐单位的数量由2015年的40家提升至78家，几乎是2015年的2倍，且指定了推荐名额的数量（181人），详见表3—40。

表3—40　　2016年"联合资助"名额分配表

序号	单位名称	名额（人）	序号	单位名称	名额（人）
1	中国科学院数学与系统科学研究院	4	7	中国科学院理化技术研究所	3
			8	中国科学院化学研究所	3
2	中国科学院物理研究所	2	9	国家纳米科学中心	2
3	中国科学院理论物理研究所	1	10	中国科学院生态环境研究中心	6
4	中国科学院高能物理研究所	4	11	中国科学院过程工程研究所	2
5	中国科学院力学研究所	1	12	中国科学院地理科学与资源研究所	9
6	中国科学院声学研究所	2			

---

① "四类机构"是指中国科学院所属卓越中心与科教融合卓越中心、大科学中心、创新研究院、特色研究所。

续表

序号	单位名称	名额（人）	序号	单位名称	名额（人）
13	中国科学院国家天文台	3	35	中国科学院大连化学物理研究所	4
14	中国科学院遥感与数字地球研究所	1	36	中国科学院金属研究所	1
15	中国科学院地质与地球物理研究所	6	37	中国科学院沈阳应用生态研究所	2
16	中国科学院青藏高原生物研究所	2	38	中国科学院沈阳自动化研究所	2
			39	中国科学院海洋研究所	3
17	中国科学院大气物理研究所	1	40	中国科学院青岛生物能源与过程研究所	2
18	中国科学院植物研究所	2			
19	中国科学院动物研究所	3	41	中国科学院长春光学精密机械与物理研究所	1
20	中国科学院心理学研究所	2			
21	中国科学院微生物研究所	2	42	中国科学院长春应用化学研究所	3
22	中国科学院生物物理研究所	3			
23	中国科学院遗传与发育生物学研究所	4	43	中国科学院东北地理与农业生态研究所	2
24	中国科学院计算技术研究所	1	44	中国科学院上海微系统与信息技术研究所	2
25	中国科学院软件研究所	1			
26	中国科学院半导体研究所	2	45	中国科学院上海硅酸盐研究所	2
27	中国科学院电子学研究所	1	46	中国科学院上海有机化学研究所	2
28	中国科学院自动化研究所	1			
29	中国科学院电工研究所	2	47	中国科学院上海应用物理研究所	3
30	中国科学院工程热物理研究所	1			
31	国家空间科学与应用研究中心	1	48	中国科学院上海天文台	1
32	中国科学院科技政策与管理科学研究所	1	49	中国科学院上海生命科学研究院	11
33	中国科学院信息工程研究所	2	50	中国科学院上海药物研究所	2
34	中国科学院大学	3	51	中国科学院上海高等研究院	1

续表

序号	单位名称	名额(人)	序号	单位名称	名额(人)
52	中国科学院宁波材料技术与工程研究所	3	66	中国科学院深圳先进技术研究院	3
53	中国科学院福建物质结构研究所	2	67	中国科学院成都生物研究所	1
54	中国科学院城市环境研究所	1	68	中国科学院成都山地灾害与环境研究所	2
55	中国科学院南京土壤研究所	2	69	中国科学院昆明动物研究所	1
56	中国科学院南京地理与湖泊研究所	1	70	中国科学院昆明植物研究所	2
57	中国科学院苏州纳米技术与纳米仿生研究所	2	71	中国科学院西双版纳热带植物园	1
			72	中国科学院地球化学研究所	1
58	中国科学院武汉岩土力学研究所	1	73	中国科学院兰州化学物理研究所	1
59	中国科学院武汉物理与数学研究所	1	74	中国科学院寒区旱区环境与工程研究所	5
60	中国科学院武汉病毒研究所	1	75	中国科学院新疆理化技术研究所	1
61	中国科学院水生生物研究所	2			
62	中国科学院南海海洋研究所	1	76	中国科学院新疆生态与地理研究所	3
63	中国科学院华南植物园	1			
64	中国科学院广州地球化学研究所	2	77	中国科学院合肥物质科学研究院	3
65	中国科学院广州生物医药与健康研究院	1	78	中国科学技术大学	8
				合计	181

3.5.1.2 "联合资助"者拟进站单位及学科分布

经过组织专家评审，共有 50 名优秀博士后获得 2016 年"联合资助"项目资助（与 2015 年联合资助人数相同），资助人数与推荐名额的比例约为 27.62%。获资助人员拟进站单位和一级学科详见表3—41。

表3—41 2016年获"联合资助"优秀博士后拟进站单位及一级学科分布

序号	姓名	拟进站单位	一级学科
1	刘素贞	中国科学院地质与地球物理研究所	地球物理学
2	路路	中国科学院地理科学与资源研究所	地理学
3	郑佳洁	中国科学院地质与地球物理研究所	地质学
4	刘明熹	中国科学院科技政策与管理科学研究所	管理科学与工程
5	陶炜晨	中国科学院大气物理研究所	海洋科学
6	关密荣	中国科学院化学研究所	化学
7	韩剑宇	国家纳米科学中心	化学
8	朱干宇	中国科学院过程工程研究所	化学工程与技术
9	魏爽	中国科学院动物研究	生物学
10	温莹	中国科学院生物物理研究所所	生物学
11	杨焕杰	中国科学院微生物研究所	生物学
12	张婧嬴	中国科学院遗传与发育生物学研究所	生物学
13	李文华	中国科学院遗传与发育生物学研究所	生物学
14	李培荣	中国科学院大学	物理学
15	丁金丰	中国科学院心理研究所	心理学
16	张海如	中国科学院声学研究所	信息与通信工程
17	班伯源	中国科学院合肥物质科学研究院	冶金工程
18	王志巧	中国科学院福建物质结构研究所	材料科学与工程
19	卢倩倩	中国科学院福建物质结构研究所	化学
20	赵素平	中国科学院寒区旱区环境与工程研究所	地理学
21	何良英	中国科学院广州地球化学研究所	地质学
22	王策	中国科学院广州地球化学研究所	地质学
23	张龙	中国科学院广州地球化学研究所	地质学
24	孙长利	中国科学院南海海洋研究所	海洋科学
25	孟君玲	中国科学院长春应用化学研究所	化学

续表

序号	姓名	拟进站单位	一级学科
26	温鹏雁	中国科学院苏州纳米技术与纳米仿生研究所	电子科学与技术
27	Muhammad Rashad	中国科学院大连化学物理研究所	材料科学与工程
28	刘天辉	中国科学院大连化学物理研究所	化学
29	沈雨佳	中国科学院数学与系统科学研究院	数学
30	贾功雪	中国科学院青藏高原生物研究所	生物学
31	鞠江伟	中国科学院青岛生物能源与过程研究所	材料科学与工程
32	张晓梅	中国科学院海洋研究所	海洋科学
33	李晓栋	中国科学院海洋研究所	海洋科学
34	李蒙	中国科学院海洋研究所	海洋科学
35	王玉超	中国科学院青岛生物能源与过程研究所	化学工程与技术
36	黄适	中国科学院青岛生物能源与过程研究所	生物学
37	刘文文	中国科学院青岛生物能源与过程研究所	生物学
38	仝敏超	中国科学院上海有机化学研究所	化学
39	Laura Medina Puche	中国科学院上海生命科学研究所	生物学
40	段春雨	中国科学院上海生命科学研究院	生物学
41	邓彩云	中国科学院上海生命科学研究与院	生物学
42	刘巧珍	中国科学院上海生命科学研究院	生物学
43	孙雨伟	中国科学院上海生命科学研究院	生物学
44	刘亚文	中国科学院上海生命科学研究院	生物学
45	安振东	中国科学院上海应用物理研究所	物理学
46	王丽倩	中国科学院上海应用物理研究所	物理学
47	夏冰清	中国科学院上海药物研究所	药学
48	王华伟	中国科学院新疆生态与地理研究所	地理学
49	陶冶	中国科学院新疆生态与地理研究所	生物学
50	高双	中国科学院宁波材料技术与工程研究所	材料科学与工程

3.5.1.3 获"联合资助"单位的分配名额与资助人数之比

2016年"联合资助"共推荐78个单位，实际获得资助单位32个；这32个单位的分配名额为100人，最终有50名优秀博士后获得资助，获资助人员与推荐名额的比例为50%。各单位的推荐名额、获资助人数及获资助比例详见表3—42。

表3—42 获2016年"联合资助"的单位、分配名额、资助人数及资助比例

序号	获资助单位	分配名额（人）	资助数量（人）	资助比例（%）
1	国家纳米科学中心	2	1	50
2	中国科学院长春应用化学研究所	3	1	33.33
3	中国科学院大连化学物理研究所	4	2	50
4	中国科学院大气物理研究所	1	1	100
5	中国科学院大学	3	1	33.33
6	中国科学院地理科学与资源研究所	9	1	11.11
7	中国科学院地质与地球物理研究所	6	2	33.33
8	中国科学院动物研究	3	1	33.33
9	中国科学院福建物质结构研究所	2	2	100
10	中国科学院广州地球化学研究所	2	3	150
11	中国科学院过程工程研究所	2	1	50
12	中国科学院海洋研究所	3	3	100
13	中国科学院寒区旱区环境与工程研究所	5	1	20
14	中国科学院合肥物质科学研究院	3	1	33.33
15	中国科学院化学研究所	3	1	33.33
16	中国科学院科技政策与管理科学研究所	1	1	100
17	中国科学院南海海洋研究所	1	1	100
18	中国科学院宁波材料技术与工程研究所	3	1	33.33
19	中国科学院青藏高原生物研究所	2	1	50
20	中国科学院青岛生物能源与过程研究所	2	4	200
21	中国科学院上海生命科学研究院	11	6	54.55
22	中国科学院上海药物研究院	2	1	50

续表

序号	获资助单位	分配名额（人）	资助数量（人）	资助比例（%）
23	中国科学院上海应用物理研究所	3	2	66.67
24	中国科学院上海有机化学研究所	2	1	50
25	中国科学院生物物理研究所	3	1	33.33
26	中国科学院声学研究所	2	1	50
27	中国科学院数学与系统科学研究院	4	1	25
28	中国科学院苏州纳米技术与纳米仿生研究所	2	1	50
29	中国科学院微生物研究所	2	1	50
30	中国科学院心理学研究所	2	1	50
31	中国科学院新疆生态与地理研究所	3	2	66.67
32	中国科学院遗传与发育生物学研究所	4	2	50
	合计数及资助比例	100	50	50

由表3—42可知，在获得"联合资助"的32个单位中，获资助比例最高的是中国科学院青岛生物能源与过程研究所，获资助的人数超出了分配名额，获资助比例为200%；其次是中国科学院广州地球化学研究所，获资助人数也超出了分配名额，获资助比例为150%；并列第三位的是中国科学院大气物理研究所、中国科学院福建物质结构研究所、中国科学院海洋研究所、中国科学院科技政策与管理科学研究所、中国科学院南海海洋研究所，获资助人数与分配名额持平，获资助比例为100%；获资助比例最低的是中国科学院地理科学与资源研究所，为11.11%。其他单位获资助比例在20%~66.67%之间。

3.5.2 "优秀学术专著资助"工作

2016年4月14日，中国博士后科学基金会下发《关于开展2016年度博士后研究人员优秀学术专著出版资助工作的通知》（中博基字〔2016〕7号），决定与科学出版社继续开展博士后优秀学术专著评审出版工作，计划资助出版30部博士后优秀学术专著。根据该通知精神，2016年度博士后研究人员优秀学术专著出版资助对象及要求如下：①在站2年以上或已出站的博士后研究人员，为所投专著的唯一作者或第一著作人。同等条件下，优先资助曾获得中国博士后科学基金资助的博士后研究人员。②学科领域为自然科学。

③书稿字数不少于 15 万字。著作者须完成全部书稿后,方可提出申请。④涉密项目及军事学相关学科的专著不允许申报。由于该项资助 2016 年 4 月才组织申报,6 月 15 日截止申请,9 月下旬结束专家评审工作,12 月中旬由科学出版社对书稿选题进行论证,最终出版时间为 2017 年 6 月。因此,2016 年"优秀学术专著资助"的结果当年并未公布,只能放在《中国博士后发展报告·2017》中报告和分析。

3.5.3 "博新计划"资助工作

根据人力资源社会保障部、全国博士后管委会下发的《关于印发博士后创新人才支持计划的通知》(人社部发〔2016〕33 号),2016 年首次组织实施"博新计划"工作,在全国遴选 200 名应届或新近毕业的优秀博士,进入国内博士后设站单位从事博士后研究工作,给予每人 2 年 60 万元的资助。其中,日常经费 40 万元为生活费,博士后科学基金 20 万元为科研补助经费。从公布的"博新计划"资助评审结果看,全国共有 200 名优秀博士后获得该项资助,获资助人员来自国内 19 个省(直辖市)的 94 家设站单位,涵盖理学、工学两大学科门类中的 20 个一级学科,详见表 3—43。

表 3—43　2016 年获"博新计划"资助人员、进站单位及学科

序号	姓名	进站单位	一级学科	资助编号
1	衣芳	北京大学	化学	BX201600001
2	王舒	北京大学	天文学	BX201600002
3	杨元培	北京大学	天文学	BX201600003
4	郭静	北京大学	物理学	BX201600004
5	张承勇	北京大学	物理学	BX201600005
6	赵琛	北京大学	信息与通信工程	BX201600006
7	郑金龙	北京航空航天大学	材料科学与工程	BX201600007
8	刘畅	北京航空航天大学	航空宇航科学与技术	BX201600008
9	仪明旭	北京航空航天大学	航空宇航科学与技术	BX201600009
10	朱言言	北京航空航天大学	机械工程	BX201600010
11	王红霞	北京化工大学	化学	BX201600011
12	刘自程	北京交通大学	电气工程	BX201600012

续表

序号	姓名	进站单位	一级学科	资助编号
13	何家琪	北京交通大学	物理学	BX201600013
14	刘永畅	北京科技大学	材料科学与工程	BX201600014
15	王春凤	北京理工大学	化学	BX201600015
16	成天宝	北京理工大学	机械工程	BX201600016
17	秦也辰	北京理工大学	机械工程	BX201600017
18	张锐	北京理工大学	仪器科学与技术	BX201600018
19	封春亮	北京师范大学	计算机科学与技术	BX201600019
20	王华桥	北京应用物理与计算数学研究所	数学	BX201600020
21	杨辉	北京邮电大学	电子科学与技术	BX201600021
22	罗韬	第三军医大学	生物学	BX201600022
23	倪振洪	第三军医大学	生物学	BX201600023
24	时雨	第三军医大学	生物学	BX201600024
25	杨奇	第四军医大学	生物学	BX201600025
26	苏元捷	电子科技大学	电子科学与技术	BX201600026
27	吴杰云	电子科技大学	信息与通信工程	BX201600027
28	段文军	东北大学	材料科学与工程	BX201600028
29	刘安	东南大学	生物学	BX201600029
30	杨丽娜	福建农林大学	生物学	BX201600030
31	杨朋举	福州大学	化学	BX201600031
32	曹宏梅	复旦大学	化学	BX201600032
33	裘天颐	复旦大学	生物学	BX201600033
34	于翔	复旦大学	生物学	BX201600034
35	席东盟	复旦大学	数学	BX201600035
36	蔡鹏	复旦大学	物理学	BX201600036
37	彭超	工业和信息化部电子第五研究所	电子科学与技术	BX201600037

续表

序号	姓名	进站单位	一级学科	资助编号
38	常路宾	国防科学技术大学	控制科学与工程	BX201600038
39	胡春迪	国家海洋局第二海洋研究所	海洋科学	BX201600039
40	王贤迪	国家纳米科学中心	化学	BX201600040
41	刘晓丽	国家纳米科学中心	生物学	BX201600041
42	赵潇	国家纳米科学中心	生物工程	BX201600042
43	章思龙	哈尔滨工业大学	航空宇航科学与技术	BX201600043
44	佟明斯	哈尔滨工业大学	控制科学与工程	BX201600044
45	肖桂然	合肥工业大学	生物学	BX201600045
46	张宝文	河北师范大学	生物学	BX201600046
47	吴娜	河北师范大学	物理学	BX201600047
48	韩春苗	黑龙江大学	化学	BX201600048
49	陈婷婷	湖南大学	材料科学与工程	BX201600049
50	李宇航	华东理工大学	材料科学与工程	BX201600050
51	赵珂	华东理工大学	材料科学与工程	BX201600051
52	田博博	华东师范大学	电子科学与技术	BX201600052
53	周欣	华南理工大学	材料科学与工程	BX201600053
54	陆久阳	华南理工大学	物理学	BX201600054
55	来金钢	华中科技大学	电气工程	BX201600055
56	罗晶晶	华中科技大学	控制科学与工程	BX201600056
57	杨坦	华中科技大学	生物学	BX201600057
58	辛强	华中农业大学	生物学	BX201600058
59	童泽宇	华中师范大学	生物学	BX201600059
60	张晓宇	吉林大学	材料科学与工程	BX201600060
61	范建军	吉林大学	地质学	BX201600061
62	韩笑	吉林大学	化学	BX201600062

续表

序号	姓名	进站单位	一级学科	资助编号
63	秦天游	吉林大学	化学	BX201600063
64	姜昊伯	吉林大学	机械工程	BX201600064
65	金悦	吉林大学	生物学	BX201600065
66	蒋建军	江苏省农业科学院	生物学	BX201600066
67	宋虎成	南京大学	材料科学与工程	BX201600067
68	张肖剑	南京大学	海洋科学	BX201600068
69	朱珍珠	南京大学	生物学	BX201600069
70	盛冲	南京大学	物理学	BX201600070
71	陶冶	南京工业大学	材料科学与工程	BX201600071
72	张一洲	南京工业大学	材料科学与工程	BX201600072
73	沈一洲	南京航空航天大学	航空宇航科学与技术	BX201600073
74	蒋春号	南京农业大学	生物学	BX201600074
75	袁军	南京农业大学	生物学	BX201600075
76	许利刚	南京邮电大学	电子科学与技术	BX201600076
77	孙兵	南京邮电大学	信息与通信工程	BX201600077
78	鞠斌	南开大学	生物学	BX201600078
79	宋智功	清华大学	材料科学与工程	BX201600079
80	付际	清华大学	电子科学与技术	BX201600080
81	苏瑞霞	清华大学	动力工程及工程热物理	BX201600081
82	常银成	清华大学	化学	BX201600082
83	陈浩	清华大学	化学	BX201600083
84	韩云虎	清华大学	化学	BX201600084
85	陈哲	清华大学	机械工程	BX201600085
86	王家	清华大学	生物学	BX201600086
87	王靖宇	清华大学	生物学	BX201600087

续表

序号	姓名	进站单位	一级学科	资助编号
88	赵诞	清华大学	生物学	BX201600088
89	潘孝敬	清华大学	生物工程	BX201600089
90	闫溦	清华大学	生物工程	BX201600090
91	张顺洪	清华大学	物理学	BX201600091
92	陈俊	厦门大学	化学	BX201600092
93	刘鹏昕	厦门大学	化学	BX201600093
94	张声传	厦门大学	计算机科学与技术	BX201600094
95	李春阳	山东大学	海洋科学	BX201600095
96	胡龙	山东大学	数学	BX201600096
97	周安娃	上海大学	数学	BX201600097
98	高涛	上海大学	信息与通信工程	BX201600098
99	邱嫡	上海交通大学	材料科学与工程	BX201600099
100	苑文浩	上海交通大学	动力工程及工程热物理	BX201600100
101	王友付	上海交通大学	化学	BX201600101
102	杨光	上海交通大学	机械工程	BX201600102
103	张国庆	上海交通大学	控制科学与工程	BX201600103
104	赵兵	上海交通大学	控制科学与工程	BX201600104
105	王晓东	上海交通大学	数学	BX201600105
106	廖国前	上海交通大学	物理学	BX201600106
107	郝茜	上海交通大学医学院	生物学	BX201600107
108	钟翠青	上海交通大学医学院	生物学	BX201600108
109	朱晓娜	上海交通大学医学院	生物学	BX201600109
110	胡利鹏	深圳大学	材料科学与工程	BX201600110
111	漆超	深圳大学	材料科学与工程	BX201600111
112	冯延欢	四川大学	生物学	BX201600112

续表

序号	姓名	进站单位	一级学科	资助编号
113	刘泽柯	苏州大学	化学	BX201600113
114	黄志良	武汉大学	化学	BX201600114
115	仝晶晶	武汉大学	生物学	BX201600115
116	胡明明	武汉大学	生物工程	BX201600116
117	易建新	武汉大学	信息与通信工程	BX201600117
118	项水英	西安电子科技大学	电子科学与技术	BX201600118
119	林丽美	西安电子科技大学	计算机科学与技术	BX201600119
120	张佳	西安电子科技大学	仪器科学与技术	BX201600120
121	李昱辉	西安交通大学	材料科学与工程	BX201600121
122	周静	西安交通大学	材料科学与工程	BX201600122
123	陈黎	西安交通大学	动力工程及工程热物理	BX201600123
124	王成龙	西安交通大学	核科学与技术	BX201600124
125	罗钰	西安交通大学	机械工程	BX201600125
126	张军诗	西安交通大学	机械工程	BX201600126
127	陈伟民	湘潭大学	材料科学与工程	BX201600127
128	杨亚娜	燕山大学	机械工程	BX201600128
129	杨彬淼	云南大学	化学	BX201600129
130	柴静	云南大学	生物学	BX201600130
131	高玲利	浙江大学	地球物理学	BX201600131
132	牛峰	浙江大学	电气工程	BX201600132
133	李荣鹏	浙江大学	计算机科学与技术	BX201600133
134	韩金花	浙江大学	生物学	BX201600134
135	杨陈楹	浙江大学	仪器科学与技术	BX201600135
136	赵云	中国地质大学（北京）	地质学	BX201600136
137	王毅	中国工程物理研究院	化学	BX201600137

续表

序号	姓名	进站单位	一级学科	资助编号
138	蔡冰	中国工程物理研究院	物理学	BX201600138
139	高怀岭	中国科学技术大学	材料科学与工程	BX201600139
140	林宁	中国科学技术大学	材料科学与工程	BX201600140
141	刘琴	中国科学技术大学	材料科学与工程	BX201600141
142	吴振禹	中国科学技术大学	材料科学与工程	BX201600142
143	高山	中国科学技术大学	化学	BX201600143
144	张国营	中国科学技术大学	化学	BX201600144
145	王龙海	中国科学技术大学	生物学	BX201600145
146	许小冶	中国科学技术大学	物理学	BX201600146
147	郑振	中国科学技术大学	物理学	BX201600147
148	张楠	中国空气动力研究与发展中心	航空宇航科学与技术	BX201600148
149	陈建	中国农业大学	生物学	BX201600149
150	张仕坚	中国农业大学	生物学	BX201600150
151	商连光	中国农业科学院	生物学	BX201600151
152	张翔	中国人民大学	物理学	BX201600152
153	王森	中国石油大学（华东）	地质学	BX201600153
154	蒽克来	中国石油大学（华东）	地质学	BX201600154
155	黄铭坤	中国中医科学院	生物学	BX201600155
156	于铁	中国科学院大连化学物理研究所	化学	BX201600156
157	王晴晴	中国科学院大气物理研究所	海洋科学	BX201600157
158	孙为杰	中国科学院地质与地球物理研究所	地球物理学	BX201600158
159	闫丽梅	中国科学院地质与地球物理研究所	地球物理学	BX201600159
160	孙春青	中国科学院地质与地球物理研究所	地质学	BX201600160
161	李治琨	中国科学院动物研究所	生物学	BX201600161
162	王寒	中国科学院动物研究所	生物学	BX201600162

续表

序号	姓名	进站单位	一级学科	资助编号
163	刘彬文	中国科学院福建物质结构研究所	材料科学与工程	BX201600163
164	黄钧衡	中国科学院福建物质结构研究所	化学	BX201600164
165	刘红昌	中国科学院广州地球化学研究所	地质学	BX201600165
166	孙闰霞	中国科学院广州地球化学研究所	地质学	BX201600166
167	付慧慧	中国科学院海洋研究所	海洋科学	BX201600167
168	王蒙	中国科学院合肥物质科学研究院	生物学	BX201600168
169	吴宏	中国科学院合肥物质科学研究院	生物学	BX201600169
170	李涛涛	中国科学院华南植物园	生物学	BX201600170
171	王书华	中国科学院化学研究所	化学	BX201600171
172	郭裕兰	中国科学院计算技术研究所	计算机科学与技术	BX201600172
173	番长钊	中国科学院理化技术研究所	动力工程及工程热物理	BX201600173
174	姜翔宇	中国科学院理化技术研究所	化学	BX201600174
175	马腾	中国科学院理论物理研究所	物理学	BX201600175
176	邱报	中国科学院宁波材料技术与工程研究所	材料科学与工程	BX201600176
177	陈生生	中国科学院青藏高原研究所	地质学	BX201600177
178	张天奇	中国科学院上海生命科学研究院	生物学	BX201600178
179	刘彬	中国科学院上海天文台	天文学	BX201600179
180	常志广	中国科学院深圳先进技术研究院	生物工程	BX201600180
181	朱平平	中国科学院生物物理研究所	生物学	BX201600181
182	黄娜	中国科学院数学与系统科学研究院	数学	BX201600182
183	赵国焕	中国科学院数学与系统科学研究院	数学	BX201600183
184	缪鹏	中国科学院苏州生物工程技术研究所	材料科学与工程	BX201600184
185	王刚	中国科学院微生物研究所	生物学	BX201600185
186	罗威伟	中国科学院武汉病毒研究所	生物学	BX201600186
187	袁杰	中国科学院心理研究所	生物工程	BX201600187

续表

序号	姓名	进站单位	一级学科	资助编号
188	郑群雄	中国科学院信息工程研究所	计算机科学与技术	BX201600188
189	陈倩	中国科学院遗传与发育生物学研究所	生物学	BX201600189
190	李星	中国科学院遗传与发育生物学研究所	生物学	BX201600190
191	林涛	中国科学院遗传与发育生物学研究所	生物学	BX201600191
192	侯红帅	中南大学	材料科学与工程	BX201600192
193	陈小敏	中南大学	机械工程	BX201600193
194	钱鑫	中山大学	地质学	BX201600194
195	何纯挺	中山大学	化学	BX201600195
196	卢金昌	中山大学	生物学	BX201600196
197	缪蕾	中山大学	生物学	BX201600197
198	黄嘉豪	中山大学	物理学	BX201600198
199	刘斌	重庆大学	计算机科学与技术	BX201600199
200	高磊	重庆大学	仪器科学与技术	BX201600200

3.5.3.1 "博新计划"资助的学科分布

2016年获"博新计划"资助人员所在学科门类集中在理学和工学。其中,理学有117人获得资助,占资助总人数的58.5%;工学有83人获得资助,占资助总人数的41.5%。具体到各个一级学科,生物学获得"博新计划"资助的人数最多,为49人,占资助总人数的24.5%;其次是化学、材料科学与工程,均为26人,占资助总人数的13%;再次是物理学,有15人获得资助,占该项资助总人数的7.5%;核科学与技术获得资助人数最少,仅有1人,占该项资助总人数的0.05%,详见表3—44、图3—25。

表3—44 获2016年"博新计划"资助者所在一级学科及数量

序号	一级学科类别	资助数量（人）	序号	一级学科	资助数量（人）
1	数学	7	5	海洋科学	5
2	物理学	15	6	地球物理学	3
3	化学	26	7	地质学	9
4	天文学	3	8	生物学	49

续表

序号	一级学科类别	资助数量（人）	序号	一级学科	资助数量（人）
9	机械工程	10	16	控制科学与工程	5
10	仪器科学与技术	4	17	计算机科学与技术	7
11	材料科学与工程	26	18	航空宇航科学与技术	5
12	动力工程及工程热物理	4	19	核科学与技术	1
13	电气工程	3	20	生物工程	6
14	电子科学与技术	7			
15	信息与通信工程	5		合计	200

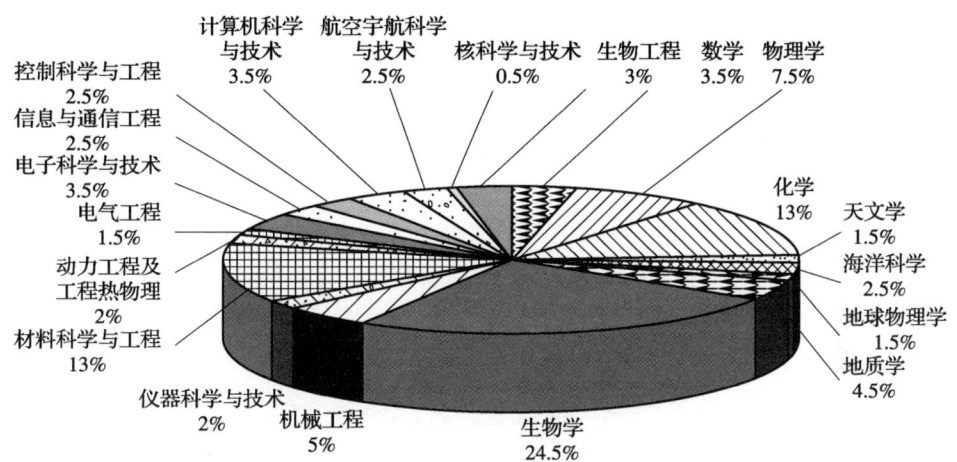

图3—25 获2016年"博新计划"资助人员所在一级学科占比

3.5.3.2 "博新计划"资助的区域分布

2016年获"博新计划"资助人员分布在国内19个省（直辖市）。其中，北京市获资助人数最多，为64人，占资助总人数的32%；其次是上海市，为23人，占资助总人数的11.5%。获该项资助人数达10人及以上的省（直辖市）有江苏省（15人）、广东省（14人）、安徽省（12人）、湖北省（10人）、陕西省（10人）。山西省、河南省、江西省、海南省、贵州省、甘肃省、青海省、内蒙古自治区、广西壮族自治区、西藏自治区、宁夏回族自治区、新疆维吾尔自治区均无人获得资助，详见表3—45、图3—26。

表3—45　获2016年"博新计划"资助人员所在区域分布情况

序号	省（直辖市）	资助数量（人）	序号	省（直辖市）	资助数量（人）
1	北京	64	11	福建	7
2	天津	1	12	山东	5
3	河北	3	13	湖北	10
4	辽宁	2	14	湖南	5
5	吉林	6	15	广东	14
6	黑龙江	3	16	重庆	5
7	上海	23	17	四川	6
8	江苏	15	18	云南	2
9	浙江	7	19	陕西	10
10	安徽	12		合计	200

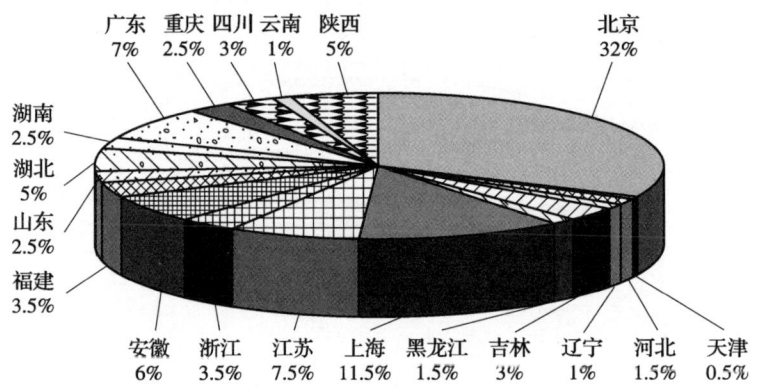

图3—26　获2016年"博新计划"资助人员所在区域占比

3.5.3.3　"博新计划"资助的设站单位类别及分布

2016年获"博新计划"资助的200名博士后人员分布在94个博士后设站单位，详见表3—46、图3—27。

表3—46　获2016年"博新计划"资助人员所在设站单位情况

序号	设站单位类别	资助数量（人）	设站单位数量（个）
1	"985"院校	111	32
2	"211"院校（不含"985院校"）	26	18
3	普通高校	15	9

续表

序号	设站单位类别	资助数量（人）	设站单位数量（个）
4	中国科学院	39	27
5	其他	9	8
	合计	200	94

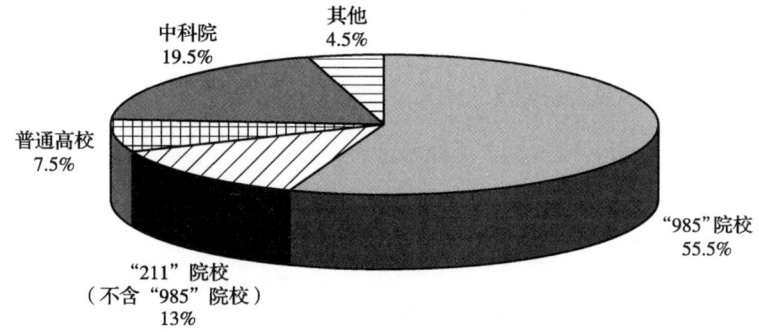

图3—27 获2016年"博新计划"资助人员所在设站单位占比

由表3—46、图3—27作进一步分析可知，2016年"博新计划"资助"985"院校有32个设站单位获资助111人，占该项资助总人数的55.5%；"211"院校（不含"985"院校）18个设站单位获资助26人，占该项资助总人数的13%；普通高校9个设站单位获资助15人，占该项资助总人数的7.5%；中国科学院所属27个设站单位，有39人获得资助，占该项资助总人数的19.5%；其他8个博士后设站单位，有9人获得资助，占该项资助总人数的4.5%。另外，2016年度军队系统有5人入选"博新计划"，占所有获选人员的2.5%。其中，国防科技大学和第四军医大学均有1人获选，第三军医大学有3人获选。

2016年"博新计划"获选人员在5人及以上的设站单位如表3—47所示。

表3—47 2016年度"博新计划"获选人员在5人及以上的设站单位分布情况

序号	设站单位	获选数量（人）	序号	设站单位	获选数量（人）
1	清华大学	13	6	吉林大学	6
2	中国科学技术大学	9	7	复旦大学	5
3	上海交通大学	8	8	中山大学	5
4	北京大学	6	9	浙江大学	5
5	西安交通大学	6		合计	63

由表3—47分析可知，2016年获"博新计划"资助人员5人及以上的设站单位共有9个，分别是清华大学（13人）、中国科学技术大学（9人）、上海交通大学（8人）、北京大学（6人）、西安交通大学（6人）、吉林大学（6人）、复旦大学（5人）、中山大学（5人）和浙江大学（5人）。这9个设站单位累计获选人员63人，占所有获选人员的32.5%。且这9个设站单位均为"985"院校，其中8所高校位于2016年中国大学排行榜前10名（武汉大学高等教育评价中心前10名高校：北京大学、清华大学、浙江大学、上海交通大学、武汉大学、复旦大学、南京大学、吉林大学、中山大学、华中科技大学），这也说明"博新计划"申报人员更优先选择中国一流的高校为拟进站单位开展博士后研究工作。

3.6 博士后科学基金资助工作的总体分析与建议

3.6.1 博士后科学基金资助工作总体分析

3.6.1.1 两批面上资助及第9批特别资助工作分析

通过对2016年第59、60批博士后基金面上资助（含"西部资助计划"）和第9批特别资助情况的总体分析不难发现以下问题。

（1）各批基金资助中均有无人申报和未获得资助的区域。2016年，第60批面上资助申请人数9 348人（不含军队系统），达历史最高，其中"西部资助计划"的资助比例达到40%，高于全国平均水平，也高于历次"西部资助计划"的总资助比例。即使是这样，仍然有些省（自治区）申报和获资助人数较少甚至为零。比如，西藏自治区无人申报第59批面上资助和第9批特别资助，海南省无人获得第60批面上资助和第9批特别资助，青海省无人获得第59批面上资助，山西省、贵州省、内蒙古自治区无人获得第9批特别资助。

（2）西南、西北地区获资助人数总体偏少，但与往年相比人数有所增加。西南地区（包括广西壮族自治区、重庆市、四川省、贵州省、云南省、西藏自治区）获第59、60批面上资助总人数分别为183人、165人，获资助的总人数不足北京市（第59、60批面上资助人数分别为567人、592人）的1/3，但与2015年博士后基金面上资助情况相比，2016年获资助的绝对人数和相对人数都有所增加。西南地区第9批特别资助总人数为54人（与2015年人数相同），超出了北京市第9批特别资助人数（203人）的1/4。西北地区（包括内蒙古自治区、陕西省、甘肃省、宁夏回族自治区、青海省、新疆维吾尔自治区）获第59、60批面上资助总人数分别为236人、259人，获得资助的总人数不足北京市的1/2；第9批特别资助人数93人，接近北京市的1/2，但与2015年博士后基金面上资助、特别资助相比，获资助的绝对人数和相对人数都有所增加。就西北地区与西南地区相比，前者获资助人数明显多于后者，主要是地处西北地区的陕西省各批次博士后科学基金获资助人数都比较多，该省获得资助的人数超过了整个西南地区获资助的总人数。但同处西北地区的青海省、宁夏回族自治区、新疆维吾尔自治区、内蒙古自治区等各个批次获得资助的人数都比较少。

（3）理、工、农、医、管、法等学科门类获得资助的人数居多。2016年，无论是两批面上资助还是第9批特别资助，工学获得资助人数都最多，占资助总人数的比例在38%~41%之间；其次是理学，占资助总人数的比例在20%~24%之间；医学通常位居第三位，占资助总人数的比例为10%~12%；农学、管理学与法学比较相近，占资助总人数的比例均在5%左右。以上6个学科门类获得资助的人员占资助总人数的86%以上。

（4）"985"院校博士后设站单位获资助人数最多。2016年，无论是两批面上资助还是特别资助，"985"院校博士后设站单位获得资助的人数都最多，占所有资助人员的比例在40%以上，其中第9批特别资助中"985"院校博士后设站单位获资助人数的比例达到51.43%。在获资助人数居前十名的博士后设站单位中，85%以上都是"985"院校，其中获第59批面上资助的人数居前十名的博士后设站单位均为"985"院校，第60批面上资助人数居前十名的博士后设站单位有93.51%属于"985"院校，获第9批特别资助的人数居前十名的博士后设站单位有89.7%属于"985"院校。

（5）各学科门类之间获得资助比例较均衡但区域间差异明显。2016年，无论是面上资助还是特别资助，各学科门类的资助比例比较均衡（第60批面上资助艺术学除外）。面上资助的获资助比例在32%左右，特别资助的获资助比例在31%左右，总体资助比例较2015年略低1~2个百分比。但在不同省（自治区、直辖市）之间，获资助比例差异较大，有的资助比例仅为10%，有的省（自治区、直辖市）为50%（不考虑获资助比例为100%和0的特殊区域）。同一个省（自治区、直辖市）每批次获资助比例基本稳定，但也有的省（自治区、直辖市）获资助比例变化较大，例如天津市第59批面上资助的资助比例为34.93%，而第9批特别资助的资助比例只有21.57%。

（6）获资助人数居前十名设站单位平均资助比例除个别外均高于全国总体资助水平。第59、60批面上资助和第9批特别资助的资助人数居前十名的设站单位，平均资助比例分别为37.08%、36.03%、38.16%，均高于全国总体资助比例33.31%、31.18%、31.51%，但同样是居前十名的设站单位，有个别设站单位的获资助比例却低于全国总体资助水平。例如第 59 批面上资助，清华大学（31.58%）、山东大学（32.55%）、上海交通大学（30.19%）的资助比例就低于全国总体资助水平；第 60 批面上资助，山东大学的获资助比例（28.51%）也低于全国总体资助水平；第 9 批特别资助，山东大学的资助比例为 20%、东南大学为 31.37%，也低于全国总体资助水平。尤其是山东大学，每批获资助人数均居全国前列，但获资助比例往往低于全国总体资助水平。

（7）博士后基金资助向西部倾斜的政策效果得以体现。从 2016 年西部地区申报第 59、60 批面上资助以及获得面上资助和"西部资助计划"的资助人员数量来看，有多个省（自治区）获得"西部资助计划"资助的人数与面上资助的人数持平，甚至有的超过面上资助的人数。例如，贵州省各有 3 人获得第 60 批面上资助和"西部资助计划"资助；广西壮族自治区分别有 10 人、6 人获得第 59、60 批面上资助，而获得"西部资助计划"的资助人数则达到 12 人、8 人，均超过了面上资助人数；青海省虽无人获得第 59 批面上资助，但有 2 人获得"西部资助计划"资助；西藏自治区和宁夏回族自治区各有 1 人申报第 60 批面上资助，均获得"西部资助计划"资助。实践证明，"西部资助计划"的实施，提高了西部地区博士后研究人员申报博士后基金的积极性，稳定了西部地区博士后人才队伍，达到了预期的目的。

（8）出（退）站的获资助人员学科门类分布与进出站情况相似，博士后基金资助质量逐步提高。2016 年出（退）站博士后人员中，获博士后基金资助（含"双资助"）居前三位的学科门类依然是工学、理学和医学，工学所占资助比例为 40% 左右，理学为 20% 左右，医学为 10% 左右。获得博士后科学基金资助的出（退）站人员结题报告提交率约为 96.38%，获双资助人员结题报告提交率约为 94.95%，总体资助质量有所提高。

3.6.1.2 "联合资助"工作分析

通过对 2016 年中国博士后科学基金会与中国科学院联合资助优秀博士后项目的工作分析可以发现：

（1）"联合资助"项目申报门槛不是太高，但资助经费额度较高。从"联合资助"项目的申报要求来看，对资助对象科研成果及科研能力的要求与大部分博士后科研流动站进站人员的要求相似，只明确要求"获得博士学位 3 年内的博士或 2016 年应届博士毕业生"（大部分博士后设站单位都会接收符合条件的应届博士毕业生），且对于资助对象的进站年龄也没有严格限制（当然要符合国家关于进站年龄的要求），也就是说"联合资助"项目的申报门槛并不高。从该项目资助经费来看，每人每站可获得 20 万元的资助，超过了国家规定的博士后研究人员日常经费标准（每人每年8万元）。

（2）"联合资助"的资助范围较以往扩大，选择的空间也增大。"联合资助"的资助对象拟进站的中国科学院"四类机构"博士后设站单位，由2015年的40家增加到2016年的78家，几乎翻了一番，这给拟进站的博士提供了更大的选择空间。从名额分配单位的区域分布来看，覆盖了北京、辽宁、吉林、上海、江苏、山东、浙江、广东、湖北、四川、云南、西藏、甘肃、新疆等省（自治区、直辖市），即使西南、西北地区的优秀博士也可就近选择适合自己的设站单位。从遴选结果来看，大部分获"联合资助"的拟进站博士选择的设站单位集中在北京市、上海市、广州市等东部经济教育文化比较发达的城市。

（3）遴选"联合资助"对象既依照分配名额又不局限于分配名额。2016年"联合资助"根据相关设站单位在站博士后研究人员的实际，分配给78个设站单位181个资助名额，结果有32个单位获得"联合资助"。其中，中国科学院青岛生物能源与过程研究所获资助人数超出了分配名额，获资助比例为200%；中国科学院广州地球化学研究所获资助人数也超出了分配名额，获资助比例为150%；中国科学院大气物理研究所、中国科学院福建物质结构研究所、中国科学院海洋研究所、中国科学院科技政策与管理科学研究所、中国科学院南海海洋研究所获资助人数与分配名额相等，获资助比例均为100%。

3.6.1.3 "博新计划"资助工作分析

通过对2016年"博新计划"资助工作进行分析可以发现：

（1）"博新计划"资助对象年龄较小。根据《关于印发博士后创新人才支持计划的通知》（人社部发〔2016〕33号），申请"博新计划"资助的拟进站博士年龄不得超过31周岁，这与《国务院办公厅关于改革完善博士后制度的意见》中提出的进站博士后研究人员年龄不得超过35周岁相比小4周岁，与《博士后管理工作规定》中要求进站博士后研究人员年龄一般在40岁以下相比小9周岁。

（2）"博新计划"资助中的生活费数额较高。2016年"博新计划"资助经费为每人两年60万元人民币，其中日常经费40万元为生活费，与资助普通博士后的日常经费每人每年8万元相比，生活费用两年增加24万元人民币，而获得"香江学者计划"资助者每人每年日常经费和科学基金总共为15万元人民币、15万港币；获"国际交流计划"派出项目资助者的第一年资助经费中，包括日常生活费、社会保险费、国际差旅费和科研经费，共30万元人民币。也就是说，目前"博新计划"是博士后研究人员获得生活费支持力度较大的项目。

(3) "博新计划"资助的学科领域更加集中明确。与"香江学者计划""国际交流计划"以及其他博士后科学基金资助相比,2016年"博新计划"资助的学科门类不仅明确为理学和工学,而且指明了其中的20个一级学科,从而使该项资助的学科领域更加集中和明确。

(4) "博新计划"资助人员的区域和拟进站单位分布不均衡。从2016年"博新计划"资助的区域分布看,共有19个省(直辖市)获得资助。其中,北京市、上海市、江苏省、广东省获得"博新计划"资助的拟进站博士占总资助人数的58%,而地处西北、西南地区的甘肃省、青海省、宁夏回族自治区、新疆维吾尔自治区、内蒙古自治区、广西壮族自治区、贵州省、西藏自治区均无人获得资助。再从获得"博新计划"资助人员拟进站的设站单位来看,200名获资助人员拟进"985"高校设站单位的占55.5%,拟进"211"院校(不含"985"高校)设站单位的占13%,拟进中国科学院所属研究院(所)设站单位的占19.5%,拟进普通高校设站单位的占7.5%,拟进其他科研机构设站单位的仅占4.5%,无人选择进企业博士后科研工作站。再结合"博新计划"拟进站人员5人及以上的设站单位来看,9家设站单位拟进站人数为63人,占总资助人员的32.5%,且该9家设站单位均为"985"院校。这说明优秀博士基本上会选择优质资源比较集中的东部地区和高校科研院所。

3.6.2 提高博士后科学基金资助效率和效益的建议

实践证明,开展中国博士后科学基金资助工作,对于提高博士后人员的创新研究能力,培养造就一支高层次创新型博士后人才队伍,发挥了不可替代的重要作用。为进一步增强中国博士后科学基金资助工作的针对性,提高博士后科学基金资助效率和效益,特提出如下一些建议。

(1) 进一步扩大博士后科学基金面上资助的规模。如果在中国博士后科学基金资助经费总额度不大幅增加,且保持面上资助申报与资助总比例3:1左右的情况下,建议通过压减面上一等资助的数量,来增加面上二等资助的数量,从总体上扩大中国博士后科学基金面上资助的人数规模。这样既可以让更多博士后研究人员获得资助,也契合设立中国博士后科学基金的初衷。

(2) 完善中国博士后科学基金特别资助经费使用办法。从中国博士后科学基金特别资助的目的来看,不仅是对受资助人员科研工作的极大鼓励和支持,而且是对他们所取得科研成果的一种奖励,可以激励他们深入开展创新性项目研究。但从许多博士后设站单位关于中国博士后科学基金特别资助经费管理使用的情况看,往往都是根据特别资助经费项目申报书中的经费预算来核报，稍有不符的则不予报销。为此建议，可将特别资助经费的部分费用直接拨付至博士后研究人员个人账户，作为对其科研成果的奖励，而对调研、购买实验材料、委托样品外加工、专利申请、论文版面费等项支出，可由相关博士后设站单位财务部门掌握，根据实际支出情况给予核报。

（3）加强对获资助的出（退）站博士后结题（项）报告及科研质量的监控。从 2016 年获各批次资助出（退）站博士后研究人员提交结题（项）报告的情况看，应当提交结题（项）报告 4 800 份，实际提交结题（项）报告 4 626 份，未提交结题（项）报告 174 份，提交率约为 96.38%，其中，获"双资助"者未提交结题（项）报告 74 份。对于未提交结题（项）报告的包括 54 名退站的博士后研究人员（含获"双资助"退站 4 人）所获得的资助经费没有适当追回。为此建议，各博士后设站单位应加强对获资助出（退）站博士后结题（项）报告及科研质量的监控，进一步做好博士后科学基金的跟踪问效工作，不仅要考核提交结题（项）报告的情况，而且要将其在站期间取得的相关科研成果纳入考核范围。对获得"双资助"的博士后研究人员，如果前一次资助未能及时提交结题（项）报告的，第二次的资助经费先拨付一半，直至前一次结题（项）报告提交后再支付剩余一半经费。对未按照规定要求及时提交结题（项）报告的以及退站博士后研究人员，应当追回其获得的部分资助经费。

（4）调整优秀学术专著出版资助项目的申报时间和遴选程序。目前，申报优秀学术专著出版资助项目一般在每年 4 月份进行，6 月中旬截止申请，9 月下旬专家评审工作结束，12 月中旬科学出版社才对书稿选题进行论证，最终出版时间大概在第 2 年 6 月，前后要用 1 年多时间，周期拖得太长。而现行的遴选程序，先由博士后研究人员向中国博士后科学基金会投稿，再由《博士后文库》编委会部分成员对书稿进行初审，然后由中国博士后科学基金会组织专家对书稿进行复审，科学出版社组织相关人员进行书稿选题论证，最后才确定出版资助对象，这也显得比较复杂。为此建议，将优秀学术专著出版资助项目的申报时间提前至每年 1 月份，3 月中旬截止申请，4 月底专家评审工作结束，6 月底科学出版社对书稿选题进行论证，当年 12 月中旬出版，第 2 年 1 月底公布资助结果。对遴选程序也可以进行一些合并，例如可以将组织专家对书稿进行复审与出版社组织书稿选题论证联合进行。

（5）"博新计划"应适当向西部地区倾斜。2016 年中国西部地区仅有四川省、重庆市、陕西省、云南省有拟进站的博士后研究人员获得"博新计划"资助，只有 23 人。这几个省（直辖市）之所以有 23 人获得"博新计划"资助，主要是因为该地区集中了四川大学、电子科技大学、重庆大学、西安交通大学、西北工业大学、西北农林科技大学等"985"高校和中国科学院所属的研究所设站单位。为此建议，扩大"博新计划"的资助规模，并参照面上资助设立"西部资助计划"的做法，"博新计划"也要向西部倾斜，在每年规定的资助名额中，给西部地区设置适当的名额，且明确规定向西部倾斜的"博新计划"资助对象中，不含西部地区的部队设站单位、中央直属高校、"985"和"211"大学以及中国科学院的研究所。

第四章 2016年博士后国(境)外的合作交流

2016年是全面实施博士后"国际交流计划"的第四年[①],是"香江学者计划"第二阶段实施工作的第三年[②],也是开展中德博士后合作交流项目的第三年[③]。这一年,在人力资源社会保障部、全国博士后管委会的正确领导下,在全国博士后管委会办公室、中国博士后科学基金会、中国留学基金管理委员会等的精心筹划和具体指导下,全国博士后相关设站单位积极组织拟进站的应届博士毕业生、在站博士后研究人员申报"国际交流计划""香江学者计划"和中德博士后交流项目,各项申报遴选工作顺利,合作交流执行情况良好,圆满完成了既定的目标任务,有效促进了中国高层次创新型青年人才培养质量的提升。

4.1 2016年博士后国际交流项目的申报与执行

根据《人力资源和社会保障部、全国博士后管委会关于印发博士后"国际交流计划"的通知》(人社部函〔2012〕310号)和《全国博士后管委会办公室关于印发博士后"国际交流计划"实施细则的通知》(博管办〔2013〕77号)精神,全国博士后管委会办公室决定2016年继续实施博士后"国际交流计划",内容包括博士后国际交流派出项目、博士后国际交流学术交流项

[①] 2012年12月13日,人力资源和社会保障部、全国博士后管委会制定下发《博士后国际交流计划》,标志中国博士后国际交流计划全面实施。经过1年实践,全国博士后管委会办公室、中国博士后科学基金会于2013年12月9日联合下发《博士后国际交流计划实施细则》,对博士后国际交流计划派出项目、学术交流项目和引进项目的目标、申报条件、遴选程序、人员及成果管理、经费资助、违约处理等做出明确规定。

[②] 2010年12月19日,全国博士后管委会办公室和香港学者协会举行"香江学者计划"内地与香港联合培养博士后研究人员计划签约仪式,决定每年选派内地一批优秀博士赴港开展博士后研究工作,研究时间一般为2年。2011年至2013年,"香江学者计划"第一阶段实施工作圆满完成并取得显著成效。从2014年起,"香江学者计划"进入第二个实施阶段。

[③] 中德博士后交流项目于2013年年底启动、2014年正式实施,每年选派新近获得博士学位的优秀年轻科研人员赴德国于利希研究中心等合作交流单位联合开展博士后研究工作。

目和博士后国际交流引进项目。为便于表述和方便读者理解,以下分类报告 2016 年博士后国际交流项目的申报与执行情况。

4.1.1 派出项目的申报与执行

2016 年 1 月,全国博士后管委会办公室下发《关于开展 2016 年博士后"国际交流计划"派出和学术交流项目申报工作的通知》(博管办〔2016〕4 号,以下简称《通知》),明确 2016 年博士后"国际交流计划"派出项目资助优秀在站博士后研究人员、拟进站的 2016 年应届博士毕业生到国(境)外优秀高校、科研机构、企业的优势学科领域,合作开展博士后研究工作,为期 2 年。全年计划资助 120 人,资助每人第一个年度经费 30 万元,主要用于支付在国(境)外从事博士后研究期间的生活开支、住房补助、社会保险及往返旅费等,其余资助经费由国(境)外拟接收单位机构或合作导师承担。①国(境)外拟接收单位机构或合作导师提供的资助经费,原则上应与全国博士后管委会资助经费额相同或接近。博士后"国际交流计划"派出项目被资助人员视为派出单位的博士后研究人员,需在全国博士后管委会办公室登记备案。

《通知》规定,2016 年博士后"国际交流计划"派出项目申请人的基本条件:(1)为在站博士后研究人员、拟进站的 2016 年应届博士毕业生。在站博士后人员须经所在推荐单位和合作导师同意;在职人员还须经人事关系所在单位人事部门同意。(2)年龄一般不超过 35 周岁,身体健康。(3)自主联系国(境)外高校、科研机构或知名企业,并获得正式邀请。国(境)外的拟接收单位一般应为世界排名前 100 名的高校、国际知名研究机构或企业。邀请函中须注明提供资助经费的方式和金额。(4)博士后在站期间或在读博士期间取得突出的研究成果,拥有下列学术或科研经历之一:①全国优秀博士学位论文提名论文和全国百篇优秀博士论文获得者;②省部级以上基金资助获得者;③作为主要研究人员参加"863""973"以及国家科技重大项目、国家知识创新工程或同水平的科研项目;④省部级以上科技奖励或学术荣誉称号。(5)具有良好的英语(或接收国语言)听、说、读、写能力。(6)专业领域优先考虑《国家中长期科学和技术发展规划纲要(2006—2020 年)》《国家中长期人才发展规划纲要(2010—2020 年)》中的重点领域及其优先主题、重大专项、前沿技术领域及符合《国家哲学社会科学研究"十二五"规

---

① 这里及本章参考引用的其他原始数据、资料等信息除特别注明出处外,均源自中国博士后网、中国博士后网上办公系统和中国博士后科学基金会官网,作者又对相关数据和资料进行了认真核实、重新整理和加工。

划》要求的重点项目。（7）此前未获得过此项计划（含中德博士后交流项目）以及"香江学者计划"资助。

认真落实全国博士后管委会办公室《通知》精神，2016年全国共有111个单位的267名优秀在站博士后研究人员、拟进站的2016年应届博士毕业生于2月15日至3月18日通过中国博士后网，及时提交了博士后"国际交流计划"派出项目申报表及相关证明材料。4月27日至28日，博士后管委会办公室组织45名专家，对博士后"国际交流计划"派出项目申报人资格及相关证明材料进行严格评审，结果有120人获得2016年博士后"国际交流计划"派出项目资助，另有18人被确定为推荐人员[①]，详见表4—1、表4—2。

表4—1　2016年博士后"国际交流计划"派出项目资助名单（获选人员120名）

序号	获选人	推荐单位	申报学科
1	吕磊	中国政法大学	法学
2	李卉	天津师范大学	心理学
3	张玉利	清华大学	管理科学与工程
4	段春艳	同济大学	管理科学与工程
5	安庆贤	中南大学	管理科学与工程
6	曾雯	山东大学	考古学
7	项冬冬	华东师范大学	统计学
8	喻溟	北京师范大学	艺术学理论
9	刘倩	北京师范大学	物理学
10	裴学凯	华中科技大学	物理学
11	许勋杰	清华大学	物理学
12	问峰	西安交通大学	物理学
13	姜丽丽	中国科学院大学	物理学
14	赵阳	中国科学院合肥物质科学研究院	物理学
15	刘其朋	青岛大学	系统科学
16	张奎泽	中国科学院数学与系统科学研究院	系统科学

[①] 根据相关规定，获得"国际交流计划"派出项目申请拟进站的2016年应届博士毕业生，如无法在2016年7月底前通过博士学位论文答辩的，将被取消国际交流计划派出项目获选资格；如当获选人员主动放弃或被取消获选资格时，则由同一学科的推荐人员依次递补。因此，推荐人员也叫递补人员。

续表

序号	获选人	推荐单位	申报学科
17	郭芸帆	北京大学	化学
18	刘向晔	北京大学	化学
19	张明建	北京大学	化学
20	刘勇	复旦大学	化学
21	刘岳峰	吉林大学	化学
22	唐姗	清华大学	化学
23	赵常贵	清华大学	化学
24	戴文	中国科学院大连化学物理研究所	化学
25	曾晨	中国科学院地理科学与资源研究所	地理学
26	朱晓艳	中国科学院东北地理与农业生态研究所	地理学
27	鱼腾飞	中国科学院寒区旱区环境与工程研究所	地理学
28	卫巍	中国科学院大学	地球物理学
29	张超	吉林大学	地质学
30	吴涛	浙江大学	地质学
31	段武辉	中国科学院地质与地球物理研究所	地质学
32	蒋川东	吉林大学	地质资源与地质工程
33	章如东	南京大学	大气科学
34	陆志翔	中国科学院寒区旱区环境与工程研究所	大气科学
35	张瑞	中国科学院海洋研究所	海洋科学
36	斯幸峰	浙江大学	生态学
37	董阳	中国科学院植物研究所	生态学
38	蒋维	复旦大学	生物学
39	刘帅	中国科学院青岛生物能源与过程研究所	生物学
40	赵惠杰	中国科学院上海生命科学研究院	生物学
41	李晓涛	中国科学院深圳先进技术研究所	生物学
42	何洁	中国科学院生态环境研究中心	生物学
43	余义和	中国科学院植物研究所	生物学
44	郭辉	中南大学	生物学

续表

序号	获选人	推荐单位	申报学科
45	易敏寒	中南大学	生物学
46	钱静	江苏大学	食品科学与工程
47	陈材	华中科技大学	电气工程
48	李彪	哈尔滨工业大学	动力工程及工程热物理
49	解建飞	清华大学	动力工程及工程热物理
50	金台	浙江大学	动力工程及工程热物理
51	经鑫	华南理工大学	机械工程
52	杨吉祥	华中科技大学	机械工程
53	陈新春	清华大学	机械工程
54	李皓	天津大学	机械工程
55	卢艳	武汉科技大学	机械工程
56	张长兴	清华大学	力学
57	刘高阳	北京科技大学	冶金工程
58	万响亮	武汉科技大学	冶金工程
59	何道伟	南京大学	电子科学与技术
60	丁文伯	清华大学	电子科学与技术
61	陈德福	北京理工大学	光学工程
62	伍晓芹	浙江大学	光学工程
63	尚超	清华大学	控制科学与工程
64	袁超	天津大学	控制科学与工程
65	郑强	中国科学院自动化研究所	控制科学与工程
66	陈俊威	华中科技大学	生物医学工程
67	刘璐	上海理工大学	生物医学工程
68	胡宁	浙江大学	生物医学工程
69	成孝刚	南京邮电大学	信息与通信工程
70	徐海胜	清华大学	信息与通信工程
71	成科扬	江苏大学	计算机科学与技术
72	赖秀兰	中国人民大学	计算机科学与技术

续表

序号	获选人	推荐单位	申报学科
73	郭洋	西安交通大学	核科学与技术
74	梅琳	湖南大学	化学工程与技术
75	尹鹏飞	天津大学	化学工程与技术
76	胡军	西北大学	化学工程与技术
77	朱向东	复旦大学	环境科学与工程
78	杨一	哈尔滨工业大学	环境科学与工程
79	张静	河海大学	环境科学与工程
80	司文哲	清华大学	环境科学与工程
81	李侃	上海交通大学	环境科学与工程
82	王全荣	中国地质大学	环境科学与工程
83	要甲	哈尔滨工业大学	交通运输工程
84	王慧妮	武汉理工大学	交通运输工程
85	李俊霞	中国地质大学	水利工程
86	张强强	哈尔滨工业大学	土木工程
87	吴辉	清华大学	土木工程
88	郑敏	清华大学	土木工程
89	余帆	中国科学院寒区旱区环境与工程研究所	土木工程
90	白庆升	中国矿业大学	土木工程
91	陈嘉祺	中南大学	土木工程
92	商旸	北京航空航天大学	材料科学与工程
93	郭庆磊	复旦大学	材料科学与工程
94	李杨	华南理工大学	材料科学与工程
95	刘升建	华南理工大学	材料科学与工程
96	陈强	南开大学	材料科学与工程
97	龙官奎	南开大学	材料科学与工程
98	熊志远	清华大学	材料科学与工程
99	戴志高	武汉大学	材料科学与工程
100	魏湫龙	武汉理工大学	材料科学与工程

续表

序号	获选人	推荐单位	申报学科
101	周博	中国农业大学	农业工程
102	卢珊	南京农业大学	作物学
103	熊海燕	中国农业大学	作物学
104	曹洪波	山东农业大学	园艺学
105	金可默	华中农业大学	农业资源与环境
106	蔡光勤	华中农业大学	植物保护
107	夏胜前	华中农业大学	植物保护
108	芦小单	吉林大学	基础医学
109	罗承良	苏州大学	基础医学
110	郭海鹏	山东大学	临床医学
111	张里程	银杏资本管理有限公司	临床医学
112	刘征涛	浙江大学	临床医学
113	黄智	中南大学	临床医学
114	吴照堂	长海医院	临床医学
115	张志强	金陵医院	临床医学
116	唐君	金陵医院	临床医学
117	张艳	复旦大学	中西医结合
118	祁萌	上海中医药大学	中药学
119	许玉龙	复旦大学	药学
120	马朝	山东大学	药学

表4—2　2016年博士后"国际交流计划"派出项目推荐名单（推荐人员18名）

序号	推荐人员	推荐单位	申报学科
1	陈津津	华南理工大学	工商管理
2	陈图南	中国工程物理研究院	物理学
3	李建平	中国科学院武汉物理与数学研究所	物理学
4	周升旺	湖南大学	化学
5	徐路	山东大学	化学

续表

序号	推荐人员	推荐单位	申报学科
6	李畅	浙江大学	化学
7	曾招城	中国科学院遥感与数字地球研究所	地理学
8	徐辰	西安交通大学	动力工程及工程热物理
9	钱锦远	浙江大学	动力工程及工程热物理
10	马腾	哈尔滨工程大学	光学工程
11	陈必更	浙江大学	光学工程
12	关金平	中国科学院深圳先进技术研究所	计算机科学与技术
13	刘晓旭	哈尔滨工业大学	化学工程与技术
14	张鹏	江苏大学	材料科学与工程
15	董灵庆	浙江大学	材料科学与工程
16	孙文义	西北农林科技大学	农业工程
17	王清兰	上海中医药大学	中西医结合
18	闫琪	复旦大学	药学

根据表4—1、表4—2可做出以下分析。

(1) 从2016年博士后"国际交流计划"派出项目获选人员申报单位的分布来看，全国111个申报单位中，清华大学获选14人，名列第一；浙江大学获选10人（含推荐人员4名），名列第二；复旦大学获选7人（含推荐人员1名），名列第三；其他获选单位人数（含推荐人员）均在5人及以下。这一方面反映出有关部门和评审专家认真贯彻了"择优录取、不搞平衡照顾"的遴选原则；另一方面，说明全国各申报单位获选人员的分布并不均衡。

(2) 从2016年博士后"国际交流计划"派出项目获选人员所在站点的类型来看，138名获选人员（含推荐人员）来自博士后科研流动站的占97.1%，来自博士后科研工作站的占2.9%，科研流动站与科研工作站相比资助差额较大。再从推荐单位的性质来看，只有1人来自企业博士后科研工作站，其他都属于博士后科研流动站或事业单位的博士后科研工作站，企业博士后科研工作站获选人数太少。

(3) 从2016年博士后"国际交流计划"派出项目获选人员的覆盖范围来看，120名受资助者和18名获推荐人员分别来自国内45所大学、17个院所、2家医院和1个公司，与2015年该项目获选人员所在单位（37所大学和9个院所）相比，增加了 8 所大学、8 个院所、2 家医院和 1 个公司，覆盖范围总体有所扩大。进一步分析可知，获选和推荐人员来自"985"院校的人数最多，为 86 人，占获选总数的 62.32%；来自科研院所的人员次之，为 22 人（中国科学院 21 人，其他科研机构 1 人），占获选总数的 15.94%；再次是"211"院校（不含"985"院校），为 14 人，占获选总数的 10.14%；普通高校为 12 人，占获选总数的 8.7%；企事业单位 4 人，占获选总数的 2.9%，详见表 4—3、图 4—1。

表 4—3　2016 年"国际交流计划"派出项目获选人员所在设站单位类别

序号	设站单位类别	获选数（人）
1	"985"院校	86
2	"211"院校（不含"985"院校）	14
3	普通高校	12
4	科研院所	22
5	企事业单位	4
	合计	138

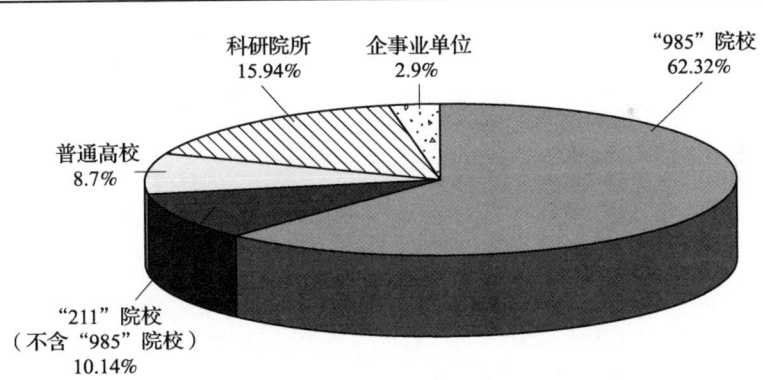

图 4—1　2016 年"国际交流计划"派出项目获选人员所在单位占比

（4）从 2016 年博士后"国际交流计划"派出项目资助的学科分布来看，主要集中在理学、工学和医学 3 个学科门类。其中，工学获选人数最多，为 66 人，占获选总数的 47.83%；理学次之，为 43 人，占获选总数的 31.16%；再次是医学，为 15 人，占获选总数的 10.87%；农学为 6 人，占获选总数的 4.35%；管理学为 4 人，占获选总数的 2.9%；法学、教育学、历史学、艺术学均为 1 人，分别占获选总数的 0.72%。与 2015 年相比，获选人员所在学科门类由 8 个增至 9 个，但落实到具体学科门类则有增有减。其中，学科门类中减少了哲学和经济学，增加了教育学、历史学和艺术学，一级学科新增了心理学、考古学、统计学、系统科学、地球物理学、海洋科学、核科学与技术、植物保护、艺术学理论等学科，减少了哲学、理论经济学、应用经济学、社会学、数学、矿业工程、风景园林学、畜牧学、口腔医学等学科，详见表4—4、图4—2。

表4—4　2016年"国际交流计划"派出项目的学科门类及获选人数

序号	学科门类	获选人数（人）	序号	学科门类	获选人数（人）
1	法学	1	6	农学	6
2	教育学	1	7	医学	15
3	历史学	1	8	管理学	4
4	理学	43	9	艺术学	1
5	工学	66	合计		138

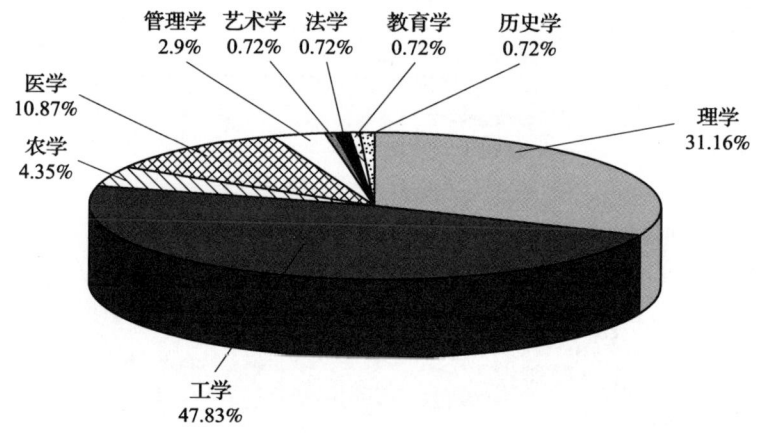

图4—2　2016年博士后"国际交流计划"派出项目获选人员所在学科门类占比

4.1.2　学术交流项目的申报与执行

根据全国博士后管委会办公室《关于开展2016年博士后"国际交流计划"派出和学术交流项目申报工作的通知》（博管办〔2016〕4号，以下简称《通知》）精神，2016年博士后"国际交流计划"学术交流项目继续资助在站的优秀博士后研究人员赴国（境）外进行学术交流活动。全年计划资助120人，资助每个学术交流活动3万元，主要用于赴国（境）外进行学术交流的交通费、食宿费、会议费等。

《通知》规定，博士后"国际交流计划"学术交流项目的申请人必须具备以下条件：①为在站博士后研究人员（须经推荐单位和合作导师同意）。②具有良好的英语（或参加学术交流会议所需语言）听、说、读、写能力。③拟参加的国际学术交流会议需为本领域内具有一定国际影响力和一定规模的国际学术交流会议，召集方为专业的行业协会，或者由国际著名的高等院校、科研机构发起的多边国际学术会议。④已经向拟参加的国际会议投稿、为论文的第一作者（或以其博士后合作导师为第一作者，博士后本人为第二作者），并已经收到将在会议上宣读论文的正式书面录用通知。⑤在从事本站博士后研究工作期间未获得过此项资助。⑥拟参加的国际学术交流会议召开日期应在本文件下发日之后。

根据上述规定和相关要求，全国博士后管委会办公室组织专家评审，并报人力资源社会保障部、全国博士后管委会批准，于2016年5月、8月先后发布博士后"国际交流计划"学术交流项目第一、二批获选者名单，每批各资助人数60人，共120人，详见表4—5，并及时将获选信息反馈给博士后所在单位和本人。

表4—5 2016年"国际交流计划"学术交流项目推荐单位与获选人员名单

序号	第一批		第二批	
	姓名	推荐单位	姓名	推荐单位
1	常思江	南京理工大学	张雷	山东大学
2	周燕	华中科技大学	许娜	武汉科技大学
3	刘一志	哈尔滨工业大学	汝娟坚	昆明理工大学
4	邹芹	广东奔朗新材料股份有限公司	李强	西安交通大学
5	刘冬青	清华大学	王宇婷	清华大学
6	顾剑峰	南京大学	史硕	武汉大学
7	徐建强	中国科学院地质与地球物理研究所	张军强	中国科学院遥感与数字地球研究所
8	姚平	中国科学院青藏高原研究所	王传飞	中国科学院青藏高原研究所
9	潘荣	中国石油大学（北京）	徐于晨	中国科学院地质与地球物理研究所
10	李顺利	中国石油大学（北京）	徐达	中国科学院电工研究所

续表

序号	第一批		第二批	
	姓名	推荐单位	姓名	推荐单位
11	田飞	中国科学院地质与地球物理研究所	周波	南京邮电大学
12	杨洛鹏	冀州中科能源有限公司	苏文涛	哈尔滨工业大学
13	吴震	西安交通大学	徐祖伟	华中科技大学
14	李雁飞	清华大学	李沣桦	中国人民大学
15	王田	华中科技大学	邓明明	西安交通大学
16	孟新	中国石油化工股份有限公司石油勘探开发研究院	翁凌飞	清华大学
17	曹叔楠	中国极地研究中心	邓子岚	深圳大学
18	段静波	西北工业大学	刘晓磊	中国海洋大学
19	陈雪皎	厦门大学	齐琳	厦门大学
20	王光磊	中国科学院大连化学物理研究所	关明智	中国科学院近代物理研究所
21	李念武	中国科学院化学研究所	范高超	南京大学
22	李杨	华南理工大学	何大方	南京工业大学
23	曾艳红	中国科学院广州地球化学研究所	林恒	武汉大学
24	林宏阳	厦门大学	胡献刚	南开大学
25	江鑫	浙江大学	杨晓南	哈尔滨工业大学
26	刘铭	哈尔滨工业大学	王松	深圳清华大学研究院
27	刘艳	同济大学	蒋波	北京科技大学
28	蒲淑萍	西南大学	官方霖	西安交通大学
29	贾留战	河南大学	胡忠义	武汉大学
30	李元龙	上海交通大学	席天宇	哈尔滨工业大学
31	马超	北京科技大学	李志斌	东南大学
32	杨延冰	哈尔滨工程大学	赵悦	哈尔滨工业大学
33	任杰	清华大学	张博	中国矿业大学
34	李因涛	山东大学	李菁萍	山东大学
35	郭晓波	山东大学	李中森	中山大学
36	王斌生	浙江大学	姚辽军	哈尔滨工业大学

续表

序号	第一批		第二批	
	姓名	推荐单位	姓名	推荐单位
37	高锦航	四川大学	关晋宏	西北农林科技大学
38	程琳	中山大学	万翔	西安交通大学
39	斯幸峰	浙江大学	张颖	北京市农林科学院
40	吴川	中南大学	付立华	山东大学
41	苏春	陕西师范大学	周乐	浙江大学
42	李元元	清华大学	庞锐	中山大学
43	马玉菲	西安交通大学	何漪	浙江大学
44	魏利娜	北京大学香港科技大学深圳研修院	于进海	清华大学
45	王婵	华南理工大学	Christophe Glorieux	中山大学
46	Sakurako Okamoto	中国科学院上海天文台	丁宇婷	东北林业大学
47	李海涛	东南大学	李俊霞	中国地质大学
48	陈栋	青岛理工大学	舒轶平	中国科学院国家天文台
49	叶蔚	同济大学	张学	大连理工大学
50	崔英	山东大学	姚云龙	山东大学
51	周思	大连理工大学	张志森	厦门大学
52	张奎泽	中国科学院数学与系统科学研究院	梁翼	中国科学院大学
53	陆静怡	华东师范大学	郭磊	西南大学
54	苏萌萌	北京师范大学	丁旭旻	哈尔滨工业大学
55	张慧君	华南师范大学	李达翃	江苏康缘药业股份有限公司
56	丁飞	东南大学	魏冬	西南大学
57	王堃	北京大学	李倩	北京大北农科技集团股份有限公司
58	胡祖庆	西北农林科技大学	田志光	首都师范大学
59	郭天蔚	北京中医药大学	李艳芝	浙江大学
60	刘磊	华中农业大学	赵鹏	中国中医科学院

根据表4—5分析可知以下几点。

（1）2016年博士后"国际交流计划"学术交流项目资助人数有所增加。两批共有120人获得资助，比2015年（100人）增加了20人。这体现了《国务院办公厅关于改革完善博士后工作的意见》（国办发〔2015〕87号）中"加大博士后研究人员参加国际学术交流力度"的要求。

（2）2016年博士后"国际交流计划"学术交流项目资助面有所扩大。获资助人员分别来自国内46所大学、16个院所、1个中心、4家公司，与2015年（44所大学、9个院所和2家公司）相比，新增加2所大学、7个院所、1个中心及2家公司。其中，获资助人数最多的是中国科学院所属单位，为14人；哈尔滨工业大学次之，为8人；清华大学、山东大学各7人；西安交通大学、浙江大学各6人；其他单位均在4人以下。

（3）2016年博士后"国际交流计划"学术交流项目推荐单位比较集中。从推荐单位来看，获选人员来自"985"院校的最多，为71人，占获选总数的59.17%；"211"院校（不包括"985"院校）获选17人，占获选总数的14.17%；科研院所获选17人，占获选总数的14.17%；企事业单位获选8人，占获选总数的6.67%；普通高校获选7人，占获选总数的5.83%。这反映出获选人员所在单位主要集中分布在"985"院校、"211"院校和中国科学院相关院所，而其他设站单位获选人员比较少。

（4）2016年博士后"国际交流计划"学术交流项目科研工作站获选人数少。从获选人员所在设站单位类型来看，有112人来自博士后科研流动站，占获选总数的93.33%；只有8人来自博士后科研工作站，占获选总数的6.67%。这说明博士后"国际交流计划"学术交流项目的获选人员主要来自博士后科研流动站，博士后科研工作站获选人数相当少。

（5）2016年博士后"国际交流计划"学术交流项目执行情况总体良好。对于2016年博士后"国际交流计划"学术交流项目执行，博士后相关设站单位能够根据全国博士后管委会办公室的通知精神，认真落实2016年博士后"国际交流计划"中学术交流项目实施工作细则，积极配合获选单位和博士后人员做好赴国（境）外学术交流的后续工作，从而保证了2016年博士后"国际交流计划"学术交流项目的顺利进行。

4.1.3 引进项目的申报与执行

根据《人力资源社会保障部、全国博士后管委会关于印发博士后"国际交流计划"的通知》（人社部函〔2012〕310号）和《全国博士后管委会办公室关于印发博士后"国际交流计划"实施细则的通知》（博管办〔2013〕77

号），2016年10月，全国博士后管委会办公室下发《关于印发2016年度博士后"国际交流计划"引进项目资助计划通知》（博管办〔2016〕94号，以下简称《通知》），明确提出博士后"国际交流计划"引进项目资助目标是：吸引一批外籍（境外）博士来华和留学博士回国从事博士后研究工作。申报引进项目人员的基本条件如下：①年龄一般不超过35周岁。②近3年内在国（境）外世界排名前100名（泰晤士报2016版）的高校获得博士学位。③在读博士期间取得突出的研究成果。④2015年12月1日之后进站且目前在站的科研博士后（不含延期人员），以及拟进站的科研博士后。⑤非英语国家的人员应具有良好的中文（或英文）听、说、读、写能力。⑥此前未获得过此项资助。

《通知》要求各博士后设站单位结合实际做好2016年度优秀外籍（境外）和留学回国博士后研究人员招收、培养、使用工作，加强对国家下达资助经费的管理，做好专款专用，并做好配套经费的落实工作。针对以往存在的一些问题，《通知》还要求，2016年度下达的资助计划，应在2017年6月底前完成招收，计划没有按时完成的，可以在2017年继续使用。2017年年底前仍然不能完成的，需将经费退回。各有关单位需在2017年7月15日前将本单位2016年度博士后"国际交流计划"引进项目执行情况报全国博士后管委会办公室、中国博士后科学基金会备案。

依照上述目标、基本条件和要求，全国各地博士后主管部门及时下发《关于推荐博士后"国际交流计划"引进项目资助计划人选的通知》，严格按照"个人申请、院系推荐、专家评审、择优资助"的原则，自主选拔产生资助候选人，并由全国博士后管委会办公室组织专家评审后确定，2016年全国计划资助84个单位，指标数为400个，详见表4—6。

表4—6　2016年"国际交流计划"引进项目计划资助单位及指标数

序号	计划资助单位	指标数（人）	序号	计划资助单位	指标数（人）
1	清华大学	30	9	武汉大学	9
2	中国科学院	26	10	西安交通大学	8
3	北京大学	24	11	南京大学	8
4	上海交通大学	18	12	华东师范大学	7
5	浙江大学	18	13	中国人民大学	7
6	复旦大学	15	14	华南理工大学	6
7	哈尔滨工业大学	10	15	华中科技大学	6
8	山东大学	10	16	南开大学	6

续表

序号	计划资助单位	指标数（人）	序号	计划资助单位	指标数（人）
17	天津大学	6	45	江苏大学	3
18	中南大学	6	46	华东政法大学	3
19	中山大学	6	47	华中师范大学	3
20	四川大学	5	48	南京理工大学	3
21	同济大学	5	49	中国矿业大学	3
22	北京师范大学	5	50	北京科技大学	2
23	大连理工大学	4	51	西南大学	2
24	吉林大学	4	52	郑州大学	2
25	中国社会科学院	4	53	哈尔滨工程大学	2
26	重庆大学	4	54	哈尔滨医科大学	2
27	厦门大学	4	55	河南大学	2
28	中国科学技术大学	4	56	华东理工大学	2
29	军队系统	4	57	华南农业大学	2
30	北京航空航天大学	3	58	华中农业大学	2
31	电子科技大学	3	59	南京工业大学	2
32	东南大学	3	60	南京师范大学	2
33	中国海洋大学	3	61	武汉理工大学	2
34	湖南大学	3	62	西安电子科技大学	2
35	西北农林科技大学	3	63	中国农业科学院	2
36	中国农业大学	3	64	北京交通大学	2
37	北京理工大学	2	65	北京林业大学	2
38	东北大学	2	66	北京外国语大学	2
39	兰州大学	2	67	北京协和医学院	2
40	西北工业大学	2	68	成都理工大学	2
41	中央民族大学	2	69	东北林业大学	2
42	深圳大学	6	70	东北师范大学	2
43	苏州大学	5	71	广西医科大学	2
44	北京工业大学	4	72	河海大学	2

续表

序号	计划资助单位	指标数（人）	序号	计划资助单位	指标数（人）
73	南京林业大学	2	81	中国工程物理研究院	2
74	南京信息工程大学	2			
75	南京医科大学	2	82	中国人民银行金融研究所	2
76	首都医科大学	2			
77	新疆大学	2	83	中国石油大学	2
78	云南大学	2	84	北京体育大学	2
79	中共中央党校	2			
80	中国地质大学	2		合计	400

根据表4—6分析可知以下几点。

（1）2016年度博士后"国际交流计划"引进项目计划资助指标总数明显增加。根据国家财政预算安排的项目经费和对近3年来各有关单位引进的高水平外籍（境外）博士来华和留学回国博士后研究人员的统计情况，全国博士后管委会办公室最终确定2016年该项目资助计划指标为400个，比博士后"国际交流计划"引进项目资助初期确定的每年资助200个指标翻了一番。

（2）2016年度博士后"国际交流计划"引进项目资助单位和指标分配不均匀。拟资助的400个指标，77所大学共有358个指标，占资助总数的89.5%。其中，清华大学获得资助指标最多，为30人；北京大学次之，为24人；上海交通大学和浙江大学并列第三，均有18人；复旦大学、哈尔滨工业大学、山东大学排名前8位，均在10名以上。中央直属的3所科学院、1个研究院、1个研究所和中央党校以及军队系统共有42个指标，占资助总数的10.5%。在相关科研院所及其他获得资助的单位中，中国科学院获得资助指标26个，总体排名仅次于第一名的清华大学。

再从资助指标的总体分布情况来看，除军队系统的4个指标没有明确到具体设站单位外，其他都明确了具体设站单位，且均为设立博士后科研流动站的单位，而设立博士后科研工作站的单位1个指标也没有。从指标分配的相关单位来看，分配给"985"院校的指标最多，为266人，占资助指标总数的66.5%；"211"院校（不含"985"院校）次之，为60人，占资助指标总数的15%；再次是科研院所，为36人，其中，中国科学院为26人、中国社会科学院为4人、其他3个科研院所均为2人，占资助指标总数的9%；普通高校为34人，占资助指标总数的8.5%；军队系统有4人，占资助指标总数的 1%。

（3）2016 年度博士后"国际交流计划"引进项目执行情况总体良好。84 个获得计划资助的单位均能按照国内在站博士后研究人员的同等要求，加强对引进项目人员的日常管理，严格执行《博士后管理工作规定》（国人部发〔2006〕149 号），以保证外籍来华博士和留学回国博士在站从事博士后研究工作不少于 20 个月。84 个获得计划资助的单位均与引进项目人员签订了相关协议，对在站从事博士后研究的内容、期限、考核、待遇、成果归属、违约责任等双方权利和义务作了明确规定，并妥善处理国家资助经费转拨、违约等工作。参照《外籍及港澳台来华人士综合医疗保险》协助外籍（境外）引进人员办理在华期间的保险，资助每人每年 30 万元基本落实到位，其中，国家资助每人每年 20 万元，引进单位配套资助每人每年 10 万元，主要用于引进人员在华的日常生活开支、住房补助、医疗保险及一次来华往返国际旅费等。

4.2　2016 年"香江学者计划"的申报与执行

为有效聚合中国大陆与香港的人才资源和研究资源优势，共同促进国家科技和社会经济发展，全国博士后管委会办公室与香港学者协会决定，2016 年继续"香江学者计划"的第二阶段实施工作。

4.2.1　"香江学者计划"的申报遴选

根据全国博士后管委会办公室《关于开展 2016 年"香江学者计划"申报工作的通知》（博管办〔2016〕5 号，以下简称《通知》），2016 年拟选派内地 60 名优秀博士到香港指定的 6 所大学，在港方合作导师的指导下，以港方大学合约研究人员的身份开展博士后研究，为期 2 年。资助每人 30 万元人民币和 30 万元港币，主要用于支付生活开支、住房补助、科研补助、社会保险及往返旅费。入选"香江学者计划"的人员视为内地派出单位的博士后研究人员，需在全国博士后管委会登记备案。

《通知》规定，"香江学者计划"申请人须为博士后科研流动站和博士后科研工作站设站单位的在站博士后研究人员、拟进站的 2016 年应届博士毕业生或教学、科研人员，并应具备以下条件：（1）应届或新近（一般 3 年以内）博士毕业且年龄不超过 35 周岁。（2）思想品德端正，身体健康。（3）具备较高的学术水平和较强的科研能力、创新能力。拥有下列学术或科研经历之一：①参与"863""973"等国家重大科技计划项目；②获得省部级以上基金资助；③获得省部级以上科技奖励、学术荣誉称号，提名或获选全国优秀博士学位论文；④单位学术技术人才重点培养对象。（4）具备良好的英语能力。（5）专业领域：基础研究、生物医学、信息技术、农业、新能源、新材料、先进制造、经济学、法学、管理学等。（6）此前未获得过此项计划以及博士后"国际交流计划"、中德博士后交流计划资助。（7）在站博士后人员须经所在申报单位和合作导师同意；在职人员（含定向委培博士毕业生）还须征得其人事关系所在单位人事部门同意。

根据以上规定条件，各博士后设站单位认真贯彻"个人申请，单位推荐，专家评审，择优录取"的遴选原则，严格按照申报程序进行申报。2016年，全国共有130个单位的316人申报"香江学者计划"，申报研究领域涉及13大学科门类的60多个一级学科。根据港方6所大学（香港理工大学、香港城市大学、香港浸会大学、香港科技大学、香港中文大学、香港大学）提供的博士后研究人员岗位需求，中方及时提交了申报材料和相关证明。后经全国博士后管委会办公室45名专家评审，按照候选人数和入选人数不少于2∶1的比例，确定了候选人并提供给港方。港方又对候选人进行第二次遴选，最终确定资助人选60名，候补人选5名，详见表4—7、表4—8，由全国博士后管委会办公室通知"香江学者计划"赴港人员原在单位及本人。

表4—7　　2016年"香江学者计划"获资助人员名单

序号	姓名	推荐单位	一级学科	申请院校	进站项目编号
1	孙立	河海大学	管理科学与工程	香港理工大学	XJ2016001
2	刘乙奇	华南理工大学	管理科学与工程	香港城市大学	XJ2016002
3	韩姣杰	中南财经政法大学	管理科学与工程	香港理工大学	XJ2016003
4	程颖	北京航空航天大学	管理科学与工程	香港理工大学	XJ2016004
5	祁毓	中南财经政法大学	应用经济学	香港城市大学	XJ2016005
6	刘晨	天津大学	物理学	香港浸会大学	XJ2016006
7	朱思聪	武汉科技大学	物理学	香港理工大学	XJ2016007
8	胡祥龙	华南师范大学	化学	香港科技大学	XJ2016008
9	朱刚兵	江苏大学	化学	香港理工大学	XJ2016009
10	黄维	武汉大学	化学	香港浸会大学	XJ2016010
11	李圣坤	南京农业大学	化学	香港中文大学	XJ2016011
12	杨道宾	四川大学	化学	香港浸会大学	XJ2016012
13	于耀光	哈尔滨工业大学	化学	香港城市大学	XJ2016013

续表

序号	姓名	推荐单位	一级学科	申请院校	进站项目编号
14	姚金龙	南京大学	地质学	香港大学	XJ2016014
15	江国焰	武汉大学	地球物理学	香港中文大学	XJ2016015
16	李拓	银杏资本管理有限公司	生物学	香港大学	XJ2016016
17	李怡芳	暨南大学	生物学	香港大学	XJ2016017
18	付强	新疆农业大学	生物学	香港城市大学	XJ2016018
19	周俊	华南师范大学	生物学	香港中文大学	XJ2016019
20	范大明	江南大学	食品科学与工程	香港大学	XJ2016020
21	刘夏	北京工业大学	力学	香港城市大学	XJ2016021
22	代洪华	西北工业大学	力学	香港理工大学	XJ2016022
23	沈承	南京航空航天大学	力学	香港理工大学	XJ2016023
24	刘辉	武汉大学	力学	香港科技大学	XJ2016024
25	姜维	西安交通大学	机械工程	香港城市大学	XJ2016025
26	王希斌	吉林大学	光学工程	香港城市大学	XJ2016026
27	方毅	广东工业大学	信息与通信工程	香港理工大学	XJ2016027
28	光炫	南开大学	信息与通信工程	香港中文大学	XJ2016028
29	涂佳静	北京科技大学	信息与通信工程	香港理工大学	XJ2016029
30	张丹	浙江工业大学	控制科学与工程	香港城市大学	XJ2016030
31	杨鑫	大连理工大学	计算机科学与技术	香港城市大学	XJ2016031
32	汤善江	天津大学	计算机科学与技术	香港理工大学	XJ2016032
33	李国强	燕山大学	计算机科学与技术	香港理工大学	XJ2016033
34	姜志锋	江苏大学	环境科学与工程	香港中文大学	XJ2016034
35	李江山	中国科学院武汉岩土力学研究所	环境科学与工程	香港理工大学	XJ2016035
36	张艳利	中国科学院广州地球化学研究所	环境科学与工程	香港科技大学	XJ2016036
37	孔令军	广州大学	环境科学与工程	香港大学	XJ2016037
38	孔祥飞	河北工业大学	土木工程	香港城市大学	XJ2016038

续表

序号	姓名	推荐单位	一级学科	申请院校	进站项目编号
39	万华平	合肥工业大学	土木工程	香港理工大学	XJ2016039
40	李少林	北京航空航天大学	土木工程	香港理工大学	XJ2016040
41	李志斌	东南大学	交通运输工程	香港理工大学	XJ2016041
42	崔柳	华北电力大学	材料科学与工程	香港理工大学	XJ2016042
43	徐韦锋	西北工业大学	材料科学与工程	香港理工大学	XJ2016043
44	李志斌	中国科学院深圳先进技术研究所	材料科学与工程	香港城市大学	XJ2016044
45	阴化冰	河南大学	材料科学与工程	香港理工大学	XJ2016045
46	程魁	哈尔滨工程大学	材料科学与工程	香港理工大学	XJ2016046
47	廖金凤	四川大学	材料科学与工程	香港理工大学	XJ2016047
48	姚凯	南昌大学	材料科学与工程	香港理工大学	XJ2016048
49	黄啸谷	南京信息工程大学	材料科学与工程	香港理工大学	XJ2016049
50	沈建华	华东理工大学	材料科学与工程	香港城市大学	XJ2016050
51	马志军	华南理工大学	材料科学与工程	香港理工大学	XJ2016051
52	顾林	中国科学院宁波材料技术与工程研究所	材料科学与工程	香港理工大学	XJ2016052
53	陈娟	西北农林科技大学	作物学	香港中文大学	XJ2016053
54	赵璐晴	中南大学	基础医学	香港大学	XJ2016054
55	孙海涛	南方医科大学	临床医学	香港大学	XJ2016055
56	张建	北方医院	临床医学	香港中文大学	XJ2016056
57	左夏林	广州医科大学	药学	香港理工大学	XJ2016057
58	殷军艺	南昌大学	药学	香港理工大学	XJ2016058
59	刘俊珊	南方医科大学	中药学	香港浸会大学	XJ2016059
60	张菁	安徽医科大学	口腔医学	香港大学	XJ2016060

表4—8　2016年"香江学者计划"获资助候补人员名单

序号	姓名	推荐单位	一级学科	申请院校
1	黄杨强	浙江大学	化学工程与技术	香港大学
2	何侃	安徽大学	计算机科学与技术	香港中文大学

续表

序号	姓名	推荐单位	一级学科	申请院校
3	刘海	华中师范大学	控制科学与工程	香港城市大学
4	吕亚茹	解放军理工大学	土木工程	香港科技大学
5	吕鹏辉	合肥工业大学	管理科学与工程	香港理工大学

4.2.2 "香江学者计划"的执行情况

根据表4—7、表4—8分析可知，2016年"香江学者计划"申报与执行总体情况良好，主要体现在以下几方面。

(1) 2016年"香江学者计划"申报单位比2015年（122个）多了8个，申报人员比2015年（313人）多了3人，体现出各设站单位和在站博士后、优秀博士的参与度和申报热情持续增强。2016年"香江学者计划"资助人数60人，比2015年（55人）多5人；候补人员5人，比2015年（7人）少2人，资助和候补人员总数比2015年多3人，资助面略有扩大。

(2) 2016年获得"香江学者计划"资助人员分别来自国内46所大学、中国科学院下属4个研究所、1家医院和1个公司，年龄都在35岁以下。与2015年（31所大学）相比，获得资助的大学总数增加了15所，科研院所总数减少了6个，可以看出向大学有所倾斜。在46所大学中，武汉大学获得资助的人数最多，为3人，华南理工大学、中南财经政法大学、北京航空航天大学、天津大学、华南师范大学、江苏大学、四川大学、西北工业大学、合肥工业大学、南昌大学、南方医科大学均为2人，其他单位均为1人，申报单位之间获资助人数的差距不太明显。

(3) 从2016年"香江学者计划"获选人员的推荐单位来看，来自"985"院校的人员最多，为23人，占资助总数的35.38%；"211"院校（不含"985"院校）获资助人员次之，为21人，占资助总数的32.31%；再次是普通高校，为15人，占资助总数的23.08%；中国科学院有4人获得资助，占资助总数的6.15%；企事业单位获资助人员最少，为2人，占资助总数的3.08%。从资助人员的推荐单位类别来看，90.77%来自高校，9.23%来自科研院所和企事业单位。从设站单位类别来看，96.92%的获资助人员来自博士后科研流动站，3.08%的获资助人员来自博士后科研工作站。

(4) 2016年"香江学者计划"申报港方大学的单位和数量与往年相同，包括香港理工大学、香港城市大学、香港浸会大学、香港科技大学、香港中文大学、香港大学6所大学。这6所大学的60名合作导师中，讲座教授15人，教授24人，副教授21人。从接收获选人数的情况来看，香港理工大学接收人员最多，为 27 人（含推荐 1 人），占资助人数的 41.54%；其次是香港城市大学，为 13 人（含推荐 1 人），占资助人数的 20%；再次是香港大学，为 9 人（含推荐 1 人），占资助人数的 13.85%；香港中文大学为 8 人（含推荐 1 人），占资助人数的 12.31%；香港科技大学（含推荐 1 人）和香港浸会大学均为 4 人，占资助人数的 6.15%。

（5）港方 6 所大学提供的岗位需求共 161 个，拟合作研究项目涉及 6 个大学科门类的 45 个一级学科。其中，工学人数最多，为 37 人，占资助人数的 56.92%；其次是理学，为 14 人，占资助人数的 21.54%；再次是医学，为 7 人，占资助人数的 10.77%；管理学为 5 人，占资助人数的 7.69%；经济学和农学均为 1 人，分别占资助人数的 1.54%。

另据人力资源社会保障部和港方相关领导介绍，"香江学者计划"（含第一阶段、第二阶段）组织实施 6 年来，内地成功派出 6 批次 343 名优秀内地博士赴港开展博士后研究工作，中央财政累计投入经费近亿元，有效促进了中国内地和香港的科研和经济发展，开启了内地和香港开展交流合作、联合培养博士后研究人员的新篇章，为内地博士后研究人员瞄准世界科技前沿搞好科学技术研究，尽早成为世界一流科研人才提供了有利条件。内地博士赴港做博士后期间和出站之后，在生物科技、环境保护、航空航天等领域均有建树，在各自工作岗位上都干得很好，有些人还担任了相关领导职务。经过 6 年的摸索，目前"香江学者计划"已经度过了"摸石头过河"的阶段，将来学科范围会继续扩大，合作导师数量也会继续增多。今后需要充分发挥香江学者联谊会的作用，继续加强与内地有关部门、博士后设站单位的合作，真正把"香江学者计划"做成内地与香港高层次人才交流的品牌项目。①

4.3 2016 年中德博士后交流项目的申报与执行

为进一步加强中德博士后合作交流，提升中国博士后人才培养质量，全国博士后管委会办公室决定，2016 年继续与德国亥姆霍兹联合会下属的德国电子同步加速器中心（以下简称"DESY"）②、德国于利希研究中心（以下简

---

① 据国家博士后主管部门有关领导在首届"香江学者计划"学术年会暨香江学者联谊会成立仪式上的讲话 [EB/OL]. 人力资源和社会保障部门户网站，http://www.mohrss.gov.cn/2016 - 10 - 27.

② 德国电子同步加速器研究所（DESY）位于德国汉堡，是世界著名的高能物理和加速器技术研究机构，拥有多台高能物理加速器，并执行了多项大型高能物理研究计划。DESY 利用同步辐射所进行原子物理、固体物理以及化学、地质、材料科学、分子生物及医学等领域的研究，并以成功地将粒子研究与同步辐射应用研究结合在一起而闻名于世。

称"于利希")①、德国达姆施塔特重离子研究所（以下简称"GSI"）② 开展合作交流，选派新近获得博士学位的优秀青年科研人员赴德国开展博士后研究工作。具体申报工作分两轮进行。

4.3.1 中德博士后交流项目第一轮申报与执行

德国于利希研究中心奖学金项目是2016年中德博士后交流项目第一轮申报。2016年3月，全国博士后管委会办公室下发《关于开展2016年"中德博士后交流项目"（德国于利希研究中心）申报工作的通知》（博管办〔2016〕27号，以下简称《通知》）。根据《通知》精神，申请人须为博士后科研流动站和博士后科研工作站设站单位的在站博士后研究人员、拟进站的2016年应届博士毕业生或教学、科研人员，并应具备以下条件：①应届或新近（一般5年以内）博士毕业且年龄不超过33周岁。②获得博士学位（或已通过校级博士学位答辩），身体健康。③具备良好的英语或德语能力。④符合德方于利希提供的博士后研究人员岗位需求和申报要求。⑤在站博士后研究人员须经设站单位和合作导师同意；在职人员（含定向委培博士毕业生）还须其人事关系所在单位人事部门同意；拟进站的博士毕业生需依托博士后科研流动站、工作站设站单位申报。

《通知》明确，按照德国于利希研究中心提供的博士后研究人员岗位需求，申请人须按照"中德博士后交流项目"申报信息及时向所在或拟进站的博士后设站单位提交申报材料。相关设站单位将申请材料汇总并审核后，报送至中国博士后科学基金会。全国博士后管委会办公室负责对申请人进行资格审核，德方对候选人进行遴选，最终确定资助人选，由全国博士后管委会办公室通知其申报单位。获资助人员中拟进站人员需在相关部门办理进站手续。如申请人在2016年8月31日前未能获得博士学位，则自动取消申报及获选资格。

根据《通知》要求和德国于利希研究中心提供的11个博士后研究职位，全国各地有关单位认真组织符合条件的人员积极申报，并及时提供了申报材料。经过全国博士后管委会办公室对申报材料的严格审核和德方专家组织的评选，最终确定了2016年第一轮中德博士后交流项目（德国于利希研究中

---

① 德国于利希研究中心是德国亥姆霍兹国家研究中心联合会的下属科研机构，主要从事物质结构、能源、信息、生命、环境和运输航天等方向的研究。研究中心在核物理、磁共振脑成像、太阳能电池和高倍透射电镜等方面的研究处于世界前沿，固体研究所 Peter Grünberg 教授因发现巨磁电阻效应而获得2007年诺贝尔物理学奖。

② 德国达姆施塔特重离子研究所（GSI）位于德国黑森州达姆施塔特，在基础核物理领域研究历史悠久，为世界顶尖的研究机构。该研究所在重离子加速器领域的研究成果早已运用于治疗癌症疾病。

心）获资助人员的名单，共有 6 人，详见表 4—9。

表 4—9 2016 年中德博士后交流项目第一轮推荐单位及获选人员名单

序号	获选人	推荐单位
1	贺广虎	中国科学院青岛生物能源与过程研究所
2	李峰	南京师范大学
3	敬闰宇	中国科学院深圳先进技术研究院
4	王明金	北京大学
5	曾娟	北京大学深圳研究生院
6	李超	中国科学院高能物理研究所

根据表 4—9 可以得知以下几点。

（1）2016 年第一轮中德博士后交流项目（德国于利希研究中心）获资助 6 名人员中，3 名来自中国科学院相关院所，3 名来自"211"院校，没有普通高校和企事业单位的博士后研究人员获选。再从于利希研究中心提供的岗位需求表和所列曾经合作交流过的单位来看，上海交通大学、华南理工大学、华中科技大学、中国科学技术大学、中国科学院近代物理研究所（兰州）均推荐过优秀博士到于利希开展合作交流项目；中国科学院青岛生物能源与过程研究所、中国科学院深圳先进技术研究院、北京大学、中国科学院高能物理研究所是再次推荐博士入选于利希合作交流项目，南京师范大学则是首次推荐博士到于利希开展博士后研究。

（2）2016 年 7 月 11 日，全国博士后管委会办公室下发《关于 2016 年"中德博士后交流项目"（德国于利希研究中心）获选结果的通知》（博管办〔2016〕71 号），要求各有关设站单位及时通知本单位获选人员。获选人员的管理由派出单位负责，按照《博士后工作管理规定》（国人部发〔2006〕149 号）和国家公派出国人员有关规定进行管理。获选人员须在本通知印发日期起 6 个月内赴德国于利希研究中心开展博士后研究工作。根据全国博士后管委会办公室的要求，全国各有关单位参照《博士后国际交流计划实施细则》（博管办〔2013〕77 号）有关规定，积极配合获选人员做好后续工作，切实加强对获选人员合作交流期间的管理、考核与跟踪服务，督促落实中德双方提供的资助经费。其中，中方提供每人每年 15 万元人民币经费资助，2 年共 30 万元人民币；德方于利希提供每人每月 1 500 欧元的奖学金，主要用于生活津贴、健康和意外伤害保险和研究、差旅费，从而保证了 2016 年第一轮中德博士后合作交流项目的顺利开展，并取得良好的效果。

4.3.2 中德博士后交流项目第二轮申报与执行

根据全国博士后管委会办公室《关于开展 2016 年"中德博士后交流项目"(第二轮)申报工作的通知》(博管办〔2016〕66 号)精神,2016 年中德博士后交流项目(第二轮)资助中国新近获得博士学位的年轻科研人员赴德国亥姆霍兹联合会下属的 DESY 和 GSI 开展联合培养博士后工作,交流期限为 2 年。申请人须为博士后科研流动站和博士后科研工作站设站单位的在站博士后研究人员、拟进站的 2016 年应届博士毕业生或教学、科研人员,并应具备以下条件:①应届或新近获得博士学位(一般不超过 5 年)。应届博士毕业生须已通过校级博士学位答辩。②DESY 和 GSI 要求申报者年龄不超过 35 周岁,身体健康。③具备良好的英语或德语能力。④符合德方提供的博士后研究人员岗位需求和申报要求。⑤在站博士后研究人员须经设站单位和合作导师同意,在职人员(含定向委培博士毕业生)还须其人事关系所在单位人事部门同意,拟进站人员需依托博士后科研流动站、工作站设站单位申报。

根据相关通知要求,2016 年中德博士后交流项目(第二轮)申请人根据德方 DESY 和 GSI 提供的博士后研究人员岗位需求,每人限报一个项目。申请人须按照"中德博士后交流项目"申报信息向所在或拟进站的博士后设站单位提交《中德博士后申报表》及主要证明材料,包括:博士学位证书(应届博士毕业生可提供校级答辩决议书);学校出具的攻读本科及硕士、博士研究生期间的成绩单(包括平均绩点 GPA 以及所有课程得分);英语或德语水平证明(如大学英语四、六级证书,剑桥高级英语证书 CAE Certificate,雅思 IELTS 或托福 TOEFL 等);科研学术奖励或专利证书、重要的学术称号或荣誉称号证书、论文和学术专著的版权页;推荐信等。申报材料要简明扼要,介绍性文字要真实、准确、重点突出。获奖成果需注明颁奖单位和获奖时间、等级、位次(用"位次/人数"表示);著作、论文需注明出版社、发表刊物名称,合著的需注明位次。各设站单位负责汇总、审核申请材料,并填写《推荐表》和《汇总表》加盖公章后报送中国博士后科学基金会。同时要求,获中德博士后交流项目(第二轮)资助人员中的拟进站人员,需在相关部门办理进站手续。如申请人在 2016 年 10 月 31 日前未能获得博士学位,则自动取消申报及获选资格。

经全国博士后管委会办公室对 2016 年中德博士后交流项目(第二轮)申请人进行资格审核,再由德方对候选人进行遴选,最终确定了第二轮资助人选。2016 年 11 月 3 日,全国博士后管委会办公室下发《关于 2016 年"中德博士后交流项目"(第二轮)获选结果的通知》(博管办〔2016〕105号),共有9人获得中德博士后交流项目(第二轮)资助资格,详见表4—10,并由全国博士后管委会办公室通知到各申报单位和本人。

表4—10　2016年中德博士后交流项目第二轮推荐单位及获选人员名单

序号	获选人	推荐单位
1	姚远	中国科学院合肥物质科学研究院
2	安芬芬	中国科学院高能物理研究所
3	艾小聪	中国科学院高能物理研究所
4	王彦	中国科学院高能物理研究所
5	勾伯兴	中国科学院近代物理研究所
6	周文雄	重庆大学
7	蔡奇	中国科学院上海微系统与信息技术研究所
8	张金中	华东师范大学
9	程雅苹	中国科学院高能物理研究所

根据表4—10可以得知以下几点。

(1) 中德博士后交流项目(第二轮)9名获资助人员中,有7名来自中国科学院相关院所,其中,中国科学院高能物理研究所获得资助的人员最多,为4人。有2名来自"985"院校,分别是重庆大学和华东师范大学,普通高校和企事业单位无人入选。

(2) 根据全国博士后管委会办公室的《通知》要求,全国各有关设站单位按照《博士后工作管理规定》(国人部发〔2006〕149号)和国家公派出国人员有关规定,协助和督促9名获选人员在《通知》印发日起的6个月内赴德国亥姆霍兹联合会下属的DESY和GSI开展博士后研究工作。参照《博士后国际交流计划实施细则》(博管办〔2013〕77号)有关规定,积极配合获选人员做好后续工作,切实加强对获选人员合作交流期内的管理、考核与跟踪服务,督促落实中德双方提供的资助经费。其中,中方提供每人每年15万元人民币经费资助基本到位,德方DESY和GSI提供每人每月1 000欧元生活补助并提供保险,可用于生活津贴、健康和意外伤害保险和研究、差旅费,从而保证了中德博士后交流项目(第二轮)工作的顺利开展,并取得良好的成效。

4.4 博士后国（境）外合作交流的总体分析与建议

通过对2016年博士后国（境）外合作交流（包括"国际交流计划""香江学者计划"和中德博士后交流项目）申报与执行情况的回顾，总体感到，2016年博士后国（境）外合作交流申报评审工作顺利，总体执行情况良好，合作交流成效初步显现。但与大力加强博士后国（境）外合作交流、不断提升博士后培养质量的目标要求相比，还存在一定差距，许多工作有待加强改进。

4.4.1 博士后"国际交流计划"派出项目的分析与建议

2016年博士后"国际交流计划"派出项目申报单位与2015年（102个单位）相比新增9个，但申报人数却减少了28人。获选人数（含推荐人员）比2015年度多出38人，资助人数与申报人数之比为51.69:100，获选率比2015年（33.9%）高17.79%。这从一个侧面反映，2016年各设站单位在博士后"国际交流计划"派出项目的申报把关方面更加严格，申报质量有所提高。但全国各设站单位申报人数仍有较大挖掘空间，申报质量有待进一步提升。根据2016年度博士后"国际交流计划"派出项目申报和执行情况，提出如下建议。

（1）进一步加强宣传工作。要通过中国博士后网、各省（自治区、直辖市）博士后主管部门官网、设站单位网站等多种媒体、多种渠道宣传博士后"国际交流计划"的政策文件、申报流程、资助结果等信息，让更多的博士后全面认识该项目，对有意向参与国际交流的博士后或应届博士毕业生而言，可以提前联系拟接收单位，做好该项目申报的前期准备工作。

（2）进一步提高申报质量。从近年来博士后"国际交流计划"派出项目申报和获资助比例看，通常为2~3:1。因此，各相关设站单位应当组织开展"国际交流计划"申报讲座或交流会，让大家分享获得资助成功人员的经验，在增加申报人数的同时进一步提高单个人员申报质量。

（3）进一步扩大派出人员规模。尽管2016年已经增加了派出项目资助人数，达到120人，但仍未达到人社部函〔2012〕310号中提出的资助人员规模，也不符合国办发〔2015〕87号文件中关于进一步加大国际交流实施力度的要求。

（4）进一步加强项目后期管理。获得派出项目资助的博士后虽然在国（境）外开展博士后研究，但是其已经在相关设站单位办理了进站手续，所以应该按照设站单位的相关要求加强管理，定时更新其博士后办公网上的信息，包括发表的学术论文、承担的科研项目、获得的专利等情况。出站时，同样也应该在博士后网上按照相关要求办理出站手续、提交出站报告等，严格把好"出口"关。

4.4.2 博士后"国际交流计划"学术交流项目的分析与建议

2016年博士后"国际交流计划"学术交流项目深受在站博士后研究人员青睐，资助总人数比2015年（100人）增加20人，资助范围有所扩展。但从申报单位和评审结果来看，受资助人员的分布仍集中在国内东部地区一些知名大学和中国科学院直属单位。结合2016年度博士后"国际交流计划"学术交流项目实施情况，提出如下建议。

（1）鼓励中西部更多设站单位积极申报博士后"国际交流计划"学术交流项目。与东部地区相比，中西部设站单位博士后人才培养经费和科研经费不太充足，更加需要利用博士后"国际交流计划"学术交流项目争取更多的经费支持和获得参加学术交流的机会，促使中西部地区设站单位有更多的博士后优秀人才走出国门、走向世界。

（2）大力倡导博士后科研工作站设站单位积极申报博士后"国际交流计划"学术交流项目。从推荐单位和资助人员的比例来看，博士后科研工作站的入选人数仅占资助总人数的6.67%，这其中可能与部分博士后科研工作站申报工作不符合相关要求有关，但关键还是博士后科研工作站申报单位太少，导致获资助人员比例也不高。

（3）博士后各设站单位要积极向有关部门、企事业单位引荐参与博士后"国际交流计划"交流项目的优秀人才，引导优秀博士后人才服务社会、助推高校师资队伍和国际化转型升级工程。

（4）全国和各省（自治区、直辖市）博士后主管部门要充分利用有效资源，在国际学术交流计划指导下引入社会资金力量，积极与地方联合举办丰富多彩的国际交流活动，催生更多有经济效益和社会效益的学术交流项目和人才。

4.4.3 博士后"国际交流计划"引进项目的分析与建议

2016年度博士后"国际交流计划"引进项目受资助单位仍偏重于"985""211"院校和中央直属科研院所。这一方面说明，博士后"国际交流计划"引进项目受资助人数较多的单位综合实力较强，在国内外影响力比较大。例如，江苏省境内的南京大学、东南大学、苏州大学等12所高校，2016年共获

"国际交流计划"引进项目资助指标 37 个,占全国总数的 9.3%,较 2015 年增长 4.30 倍,获资助经费总额达 1 480 万元。另据统计,近 4 年来江苏省累计获得博士后"国际交流计划"引进项目资助名额共 51 个,获资助经费 2 000 万元,获资助人数和经费额度均居于全国前列。① 另一方面,反映出一些博士后设站单位的综合实力偏弱,对外籍(境外)优秀人才和留学回国博士及外籍来华博士从事博士后研究工作缺乏吸引力,加上博士后"国际交流计划"引进项目宣传力度还不够大,结果导致一些单位获得博士后"国际交流计划"引进项目资助指标数较少。为了吸引更多外籍(境外)博士来华和留学回国博士从事博士后研究工作,提升中国科技创新能力和人才竞争力,整体提高中国博士后人才培养国际化水平,我们建议如下。

(1) 全国和各地博士后主管部门、各博士后设站单位,要继续加大博士后"国际交流计划"引进项目的宣传力度,切实加强与海外一流高校、高水平科研机构的联系,吸引更多外籍(境外)博士来华和留学博士回国从事博士后研究工作,通过吸引更多外籍(境外)优秀人才来华做博士后,提升中国科技创新能力和人才国际竞争力。

(2) 在研究分配博士后"国际交流计划"引进项目资助指标时,应当充分考虑到博士后科研工作站,让他们也能从中"分得一杯羹"。从 2015 年全国博士后工作综合评估结果来看,有很多博士后科研工作站被评为优秀,他们在人才培养、使用以及科研方面都取得了较好的成绩,但是 2016 年度博士后"国际交流计划"引进项目资助计划中却未给科研工作站分配资助指标。

(3) 应当采用统一选拔方式,给更多博士后设站单位获得引进外籍(境外)博士或留学回国博士进站开展博士后研究的机会。可按照"个人申请、单位推荐、专家评审、择优资助"的原则,由全国博士后管委会办公室统一组织选拔,每年 1 次,这样可以避免分配指标的限制。另外,按照拟分配指标,由单位自主选拔报全国博士后管委会办公室的备案方式也可同时进行。

(4) 引进博士后可分类分层次资助。对于中国各领域高尖紧缺且科研水平能力较高的人才,应给予更多的生活补贴、科研启动经费;对于中国相对充足的行业领域且科研水平一般,但符合进站条件的外籍(境外)博士或留学回国博士,可以适当降低相关福利待遇、科研经费的标准,这样更有利于吸引更多高水平的外籍(境外)博士来华和留学回国博士进站做博士后研究。

---

① 肖姗. 江苏获博士后国际交流计划引进项目资助名额大幅增加 [EB/OL]. 南报网,http://www.njdaily.cn/2016-10-24.

4.4.4 "香江学者计划"交流合作的分析与建议

2016年"香江学者计划"申报工作总体呈现"四多一少"的情况，即申报单位比2015年度多8个，申报人员比2015年度多3人，受资助总人数比2015年度多3人，受资助的大学总数比2015年度多15所，受资助的科研院所总数比2015年度少6个。但从受资助的博士后设站单位、学科分布和执行情况来看，还存在一些需要改进的问题。

（1）未能适应申报对象要求的变化。2016年"香江学者计划"申报通知中，将"综合评估为优秀的博士后科研工作站设站单位"改为"博士后科研工作站设站单位"，意味着所有设站单位只要符合当年申报条件的均可以申报，但有些设站单位和博士后未能及时掌握申报对象要求变化和范围扩大的实际，使申报工作受阻。

（2）受资助的设站单位分布不均。2016年"香江学者计划"受资助人员分布在国内50个博士后科研流动站设站单位，占资助单位的96.15%，科研工作站设站单位只有2个，占资助单位的3.85%。在获资助的博士后科研流动站中，"211"院校科研流动设站单位33个（获资助44人），中国科学院下属机构科研流动设站单位4个（获资助4人），非"211"院校科研流动设站单位12个（获资助14人），军队院校科研流动设站单位1个（获资助1人），医院科研工作站设站单位1个（获资助1人），企业科研工作站设站单位仅有1个（获资助1人）。

（3）受资助的学科分布不尽合理。港方6所大学提供的研究岗位需求161个，拟合作研究项目涉及13个大学科门类的45个一级学科，实际资助和开展合作研究的只有25个一级学科，主要集中在材料科学与工程（11人），化学（6人），管理科学与工程（5人），计算机科学与技术、力学、生物学、土木工程、环境科学与工程（各4人），信息与通信工程（3人），控制科学与工程、物理学、临床医学、药学（各2人），应用经济学、地质学、地球物理学、食品科学工程、机械工程、光学工程、交通运输工程、作物学、基础医学、中药学、口腔学、化学工程与技术（各1人）。

（4）执行情况信息不详。截至2016年年底，全国和各地博士后主管部门以及各设站单位对"香江学者计划"合作交流的后续发展信息少有公布，具体执行情况不得而知。联想到前些年这方面的信息公布也存在类似问题，所以迫切需要加以改进。

为进一步搞好"香江学者计划"交流合作工作，真正把"香江学者计划"做成内地与香港高层次人才交流的品牌项目，提出如下几点建议。

（1）进一步扩大在香港大学、香港中文大学和香港科技大学的项目合作规模。参与"香江学者计划"的港方6所大学综合实力都非常强，其中香港大学、香港中文大学一直是稳居香港前两名的高校，但获资助人员数量却远不如香港理工大学和香港城市大学。香港科技大学虽然是香港一所非常年轻的大学，但科研水平、管理模式却是位居亚洲前列的，在该校开展博士后研究，对于内地的博士后研究人员也能得到更好的发展和成长。所以，扩大在香港大学、香港中文大学和香港科技大学3所高校的项目合作规模非常必要。

（2）进一步扩大项目合作学科领域。从近2年获得资助人员所在的学科领域来看，总会有一两个学科无相关合作项目，例如，2015年没有与农学相关的合作项目，2016年没有与法学相关的合作项目。因此，建议有关部门商请港方尽可能提供覆盖多个学科领域的合作项目，推动内地多个一级学科的全面发展，尤其是要向基础研究、生物医学、信息技术、农业、新能源、新材料、先进制造、经济学、法学、管理学等专业领域倾斜。

（3）鼓励国内企事业单位积极申报"香江学者计划"。今后"香江学者计划"的申报遴选应适当兼顾到企事业单位博士后科研工作站的研究人员，可借鉴"国际交流计划"的相关措施和建议，进一步提高博士后科研工作站人才培养国际化程度。

（4）加强内地和香港地区合作交流后续管理。对"香江学者计划"合作交流后续工作要积极跟进加强管理，对赴港博士后研究人员的双方管理、项目合作进展、最终科研成果等情况，要及时通过有关媒体或适当渠道加以公布，不断增强其透明度。

4.4.5 中德博士后交流项目的分析与建议

2016年中德博士后交流项目两轮申报共有15人获得资助资格，资助总人数比2015年（共20人，其中资助19人，候补1人）减少5人，且无候补人员。受资助的15名博士后研究人员来自国内5所大学和6个研究院所，分别是北京大学、华东师范大学、南京师范大学、重庆大学、北京大学深圳研究生院、中国科学院深圳先进技术研究院、中国科学院合肥物质科学研究院、中国科学院青岛生物能源与过程研究所、中国科学院高能物理研究所、中国科学院近代物理研究所、中国科学院上海微系统与信息技术研究所。其中，"985"院校2所，获资助2人；"211"院校3所，获资助3人；中央直属机关下属6个研究院所获资助10人，其中，中国科学院高能物理研究所获资助5人，占中央直属机关相关院所的一半，占2016年中德合作交流项目总数1/3。2016年德方合作交流单位由2015年的2个增加到3个（新增德国达姆施塔特重离子研究所），共提供29个博士后研究职位（其中，德国于利希研究中心提供11个，DESY和GSI提供18个），获得中德博士后交流项目两轮资助资格的仅有15人，远少于德方提供的博士后研究岗位需求。为进一步加强中德两国在科研领域的合作，提出如下建议。

（1）鼓励更多博士后设站单位积极组织申报中德博士后交流项目。德国是世界科技最发达的国家之一，也是中国留学生学习和科研的重要目的国。但从近两年中德博士后交流项目获资助人员情况看，主要来自中国科学院的研究院所和"211"院校，尤其是中国科学院相关院所占了绝对多数，以致其他单位失去了申报中德博士后交流项目的信心。因此，要采取有效措施，鼓励更多博士后设站单位积极组织申报中德博士后交流项目，让其他高校、科研院所，特别是企事业单位科研工作站的博士后也能有到德国开展科学研究的机会。

（2）扩大中德博士后交流项目的总体规模。根据目前的规定，每年中德博士后交流项目资助人数不得超过20人，但德国相关研究机构提供的需求岗位远远超过20个。为此，建议今后适当增加中德博士后交流项目资助人数，扩大受资助人员的覆盖面，以便让更多的单位、更多的人员能够充分利用德国一流科研单位在基础理论与应用研究、科技成果转化等方面优势，提升中国科技研究水平和青年科研人才培养质量。

（3）增加中德博士后交流项目合作对象。目前主要与德国亥姆霍兹联合会下属DESY、于利希、GSI合作，建议在目前的基础上进一步扩大合作对象的范围，争取德方有更多的科研机构和高等院校加入到中德博士后交流项目之中。

4.4.6　博士后国（境）外的合作交流监管及信息发布的建议

2016年，全国和各省（自治区、直辖市）博士后主管部门以及博士后各设站单位高度重视博士后"国际交流计划""香江学者计划"和中德博士后交流项目的申报遴选工作，但博士后国（境）外合作交流的监管工作还存在一些薄弱环节，对博士后国（境）外合作交流的相关信息（包括研究项目具体内容、定期考核情况、相关待遇是否落实、研究成果归属、是否有违约行为等）也未及时公布，以致不少业内人士和社会公众对博士后国（境）外合作交流是否达成既定目标、取得应有成效产生各种怀疑。为此提出如下建议。

（1）对博士后"国际交流计划"引进项目人员，要严格按照在站博士后研究人员的管理规定进行日常管理。尤其是引进单位必须与引进人员签订协议，对引进项目的研究内容、期限、考核、待遇、成果归属、违约责任等双方的权利和义务做出明确规定并严格执行。

（2）对博士后"国际交流计划"派出项目人员，要按照《博士后工作管理规定》和国家公派出国人员有关规定进行管理。派出单位必须与派出人员签订协议，对研究内容、期限、考核、待遇、成果归属、违约责任等双方的权利和义务进行规定并严格执行。派出单位对派出人员在国（境）外开展博士后研究工作期间的行为要进行跟踪监督，对派出人员严重违反与派出单位签订协议的应按退站处理。派出人员研究工作结束时要督促其按期回国，对未按协议规定期限回国逾期3个月以上的按退站处理。

（3）对博士后"国际交流计划"学术交流项目人员，应参照推荐单位相关规定实施严格管理。对学术交流项目人员违反保密要求和其他规定并造成严重后果的，应依照有关规定追究申请人和推荐单位的责任。

（4）对"香江学者计划"获资助人员，应依照内地和港方的相关协议进行管理。内地派出单位（即推荐单位）主要负责获资助人员赴港前及结束研究工作后的管理工作；港方主要负责在港进行博士后研究期间的管理工作。对中德博士后交流项目人员的监管，应依照中德双方签订的协议组织实施。

（5）对与国（境）外合作交流项目相关的信息，只要不是合作交流双方特别约定或有特殊保密要求的，都应通过纸质媒体或相关网络及时公开发布，以及时消除人们各种怀疑。

第五章 2016 年博士后学术交流（论坛）活动

2016 年，在全国博士后管委会办公室、中国博士后科学基金会和各省（自治区、直辖市）人力资源和社会保障厅（局）、中央直属机关和中央军委机关有关部门的精心筹划和大力支持下，共举办 37 场全国性博士后学术交流（论坛）活动，各地博士后管理部门和设站单位又自行安排了多场（次）区域性博士后学术交流（论坛）活动，为广大博士后研究人员搭建了众多交流创新思想的平台，有力促进了博士后人才培养质量的提高。[①]

5.1 2016 年全国博士后学术交流（论坛）申报与执行

5.1.1 2016 年全国博士后学术交流（论坛）申报工作

2016 年 1 月 11 日，全国博士后管委会办公室印发《关于申报 2016 年全国博士后学术交流计划的通知》（博管办〔2016〕1 号，以下简称《通知》），决定 2016 年继续采取由全国博士后管委会办公室、中国博士后科学基金会和有关省（自治区、直辖市）人力资源和社会保障厅（局）、中央直属机关有关部门主办，有关设站单位承办的方式，举办全国性博士后学术交流（论坛）活动。

《通知》要求，各省（自治区、直辖市）人力资源和社会保障厅（局）以及新疆生产建设兵团、中央直属机关有关部门可报 1 个学术交流（论坛）活动，每个学术交流（论坛）活动可报 1~2 个选题学科（如报 2 个则 1 个正选、1 个备选）。申报的学术交流（论坛）活动要紧密结合国家经济发展形势和本地区、部门的优势学科，认真选题，确保选题新颖。申报要确保学术交流（论坛）活动具备一定的规模和水平，要聘请一定数量的高层次专家、学

---

① 这里及本章参考引用的其他原始数据、资料等信息除特别注明出处外，均源自中国博士后网、中国博士后网上办公系统和中国博士后科学基金会官网，作者又对相关数据和资料进行了认真核实、重新整理和加工。

科带头人与会演讲与交流。要做好学术交流（论坛）论文的征稿工作，充分发挥有效资源，编辑出版论文集或联系核心刊物发表录用论文，以提高博士后学术交流（论坛）活动的影响力。

《通知》明确，为确保博士后学术交流（论坛）申报工作达到上述要求，由全国博士后管委会办公室负责，对相关省（自治区、直辖市）、中央直属机关和中央军委机关有关部门申报的学术交流（论坛）活动进行遴选，最终确定2016年全国博士后学术交流（论坛）计划，对入选计划的每个学术交流（论坛）活动进行资助，有条件的地方（部门）可配套资助经费。

《通知》还要求，各单位接到通知后，缜密组织，注重实效，充分发挥博士后工作研究会、博士后工作联谊会等组织的力量和优势，共同做好全国博士后学术交流（论坛）工作，为广大博士后研究人员创造良好的学术交流环境。

5.1.2　2016年全国博士后学术交流（论坛）的执行情况

2016年全国博士后学术交流（论坛）活动执行情况总体良好，主要体现在：①各省（自治区、直辖市）以及新疆生产建设兵团、中央直属机关有关部门，按照全国博士后管委会办公室《通知》精神，积极组织所属博士后设站单位申报学术交流（论坛）活动，列入年度计划的学术交流（论坛）活动场（次）比2015年增加10个。②为了加强2016年博士后学术交流活动的组织和宣传工作，中国博士后网（www.chinapostdoctor.org.cn）继续开设"博士后学术交流"模块，供各承办单位登录网上办公系统在该模块发布博士后学术交流活动信息，博士后研究人员也可在网上浏览相关信息，提交参会论文及报名。③各主办和承办单位缜密组织、注重实效，充分发挥各设站单位的力量和优势，大都能按照时间节点组织各场博士后学术交流（论坛）活动。④中国博士后科学基金会对列入计划的每个博士后学术交流（论坛）活动分别资助15万元，单个学术交流（论坛）活动的资助经费比2015年增加3万元。⑤各主办和承办单位严格执行中央改进工作作风的八项规定和博士后经费开支要求，着力提高学术交流（论坛）实效，坚决杜绝铺张浪费，确保资助经费用于与博士后学术交流（论坛）活动直接相关的支出，包括活动组织、论文审阅编辑、专家讲课费等。⑥各主办和承办单位都能在博士后学术交流（论坛）活动举办后的1个月内，通过电子邮件将总结报告、图片资料等报送至留学人员和专家服务中心（中国博士后科学基金会）博士后基金管理处。根据各单位上报总结以及从其他渠道获得的信息进一步分析可以得知以下几点。

(1) 2016 年申报学术交流（论坛）活动积极性有高有低。31 个省（自治区、直辖市）中有 23 个申报了全国性博士后学术交流（论坛）活动并被列入年度计划，占省级申报单位总数 74.19%。其中，北京市有 4 个学术交流（论坛）活动被列入年度计划，中央直属机关及所属高等院校出面申报并列入全国博士后学术交流（论坛）计划的有 4 个，上海市、山东省有 3 个学术交流（论坛）活动被列入年度计划，广东省、江苏省、四川省各有 2 个学术交流（论坛）活动被列入年度计划，军队系统申报并被列入年度计划的有 1 个学术交流（论坛）活动，详见表 5—1。

表 5—1　2016 年全国性博士后学术交流（论坛）活动申报与执行情况统计①

序号	名称	主题	主办单位	承办单位	计划举办时间	实际举办情况
1	"地球与行星"全国博士后学术论坛	地球与行星	全国博士后管委会办公室、中国博士后科学基金会	中国科学院人事局、中国科学院地质与地球物理研究所	2016年10月	如期举办
2	首届全国人才学博士后论坛	实施人才强国战略背景下人才学发展问题	全国博士后管委会办公室、中国博士后科学基金会、中国社会科学院	中国社会科学院人事教育局、人口与劳动经济研究所、上海研究院博士后管委会、上海市委组织部	2016年5月	信息不详
3	首届全国数量经济技术经济研究博士后论坛	马克思主义政治经济学指导下的经济发展新常态理论与实践创新	全国博士后管委会办公室、中国博士后科学基金会	中国社会科学院博士后管委会、数量经济与技术经济研究所	2016年10月	如期举办

---

① 本表系根据全国博士后管委会办公室《关于印发 2016 年全国博士后学术交流计划的通知》以及相关媒体公布的信息整理。

续表

序号	名称	主题	主办单位	承办单位	计划举办时间	实际举办情况
4	第七届清华大学博士后创新讲坛	博士后创新创业	全国博士后管委会办公室、中国博士后科学基金会、清华大学	清华大学博士后管理办公室、清华大学博士后校友会	2016年4月	如期举办
5	中外科技创新体制机制与博士后工作交流	中外科技创新体制机制与博士后工作	全国博士后管委会办公室、中国博士后科学基金会、北京大学	北京大学全球治理中心	2016年5月	信息不详
6	"国防科技军民融合发展与运用"全国博士后学术交流活动	国防科技军民融合发展与运用	全国博士后管委会办公室、中国博士后科学基金会、中央军委政治工作部干部局	海军装备研究院	2016年10月	如期举办
7	中国人力资源服务业博士后学术交流会	全面深化改革背景下的人力资源服务业	全国博士后管委会办公室、国家人力资源社会保障部人力资源市场司	中国人民大学人才工作领导小组办公室和劳动人事学院	2016年10月	如期举办
8	"中国蔬菜科技与产业化"博士后学术论坛	中国蔬菜科技与产业化	全国博士后管委会办公室、中国博士后科学基金会、中国农业科学院	中国农业科学院蔬菜花卉研究中心、临沂市政府、中国农业科学院博士后联谊会	2016年4月	如期举办

续表

序号	名称	主题	主办单位	承办单位	计划举办时间	实际举办情况
9	首届全国"区域国别研究"博士后论坛	区域国别研究	全国博士后管委会办公室、中国博士后科学基金会、北京外国语大学	北京外国语大学人事处和博士后联谊会	2016年9月	延期举办
10	第十八届全国高校博士后管理工作研讨会	全国高校博士后管理创新	全国博士后管委会办公室、中国博士后科学基金会、全国高校博士后管理工作研究会和理事会	山东大学	2016年9—10月	如期举办
11	首届"香江学者计划"学术年会暨香江学者联谊会成立仪式	"香江学者计划"与香江学者联谊活动	全国博士后管委会办公室、中国博士后科学基金会	中山大学	2016年8—9月	延期举办
12	"新能源汽车行业现状与发展"全国博士后学术交流活动	新能源汽车现状与发展	全国博士后管委会办公室、中国博士后科学基金会、北京市人力资源和社会保障局	北京汽车集团有限公司	2016年9—10月	延期举办
13	"中国金融改革开放的理论与实践"高峰论坛暨全国博士后学术论坛	中国金融改革开放的理论与实践	全国博士后管委会办公室、中国博士后科学基金会、上海市人力资源和社会保障局	上海财经大学	2016年6月	如期举办

续表

序号	名称	主题	主办单位	承办单位	计划举办时间	实际举办情况
14	"全球创新与国家发展"全国博士后学术论坛	全球创新与国家发展	全国博士后管委会办公室、中国博士后科学基金会、上海市人力资源和社会保障局	复旦大学	2016年9—10月	如期举办
15	第五届全国博士后金融论坛	金融创新与服务实体经济	全国博士后管委会办公室、中国博士后科学基金会、天津市人力资源和社会保障局	南开大学金融学院	2016年下半年	如期举办
16	全国首届博士后产学研创新峰会暨首届中国博士后创业训练营	科技创新与成果转化	全国博士后管委会办公室、中国博士后科学基金会、河北省人力资源和社会保障厅	廊坊市人力资源和社会保障局、固安县人民政府、华夏幸福基业有限公司	2016年5月	延期举办
17	全国"新能源与能源新技术"博士后学术论坛	新能源与能源新技术	全国博士后管委会办公室、中国博士后科学基金会、陕西省人力资源和社会保障厅	西安交通大学能源与动力工程学院	2016年6月	延期举办

续表

序号	名称	主题	主办单位	承办单位	计划举办时间	实际举办情况
18	"国际化战略背景下的中医药传承与多学科协同创新"全国博士后学术论坛	国际化战略背景下的中医药传承与多学科协同创新	全国博士后管委会办公室、中国博士后科学基金会、江苏省人力资源和社会保障厅	南京中医药大学、江苏康缘药业股份有限公司	2016年5月	延期举办
19	数字人才全国博士后学术交流暨第二届翠屏论坛	互联网+人力资源管理领域的前沿研究	全国博士后管委会办公室、中国博士后科学基金会、江苏省人力资源和社会保障厅、南京航空航天大学	南京航空航天大学经济与管理学院、江苏省人才创新创业促进会数字人才研究中心	2016年9月	延期举办
20	全国化学博士后学术论坛	物理学、化学发展前沿理论	全国博士后管委会办公室、中国博士后科学基金会、湖北省人力资源和社会保障厅	华中师范大学	2016年10月	延期举办
21	全国含能材料前沿发展与探索博士后学术论坛	含能材料前沿发展与探索	全国博士后管委会办公室、中国博士后科学基金会、四川省人力资源和社会保障厅	中国工程物理研究院	2016年8—9月	未发信息

续表

序号	名称	主题	主办单位	承办单位	计划举办时间	实际举办情况
22	全国"电子科学与信息技术创新发展"博士后学术论坛	电子科学与信息技术创新发展	全国博士后管委会办公室、中国博士后科学基金会、四川省人力资源和社会保障厅	电子科技大学	2016年9月	提前举办
23	"供给侧改革与中国经济发展"高峰论坛暨全国博士后论坛	供给侧改革与中国经济发展	全国博士后管委会办公室、中国博士后科学基金会、江西省人力资源和社会保障厅	江西财经大学	2016年10月	延期举办
24	全国"园产品营养与健康"博士后学术论坛	园产品营养与健康研究	全国博士后管委会办公室、中国博士后科学基金会、安徽省人力资源和社会保障厅	安徽农业大学茶树生物与资源利用国家重点实验室、大别山区农业特色产业协同创新中心	2016年9月	如期举办
25	"大数据时代下新型智慧城市及全球展望"全国博士后学术论坛	信息技术与产业发展	全国博士后管委会办公室、中国博士后科学基金会、广东省人力资源和社会保障厅	横琴新区博士后科研工作站领导小组办公室、珠海大横琴科技发展有限公司	2016年11月	延期举办

续表

序号	名称	主题	主办单位	承办单位	计划举办时间	实际举办情况
26	"经典诠释与政治哲学"——2016年全国博士后论坛	经典诠释与政治哲学	全国博士后管委会办公室、中国博士后科学基金会、福建省人力资源和社会保障厅	华侨大学	2016年5月	如期举办
27	全国"生态环境健康与水安全"博士后学术论坛	生态环境健康与水安全	全国博士后管委会办公室、中国博士后科学基金会、广西壮族自治区人力资源和社会保障厅	桂林理工大学	2016年5—6月	如期举办
28	中国高等教育学会工程热物理专业委员会第22届全国学术会议暨全国工程热物理博士后论坛	工程热物理博士后培养	全国博士后管委会办公室、中国博士后科学基金会、黑龙江省人力资源和社会保障厅	哈尔滨工程大学	2016年5月	如期举办
29	"现代农业科技创新"全国博士后学术论坛	现代农业科技创新	全国博士后管委会办公室、中国博士后科学基金会、辽宁省人力资源和社会保障厅	沈阳农业大学	2016年9月	如期举办

续表

序号	名称	主题	主办单位	承办单位	计划举办时间	实际举办情况
30	"医学高峰论坛——从基础到临床"全国博士后学术论坛	医学基础与临床研究	全国博士后管委会办公室、中国博士后科学基金会、山东省人力资源和社会保障厅	青岛大学医学部	2016年6月	如期举办
31	全国博士后学术交流暨第十届超声治疗"大家"暑期论坛	超声无创治疗研究	全国博士后管委会办公室、中国博士后科学基金会、重庆市人力资源和社会保障局	重庆市博士后管理办公室、重庆市科学技术委员会、重庆市微无创医学协同创新中心、超声医疗国家工程研究中心	2016年7月	如期举办
32	全国博士后学术论坛"文化多样性与民族发展"	文化多样性与民族发展	全国博士后管委会办公室、中国博士后科学基金会	云南省人力资源和社会保障厅、云南大学	2016年9月	如期举办
33	全国"电力能源互联网+"博士后学术论坛	电力能源互联网+	全国博士后管委会办公室、中国博士后科学基金会、吉林省人力资源和社会保障厅	东北电力大学	2016年9月	延期举办

续表

序号	名称	主题	主办单位	承办单位	计划举办时间	实际举办情况
34	全国博士后学术交流论坛暨第四届郑州国际癌症防治论坛	癌症的精准防治	全国博士后管委会办公室、中国博士后科学基金会、河南省人力资源和社会保障厅	中美（河南）荷美尔肿瘤研究院、河南省肿瘤医院	2016年10月	如期举办
35	全国"生物学技术研究进展及应用"博士后学术论坛	生物学技术研究进展及应用	全国博士后管委会办公室、中国博士后科学基金会、湖南省人力资源和社会保障厅	湖南师范大学	2016年9月	如期举办
36	全国材料基因工程与材料大数据博士后学术论坛	材料基因工程与材料大数据	全国博士后管委会办公室、中国博士后科学基金会、贵州省人力资源和社会保障厅	贵州大学	2016年10月	如期举办
37	"'一带一路'战略和丝绸之路经济核心区建设"全国博士后高峰论坛	金融贸易与丝绸之路经济带核心区建设	全国博士后管委会办公室、新疆维吾尔自治区人力资源和社会保障厅	新疆财经大学	2016年7—8月	如期举办

（2）2016年学术论坛的学科分布不尽合理。37场全国性博士后学术交流（论坛）覆盖了13个学科门类中的9个，其中工学8场，占总数的21.62%；管理学7场，占总数的18.92%；经济学5场，占总数的13.51%；法学、医学、理学各4场，均占总数的10.81%；农学3场，占总数的8.11%；哲学和军事学各1场，均占总数的2.7%。理工类学科合占32.43%，人文社科类学科合占67.57%，详见表5—2、图5—1。但从2016年全国博士后设站单位和在站博士后人数来看，理工类学科远多于人文社科类学科，而全国性博士后学术交流（论坛）活动的场数却远不如人文社科类学科，这是多年来一直存在但始终没有解决好的一个问题。

表5—2　　2016年全国性博士后学术交流（论坛）学科分布情况

序号	学科门类	举办论坛数（场）	序号	学科门类	举办论坛数（场）
1	经济学	5	6	工　学	8
2	哲　学	1	7	农　学	3
3	法　学	4	8	管理学	7
4	医　学	4	9	军事学	1[①]
5	理　学	4		合计	37

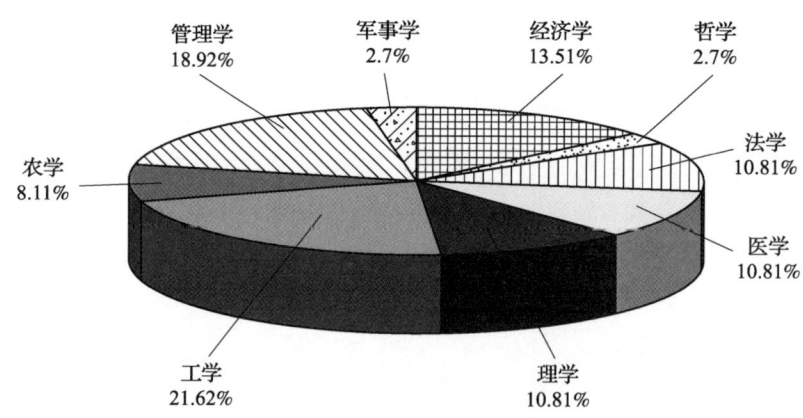

图5—1　2016年全国性博士后学术交流（论坛）所在学科占比

（3）2016年交流（论坛）举办时间相对集中。37场全国博士后学术交流（论坛）活动在上半年举办的有7场，占总数的18.92%，其中，1月至3月没有举办；下半年举办26场，占总数的70.27%，其中，2016年9月至10月举办

---

① 本表全国博士后学术论坛中有1场军事学论坛由军队系统具体承办。

16 场,占总数的 43.24%;2017 年 1 月举办 1 场,占总数的 2.7%;另有 2 场信息不详,有 1 场未发布信息,占总数的 8.11%,详见表 5—3、图 5—2。

表 5—3　2016 年全国博士后学术交流(论坛)具体举办时间与数量

序号	举办月份	数量(场)	序号	举办月份	数量(场)
1	2016 年 4 月	2	7	2016 年 10 月	8
2	2016 年 5 月	2	8	2016 年 11 月	4
3	2016 年 6 月	3	9	2016 年 12 月	3
4	2016 年 7 月	2	10	2017 年 1 月	1
5	2016 年 8 月	1		未发布信息或信息不详	3
6	2016 年 9 月	8		合计	37

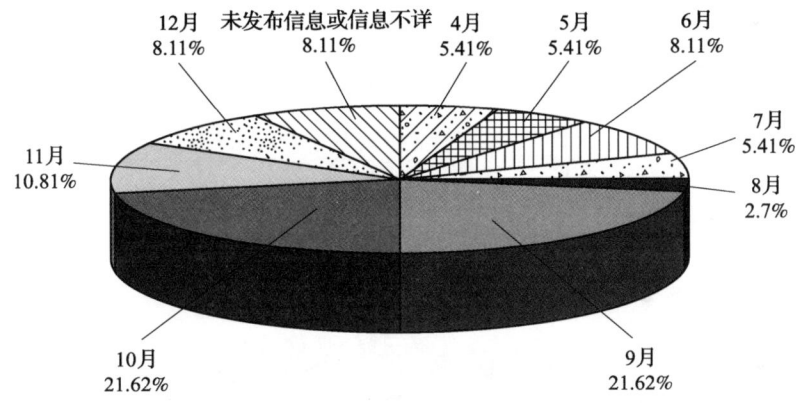

图 5—2　2016 年全国博士后学术交流(论坛)举办月及所占比例

(4) 2016 年学术交流(论坛)举办地域分布总体均衡。先后在北京市举办 8 场(含中央直属机关及所属高等院校 4 场),在上海市、山东省各举办 3 场,在广东省、江苏省、四川省各举办 2 场,另有 17 场分别在其他 17 个省(自治区、直辖市)举办。从活动举办的大区域分布来看总体均衡,在华东、西北、华中地区举办的全国性博士后学术交流(论坛)活动场次,略多于东北、华南、西南地区。

(5) 2016 年未按计划时间举办的占较大比例。37 场全国性博士后学术交流(论坛)活动中,实际提前举办的 1 场,占学术交流计划总数的 2.7%;如期举办 22 场,约占学术交流计划总数的 59.46%;延期举办的 11 场,约占学术交流计划总数的 29.73%;未及时发布举办信息或发布信息不详的有 3 场,约占学术交流计划总数的 8.11%。

5.2 2016年全国性博士后学术交流（论坛）举办情况

从2016年37场全国性博士后学术交流（论坛）总体情况来看，大都能紧密结合国家经济发展形势和本地区、部门的优势学科认真选题，确定的学术交流主题鲜明且新颖实用；每场学术交流（论坛）活动都具备一定的规模和水平，分别聘请了一定数量的高层次专家、学科带头人与会演讲与交流，有的还特邀外籍专家、留学归国学者参与学术交流；各主办和承办单位大都能充分利用有效资源，通过编辑出版论文集或联系核心刊物发表录用博士后学术交流论文，进一步提高了全国博士后学术交流（论坛）活动的影响力。举办的37场全国性博士后学术交流（论坛）的基本情况如下。

5.2.1 "中国蔬菜科技与产业化"博士后学术论坛

2016年4月12—14日，由全国博士后管委会办公室、中国博士后科学基金会、中国农业科学院主办，中国农业科学院蔬菜花卉研究中心、山东临沂市政府、中国农业科学院博士后联谊会承办的"中国蔬菜科技与产业化"博士后学术论坛在临沂市兰陵县举办。中国工程院刘旭院士、中国农业科学院方智远院士、沈阳农业大学李天来院士出席论坛开幕式，人力资源社会保障部专业技术人员管理司博士后处调研员薛万里、中国博士后科学基金会基金管理处处长陈颖参加论坛开幕式并讲话（见图5—3）。①

图5—3 "中国蔬菜科技与产业化"博士后学术论坛现场

---

① 中国蔬菜科技与产业化博士后学术论坛在我省成功举办［EB/OL］. 山东省人社厅官网, http://www.SDHRSS.gov.cn/2016-04-18.

此次论坛以"中国蔬菜科技与产业化"为学术交流主题。围绕这一主题,由方智远院士作了《蔬菜育种概况》的专题报告,李天来院士作了《设施蔬菜发展与"十三五"的主要任务》的专题报告,来自比利时根特大学、清华大学、中国科学院、中国农业科学院等国内外著名高校和科研院所的 80 多名专家和博士后研究人员参加了学术交流。为提升论坛实效,3 名院士及博士后研究人员结合自身的专业特长和兰陵县有关企事业单位需求,有针对性地赴对接单位开展了技术指导、战略咨询等服务,解决了兰陵县基层科技发展中的关键技术难题,进一步推进了产、学、研合作。同时,论坛还举行了方智远院士工作站(筹)签约揭牌仪式、中国农业科学院蔬菜花卉研究所博士后创新实践基地(筹)揭牌仪式,为高层次人才与基层单位长期合作搭建了桥梁。

5.2.2 清华大学博士后创新讲坛

2016 年 4 月 23 日,由全国博士后管委会办公室、中国博士后科学基金会、清华大学共同主办,清华大学博士后管理办公室、清华大学博士后校友会承办,清华大学博士后联谊会协办的"第七届清华大学博士后创新讲坛"在清华大学学生文化活动中心举办。参加本次讲坛的出站博士后校友和在站博士后近 200 人。人力资源社会保障部专业技术人员管理司司长、全国博士后管委会办公室主任俞家栋,中国科学技术协会副主席、党组副书记、清华大学博士后校友会会长张勤出席讲坛开幕式,清华大学党委副书记、副校长、清华大学博士后管委会主任姜胜耀在开幕式上致辞。他说,清华大学博士后积极参与学校各项教学科研活动,为把清华大学建成世界一流大学起到了重要作用。他希望,清华博士后要自强不息,成为国家创新群体中最有潜力的一支力量,把知识、能力、成果转化到踏踏实实的社会工作当中。俞家栋司长在讲话中表示,清华大学不论是在博士后制度创新方面,还是在博士后人才培养方面都做出了值得全国学习、借鉴、看齐的经验。希望清华大学在博士后制度方面进一步改革创新,加大投入,优化服务,把博士后制度独特优势发挥得更好,继续引领全国博士后事业的发展。讲坛开幕式上,还颁发了"清华大学杰出博士后校友奖",博士后校友、清华大学材料学院周济教授和电机系梅生伟教授获得此荣誉称号。此次讲坛,还进行了"2016 年清华大学优秀博士后"表彰活动,共有 11 位在站博士后荣获"清华大学优秀博士后"称号。有 4 位来自不同领域的优秀博士后校友在创新讲坛上做报告,分享了他们的学术成长经历和在各自领域内进行创新创造的体会,对与会博士后启迪很大。①

5.2.3 首届全国人才学博士后论坛

由全国博士后管委会办公室、中国博士后科学基金会、中国社会科学院主办，中国社会科学院人事教育局、人口与劳动经济研究所、上海研究院博士后管委会、上海市委组织部承办的"首届全国人才学博士后论坛"于2016年5月17—18日在上海大学宝山校区举办（论坛举办信息不详）。据了解，举办此次论坛，旨在贯彻落实国家"十三五"发展规划中关于推进人才强国、人力资源强国战略的决策部署，促进中国人才学研究领域博士后之间的学术交流，培养造就人才学高端专业人才，推动相关学科发展。论坛围绕"实施人才强国战略背景下的人才学发展及其相关问题研究"这一主题，交流内容涵盖人才成长的规律和途径、人才培养与选拔、人才的评价与激励、人才发展环境的优化、人才的流动与配置、人才结构的调整和优化、人才在创新驱动发展战略中的作用；高层次高技能人才队伍建设、区域人才发展的路径与战略、人力资本的度量及贡献分析、人才管理体制机制的创新、创新"党管人才"的方式方法、信息化对人才工作的影响、人才国际化的挑战及应对策略、人才国际竞争力比较、打造具有国际竞争力的人才制度优势等多个方面。

5.2.4 "经典诠释与政治哲学"——2016年全国博士后论坛

2016年5月28—29日，由全国博士后管委会办公室、中国博士后科学基金会、福建省人力资源和社会保障厅主办，华侨大学承办的"经典诠释与政治哲学"——2016年全国博士后论坛在华侨大学厦门校区王源兴国际会议中心举行（见图5—4）。论坛邀请中国社会科学院哲学研究所、厦门大学、北京大学、中国人民大学、中山大学、复旦大学、上海师范大学、山东大学、上海交通大学、同济大学、华东师范大学、华中师范大学、上海社会科学院、《光明日报》编辑部、人大复印资料中心等多家国内高校、科研机构博士后站的40余位中青年学者和博士后与会。此次论坛以"经典诠释与政治哲学"为交流主题，分为中国政治哲学、西方政治哲学和马克思主义政治哲学3个子论题，共收到40余篇学术论文。

论坛开幕式上，福建省人力资源和社会保障厅专家工作处调研员蔡华松、华侨大学社会科学研究处处长赵昕东分别代表主办方和承办方致辞。中国社会科学院哲学研究所李存山研究员代表博士后合作导师讲话。华侨大学原副校

---

① 第七届清华大学博士后创新讲坛开幕 [EB/OL]. 中青在线，http://www.cyol.com/2016-04-23.

图5—4 "经典诠释与政治哲学"全国博士后论坛开幕式

长张禹东以及该大学人事处、研究生院、哲学与社会发展学院相关负责人等出席。在为期1天半的学术交流中,中国社会科学院哲学研究所李存山研究员、华中师范大学马克思主义学院林剑教授分别作了题为《中国文化中的民本思想》《新唯物主义之心》的主题报告。与会代表围绕交流主题和3个子论题,分组展开10场热烈的交流研讨,内容涉及当今政治哲学领域内的诸多热点。中国社会科学院哲学研究所李存山研究员,厦门大学人文学院乐爱国教授、朱人求教授、张有奎教授,华中师范大学林剑教授、葛四友教授,中国人民大学哲学院彭永捷教授,中山大学政治与公共事务管理学院谭安奎教授,上海社会科学院余治平教授等,受邀担任论坛点评嘉宾。①

5.2.5 中国高等教育学会工程热物理专业第22届全国学术会议暨全国工程热物理博士后论坛

2016年5月28—30日,由中国高等教育学会工程热物理专业委员会主办、哈尔滨工程大学承办的中国高等教育学会工程热物理专业委员会第22届全国学术会议暨全国工程热物理博士后论坛在哈尔滨工程大学举行。来自国内60余所高校、科研院所的专家学者、博士后300余人参加论坛。中国科学院院士庄逢辰,中国高等教育学会工程热物理专业委员会理事长刘志刚,人力资源社会保障部专业技术人员管理司博士后处处长、全国博士后管委会办公室副主任刘连军,黑龙江省人力资源和社会保障厅副厅长何衍春,中国高

---

① "经典诠释与政治哲学"2016年全国博士后论坛在我校举办[EB/OL]. 泉州华侨大学新闻中心网,http://www.hqu.edu.cn/2016-05-30.

等教育学会工程热物理专业委员会副理事长沈胜强、尧命发、张全国教授以及陈林根、吴慧英等出席开幕式。哈尔滨工程大学副校长韩端锋在欢迎辞中简要介绍了学校的发展历史和办学特色。刘连军处长和何衍春副厅长在致辞中表示，博士后制度建立30年来，取得了显著成果，充分体现了该制度的优越性。要在总结经验的基础上，继续为各专业博士后搭建平台，为国家和省科研创新事业做出更大的贡献。

本次论坛为期2天，共设5个分论坛（见图5—5），围绕"工程热力学""传热传质学""燃烧学""热流体力学""热物性与热物理测试技术"5个学术方向展开讨论，有260余篇论文在论坛各个分会场作口头报告或书面交流。①

图5—5　全国工程热物理博士后论坛分论坛现场

5.2.6　中外科技创新体制机制与博士后工作交流

由全国博士后管委会办公室、中国博士后科学基金会、北京大学主办，北京大学全球治理中心承办的"中外科技创新体制机制与博士后工作交流"于2016年5月在北京大学全球治理中心举行（论坛举办信息不详）。据了解，此次学术交流活动旨在贯彻落实国家全面创新驱动发展战略，借鉴国外成功经验，建立完善中国科技创新人才引进、培育与使用机制，包括科技创新联席会议工作机制、科技资源集成整合机制、关键技术重大项目联合攻关机制和产、学、研协同互动机制。论坛围绕"中外科技创新体制机制与博士后工作"这一主题，着重就坚持以企业为主体，以需求为导向，充分发挥博士后

---

① 全国工程热物理博士后论坛在哈尔滨工程大学举行［EB/OL］. 中国学术会议在线，http://www.meeting.edu.cn/2016－07－04.

研究人员的作用，促进产、学、研相结合；加快科技投融资体制改革，推进中小企业自主创新；提高研发投入、高新技术企业数量、专利申请量等指标在目标责任考核中的权重；实施知识产权战略，切实依法保护知识产权等方面的问题展开深入探讨和交流。

5.2.7 "中国金融改革开放的理论与实践"高峰论坛暨全国博士后学术论坛

2016年6月12日，由全国博士后管委会办公室、中国博士后科学基金会、上海市人力资源和社会保障局主办，上海财经大学、《经济研究》编辑部承办，上海财经大学《财经研究》编辑部协办的"'中国金融改革开放的理论与实践'高峰论坛暨全国博士后学术论坛"在上海财经大学举办。来自全国相关高校及研究机构的专家学者、博士后等150余人参加了论坛。论坛开幕式上，上海财经大学蒋传海副校长代表承办单位致欢迎辞，上海市人力资源和社会保障局专业技术人员管理处处长林华、中国博士后科学基金管理处处长陈颖分别讲话。大家一致认为，金融改革是供给侧结构性改革重要组成部分，也是2016年中国政策议程最重要的议题之一，本次论坛以"中国金融改革开放的理论与实践"为主题，具有重要的现实意义。

本次论坛公布了"上海财经大学首届博士后'学术之星'表彰决定"，获奖的分别是罗素梅（金融学院，合作导师赵晓菊教授）、骆永民（公管学院，合作导师樊丽明教授）。论坛上，著名学者、中国人民银行调查统计司司长盛松成，上海市人民政府发展研究中心主任兼党组书记肖林，中国社会科学院经济研究所所长兼党委书记裴长洪，美国俄亥俄州立大学费舍尔商学院讲席教授张橹等作主旨发言，分别论述了互联网金融平台发展的内在需要及金融开放所面临的挑战，介绍了美国金融研究的动态，建议把上海自贸区建成最高标准、最好水平的自贸区，进一步深化改革创新，加大金融开放创新力度。此次论坛设3个分会场，集中宣讲了22篇入选论文并由专家对其点评，内容涉及金融机构和宏观金融、信贷与储蓄和公司金融，以及分资本市场和金融与经济等（见图5—6）。①

5.2.8 "医学高峰论坛——从基础到临床"全国博士后学术论坛

2016年6月17—19日，由全国博士后管委会办公室、中国博士后科学基金会和山东省人力资源和社会保障厅主办，青岛大学承办的2016年"医学高峰论坛——从基础到临床"全国博士后学术论坛在青岛大学举行。论坛开幕式

---

① "'中国金融改革开放的理论与实践'高峰论坛暨全国博士后学术论坛"在上海财经大学成功举行[EB/OL]．上海财经大学金融学院官网，http://www.aiweibang.com/2016-06-28.

图5—6 "中国金融改革开放的理论与实践"高峰论坛论文宣讲

由青岛大学党委常委、副校长于永明主持，校党委常委、副校长夏东伟出席论坛开幕式并讲话。之后，中国科学院"百人计划"、教育部"长江学者"特聘教授、"国家杰出青年基金"获得者等著名学者作了主题报告。来自中国科学院、军事医学科学院、北京大学、浙江大学、南京大学、山东大学和中国科学院生物物理研究所等8所高校与研究单位的博士后、青年教师和研究生代表350余人参加了本次论坛，全国部分高校专家学者及青岛大学有关职能部门的负责人出席了论坛开幕式。

本次论坛共组织了10场特邀专家主题报告和12场博士后代表发言，各位代表分享了比较系统的新知识与新观念，与会人员就涉及大脑皮层发育与进化机理研究、TRPC6 and Abeta production、Glial biology in disease、精确医学大前提下的基础到临床、中国虫媒病毒及虫媒病毒传染病研究进展、Omega－3多不饱和脂肪酸于非传染性流行病、科研与临床结合，造就高层次医学人才、IICMV infection and fetal brain development disorders、感染与胃癌的关系和营养"治疗"队伍研究、2型糖尿病—裸燕麦—健康效应等几个方面的主题展开了广泛的沟通、交流和研讨，并就当前医学发展的热点和重点问题进行了深入的探讨，达到了相互学习借鉴的目的。①

5.2.9 全国"生态环境健康与水安全"博士后学术论坛

2016年6月25—26日，由全国博士后管委会办公室、中国博士后科学基金会、广西壮族自治区人力资源和社会保障厅主办，桂林理工大学承办的"全国'生态环境健康与水安全'博士后学术论坛"在桂林理工大学屏风校区图书馆报

---

① 2016年"医学高峰论坛——从基础到临床"全国博士后学术论坛举行 [EB/OL]．青大要闻，http://www.news.qdu.edu.cn/2016-06-28.

告厅举行（见图5—7）。出席本次论坛的有中国地质科学研究院岩溶地质研究所袁道先院士，解放军第二炮兵工程设计研究院侯立安院士，广西壮族自治区人力资源和社会保障厅蒋劫副厅长，广西壮族自治区人力资源和社会保障厅专业技术人员管理处杨春华处长，广西壮族自治区留学人员和专家服务中心唐蓝星主任，桂林理工大学解庆林校长、王敦球副校长等。来自全国50余所高校、科研院所和企业的200余名教授、博士后研究人员及博士参加本次论坛。桂林理工大学校长解庆林致辞，代表学校对各位领导、嘉宾和博士后的到来表示热烈的欢迎，并简要介绍了学校的发展概况以及近年来学校在环境科学与工程方面取得的成就。广西壮族自治区人力资源和社会保障厅蒋劫副厅长代表主办方致辞，他介绍了广西近年来的经济发展状况，指出广西正在提高经济发展的速度，但科技创新薄弱这一阻碍发展的根本难题尚未得到解决。

图5—7　全国"生态环境健康与水安全"博士后学术论坛现场

本次论坛以"生态环境健康与水安全"为主题，与会代表们围绕生态环境治理的研究与创新、废水处理及饮用水健康安全等环境科学与工程领域的前沿话题，充分展示了环境科学与工程研究领域的新思路、新发现和新成果。论坛主要以学术报告、现场交流和实验室考察相结合的形式进行，袁道先院士、侯立安院士以及北斗研究员向运荣教授、刘云国教授、刘鸿教授等作了精彩的特邀报告，来自自治区内外各高校的22位青年才俊分享了最新研究成果，会场内座无虚席，气氛活跃，不愧是一场环境科学与工程学科前沿的学术盛宴。本次论坛广泛征集会议论文，组委会邀请专家对论文进行了评审，共评审出一、二、三等奖优秀论文18篇,会上侯立安院士等专家分别为论文获奖者颁奖。①

5.2.10 全国博士后学术交流暨第十届超声治疗"大家"暑期论坛

2016年7月9—11日,由全国博士后管委会办公室、中国博士后科学基金会、重庆市教育委员会等单位主办,重庆市博士后管理办公室、重庆市科学技术委员会、重庆市微无创医学协同创新中心、超声医疗国家工程研究中心承办的"全国博士后学术交流暨第十届超声治疗'大家'暑期论坛"在重庆医科大学举行。参加本次论坛的重庆市外学员80余名,包括来自10个国家的20名外籍学员,来自复旦大学、西安交通大学、南京大学、四川大学、南京师范大学、陕西师范大学、湖南师范大学、河北大学、南京邮电大学、中国医学科学院肿瘤医院、复旦大学附属肿瘤医院、复旦大学附属华山医院、中南大学湘雅三院、江苏大学附属医院、四川省人民医院等国内知名高校、医院的博士后、研究生、青年教师和临床医生,以及来自重庆大学、第三军医大学、重庆交通大学、重庆邮电大学、重庆工商大学、重庆医科大学的部分教师和学生代表共220余人。重庆市人力资源和社会保障局刘增云巡视员对重庆医科大学为博士后、研究生搭建跨学科交流合作的平台给予了高度评价。重庆市教育委员会副主任牟延林对重庆医科大学连续10年以"治疗——让病人受伤害更小"微无创医学理念为指导,开展研究生创新教育给予了充分肯定。

本届论坛为期3天,分为专家特邀报告和博士后论坛两个部分,来自美国佛蒙特大学、英国邓迪大学、埃及开罗肝研究中心、南京大学、北京和睦家康复医院、复旦大学附属肿瘤医院等15名国内外不同学科领域的专家,围绕超声在物理学、工程学以及医学等相关领域的关键问题,进行跨学科、跨国际的深入探讨。埃及开罗肝研究中心和韩国清潭高强度聚焦超声(High - Intensity Focused Ultrasound,HIFU)中心等4个国家和地区的专家,就超声治疗技术在实体肿瘤和非肿瘤性疾病的临床应用和研究动态做了详细报告,为来自不同学科的暑期论坛学员提供了一个活跃的国际交流平台。来自中国医学科学院肿瘤医院、中国科学院深圳先进技术研究院、四川大学、重庆大学、河北大学、江苏大学附属医院等9名博士后对其在超声监控、图像处理、图像重建等方面的研究课题进行汇报交流。论坛还组织重庆市外的学员参观了超声医疗国家工程研究中心,进行了超声治疗技术临床应用观摩。②

---

① 我校成功承办2016年全国"生态环境健康与水安全"博士后学术论坛 [EB/OL]. 桂林理工大学网,http://www.glut.edu.cn/2016 - 06 - 27.
② 全国博士后学术交流暨第十届超声治疗"大家"暑期论坛在重庆医科大学成功举办 [EB/OL]. 重庆市教育委员会网,http://www.cqjw.gov.cn/2016 - 07 - 12.

5.2.11 "丝绸之路经济带核心区建设"全国博士后高峰论坛

2016年7月23日，由全国博士后管委会办公室、新疆维吾尔自治区人力资源和社会保障厅主办，新疆维吾尔自治区专家顾问团办公室协办的"'丝绸之路经济带核心区建设'全国博士后高峰论坛"在新疆财经大学举办。这是新疆维吾尔自治区建立博士后科研流动站以来，第一次承办全国性经济领域的博士后论坛。来自南开大学、上海财经大学、武汉大学、复旦发展研究院、中南财经政法大学等博士后科研流动站的博士后代表及各高校的40名余名疆外代表参加本次论坛。新疆财经大学的师生、新疆维吾尔自治区经信委、新疆社会科学院、新疆大学、新疆师范大学、新疆农业大学等博士后科研流动站的部分博士后代表也参加了本次论坛。新疆财经大学校长帕拉提·阿布都卡迪尔代表学校致辞，新疆维吾尔自治区人力资源和社会保障厅外国专家局局长余斗星代表主办方讲话，参加大会的还有新疆维吾尔自治区科技厅党组成员、副厅长仲健，新疆维吾尔自治区专家顾问团办公室主任赵虎以及博士后管理委员会办公室副主任张东育。开幕式上，为本次论坛评选的优秀论文获得者颁发了优秀论文奖（见图5—8）。

图5—8 "丝绸之路经济带核心区建设"全国博士后高峰论坛为优秀论文作者颁奖

本次高峰论坛主题报告阶段，围绕"一带一路"战略和丝绸之路经济带核心区建设的主题，分别由中国社会科学院经济研究所所长、研究员、博士生导师裴长洪，中国人民大学区域与城市经济研究所教授、博士生导师张可云、商务部国际贸易经济合作研究院欧洲与欧亚研究所副主任、研究员刘华芹、中国人民大学重阳金融研究院宏观研究部主任贾晋京、中国现代国际关系研究院研究员、博士生导师许涛、中国人民大学经济学院教授、博士生导师、区域与城市经济研究所所长孙久文作精彩报告,参会人员共同分享了知名专家学者的最新研究成果。经济学院与国贸学院承办的分论坛"中国(新疆)—中亚区域经济合作论坛",公共经济与管理学院与金融学院承办的分论坛"丝绸之路经济带建设财政金融论坛",会计学院、工商管理学院、旅游管理学院承办的分论坛"丝绸之路经济带建设企业发展与创新论坛",统计与信息学院、计算机科学与工程学院承办的分论坛"丝绸之路经济带大数据与信息安全论坛",分别围绕4个主题进行了更深入的聚焦和大会发言。内地博士后及高校参会代表、新疆维吾尔自治区发展和改革委员会、国税局、中国人民银行乌鲁木齐支行、新疆野马进出口公司等政府部门和企业家代表,中国人民大学、电子科技大学等单位的专家分别在论坛进行了主题发言。[1]

5.2.12 全国含能材料前沿发展与探索博士后学术论坛

由全国博士后管委会办公室、中国博士后科学基金会、四川省人力资源和社会保障厅主办,中国工程物理研究院承办的全国含能材料前沿发展与探索博士后学术论坛于2016年8月11—12日在四川绵阳举行(未发布论坛举办的信息)。据悉,此次论坛邀请全国含能材料及相关学科的在站或出站博士后研究人员、高年级博士生、对论坛主题有兴趣的博士生导师及博士后合作导师参加。论坛采取大会特邀报告和普通报告相结合的形式,围绕含能材料领域的基础科学、热点问题和前沿焦点,旨在为全国该领域的博士后及高年级博士生提供一个学术交流的平台,强化博士后及高年级博士生在科技前沿领域的合作与交流,同时展示该领域内博士后及高年级博士生的研究成果。

5.2.13 全国"电子科学与信息技术创新发展"博士后学术论坛

2016年8月24日,由全国博士后管委会办公室、中国博士后科学基金会、四川省人力资源和社会保障厅主办,电子科技大学承办的"全国'电子科学与信息技术创新发展'博士后学术论坛"在电子科技大学举办。来自海内外70余家单位的200余位博士后及青年学者齐聚电子科技大学,研讨学术,分享成果,

---

[1] 我校举办"2016年丝绸之路经济带核心区建设全国博士后高峰论坛"[EB/OL]. 新疆财经大学网, http://www.xjufe.edu.cn/2016-07-24.

深入交流。电子科技大学人力资源部部长胡俊在开幕式上致欢迎辞。他就学校历史沿革、特色学科、高水平师资队伍和博士后工作现状等情况向大会进行了介绍。IEEE Fellow、美国里海大学教授 Rick. S. Blum 和 Intel 总部项目经理殷文分别作了题为"From Distributed Detection：From Distributed Detection to Energy Savings and MIMO Radar"和"微电子封装趋势和封装材料挑战"的主题报告。来自清华大学、中国科学院、奥胡斯大学等单位的青年学者分为 5 个分会场作了题为"大尺寸碳化硅晶体缺陷研究及国内外进展""基于交叉堆叠碳纳米管电极的稳定钙钛矿太阳能电池""Pure thiophene – sulfur doped reduced graphene oxide：synthesis，structure，and electrical properties"等口头报告，并与参会专家和博士后进行了热烈的讨论。据悉，本次论坛共收到学术论文 114 篇，涵盖电子科学与技术、信息与通信工程等学科。[1]

5.2.14　全国"生物学技术研究进展及应用"博士后学术论坛

2016 年 9 月 22 日，由全国博士后管委会办公室、中国博士后科学基金会、湖南省人力资源和社会保障厅主办，湖南师范大学承办的"全国'生物学技术研究进展及应用'博士后学术论坛"在湖南师范大学举办（见图 5—9）。中国医学科学院研究员蒋太交、厦门大学教授徐秀琴、湖南省人力资源和社会保障厅专家中心副主任朱怡珍、湖南师范大学副校长廖志坤等出席开幕式，湖南师范大学生命科学学院执行院长彭贤锦主持开幕式。本次学术论坛的主题是"生物学技术研究进展及应用"，来自全国各地的数十名专家学者及博士后研究人员围绕"生物技术在动物遗传育种中的应用""基因敲除技术的研究进展及应用""差异蛋白质组分析技术及应用""微生物基因组学研究"等议题展开了学术研讨。其中，中国医学科学院研究员蒋太交作了题为"大数据时代的疾病模拟"的学术报告，厦门大学特聘教授徐秀琴作了题为"多能干细胞源的心肌细胞研究及在再生医学应用"的学术报告，国家杰出青年基金获得者、"973"计划首席科学家、武汉大学基础医学院院长郭德银作了题为"肿瘤抑制因子 PTEN 在抗病毒先天免疫中的功能"的学术报告，国家"千人计划"专家、南方医科大学教授荣知立作了题为"利用基因编辑技术缓和多能干细胞的医学转化障碍"的学术报告，国家"千人计划"专家、山东大学教授、微生物技术国家重点实验室主任张友明作了题为"基因组编辑技术"的学术报告，国家杰出青年基金获得者、中国科学院"百人计划"入选者、中国科学院上海生命科学研究院生物化学与细胞生物学研究所蛋白质研究分

---

[1]　"电子科学与信息技术创新发展"全国博士后学术论坛在我校召开［EB/OL］. 电子科技大学网，http://postdoctor.hust.edu.cn/2016 – 08 – 28.

析中心执行主任曾嵘作了题为"基于系统生物学的个性化精准医疗策略"的学术报告。①

图5—9 参加2016全国生物学博士后学术论坛代表合影

5.2.15 全国"新能源与能源新技术"博士后学术论坛

2016年9月23—24日,由全国博士后管委会办公室、中国博士后科学基金会、陕西省人力资源和社会保障厅主办,西安交通大学能源与动力工程学院承办的"全国'新能源与能源新技术'博士后学术论坛"在西安交通大学国际学术交流中心举行。来自香港城市大学、西北工业大学、长安大学、北京交通大学、西安交通大学、中国工程物理研究院、中国航天动力研究院、西安热工研究院、四川煤炭产业集团等10余所高等学校、科研院所和企业的近200余名专家学者和博士后研究人员参加本次论坛。陕西省人力资源和社会保障厅副厅长刘会民代表主办单位致辞。他指出,贯彻落实科学发展观需要探索人才激励、不断激发人才创造力,形成"民生为本、人才优先"的工作主线,为博士后的科研、生活等提供保障。西安交通大学副校长荣命哲简要回顾了大学的办学历史和学科特点,充分肯定了博士后在学校科学研究、学科建设、社会服务等方面所发挥的重要作用,并从国家能源战略、学校发展面临的机遇与挑战出发,表示西安交通大学将一如既往地大力支持并推动

---

① 2016年全国生物学博士后学术论坛在我校举行 [EB/OL]. 湖南师范大学新闻网, http://www.hunnu.edu.cn/2016-09-23.

能源学科的发展和博士后工作的开展。西安交通大学能源与动力工程学院丰镇平院长重点介绍了本院的历史与发展和博士后流动站的建设情况，以及通过博士后流动站建设进一步推动学院的学科发展、科研水平、国际交流能力提升的良好发展态势，最后强调能源作为世界永恒的话题，需要优秀博士后和博士持续关注能源学科的前沿理论和关键技术，为能源学科的创新发展和国家可持续发展做出贡献。

论坛特邀全国能源领域的 4 名优秀学者作主题报告。西安交通大学教授、化学工程学院院长魏进家，陕西省先进核能技术重点实验室主任、教授田文喜，中国人民解放军空军工程大学副教授吴云，香港城市大学副教授张晓玲分别以"太阳能光伏光热综合利用关键技术研究""基于 CFD 多孔介质理论的核动力系统三维热工水力特性研究""纳秒脉冲等离子体流动控制与点火研究"和"Publish or Perish：are we heading in the right direction？"为主题作了特邀学术报告。大会发言分两个阶段进行，西北工业大学、西安热工研究院、西安交通大学等具有海内外博士后经历的 9 位学者分别作相关问题学术报告，并与参会人员进行深层次学术讨论和研究心得交流。①

5.2.16 "全球创新与国家发展"全国博士后学术论坛

2016 年 9 月 24 日，由全国博士后管委会、中国博士后科学基金会、上海市人力资源和社会保障局主办，复旦大学承办的"'全球创新与国家发展'全国博士后学术论坛"在复旦大学举办（见图 5—10）。中国博士后科学基金会邱春雷副秘书长、上海市人力资源和社会保障局毛大立副局长出席开幕式。复旦大学党委副书记刘承功在开幕式上致辞。来自知识创新与国家竞争力、大数据与人工智能、生命科学与人类健康、国家治理与制度建设等领域的知名专家以及各高校的博士后 300 余人参加了开幕式。开幕式上发布了《全球创新与国家发展》论文集。上海国际关系学会会长、上海国际问题研究院研究员杨洁勉，国家"千人计划"专家、复旦大学物理学系主任沈健，教育部长江学者、复旦大学经济学院教授袁志刚，复旦大学国际关系与公共事务学院教授、复旦大学博士后校友会秘书长朱春奎先后作主旨报告。复旦大学物理学系主任沈健在主旨报告中指出，要在上海创建具有全球影响力的科创中心，力争让国际化的高端人才集聚在上海，就要把上海的大学办成真正的世界一流大学，有国家实验室相呼应，要让整个博士后在站期间和出站以后都能为上海的科技创新一起努力。本次论坛共收到来自清华大学、北京大学、

---

① "新能源与能源新技术"博士后学术论坛在西安举行［EB/OL］. 西安交通大学网, http://info.xjtu.edu.cn/2016－09－28.

中国人民大学、东南大学等48家单位提交的74篇论文,邀请了国际关系、科技、经济、公共管理领域知名专家作大会主旨报告。论坛期间,专家学者围绕知识创新与国家竞争力、大数据与人工智能、生命科学与人类健康、国家治理与制度建设、全球化与中国发展、创新与发展视野下的人文社科发展等多个议题展开深入沟通交流,内容涵盖科技创新与国家竞争力、国际制度创新、大数据与人工智能、数字医学、生物医疗的技术创新和应用、全球创新与城市发展、人文学科在中国人重塑信仰过程中的地位作用等。①

图5—10 "全球创新与国家发展"全国博士后学术论坛现场

5.2.17 "现代农业科技创新"全国博士后学术论坛

2016年9月24日,由全国博士后管委会办公室、中国博士后科学基金会、辽宁省人力资源和社会保障厅主办,沈阳农业大学承办的"'现代农业科技创新'全国博士后学术论坛"在沈阳农业大学图书馆报告厅举行。来自东北林业大学、中国农业大学、华中农业大学、甘肃农业大学、吉林农业大学、吉林农业科技学院等单位负责人及相关专业博士后200余人参加论坛。② 据了解,这是沈阳农业大学首次举办全国博士后学术论坛。沈阳农业大学领导刘广林、李天来、王铁良,辽宁省人力资源和社会保障厅副厅长王成鑫,人力

---

① "全球创新与国家发展"全国博士后学术论坛举行[EB/OL]. 人民网上海频道, http://sh.people.com/2016-09-26.
② 我校举办全国博士后学术论坛[EB/OL]. 沈阳农业大学博士后网站, http://news.syau.edu.cn/2016-09-25.

资源开发与市场处处长吴涛，吉林农业大学李玉院士和沈阳农业大学陈温福院士等出席论坛开幕式。沈阳农业大学校长刘广林在开幕式上讲话，介绍了学校办学情况和博士后管理工作，强调开展博士后学术交流是提高博士后培养质量的重要手段，人才竞争是高校竞争的关键。王成鑫副厅长介绍了中国博士后制度历史，人才培养取得成就，以及省博士后培养工作目标及相关政策。吉林农业大学李玉院士，沈阳农业大学陈温福院士、李天来院士、张树义教授分别就《菌物药的探索与思考》《绿色科技"炭"索未来》《我国设施蔬菜发展现状与趋势》《从新发传染病到功能基因进化》作主题报告。此外，有9位博士后在学术交流环节围绕主题作学术报告。

5.2.18　第五届全国博士后金融论坛

2016年9月24—25日，由全国博士后管委会办公室、中国博士后科学基金会、天津市人力资源和社会保障局主办，南开大学金融学院承办的"第五届全国博士后金融论坛"在南开大学金融学院举行。此次论坛的主题为"金融创新与服务实体经济"。本次论坛共收到来自国内外的投稿90余篇，来自北京大学、清华大学、复旦大学、中国人民大学、中山大学、上海财经大学和南开大学等著名高校和金融机构的专家学者、博士后和相关研究人员，围绕"供给侧改革背景下的金融改革与创新""京津冀协同发展与区域金融一体化""'一带一路'战略与金融开放""货币政策与宏观金融管理""金融市场与金融机构"和"资产定价与金融风险管理"等展开研讨。论坛期间，与会人员还赴天津滨海新区中心生态城创业岛进行了实地考察。①

5.2.19　全国首届博士后产学研创新峰会暨首届中国博士后创业训练营

2016年9月25日，"全国首届博士后产学研创新峰会暨首届中国博士后创业训练营"在河北省固安举行。人力资源社会保障部副部长汤涛，河北省人民政府副省长姜德果出席会议并讲话。汤涛副部长代表人力资源社会保障部对此次峰会的举办表示热烈祝贺（见图5—11）。他说，为落实国务院改革完善中国博士后制度的相关文件要求，人力资源社会保障部专题研究并决定在固安建立了全国第一个博士后科技成果转化基地，基地落成9个多月来，做了大量的探索工作，对推动博士后研究人员的科研成果转化起到了重要作用。他希望与会的博士后研究人员，能够为基地发展做出积极贡献，把更多的科研成果真正实现转化，并且在固安落地见效。

---

① 第五届全国博士后金融论坛在南开大学举行［EB/OL］. 中国新闻网, http://www.chinanews.com/2016－09－25.

图 5—11　汤涛副部长在全国首届博士后产学研创新峰会上讲话

姜德果副省长代表河北省人民政府向人力资源社会保障部长期以来对河北省的关心和支持表示衷心感谢。他说，中国（河北）博士后成果转化基地是人力资源社会保障部批准建设的全国第一家博士后成果转化基地，河北省对此十分重视，省有关部门会同廊坊市固安县积极为博士后入驻基地创造条件和提供支持。据了解，中国（河北）博士后成果转化基地自 2015 年 12 月启动运行以来，已有 49 个博士后企业签约入驻，累计签约投资金额 30 多亿元，到 2016 年年底产值可以达到 15 亿元左右。

全国首届博士后产学研创新峰会暨首届中国博士后创业训练营，吸引了众多专家学者、博士后代表，大家共同探讨技术商业化这一课题，有助于进一步加快成果转化基地建设，更好地发挥示范引领作用。汤涛副部长和姜德果副省长共同启动了首届中国博士后创业训练营，参与首届训练营的 41 名博士后学员，通过培训、参观、研讨、实践等学习活动，激发了创新热情，提升了创业能力。在峰会主旨演讲环节，嘉宾围绕博士后成果转化模式路径的全球借鉴与中国探索、高科技创业的 3.0 时代海归博士后的成功经验、中国博士后成果转化的聚焦领域、发展现状及对未来的意义等主题进行深层探讨。与会嘉宾还通过现场对话的形式，围绕"大科学时代的技术商业化"主题，就博士后科研成果如何成功落地，地方政府如何打造区域创新高地，政府、高校、企业投资方如何在科技成果转化中分工合作等热点话题展开深入研讨，为加速博士后科技成果商业化把脉支招。①

---

①　中国首届博士后产学研创新峰会暨首届中国博士后创业训练营在河北省固安开营［EB/OL］. 廊坊人民政府网站，http://www.lf.gov.cn/2016 - 09 - 26.

5.2.20　全国博士后学术论坛"文化多样性与民族发展"

2016年9月28日，由全国博士后管委会办公室、中国博士后科学基金会主办，由云南省人力资源和社会保障厅、云南大学承办的全国博士后学术论坛"文化多样性与民族发展"在云南大学举行（见图5—12）。

图5—12　全国博士后学术论坛"文化多样性与民族发展"开幕式

云南省人力资源和社会保障厅巡视员徐文波、云南大学副校长张克勤、云南省博士后管理办公室主任李玉红以及来自国内20多所高校的专家、学者参加了开幕式。云南大学副校长张克勤在开幕式上致辞。他代表学校向各位专家和博士后的到来表示欢迎，并介绍了云南大学的办学历史、办学水平、学科特色等情况。云南省人力资源和社会保障厅巡视员徐文波在开幕式上致辞，对云南省的博士后培养工作作了简要介绍，对近年来云南大学在博士后培养工作上取得的成绩表示肯定，对今后云南省博士后培养工作提出了期望。中山大学人类学系主任刘志扬教授作为代表发言。他结合自身经历，对中国的博士后培养工作进行了回顾和评论，阐述了博士后研究对中国打造尖端人才，服务社会发展起到的重要作用。本次博士后论坛为期2天，分别围绕"文化多样性的内涵与实践""民族习惯法与社会控制""族群互动的历史与现实"3个专题开展论述与讨论。与会专家还赴石林大糯黑彝族撒尼人田野调查基地进行了考察，切身体验云南民族文化多样性的魅力。①

---

① 2016年度全国博士后学术论坛"文化多样性与民族发展"在云大召开［EB/OL］.云南大学网，http://www.news.ynu.edu.cn/2016-10-31.

5.2.21　全国"园产品营养与健康"博士后学术论坛

2016年9月28—29日,由全国博士后管委会办公室、中国博士后科学基金会、安徽省人力资源和社会保障厅主办,安徽农业大学、茶树生物学与资源利用国家重点实验室、大别山区农林特色产业协同创新中心承办的全国"园产品营养与健康"博士后学术论坛在安徽农业大学举办。来自全国园艺学博士后流动站设站单位和相关高校院所16家单位的160多名代表参加了此次论坛。安徽农业大学程备久校长致欢迎辞,人力资源社会保障部专业技术人员管理司博士后处调研员薛万里,安徽省人力资源和社会保障厅专业技术人员管理处副调研员占家礼分别讲话。此次论坛邀请中国农业科学院研究员、农产品加工研究所所长戴小枫,华中农业大学园艺林学学院教授刘继红,浙江大学农业与生物技术学院教授孙崇德和茶树生物学与资源利用国家重点实验室教授张劲松分别作了题为"现代农业的本质与特征""柑橘抗寒资源低温应答的分子基础:机制解析及基因发掘""果实营养与健康研究"和"茶与健康"4场特邀报告。围绕园产品生产与品质形成、园产品采后生理与贮藏保鲜、园产品加工与综合利用、园产品营养与健康功能等领域进行了15场交流报告。评选出优秀论文19篇,其中一等奖论文1篇、二等奖2篇、三等奖3篇、优秀奖13篇。茶树生物学与资源利用国家重点实验室博士后蒋晓岚撰写的论文《Comparison of phenolic compound accumulation profiles in eight evergreen woody core eudicots indicating the diverse ecological adaptability of Camellia Sinensis》获得一等奖。论坛举办期间,代表们参观了茶学国家重点实验室。本届论坛学术交流内容覆盖了中国园产品的全产业链。论坛规格高、学术氛围浓、内容紧凑充实,充分展现了园产品营养与健康的最新成果,将进一步推动园艺学博士后流动站的建设和相关学科的发展。①

5.2.22　第十八届全国高校博士后管理工作研讨会

2016年10月15日,由全国博士后管委会办公室、中国博士后科学基金会、全国高校博士后管理工作研究会和理事会主办,山东大学承办的"第十八届全国高校博士后管理工作研讨会"在山东大学举行。来自北京大学、清华大学、浙江大学等55所国内高校的近百名代表就博士后管理工作热点、焦点、难点问题进行了深入研讨。山东大学副校长韩圣浩介绍了山东大学博士后管理工作概况,希望通过此次深入研讨,进一步加强高校之间博士后工作

---

①　全国园产品营养与健康博士后论坛在我校成功举办[EB/OL]. 安徽农业大学新闻网, http://xuerentang.sinaapp.com/2016-10-02.

的交流，提高博士后工作管理与服务水平。山东省人力资源和社会保障厅副巡视员刘运，介绍了山东省博士后工作发展概况和取得的成绩，对山东大学博士后工作的成绩和特色表示肯定，希望加强校地交流，依托博士后制度，搭建合作平台，深入推进以博士后工作为依托的产、学、研合作。中国博士后科学基金会博士后评估与服务处处长刘丹华，就贯彻实施《国务院办公厅关于改革完善博士后制度的意见》，深入推进博士后制度改革的侧重点和主导方向进行了解读，表示下一步要突出设站单位的主体作用，继续发挥博士后制度"培育与使用相结合"的育人优势，为培养青年创新人才创造优质的制度环境。研讨会邀请长江学者特聘教授、北京师范大学国际与比较教育学院人力资源管理专家刘宝存教授作了题为《国际比较视野下的博士后制度》的专题讲座。北京大学、浙江大学、中山大学、山东大学等高校代表分别就如何推进博士后国际交流、如何优化博士后培养激励机制、如何依托博士后制度推进产、学、研合作等专题作了发言。各高校参会代表围绕博士后出站管理、薪酬体系、考核评价、国际化建设等问题进行了深入讨论。①

5.2.23 "地球与行星"全国博士后学术论坛

2016年10月20—22日，由全国博士后管委会办公室、中国博士后科学基金会主办，中国科学院人事局、中国科学院地质与地球物理研究所承办的"'地球与行星'全国博士后学术论坛"在中国科学院大学国际会议中心举行。中国博士后科学基金会基金管理处陈颖处长，中国科学院人事局张燕副处长，中国科学院地质与地球物理研究所钟华副书记、刘文军处长出席论坛。来自南京大学、中山大学、中国地质大学（北京）、中国石油大学（华东）等高校，中国地质科学院地质力学研究所、中国地震局地质研究所等科研机构，以及地球化学研究所、新疆生态与地理环境研究所等院内单位及中国科学院地质与地球物理研究所博士后100余人参加了此次论坛。钟华副书记代表承办单位致欢迎辞，并介绍了研究所从博士后群体选拔优秀青年人才充实科研队伍的管理模式。论坛邀请国内地球与行星领域的著名科学家万卫星院士、国家天文台刘建军研究员出席，并分别为大会作了题为"太阳系空间环境""我国探月工程和地面应用系统主要成果"的报告。另外，根据不同主题，论坛安排了3个分会场作了27次口头报告，以便于博士后们在自己感兴趣的领域开展深入交流。论坛还组织部分博士后参观了中国科学院与"两弹一星"纪念馆，了解了导弹、原子弹及人造地球卫星从研制到发射成功的艰

---

① 山大承办全国高校博士后管理工作年会［EB/OL］. 山东大学新闻网，http://www.view.sdu.edu.cn/2016-10-23.

辛历程。分会场报告结束后,由参会博士后评选出了9个优秀论坛报告。此次论坛共收到来自全国博士后科研论文42篇,经专家评审后确定37篇论文收入论文集,其中10篇优秀论文为全文收录,其余论文以摘要形式收录。①

5.2.24 首届"香江学者计划"学术年会暨香江学者联谊会成立仪式

2016年10月21—22日,由全国博士后管委会办公室、中国博士后科学基金会主办,中山大学承办的"首届'香江学者计划'学术年会暨香江学者联谊会成立仪式"在中山大学广州校区南校园怀士堂举行(见图5—13)。来自全国博士后管委会办公室、中国博士后科学基金会、香港学者协会、京港学术交流中心、广东省人力资源和社会保障厅以及相关高校的领导、嘉宾和香江学者代表约150人参加了本次活动。中山大学校长罗俊、副校长余敏斌对各位嘉宾的到来表示欢迎,并就学校发展现状、人才队伍建设情况、博士后工作情况作了介绍。广东省人力资源和社会保障厅副巡视员贺东介绍了广东省博士后队伍建设情况。"香江学者计划"学术委员会主席、香港学者协会理事、香港公开大学校长黄玉山讲话,以自身为例介绍了科研工作者职业发展的经验。人力资源社会保障部专业技术人员管理司司长、全国博士后管委会办公室主任俞家栋对大会的召开表示祝贺,对"香江学者计划"实施6年来所取得的显著成效和积极

图5—13 首届"香江学者计划"学术年会暨香江学者联谊会成立仪式现场

---

① 地球与行星全国博士后学术论坛在国科大国际会议中心举行[EB/OL]. 中国科学院新闻网, http://www.igg.cas.cn/2016-10-25.

作用给予高度肯定。他借用孙中山先生"要做大事,不可要做大官"的寄语,勉励各位香江学者。香江学者联谊会筹备小组向大会报告了"香江学者联谊会"筹备情况,并宣读了香江学者联谊会章程及第一届理事提名名单,会议以鼓掌方式通过。会议的学术交流环节,邀请了中国科学院院士、全国政协委员、原香港浸会大学校长、中山大学药学院教授陈新滋作了题为"科学研究(文明)与社会发展"的讲座;黄玉山校长及部分香港高校教授同参会香江学者代表就个人成长成才、科研道路的选择等问题进行了充分交流。①

5.2.25 全国材料基因工程与材料大数据博士后学术论坛

2016年10月22—23日,由全国博士后管委会办公室、中国博士后科学基金会、贵州省人力资源和社会保障厅主办,贵州大学承办,贵州省电子信息学会、贵州财经大学协办的"全国材料基因工程与材料大数据博士后学术论坛"在贵州大学双馨园报告厅举行。贵州大学副校长李军旗出席论坛开幕式。贵州省人力资源和社会保障厅人才服务局、贵州省电子信息学会、贵州大学教师工作处的负责人,相关高校、科研机构的专家及有关企业负责人参加了开幕式。李军旗致欢迎辞,希望学校科研工作者积极参与各位学者的科研项目,进一步提升科研能力。湖南大学教授、功能材料物理研究所所长刘让苏作了题为"金属材料的基因工程与大数据——液—固演变中微观结构的统一表征"的报告;中国工程物理研究院教授、材料研究所 Aart Willem Kleijn 作了题为"可持续界面动力学研究"的报告;澳大利亚莫纳什大学蒋绪川教授,首批中组部"青年千人计划"专家江俊教授等专家也作了大会特邀报告。本次论坛介绍了材料基因工程与材料大数据领域的最新研究进展及发展趋势,为该领域科研人员提供了学术交流平台,展现了最新的研究成果,对未来的理论研究和实践工作起到良好的指导与促进作用。会后诸位专家和博士后一起讨论了材料基因工程与材料大数据今后的发展方向,并希望以后每年在贵州大学举行一次材料基因工程与材料大数据学术会议。②

5.2.26 首届全国数量经济技术经济研究博士后论坛

2016年10月26日,由中国社会科学院、全国博士后管委会办公室、中国博士后科学基金会主办,中国社会科学院博士后管理委员会、数量经济与

---

① 首届"香江学者计划"学术年会暨香江学者联谊会在我校召开[EB/OL]. 中山大学新闻网,http://xuerentang.sinaapp.com/2016-10-24.
② 2016年全国材料基因工程与材料大数据博士后学术论坛在我校召开[EB/OL]. 贵州大学新闻网,http://news.gzu.edu.cn/2016-11-04.

技术经济研究所承办的"首届全国数量经济技术经济研究博士后论坛"在北京举办。论坛以"马克思主义政治经济学指导下的经济发展新常态理论与实践创新"为学术交流主题。中国社会科学院人事教育局局长、博士后管理委员会委员张冠梓到会致辞，他谈到博士后制度建立31年来，中国博士后事业取得了巨大的成就，为国家培养了一大批高层次人才。其中，中国社会科学院博士后科研流动站始建于1992年11月，是中国社会科学领域最早建立博士后流动站的单位之一。截至2015年年底，中国社会科学院共招收博士后2 996人，共计出站博士后1 786人，在站博士后共计1 210人，是哲学社会科学领域招收博士后规模最大的单位。数量经济与技术经济研究所所长李平介绍了本次论坛筹备情况，报名参会专家和博士后近百人，共收到论文78篇，其中42篇收入会议《论文集》，江苏行政学院教授范金、辽宁科技大学工商管理学院教授李华等9位学者提交的论文获得组委会提名奖，山东大学商学院吕岩威撰写的《加权主成分聚类分析法及其在区域经济评价中的应用》、山东工商学院国际商学院谢孟军撰写的《文化能否引致投资：孔子学院的经验数据》获得优秀成果奖。中国工程院院士、中国社会科学院学部委员李京文，中国社会科学院学部委员、马克思主义研究学部主任、世界政治经济学学会会长程恩富，中国科协创新战略研究院院长罗晖，分别就环境与发展关系问题、当前经济改革中的重大问题以及智库建设领域作大会报告。论坛提交的论文涉及研究领域非常广泛，《基于绿色发展理念的AIIB资金分配体系构建》《跨国资本流动："一带一路"沿线国家与发达国家的比较》《世界经济发展的空间溢出反馈效应研究》《知识产权密集型产业构建及经济就业贡献研究》《基于偏最小二乘和结构方程的股票投资收益影响因素的比较研究》等论文参与了论坛研讨，与会代表普遍感觉收获很大。①

5.2.27 中国人力资源服务业博士后学术交流会

2016年10月26日，由全国博士后管委会办公室、人力资源社会保障部人力资源市场司主办，中国人民大学人才工作领导小组办公室和劳动人事学院承办的中国人力资源服务业博士后学术交流会在中国人民大学进行。人力资源社会保障部专业技术人员管理司司长、全国博士后管委会办公室主任俞家栋，人力资源社会保障部人力资源市场司司长孙建立，中国人民大学党委常务副书记张建明，人力资源社会保障部国际劳动保障研究所所长莫荣，国务院发展研究中心办公厅副主任来有为，人力资源社会保障部全国人才流动

---

① 首届全国数量经济技术经济博士后论坛在京召开［EB/OL］. 人民网, http://world. people. com. cn/2016 - 10 - 28.

中心副主任谢瑗等出席交流活动。中国人民大学校长助理、人才工作领导小组办公室主任郭洪林，中国人民大学劳动人事学院院长杨伟国，中国就业研究所所长曾湘泉，北京大学政府管理学院教授萧鸣政，中国人才交流协会副会长兼秘书长陈军，中国上海人力资源服务产业园联席会议办公室主任、上海市人力资源和社会保障局副局长毛大立，中国国际技术智力合作公司副总经理程功，智通人才连锁集团董事长叶菁等政府、学界、企业代表和青年学者400余人参加交流活动。

本次交流会的主题为"全面深化改革背景下的人力资源服务业"，由开幕式、主题报告、圆桌论坛和分组讨论4个环节组成。俞家栋司长在致辞中表示，博士后制度是具有中国特色的高层次创新人才培养环节，已经成为各地区各部门吸引和培养高层次人才的重要渠道。开展博士后学术交流是提升博士后培养质量的重要途径，是形成活跃的有利于创新学术氛围的重要方法。中国人力资源服务业博士后交流会是2016年开展的一个重点学术交流（论坛）活动。张建明常务副书记表示，加快发展人力资源服务业是落实党中央、国务院关于实施人才强国战略、就业优先战略和大力发展服务业的决策部署。加强人力资源服务业的学术研究和宣传推动，是中国人民大学义不容辞的责任。孙建立司长以"抓住机遇、乘势而上，促进中国人力资源服务业大发展大繁荣"为题作主旨演讲。曾湘泉教授以"结构调整、要素流动与人力资源服务业发展"为题作演讲。萧鸣政教授就"中国社会经济发展中的人力资源服务业的价值"与参会嘉宾进行交流。来有为副主任作"全球化条件下促进中国人力资源服务业可持续发展"主题报告。莫荣所长就"中国人力资源服务产业园新发展"进行主题报告。毛大立副局长与参会嘉宾就"上海人力资源服务产业园区建设的探索与实践"进行分享。中国国际技术智力合作公司副总经理程功以"'一带一路'背景下人力资源服务如何伴企业出海"为主题进行发言。叶菁董事长就"中国经济转型升级给人力资源服务业带来的机遇与思考"进行了主题报告。在分论坛环节，专家学者和参会博士后代表针对会议主题进行成果展示，就热点难点为题进行研讨。知名学者、地方产业园区领导、人力资源服务业企业家共同参与分享，致力于营建政产学相结合的交流平台。分论坛分为"人力资源服务业发展宏观背景下的学术交流会""人力资源服务业发展的新趋势""人力资源服务业服务技术与产品研发"。

此次学术交流会论文评审组经过严格独立的评审，从提交的论文中筛选出12篇优秀论文，并按得分高低分别授予一、二、三等奖。本次交流会以专家演讲、博士后交流、地方经验、企业案例和专家点评等交流方式有机结合，以人力资源服务业为主题开展博士后学术交流，进一步推动了中国人力资源服务业的发展，拓展了博士后群体的研究空间。①

5.2.28 "国防科技军民融合发展与运用"全国博士后学术交流活动

2016年10月27—28日，由全国博士后管委会办公室、中国博士后科学基金会、中央军委政治工作部干部局主办，海军装备研究院承办的"'国防科技军民融合发展与运用'全国博士后学术交流活动"在解放军海军装备研究院举办。此次学术交流以"国防科技军民融合发展与运用"主题，旨在深入贯彻落实习主席关于全面实施创新驱动发展战略重要指示，积极推进国防科技军民融合发展与运用，重点围绕军地协作推进军事科技非对称性创新发展问题，有效破解国防科技军民融合发展的基础理论、前沿问题以及进行颠覆性技术创新，通过邀请军地院士、专家作专题报告，为广大博士后学术交流、深度合作提供平台。此次学术交流活动面向全国军地博士后研究人员征集论文，对获奖的优秀论文结集出版并优先推荐至核心期刊发表。②

5.2.29 全国博士后学术交流论坛暨第四届郑州国际癌症防治论坛

2016年10月27—28日，由全国博士后管委会办公室、中国博士后科学基金会、河南省人力资源和社会保障厅主办，中美（河南）荷美尔肿瘤研究院、河南省肿瘤医院（郑州大学附属肿瘤医院）承办的"全国博士后学术交流论坛暨第四届郑州国际癌症防治论坛"在郑州举办。来自中、美、韩、欧盟、东南亚等国家和地区的国际权威医学专家、学者以及博士后研究人员260余人参加。河南省人民政府副省长王艳玲、全国博士后管委会办公室副主任刘连军参加论坛开幕式并致辞，河南省人力资源和社会保障厅厅长刘世伟、副巡视员王长钦、中国博士后科学基金会基金管理处陈颖处长，以及河南省人才办、科技厅、教育厅、财政厅、公安厅等省直单位有关负责同志出席。论坛以"癌症的精准防治"为主题，特邀了美国科学院院士、工程院院士、艺术与科学院院士 Carlo Croce，韩国首尔大学肿瘤微环境全球核心研究中心主任 Young-Joon Surh，美国荷美尔研究院副院长 Ann Bode，美国众议院卫生政策顾问、美国明尼苏达大学终身教授、美国荷美尔肿瘤研究院院长、海外杰出青年获得者董子钢，中国工程院院士、长江学者特聘教授王红阳等业内国际一流专家，以及"千人计划"专家、长江学者特聘教授、国家杰出青年

---

① 中国人力资源服务业博士后学术交流会在中国人民大学举办 [EB/OL]. 中国人民大学新闻网，http://www.duyan.com.cn/2016-11-02.
② "国防科技军民融合发展与运用"全国博士后学术交流活动如期举办 [EB/OL]. 军队人才网，http://www.81rc.mil.cn/2016-10-30.

等30多名代表作专题讲座,讲座内容丰富,理念先进,为与会博士后研究人员提供了一个难得的学术交流平台,大家碰撞了思想,开阔了视野,积极促进了该领域医学科学的发展。①

5.2.30 全国化学博士后学术论坛

2016年11月16日,由全国博士后管委会办公室、中国博士后科学基金会、湖北省人力资源和社会保障厅主办,华中师范大学承办的"全国化学博士后学术论坛"在华中师范大学举行(见图5—14)。

图5—14 全国化学博士后学术论坛主题报告会

本次论坛围绕现代化学学科领域中的研究热点与挑战,介绍国际、国内最新科研进展,为全国化学科学领域的学者和博士后提供交流和展示的平台。论坛邀请中国科学院上海有机所丁奎岭院士、北京大学席振峰院士、华南理工大学教授江焕峰、四川大学教授游劲松、福州大学教授王心晨、东北师范大学教授张前等8名专家学者作主题报告。同时邀请加州理工学院徐晨博士、日本理化学研究所张亮研究员、中国科学院天然产物化学重点实验室骆衡博士等10多位优秀博士、博士后做学术报告。来自国内外高校、科研院所和相关企业的150余名博士后及博士全程参加了论坛活动,享受了一次思想碰撞的学术盛宴。论

---

① 2016年全国博士后学术交流论坛在郑州举办[EB/OL]. 河南省人民政府门户网站, http://www.big5.henan.gov.cn/2016-11-08.

坛期间，湖北省人力资源和社会保障厅领导和省内外多所高校及相关企业博士后工作负责人参加了高层次人才工作暨博士后管理工作座谈会，特邀北京大学全球治理中心副主任、博士后管理办公室主任范德尚作了博士后工作专题报告，研讨加强博士后队伍建设措施及政策等。本次论坛共收到了来自中国科学院理化所、南京大学、华中科技大学、华南理工大学、陕西师范大学、郑州大学、湖北工业大学、华中师范大学等30多家单位的摘要投稿30多份。①

5.2.31 "供给侧改革与中国经济发展"高峰论坛暨全国博士后论坛

2016年11月25—26日，由全国博士后管委会办公室、中国博士后科学基金会、江西省人力资源和社会保障厅主办，江西财经大学承办的2016年"'供给侧与中国经济发展'博士后学术论坛"在江西财经大学举行。本次论坛以"供给侧改革与中国经济发展"为主题，围绕中国经济与社会发展的政策评价、问题探析、发展思路等议题进行座谈和交流。国信证券股份有限公司监事会主席何诚颖，复旦大学中国研究院副院长、博士生导师周文，中国人民大学经济学院博士生导师孟捷作了专题学术报告。据悉，到2016年年底，江西省已设立博士后站117个，累计招收博士后人员700余人，其中有280多人完成科研任务圆满出站。出站博士后研究人员大多已成为江西省教学、科研及生产一线的骨干。江西省希望以本次论坛为契机，学习借鉴各地经验，大力推动博士后事业发展，力争到2020年全省博士后站达到150个，实现优势学科专业和支柱产业全覆盖。②

5.2.32 全国"电力能源互联网+"博士后学术论坛

2016年11月29—30日，由全国博士后管委会办公室、中国博士后科学基金会、吉林省人力资源与社会保障厅主办，东北电力大学承办的"全国'电力能源互联网+'博士后学术论坛"在东北电力大学举行。来自清华大学、天津大学、华北电力大学、西安交通大学、华中科技大学等10余所高等院校和科研院所的16位专家、学者、优秀博士、博士后应邀出席论坛，结合多年来关注和研究的电力能源领域作精彩报告，围绕电热综合能源系统、能源互联网、综合能源系统、清洁能源使用等电力能源研究领域以及其他相关学科的前沿问题，为大家提供了一个了解能源互联网技术、拓宽科研视野、加强交流合作的宝贵平台，参会人员与专家、学者进行了热烈的互动。此次

---

① 2016年全国化学博士后学术论坛在我校举行 [EB/OL]. 华大在线，http://www.ccnu.com.cn/2016-11-18.

② 全国博士后学术论坛在昌举行 [N]. 江西日报，2016-11-27.

论坛代表了国内博士后关于"电力能源互联网+"研究的较高水平,是对吉林省及东北电力大学博士后流动站建设的一次巨大促进。①

5.2.33 "国际化战略背景下的中医药传承与多学科协同创新"全国博士后学术论坛

2016年11月30日,由全国博士后管委会、中国博士后科学基金会、江苏省人力资源和社会保障厅主办,南京中医药大学和江苏康缘药业股份有限公司承办的"'国际化战略背景下的中医药传承与多学科协同创新'全国博士后学术论坛"在南京中医药大学举办。江苏省人力资源和社会保障厅副厅长朱丛明、江苏康缘药业研究院副院长黄文哲、南京中医药大学校长胡刚出席论坛开幕仪式,国医大师夏桂成教授、南京中医药大学副校长谭仁祥作论坛主题报告。来自南京大学、南开大学、东南大学、西南大学、江苏大学、河北大学、上海中医药大学、浙江中医药大学等15所高校和科研院所的博士后代表们参加论坛交流。开幕式由南京中医药大学副校长谭仁祥主持。南京中医药大学胡刚校长在开幕仪式上致欢迎辞。他指出,本次论坛旨在深入研讨如何贯彻落实习近平总书记"切实把中医药这一祖先留给我们的宝贵遗产继承好、发展好、利用好"的指示,坚持特色发展、坚持传承与创新,构建以中医药为主的中国医学体系,引领世界医学潮流。江苏省人力资源和社会保障厅朱丛明副厅长在讲话中指出,本次论坛是全国中医药高端人才交流学术思想的良好契机,对江苏省中医药健康服务能力的全面提升具有重要意义。江苏省人力资源和社会保障厅将按照江苏省委新近提出的"两聚一高"的总体目标要求,紧紧围绕江苏省中医药产业创新驱动发展战略,推动体制机制创新,促进中医药高层次人才在基础性、关键性的研究领域取得更多资助创新成果。开幕仪式上,为从论坛46篇征文中脱颖而出的6位获奖征文作者颁发了获奖证书。

本次论坛还安排了医学、药学、生命科学3个分论坛的学术交流,内容涵盖中医、中药、中西医结合、临床医学、基础医学、药学、生物学、生物医学工程、化学工程与技术等学科领域,高度体现了多学科的协同创新与交叉融合。参会代表们均表示,在本次论坛中既领略了大师的风采,在学术思想上受到了很多启发,又拓展了与同仁交流的广度与深度,在科研思路上碰撞出了新的火花。②

---

① 2016年全国"电力能源互联网+"博士后学术论坛在我校隆重举行 [EB/OL]. 东北电力大学新闻网,http://www.nedu.cn/2016 - 12 - 01.

② 我校成功举办"国际化战略背景下的中医药传承与多学科协同创新"全国博士后学术论坛 [EB/OL]. 南京中医药大学新闻网,http://xyw.njucm.edu.cn/2016 - 12 - 02.

5.2.34 "新能源汽车行业现状与发展"全国博士后学术交流活动

2016年12月1日,由全国博士后管委会办公室、中国博士后科学基金会、北京市人力资源和社会保障局主办,北京汽车集团有限公司承办的"'新能源汽车行业现状与发展'全国博士后学术交流活动"在北京举办(见图5—15)。来自全国的著名专家学者和在站博士后就新能源汽车的发展现状及前沿趋势展开探讨。其中,北汽新能源在响应式充电、低温式放电、动力总成等领域的成果分享,集中展现了中国在新能源汽车领域优势研发实力和前瞻思考,引发业界关注。本次交流活动中,一大批优秀博士、博士后精英人才集中展现了他们在新能源汽车"三电"核心技术和智能化、轻量化等领域的研发成果,或将引领未来产业发展方向。其中,北汽新能源研究院赵迁、赵春艳、贾秀峰、张克军合作撰写的《400Nm一体化动力总成的减速器设计开发》获得优秀学术论文一等奖。以高传动效率、低重量、低成本的集成化驱动系统,再次展现了企业在电驱动控制系统领域的前瞻洞察和在人才培养方面的领先实力。《亚麻纤维增强复合型材料点阵结构的制备与压缩性能研究》《新能源汽车市场响应式充电方法探索与研究》《LMO–C和NMC–C动力锂离子电池低温充放电能力差异研究》等5篇论文分获二、三等奖。新能源汽车企业的发展离不开科技创新的战略驱动,离不开高知人才的知识迸发,离不开智力资源的强烈结合。北汽新能源作为中国新能源产业领军者,致力于

图5—15 参加新能源汽车领域博士后学术交流活动代表合影

成为世界级的科技创新中心与新能源汽车企业。此次交流活动旨在通过增进学术精英、高校和企业之间的合作，加快科技创新驱动，加速技术创新决策研发成果转化，促进新能源汽车事业的发展，助力中国汽车产业"弯道超车"梦想实现。①

5.2.35 首届全国"区域国别研究"博士后论坛

2016年12月3日，由全国博士后管委会办公室、中国博士后科学基金会和北京外国语大学主办，北京外国语大学人事处和博士后联谊会承办，外语教学与研究出版社协办的首届全国"区域国别研究"博士后论坛在北京外国语大学举办。北京外国语大学副校长孙有中在论坛开幕式上致辞。他希望把论坛培育成为体现高端性、跨学科性和国际性的外语界博士后跨学科的第一论坛。教育部教师教育专家委员会秘书长、北京师范大学教育学部部长朱旭东，清华大学学术委员会委员、外国语言文学系长江特聘教授王宁，国务院发展研究中心研究员、北京外国语大学冠名讲习教授丁一凡，北京外国语大学文秋芳教授、金莉教授、王文斌教授、王克非教授、周燕教授、谢韬教授和张威教授作为点评专家出席论坛。本次论坛的主题为"区域国别研究"。12月3日上午，5位博士后人员围绕主题就语言、文化、教育、翻译和文学方向作主旨发言，专家教授分别点评。12月3日下午，在"国别文学研究""国别语言学研究与翻译学研究""国别文化研究与教育学研究"3个分论坛上，与会博士后人员结合自己的研究领域，就俄罗斯汉学、美国后现代主义小说、二外语习得、语法分析、拉美高等教育改革、中非合作等重要问题进行了热烈讨论。来自清华大学、中国社会科学院、复旦大学、北京外国语大学、上海外国语大学等高校的60多名博士后人员参加了本次论坛，论坛还吸引了20多名相关专业的老师和学生参加。②

5.2.36 "大数据时代下新型智慧城市及全球展望"全国博士后学术论坛

2016年12月10日，由全国博士后管委会办公室、中国博士后科学基金会、广东省人力资源和社会保障厅主办，横琴新区博士后科研工作站领导小组办公室、珠海大横琴科技发展有限公司承办的"'大数据时代下新型智慧城市及全球展望'全国博士后学术论坛"在广东省珠海市横琴新区举行。本届

---

① 博士后学术交流在京举行北汽新能源助力高知人才培养[EB/OL]. 新华网, http://www.xinhuanet.com/2016-12-06.

② 首届全国"区域国别研究"博士后论坛举行[EB/OL]. 北外新闻网, http://news.bfsu.edu.cn/2016-12-05.

论坛旨在为博士后研究人员提供一个学术交流平台，强化在大数据、互联网＋、新型智慧城市、智慧自贸区、云计算和大数据等相关领域的交流与合作，促进新型智慧城市的建设和发展。论坛组委会自 2016 年 6 月面向全国博士后研究人员启动论文征集工作，共征集到相关领域论文 89 篇，最终评选出优秀论文一等奖 2 名、二等奖 6 名、三等奖 10 名。论坛采取特邀报告和分组报告的形式进行学术交流和讨论。中国科学院院士、中国科学院地理科学与资源研究所副所长周成虎，国家信息中心专家委员会主任宁家俊，IBM 大中华区大数据与分析平台技术总监刘胜利，微软亚太科技有限公司副总裁、微软中国云计算与企业事业部客户服务总监王枫分别作专题学术报告。论坛还另设 3 个分会场，15 名博士后围绕"大数据相关议题""智慧城市相关议题""网络与智能识别相关议题"发表主题演讲，为智慧城市的建设与发展出谋划策。论坛期间，珠海市、横琴新区数家企事业单位同与会博士后展开交流对接、项目洽谈，为产业化合作铺路搭桥。①

5.2.37 数字人才全国博士后学术交流暨第二届翠屏论坛

由全国博士后管委会办公室、中国博士后科学基金会、江苏省人力资源和社会保障厅、南京航空航天大学联合主办，南京航空航天大学经济与管理学院、江苏省人才创新创业促进会数字人才研究中心承办的数字人才全国博士后学术交流暨第二届翠屏论坛于 2017 年 1 月 8 日在南京航空航天大学举办（该论坛原计划 2016 年 9 月举办，后因故延期）（见图 5—16）。江苏省人力资源和社会保障厅专家和国际合作处处长张永祎主持本次论坛。来自全国各地的人力资源管理专家、数字人才研究学者和相关领域的博士后 50 余人参加本次论坛。本次论坛旨在围绕互联网、云计算与大数据环境下人力资源管理领域的基础研究、热点跟踪和前沿探索，为该领域专家学者和博士后提供学术交流和成果对接平台，探讨"互联网＋"人力资源管理在人才强国战略和"大众创业、万众创新"中的重要作用，推动数字人才理论和实践创新发展。②

论坛开幕式上，南京航空航天大学经济与管理学院院长周德群代表主办单位致辞，对与会领导、专家和博士后表示热烈欢迎。江苏省政府参事、江苏省人才创新创业促进会会长赵永贤作主题报告，南京航空航天大学经济与管理学院教授、江苏省人才创新创业促进会数字人才研究中心主任王修来汇报

---

① 珠海横琴"引智"召开全国博士后学术论坛［EB/OL］.网易新闻，http://news.163.com/2016-12-10.

② "数字人才"全国博士后学术交流论坛在宁举行［EB/OL］.江苏网络电视台，http://v.jstv.com/2017-01-10.

图 5—16　数字人才全国博士后学术交流暨第二届翠屏论坛现场

了数字人才研究的相关情况。接着，举行了《中国博士后发展报告·2015》发布仪式。之后，10 多名专家和博士后围绕推动数字人才理论和实践创新发展的热点难点问题分别做口头报告。此次论坛就大数据环境下人力资源动态信息的有效获取，人力资源信息聚类分析技术，高精尖缺人才招聘、配置与使用，人力资源的培训、评估与评价以及预测与预警等重要议题进行深入探讨、相互交流，在思想碰撞中形成了广泛共识。

　　据了解，这是南京航空航天大学经济与管理学院第二次举办以"数字人才"为主题的全国博士后学术论坛。为加强对数字人才的理论研究和实践探索，该院于 2015 年成立了数字人才研究中心，1 年多来，该中心在数字人才研究方面取得了丰硕成果，先后编写和出版了全国首部《数字人才概论》等 3 本专著，进行了"提升江苏省人才国际竞争力对策研究""江苏省沿海城市人才政策创新研究"等重大课题研究，其中有 3 项研究成果获得省部级奖。还自主研发了"数字人才系统平台"，升级开通了"中华专家网"，推出了"翠屏数字人才"微信公众号，为大数据环境下人力资源的精准预测、精确管理、精细服务提供了理论支撑、搭建了有效平台。

5.3　2016 年区域性博士后学术交流（论坛）举办情况

　　2016 年，除由全国博士后管委会办公室、中国博士后科学基金会、相关省（自治区、直辖市）人力资源和社会保障厅（局）、中央直属机关和中央军委机关有关部门主办，相关博士后设站单位分别承办的37场全国性博士后学术交流（论坛）外，全国许多博士后设站单位还自行安排了多场区域性博士后学术交流（论坛），组织在站博士后研究人员与各领域专家、学者一起，紧紧围绕各有关学科的基础理论创新、前沿和热点问题展开学术交流，收到了预期的效果。这里选取2016年国内部分区域性博士后学术交流（论坛）的举办情况加以报告。

5.3.1 首届博士（后）中国创新发展高峰论坛

2016年6月26日，首届博士（后）中国创新发展高峰论坛在安徽省合肥市举行，来自国内外300多名博士、博士后、知名经济学家聚首合肥（见图5—17）。安徽大学副校长程雁雷、合肥市副市长王民生和论坛组委会张荣东博士分别代表主办方在开幕式上致辞。程雁雷在致辞中介绍了学校在创新能力建设和创新型人才培养方面所做的工作和取得的成效，希望参会的博士和专家学者对学校的建设和发展多提宝贵意见和建议。商学院党委书记杜鹏程教授主持了主题为"博士（后）人才在创新创业中的引领作用"的分论坛，省政协教科文卫体委员会主任韦伟教授主持论坛主题演讲环节。中国财政

图5—17 首届博士（后）中国创新发展高峰论坛现场

科学研究所研究员贾康、清华大学经济管理学院教授、金融系副主任朱武祥和首都师范大学管理学院院长赵新峰等分别就供给侧改革、商业模式创新、政府间环境治理政策协调等主题发表了演讲。论坛期间发布了由安徽大学创新管理研究中心主任朱云鹃教授主编的《中国创新发展研究报告（2016）》，还颁发了优秀论文证书和安徽大学"千人博士（后）专家智库（大学智库）入库证书"。①

5.3.2　全国医学博士后创新研究学术交流活动

2016年7月2日上午，由全国博士后管委会办公室、中国博士后科学基金会、江苏省人力资源和社会保障厅及解放军南京总医院主办，解放军南京总医院政治部、江苏生命科技创新园管委会承办的全国医学博士后创新研究学术交流活动在南京总医院举办（见图5—18）。来自全国各地的160余位专家、博士后参加了交流活动。南京总医院院长史兆荣、副院长茅建华、政治部主任冷桂林、医务部副主任刘玉秀参加了此次交流活动，江苏省人力资源和社会保障厅副厅长朱从明、全国博士后管委会办公室领导出席交流会并讲话。

图5—18　全国医学博士后创新研究学术交流活动现场

开幕式结束后，随即请饶子和院士、吴培亨院士、张学敏院士、黎介寿院士以及国家自然科学基金委医学部副主任董尔丹作主题报告。张学敏院士

---

① 我校参与主办首届博士（后）中国创新发展高峰论坛［EB/OL］．安徽大学网，http://www.ahu.edu.cn/2016 - 06 - 28.

报告以"分子干预：炎症与肿瘤"为题，从致癌因素、癌变过程、癌症治疗3个角度对肿瘤研究进行了细致的分析与阐述；吴培亨院士联系自身的学术研究经历，用生动的语言与大家分享了科研成果与科研感想；黎介寿院士作了题为"医学博士后的跨学科研究"的学术报告，重点就三维（3D）打印技术如何知道肠胃外科的发展进行了探讨；董尔丹副主任结合基金项目申请情况，对基础医学的研究进行了系统的介绍与研究的展望；饶子和院士运用生动形象的 PPT，展现了取得的丰富医学研究成果。

7月2日下午，中国博士后科学基金会基金管理处陈颖处长、科学出版社数据库资源部黄敏主任分别就博士后基金评审与使用、《博士后（文库）》的编纂等做报告。此次活动还组织与会专家、学者参观了江苏生命科技创新园国家重点实验室。

此次学术交流活动促进了博士后和相关领域专家学者之间的合作与交流，为深入开展医学领域博士后的培养和管理搭建了良好的平台，也为南京总医院进一步加大与国家、省市相关部委、医学领域专家的沟通，有效增强南京总医院博士后人才培养质量提供了难得机遇。①

5.3.3　中国社会学博士后论坛

2016年8月13日，由中国社会科学院、全国博士后管委会办公室和中国博士后科学基金会共同主办，吉林大学承办的第十一届中国社会学博士后论坛在长春举行。本次论坛的主题是"全面建成小康社会，共享民生发展"。中国社会科学院副院长、学部委员李培林研究员出席会议并作主题报告。来自全国各地的数10位社会学博士后代表，围绕"社会管理体制转型与升级""基层社会治理与新农村建设""社会组织与制度创新""新常态下的城市与农村发展"等展开了深入交流和讨论。与会学者表示，新时期东北的振兴发展是社会学研究的重要课题，关注新东北现象是时代赋予的中国社会学学者的重要使命，要以此次论坛为契机，强化问题导向，进一步加强东北新一轮振兴发展的理论与政策研究。②

5.3.4　中国公共管理博士后论坛

2016年10月29日，中国公共管理博士后论坛在国家行政学院举行（见

---

① 南京总医院成功举办全国医学博士后创新研究学术交流活动［EB/OL］. 南京总医院新闻网，http://www.njzy666.com/2016-07-04.

② 第十一届中国社会学博士后论坛在长春举行［EB/OL］. 搜狐网，http://mt.sohu.com/2016-08-14.

图5—19）。来自全国20多所高校和科研院所的120多名博士后研究人员参加了论坛。国家行政学院党委委员兼研究生院院长杨文明出席论坛开幕式并致辞。杨文明在致辞中指出，要有效借助论坛等学术交流平台，加强思想上的交流和学术上的碰撞，大力提升研究成果的质量，使研究成果能够更有效地服务于国家智力现代化。中国博士后科学基金会副秘书长邱春雷出席论坛开幕式并致辞，国务院参事陈全生、中央编译局中央文献翻译部主任杨雪冬、中国行政体制改革研究会副会长汪玉凯、国家行政学院社会和文化教研部主任祁述裕、应急培训管理中心主任龚维斌、决策咨询部主任马宝成围绕论坛主题"五大发展理念引领下的国家治理现代化"做了专题报告。①

图5—19 中国公共管理博士后论坛现场

5.3.5 第二届全国食品药品安全与监管博士后论坛

2016年11月11日，第二届全国食品药品安全与监管博士后论坛在北京举行。本次论坛以"食品药品安全治理创新与发展"为学术交流主题。论坛开幕式上，国家食品药品安全监管总局党组成员、食品安全总监郭文奇发表了主题演讲。他表示，食品药品监管总局成立以来，按照"最严谨的标准、最严格的监管、最严厉的处罚、最严肃的问责"等"四个最严"的要求，创造性地开展工作，加快建立科学完善的食品药品安全治理体系。这些改革，

---

① 2016年中国公共管理博士后论坛在京举行［EB/OL］. 人民网，http://theory.people.com/2016-11-02.

需要食品药品监管部门与各位专家学者及社会各界一道，群策群力，凝聚智慧，共同推动食品药品安全治理创新与发展。本次论坛由国家食品药品监督管理总局人事司会同全国博士后管委会办公室共同举办，国家食品药品监督管理总局高级研修学院承办。设立主论坛同时，还就"科学监管与社会治理""食品药品审评审批改革""'互联网+'食药安全监管"设立3个分论坛进行热烈讨论，为食品药品监管工作献计献策。①

5.3.6 河南省博士后学术论坛—河南自贸区论坛

2016年11月18日，由河南省人力资源和社会保障厅主办，河南大学承办的"2016河南省博士后学术论坛—河南自贸区论坛"在开封举办。全省博士后科研流动站、科研工作站、研发基地、有关科研机构负责人及在站博士后180余人参加。本次论坛紧紧围绕河南省新获批准的第五大国家战略"河南自贸区"建设，以"从中原走向世界：河南自贸区机遇与挑战"为主题，邀请了来自全国经济、金融、证券、物流、管理等方面知名专家学者进行研讨。对外经贸大学副校长林桂军、华中科技大学管理学院院长王宗军、河南大学中原发展研究院院长耿明斋、北京师范大学金融系主任胡海峰、郑州大学学报编辑部主任兼主编李燕燕、河南省社科联副主席王喜成等分别围绕"内陆物流航空港建设""自贸区建设与中原发展转型""自贸区建设的金融约束与金融服务改革"等展示了对河南自贸区建设的创新性思考、独到的研究成果，并提出了富有建设性的意见建议；来自河南大学、河南财经政法大学、郑州银行、郑州商品交易所研究所、百瑞信托有限公司等博士后科研流动站、工作站的在站博士后也分别做了专题报告。本次论坛对加强河南大学学科发展、促进学术交流、拓宽研究视野、提升博士后培养质量、服务社会经济发展将起到积极的推动作用。②

5.3.7 中外博士后制度研讨会

2016年12月11—12日，中外博士后制度研讨会在广东省珠海市横琴新区召开（见图5—20）。来自中国、美国、英国、德国、日本等国家和地区的150多位嘉宾齐聚横琴共话博士后发展。本次研讨会由横琴新区博士后科研工作站领导小组办公室主办，珠海大横琴科技发展有限公司承办，并获得全国

---

① 第二届"全国食品药品安全与监管博士后论坛"在京举行［EB/OL］. 新华网，http://news.xinhuanet.com/2016-11-11.
② 河南省博士后学术论坛—河南自贸区论坛在河南大学举办［EB/OL］. 河南省人民政府门户网站，http://www.henan.gov.cn/2016-11-23.

博士后管委会办公室和中国博士后科学基金会的大力支持。据承办方介绍，中国博士后科学基金会、中国科学院、清华大学、北京大学、复旦大学、中山大学、江苏省农业科学院等国内负责博士后工作的科研院所和高校代表、管理人员以及来自美国国家科学基金会、德国亥姆霍兹联合会、日本学术振兴会等机构的外国嘉宾围绕"博士后培养工作发展情况及其特点和现实问题""博士后人员的服务及利益保障""博士后人员的招收、培养和使用"以及"中外博士后制度比较研究"4大议题进行研讨和交流。横琴新区党委副书记、市人大常委会横琴新区办公室主任叶真表示，站在经济社会发展新的战略起点上的横琴，希望借博士后搭建起横琴与高校人才和科技交流的沟通之桥、合作之道，促进产、学、研有效结合，增强企业自主创新能力。①

图5—20　中外博士后制度研讨会现场

5.4　2016年全国博士后学术交流（论坛）活动特点分析

通过对2016年全国性和其他博士后学术交流（论坛）活动的分析，不难发现有以下几个鲜明特点。

①　中外博士后制度研讨会在横琴召开［EB/OL］．中国日报网，http://world.chinadaily.com/2016–12–13．

（1）紧贴国家经济发展大势及本地区和部门的优势学科确定交流（论坛）主题。2016年，面对日益复杂的国际国内形势，从中央到地方，各级党委和政府全面贯彻党的十八大和十八届三中、四中、五中、六中全会精神，深入贯彻习近平总书记治国理政新理念新思想新战略，把握时代大势，回应实践要求，团结带领全国广大人民同心协力、苦干实干，统筹推进"五位一体"总体布局和协调推进"四个全面"战略布局，扎实开展"两学一做"学习教育，推动全面深化改革、供给侧结构性改革、国防和军队改革、全面从严治党迈出新的重大步伐，经济社会发展和各项工作取得新的重大进展。与此同时，在人力资源社会保障部、全国博士后管委会的正确领导下，2016年各省（自治区、直辖市）博士后主管部门和各设站单位深入贯彻落实国办发〔2015〕87号文件精神，纷纷出台改革完善博士后制度的实施意见细则，对博士后进一步做出科学定位，对完善博士后管理制度做出了许多新规定，对提高博士后培养质量提出了许多新举措，对支持博士后研究人员创新创业采取了一些新政策，在博士后经费保障方面也有很多新办法，有力地促使了博士后事业尤其是一些优势学科博士后工作的新发展。正是在这样的大背景下，2016年无论是全国性博士后学术交流（论坛），还是各地自行组织的博士后交流（论坛），都能紧贴国家经济发展大势以及本地区、部门的优势学科来确定主题。从学术交流（论坛）的主要内容来看，有关"十三五"经济社会发展规划、"一带一路"战略、供给侧结构性改革、大众创业万众创新、新能源汽车、互联网+、大数据、军民深度融合等新政策和相关热点问题，在2016年博士后学术交流（论坛）活动中都有充分体现。例如，金融改革是供给侧结构性改革重要组成部分，也是2016年中国政府议程中最重要的议题之一，上海财经大学承办的"中国金融改革开放的理论与实践"高峰论坛暨全国博士后学术论坛，以"中国金融改革开放的理论与实践"为主题，具有重要的现实意义。北京外国语大学发挥语言学科优势，承办了"十三五"规划指导下的"区域国别研究"博士后论坛。新疆财经大学围绕贯彻丝绸之路经济带建设，承办了"丝绸之路经济带核心区建设"全国博士后高峰论坛。东北电力大学将本校的优势专业与互联网+相结合，承办了全国"电力能源互联网+"专题论坛博士后学术论坛。解放军海军装备研究院深入贯彻军民深度融合发展战略，举办了"国防科技军民融合发展与运用"全国博士后学术交流活动。所有这些，充分反映2016年博士后学术交流（论坛）具有很强的现实针对性，不仅主题新颖而且探讨交流的内容也非常管用。

（2）鼓励和支持各地博士后设站单位积极申报举办各类学术交流（论坛）。对列入2016年度全国性博士后学术交流计划的活动，全国博士后管委会办公室、中国博士后科学基金会不仅在经费资助上给予有力保障，而且在每场博士后学术交流（论坛）开始前后，都积极协调和组织有关方面的领导、相关领域的知名专家和学者参加论坛。对于各设站单位自行安排的博士后学术交流（论坛），全国博士后管委会办公室、中国博士后科学基金会也从财力、智力等多个方面给予了大力支持。例如，"中国公共管理博士后论坛"虽然不在年度计划之中，但中国博士后科学基金会副秘书长邱春雷依然出席论坛开幕式并致辞，全国博士后管委会办公室协调和组织国务院参事陈全生、中央编译局中央文献翻译部主任杨雪冬、中国行政体制改革研究会副会长汪玉凯、国家行政学院社会和文化教研部主任祁述裕、应急培训管理中心主任龚维斌、决策咨询部主任马宝成等多位专家前往作专题报告。通过各种激励举措，调动了地方各博士后设站单位自行举办学术交流（论坛）的积极性创造性。2016年全国博士后学术交流（论坛）中，有不少是全国首次或首次在本区域、本单位举办，诸如，首届全国人才学博士后论坛、全国首届博士后产学研创新峰会暨首届中国博士后创业训练营、首届"香江学者计划"学术年会暨香江学者联谊会成立仪式、首届全国数量经济技术经济研究博士后论坛、首届全国"区域国别研究"博士后论坛、首届博士（后）中国创新发展高峰论坛等。"现代农业科技创新"全国博士后学术论坛，是沈阳农业大学首次举办的全国博士后学术论坛。"丝绸之路经济带核心区建设"全国博士后高峰论坛，是新疆维吾尔自治区建立博士后科研流动站以来，第一次承办全国性经济领域的博士后论坛。

（3）学术交流（论坛）场次多、规模大、层次高，整体水平有明显提升。据不完全统计，2016年由全国博士后管委会办公室、中国博士后科学基金会和有关省（自治区、直辖市）、中央直属机关有关部门主办，有关设站单位承办的全国性和其他博士后学术交流（论坛）达50多场，仅由全国博士后管委会办公室、中国博士后科学基金会主办的博士后学术交流（论坛）就有37场，比2015年（27场）多10场。不仅场数有所增加，而且参加学术交流的人数也有扩大。2015年除个别博士后学术交流（论坛）的人数较多外，其他每场通常在50~100人左右，而2016年参加博士后学术交流（论坛）的人数，200~300人的场次并不鲜见。例如，"'全球创新与国家发展'全国博士后学术论坛"，来自相关领域的知名专家及各高校的博士后共300余人参加，共收到来自清华大学等48家单位的74篇论文。"第22届全国学术会议暨全国工程热物理博士后论坛"先后征集到有关"工程热力学""传热传质学""燃烧学""热流体力学""热物性与热物理测试技术"5个学术方向260余篇论文。2016年的各个博士后学术交流（论坛）活动的主办或承办单位，都聘请了一定数量的高层次专家、学科带头人与会演讲、作主题报告、全程参加交流。例如,"中国蔬菜科技与产业化"博士后学术论坛,吸引了中国工程院副院长刘旭院士、中国农科院方智远院士、沈阳农业大学副校长李天来院士等数十位专家、学者作主题报告与学术交流,提升了学术交流的层次水平。为提高博士后学术交流的层次,推进国内博士后学术交流(论坛)的国际化,不少博士后学术交流(论坛)还积极邀请外籍专家、留学归国博士、出国访问学者参加交流。例如,"中国金融改革开放的理论与实践"高峰论坛暨全国博士后学术论坛,特邀了美国俄亥俄州立大学费舍尔商学院讲席教授张橹就美国金融研究的动态作主旨发言,给与会者以耳目一新的感觉。全国博士后学术交流暨第十届超声治疗"大家"暑期论坛,邀请了10个国家和地区的20名外籍学员参加学术交流。其中,美国佛蒙特大学、英国邓迪大学、埃及开罗肝研究中心和韩国清潭高强度聚焦超声(High-Intensity Focused Ultrasound,HIFU)中心等4位专家,就超声治疗技术应用于实体肿瘤和非肿瘤性疾病的临床应用和研究动态进行了详细报告。全国博士后学术交流论坛暨第四届郑州国际癌症防治论坛,特邀了美国科学院院士、工程院院士、艺术与科学院院士Carlo Croce,韩国首尔大学肿瘤微环境全球核心研究中心主任Young-Joon Surh,美国荷美尔研究院副院长Ann Bode,美国众议院卫生政策顾问、美国明尼苏达大学终身教授、美国荷美尔肿瘤研究院院长、海外杰出青年获得者董子钢等作主旨发言。这对于开阔博士后研究人员的学术视野、推进中国博士后学术交流的国际化、整体提升博士后学术交流水平都大有好处。

(4)加大宣传力度,善用有效资源,博士后学术交流(论坛)效用发挥明显。2016年,全国博士后管委会办公室、中国博士后科学基金会以及各省(自治区、直辖市)博士后主管部门,充分利用多种媒体和网络,加大博士后学术交流(论坛)的宣传力度,动员全国博士后和国(境)外专家、学者参加博士后学术交流(论坛),促使许多博士后学术交流(论坛)持续举办并成为常态。例如,全国高校博士后管理工作研讨会已连续举办18届,超声治疗"大家"暑期论坛连续举办10届,清华大学博士后创新讲坛连续举办7届、全国博士后金融论坛连续举办5届,郑州国际癌症防治论坛连续举办了4届。2016年,各主办和承办单位大多能借助中央和地方媒体,及时报道博士后学术交流情况,扩大博士后学术交流(论坛)的影响。例如,"中国人力资源服务业博士后学术交流会召开"的相关信息,先后在人力资源社会保障部网站、法制晚报、搜狐网、网易新闻等多家媒体发布。同时,各主办和承办单位还积极融合各种资源、利用各种平台,编辑出版论文集或联系核心刊物发表录用博士后学术交流论文，进一步提高了全国性博士后学术交流（论坛）的影响力。"中国蔬菜科技与产业化"博士后学术论坛，坚持把务虚与务实结合起来，在开展博士后学术交流（论坛）期间，组织院士和博士后研究人员结合自身的专业特长，根据山东兰陵县有关企事业单位的需求，有针对性地赴对接单位开展技术指导、战略咨询等服务，解决了基层发展关键技术难题，进一步推进了产、学、研合作，使博士后学术交流的后续效用得以充分发挥。

5.5 加强和改进博士后学术交流（论坛）活动的建议

2016年全国性和其他博士后学术交流（论坛）得到了广大博士后研究人员的积极响应，取得的成效有目共睹，但对存在的一些问题，如申报积极性有高有低、学科分布不尽合理、具体举办时间比较集中、有的未能按计划时间举办等也不能忽视。为了进一步加强和改进全国博士后学术交流（论坛），真正使之成为提升博士后人才培养质量的重要手段，现提出如下建议。

（1）继续加大全国博士后学术交流（论坛）宣传力度。尽管年初全国博士后管委会办公室就印发了《关于申报2016年全国博士后学术交流计划的通知》，要求各省（自治区、直辖市）、中央直属机关有关部门积极申报2016年博士后学术交流（论坛）计划，但从申报的实际情况看，国内仍有8个省（自治区）没有申报或未能申报成功。其中，地处中西部的少数省（自治区）没有申报或没申报成功，可能是因为缺乏举办博士后学术交流（论坛）的必要条件，而东南沿海个别省份没有申报或没有申报成功，则具体原因不得而知。分析有些省（自治区）长期未申报或没有举办过全国性博士后学术交流（论坛）的原因很多，从主观上分析，主要还是有些领导和博士后设站单位对举办博士后学术交流（论坛）的重要意义认识不足。为此我们建议，今后要通过各种渠道继续加大全国博士后学术交流（论坛）的宣传力度，帮助各级领导特别是博士后主管部门、各设站单位充分认清，举办博士后学术交流（论坛）可以启发创新思维、培养科学精神、健全道德人格，在博士后创新能力培养中具有不可替代的作用。要采取更加得力的举措，调动全国各地尤其是中西部省（自治区）申报全国性博士后学术交流（论坛）的积极性，搭建形式多样的学术交流平台，开展跨学科、综合性、国际化的学术交流，提高博士后创新能力。

（2）严格按年度计划要求举办全国性博士后学术交流（论坛）。2016年全国博士后管委会办公室、中国博士后科学基金会计划举办全国性博士后学术交流（论坛）37个，从执行情况看，如期举办的22个，占计划总数的

59.46%；提前举办（1个）、延期举办（11个）、未及时发布相关信息或发布信息不详的（3个）共有15个，占计划总数的40.54%，即有四成以上的博士后学术交流（论坛）未能按照规定时间和相关要求举办。联想到往年也有类似情况发生，如果不能及时纠正和制止这一现象，全国博士后学术交流计划的严肃性权威性就难得到维护。为此我们建议，认真抓好全国博士后学术交流（论坛）计划的落实，要求各主办或承办单位严格按照时间节点组织开展博士后学术交流（论坛），一般情况下不得擅自更改举办时间，如遇特殊情况需要延期或提前举办的必须及时报批，以免给组织协调相关领导、专家学者与会带来诸多困难和不便。

（3）高度重视做好博士后学术交流（论坛）的后续工作。2016年，一些主办或承办单位对博士后学术交流（论坛）活动"重前轻后"的问题依然存在。有的单位对博士后学术交流（论坛）的申报工作和前期筹备比较重视，而对后期宣传、交流成果转化等项工作则跟进不够。一些单位仍然把举办博士后学术交流当作例行公事或一项任务来完成，论坛举办了、事情做完了，也就觉得完事了，不重视也不善于协调中央和地方相关媒体尤其是网络媒体搞好后续宣传、促进交流成果转化。全国和地方一些博士后网站，有关博士后学术交流（论坛）的信息更新严重滞后，人们很难从中查找到2016年博士后学术交流（论坛）的后续信息。这既不利于相关学科领域的相互交流与借鉴，也不利于扩大博士后学术交流在国内外的积极影响。为此我们建议，主办或承办单位要进一步端正举办博士后学术交流（论坛）指导思想，既要重视申报和前期筹备工作，更要加强后期宣传、交流成果转化等项工作，充分发挥博士后学术交流（论坛）的推进和促进作用。全国博士后管理信息网络系统包括中国博士后网、中国博士后网络办公系统、中国博士后科学基金会官网，以及各省（自治区、直辖市）博士后工作门户网站，要继续开设和利用好"博士后学术交流"模块，及时发布博士后学术交流申报工作和活动开展信息，及时上传、更新博士后学术交流（论坛）的后续工作信息，包括各个学术交流（论坛）论文结集情况、优秀论文在学术期刊发表情况、博士后交流成果转化利用情况等，以进一步扩大全国博士后学术交流（论坛）的实际影响力。

（4）努力打造全国或地区性博士后学术交流（论坛）品牌。据中国博士后科学基金会基金管理处陈颖处长介绍，从2009年开始，全国博士后管委会办公室、中国博士后科学基金会同有关省（自治区、直辖市）相关部门主办、有关设站单位承办，累计举办全国性博士后学术交流（论坛）110余场，有近万人参加学术交流,对加强学术思想、学术成果交流起到重要的作用。① 经过多年的努力,目前已有不少博士后学术交流(论坛)引起全国博士后主管部门、国内外知名专家、广大博士后研究人员的高度关注,逐步成为有关学科、行业、地区甚至全国性学术交流(论坛)的品牌。例如,自1999年就开始举办的"全国高校博士后管理工作研讨会",每年都围绕创新博士后培养制度、提高博士后培养质量、突出博士后培养特色等内容进行广泛深入研讨,对于提高全国高校博士后管理工作质量水平起到了积极促进作用,引起了人力资源社会保障部、全国博士后管委会的高度重视,得到了全国高校博士后管理部门的积极响应。截至2016年,"全国高校博士后管理工作研讨会"已连续成功举办18届,成为全国性博士后学术交流的一个品牌活动。再例如,从2007年至今,在重庆市教育委员会的资助和支持下,重庆医科大学连续举办了10届研究生暑期论坛,共招收了跨学科跨专业学员近2 700名,其中外籍学员300余名。同时,重庆医科大学依托"重庆市微无创医学协同创新中心"等平台,积极探索博士后人才培养的新模式。2016年,重庆医科大学承办的全国博士后学术交流暨第十届超声治疗"大家"暑期论坛,为来自不同学科领域的博士后、博士研究生搭建了一个学科融合的学术交流平台,真正实现了知识无国界的合作与交流。又例如,清华大学为鼓舞和激励在站博士后在各自领域做出更大的贡献,从2010年开始每年举办"清华大学博士后创新讲坛",为出站与在站博士后同仁交流合作搭建平台,截至2016年已成功举办了7届博士后创新讲坛,每届讲坛都邀请学术界、企业和政府部门有关专家和领导参加,邀请有关院士、国内外高校知名教授做主题报告,邀请在各研究领域取得突出成就的优秀出站博士后谈成功心得,鼓励在站博士后奋发图强,努力成为各自领域与行业中的先进代表和领军人物。对于以上这些优势学科、跨行业和地区甚至全国性学术交流品牌活动,应当一如既往给予大力扶持,把这些活动品牌做得更加亮丽。对2016年首次举办的一些博士后学术交流(论坛),诸如首届全国人才学博士后论坛、全国首届博士后产学研创新峰会暨首届中国博士后创业训练营、首届"香江学者计划"学术年会暨香江学者联谊会成立仪式、首届全国数量经济技术经济研究博士后论坛、首届全国"区域国别研究"博士后论坛、首届博士(后)中国创新发展高峰论坛等,有关部门应当全力支持各设站单位继续举办下去,力求使之成为各具特色的博士后学术交流(论坛)品牌,带动和促进全国博士后学术交流(论坛)的深入持续开展。

---

① 陈颖处长在"中国金融改革开放的理论与实践"高峰论坛暨全国博士后学术论坛上的讲话[EB/OL]. 上海财经大学金融学院网, http://www.aiweibang.com/2016 – 06 – 28.

第六章　2016年博士后科技服务团及联谊活动

　　2016年是全国博士后管委会办公室、中国博士后科学基金会连续第5年集中组织中国博士后科技服务团开展活动，① 先后有11批中国博士后科技服务团深入到全国各地特别是中西部地区，通过与地方政府有关部门、企事业单位深度对接，把优秀科技人才、先进科研技术成果送到基层。此外，各省（自治区、直辖市）人力资源和社会保障厅（局）以及高等院校、科研院所也紧密结合博士后人才培养和当地科技发展需求，组织在站博士后开展科技服务活动，帮助相关企业解决科技方面的难题，为地方有关部门寻找急需的优秀青年科技人才，促进博士后研究人员科技项目对接和成果转化。2016年又是全国范围内持续开展博士后联谊活动的第26年，② 各省（自治区、直辖市）博士后联谊会和各设站单位博士后联谊会，组织开展了许多丰富多彩的联谊活动，促进了博士后之间的学术交流和科研协作，增进了博士后之间的了解和友谊，活跃并丰富了博士后的业余文化生活，促进了博士后与社会各界的交流与合作。③

---

　　① 从2012年起，在国家财政的大力支持下，全国博士后管委会办公室、中国博士后科学基金会每年组织部分优秀博士后研究人员深入全国各地特别是中西部地区，帮助企事业单位解决科技方面的难题，帮助地方有关部门找到优秀人才，既有力促进了当地经济、科技和社会发展，又推动了博士后科技项目对接和科研成果的转化。

　　② 1990年，由浙江大学在站博士后褚健（现为浙江大学特聘教授）发起经校党委宣传部批准，在全国率先成立了博士后联谊会。之后，全国各地博士后设站单位纷纷仿效，相继成立博士后联谊会，有组织有计划地开展有益于博士后科学研究和身心健康的学术交流、科技洽谈、趣味运动等活动，增进了在站博士后研究人员的友谊，促进了各个学科交叉融合与创新，为推动中国博士后事业科学发展起到了积极促进作用。

　　③ 本章按照2016年中国博士后科技服务团活动批次、其他博士后科技服务活动及博士后联谊活动的先后时间顺序进行报告。所参考引用的原始数据、资料等信息除特别注明出处外，均源自中国博士后网、中国博士后网上办公系统和中国博士后科学基金会官网，作者又对相关数据和资料进行了认真核实、整理和加工。

6.1 2016年中国博士后科技服务团活动情况

2016年,在人力资源社会保障部、全国博士后管委会的领导下,由全国博士后管委会办公室、中国博士后科学基金会组成的中国博士后科技服务团,分赴全国各地特别是中西部地区开展博士后科技服务活动,受到了当地政府、相关企业事业单位的热烈欢迎。

6.1.1 第24批中国博士后科技服务团河南信阳行

2016年6月14日,第24批中国博士后科技服务团河南信阳行在河南省信阳市举行启动仪式。人力资源和社会保障部留学人员和专家服务中心主任夏文峰、河南省人力资源和社会保障厅副厅长刘京洲、信阳市政府副市长张武捷出席并讲话。张武捷副市长认为,此次活动是信阳市拓宽高层次人才引进渠道,搭建重点项目、重点企业人才服务新平台,帮助企业加快科技攻关步伐的重要举措。夏文峰主任希望,参加第24批中国博士后科技服务团河南信阳行的各位专家和博士后,多为信阳把脉问诊,把好的经验、思路、做法留在信阳,为信阳的人才工作提供更好的推动力。在为期3天的活动中,35名博士后研究人员深入基层、深入实际,与信阳市有关科研院所、企事业单位对接科研项目43项,内容涵盖弱精小麦产业化开发、无性系良种茶苗繁育、糯米制品终端食品研究、高浓度难降解废水处理技术等。在与项目对接单位展开的深度合作中,博士后研究人员帮助相关企业解决了多项技术难题,提高了企业核心竞争力。[①]

6.1.2 第25批中国博士后科技服务团宁夏中卫行

2016年8月31日上午,第25批中国博士后科技服务团宁夏中卫行活动正式启动(见图6—1)。来自北京、上海、广东、西安等8个省(直辖市)的著名高校、科研院所的13个博士后科研工作站的13名博士后研究人员,到宁夏沙坡头旅游集团、中宁县工业和信息化局、宁夏红中宁枸杞制品有限公司等9家企事业单位开展科技服务、进行项目对接。活动中,13名博士后研究人员深入企事业单位,紧紧围绕宁夏回族自治区特别是中卫的现代农业、生态环保、医疗服务等开展科技服务,为相关企事业单位攻克了一大批技术难题,有力提升了这些企业的科研创新能力。[②]

[①] 第24批中国博士后科技服务团河南信阳行活动启动[EB/OL]. 光明网科技频道, http://tech.gmw.cn/2016-06-16.

[②] 第25批中国博士后科技服务团宁夏中卫行活动启动[EB/OL]. 宁夏新闻网, http://www.nxnews.net/2016-08-31.

图6—1 第25批中国博士后科技服务团宁夏中卫行启动仪式

宁夏中卫位于宁夏、甘肃、内蒙古3省（自治区）交汇处，辖沙坡头区、海兴开发区和中宁、海原两县，共40个乡镇442个行政村、32个社区居委会，总面积1.7万平方公里。中卫不仅是连接西北与华北的第三大铁路交通枢纽，而且是欧亚大通道"东进西出"的必经之地。2013—2015年，全国博士后管委会办公室、中国博士后科学基金会已3次组团赴宁夏开展科技服务活动，此次是连续第4次组团到宁夏开展科技服务。

6.1.3 第26批中国博士后科技服务团新疆昌吉行

2016年9月22日上午，第26批中国博士后科技服务团新疆昌吉行活动正式启动。本次活动是人力资源社会保障部全面贯彻落实"一带一路"战略，加快实施人才智力援疆计划的一项重要举措，旨在为新疆经济社会发展做贡献，同时探索博士后制度为西部地区服务的有效形式，以政府为主导开展博士后科技服务，推动博士后科技服务活动逐步实现规模化、规范化、科学化和制度化。活动中，服务团各位专家充分发挥自身优势，围绕事关昌吉经济社会发展的全局性问题，深入开展调查研究，为昌吉州把脉指导，帮助昌吉州破解发展难题，为昌吉州经济社会各项事业发展传经送宝。参加服务团的48名博士后带着各自科技研究项目与昌吉州、伊犁州的38家企事业单位开展项目对接，主要以应用技术、工业技术和高新技术为主，由企业提出项目和人员需求，博士后人员自带项目或以直接承接企业提出的具体研究项目的形式进行对接。其中，有6名博士后与昌吉市成功对接，项目内容涉及生物科技、医学研究和教育等领域。①

此次新疆昌吉行是中国博士后科技服务团第 5 次来疆开展科技服务活动，也是来疆博士后人员最多的一次。在活动前期，新疆昌吉州征集到"数字化博物馆建设"等 123 个需求项目，涉及国际经济法与贸易、高分子材料、医疗卫生、环境科学等 80 余个专业。昌吉市各对接单位珍惜这次难得机会，积极争取与各位专家进行更多、更深入的交流和合作，认真做好项目洽谈和合作研发工作，不断提升自身科研实力和科技水平。

6.1.4 第 27 批中国博士后科技服务团江西南昌行

2016 年 10 月 19 日，由全国博士后管委会办公室、中国博士后科学基金会、江西省人力资源和社会保障厅主办，南昌市人力资源和社会保障局承办的第 27 批中国博士后科技服务团江西行活动启动仪式在南昌市举行。这是自 2014 年 7 月 30 日第 9 批中国博士后科技服务团江西南昌行、2015 年 7 月 28 日第 16 批中国博士后科技服务团江西宜春行之后，连续第 3 次组团来到江西省开展科技服务活动。中国博士后科学基金会基金管理处处长陈颖、江西省人力资源和社会保障厅副厅长庄文明、南昌市政府秘书长朱敏华出席启动仪式并讲话。中国博士后科学基金会、江西省省博管办有关负责同志，来自清华大学、北京科技大学、上海交通大学、华中科技大学、同济大学、中国科学院等高校和科研单位的 15 位服务团成员，南昌、九江两市人力资源和社会保障局领导和专业人员管理科科长，有关对接单位负责人，共 70 余人参加了活动启动仪式。

启动仪式后，来自北京、上海、湖北、重庆等 11 个省（直辖市）的多所著名高校和科研院所的 15 名博士后研究人员，分别与江铃汽车集团公司、方大特钢科技股份有限公司等 11 个单位进行科技项目对接（见图 6—2），围绕 20 个研发项目进行洽谈，对接项目和研究范围涉及汽车、冶金、机械、建筑、环保、农业等多个领域。②

6.1.5 第 28 批中国博士后科技服务团河北固安行

2016 年 10 月 28 日，由全国博士后管委会办公室、中国博士后科学基金会、河北省人力资源和社会保障厅主办，廊坊市人力资源和社会保障局与固安县政府承办的第 28 批中国博士后科技服务团河北固安行活动在廊坊市固安

---

① 第 26 批中国博士后科技服务团新疆昌吉行启动 [EB/OL]. 新华网, http://www.xinhuanet.com/2016 - 09 - 22.

② 第 27 批中国博士后科技服务团江西行活动启动仪式在南昌市举行 [EB/OL]. 江西人民政府网站, http://jiangxi.gov.cn/2016 - 10 - 25.

图6—2　第27批中国博士后科技服务团与方大特钢技术人员交流

县举行活动启动仪式。中国博士后科学基金会、河北省人力资源和社会保障厅专业技术人员管理处、廊坊市人力资源和社会保障局、固安县政府相关领导出席启动仪式并讲话。这是中国博士后科技服务团在河北省首次举办科技服务活动,旨在深入了解河北固安,为河北固安奉献科研成果、才华知识、真知灼见,实现科研成果与运用推广深度融合,切实解决技术难题。在为期2天的活动期间,中国博士后科技服务团的16名博士后研究人员,为河北固安12家企业解决了29个技术项目难题,受到相关企业的高度评价(见图6—3)。①

6.1.6　第29批中国博士后科技服务团黑龙江齐齐哈尔行

2016年11月2日,由全国博士后管委会办公室、中国博士后科学基金会、黑龙江省人力资源和社会保障厅联合主办,齐齐哈尔市政府、齐齐哈尔市人力资源和社会保障局共同承办的第29批中国博士后科技服务团黑龙江齐齐哈尔行活动启动仪式在齐齐哈尔市举行(见图6—4)。中国博士后科学基金会、黑龙江省人力资源和社会保障厅、黑龙江省高级专家服务中心、齐齐哈尔市政府和市人力资源和社会保障局、市第三产业办公室以及各县(市)区人力资源和社会保障局的相关领导、需求项目企业负责人参加启动仪式。

---

① 第28批中国博士后科技服务团河北固安行在廊坊市固安县举行活动仪式[EB/OL]. 河北人社厅网, http://www.hbrsw.gov.cn/2016-10-31.

图6—3　第28批中国博士后科技服务团为固安相关企业解决科技难题

图6—4　第29批中国博士后科技服务团齐齐哈尔行活动仪式现场

启动仪式结束后,来自中国科学院、中国农业科学院、国家体育总局冬季运动管理中心、黑龙江省农业科学院等9个科研院校的15位专家和博士后研究人员,本着促进博士后研究人员科研成果转化、推进经济社会更快更好地发展的目标,通过项目对接、科研成果转让、技术服务等形式,推动产、学、研结合,为齐齐哈尔提供智力和科技支持。博士后研究人员自带的12个科技项目与齐齐哈尔市相关单位对接成功。服务团各位专家和博士后还就齐齐哈尔市农业、环保、食品加工、物联网、体育产业等领域的需求进行交流、洽谈，就相关企业关心的技术和难题把脉问诊、建言献策，帮助他们解决了一批科技难题。①

6.1.7　第30批中国博士后科技服务团广东珠海行

2016年10月26日，由全国博士后管委会办公室、中国博士后科学基金会、广东省人力资源和社会保障厅主办，珠海大横琴科技发展有限公司承办的第30批中国博士后科技服务团广东珠海行活动仪式在"横琴·澳门青年创业谷"举行（见图6—5）。此次活动，目的是引导博士后走向基层、走向生产一线，将科技创新成果直接服务于地方经济社会发展。科技服务团的专家和博士后，对珠海正在运营的智慧城市基础设施建设、基于大数据的智慧政务系统、智慧城市管理系统、智慧口岸管理系统等一大批科技含量高又涉及新技术领域的项目抱有浓厚兴趣，愿意施展满腔的知识和抱负为其提供智力支持。

图6—5　第30批中国博士后科技服务团珠海行启动仪式

在为期3天的活动中，来自北京大学、清华大学、上海交通大学、北京航空航天大学、广州中医药大学、北京工业大学等高校博士后科研流动站的25名博士后，分别与珠海大横琴科技发展有限公司、珠海云洲智能科技有限公司、珠海优特电力科技股份有限公司等11家企业的27个项目进行对接，内容包括基于大数据人口流动的热图信息采集与智能处理系统的研究及应用、

---

① 博士后科技服务团走进鹤城［EB/OL］．黑龙江新闻网，http://www.hljnews.cn/2016-11-05．

"互联网+"横琴时空大数据智慧云平台、无人船的控制平台关键技术等,均是珠海市企业正在研究和攻关的重大项目。①

6.1.8 第31批中国博士后科技服务团四川遂宁行

2016年11月24日,由全国博士后管委会办公室、中国博士后科学基金会、四川省人力资源和社会保障厅主办,遂宁市委、市政府承办的第31批中国博士后科技服务团四川遂宁行活动正式启动(见图6—6)。遂宁市委常委、常务副市长向此德代表市委、市政府在启动仪式上致欢迎辞。他希望各位博士后充分发挥自身优势,关心和支持遂宁的发展建设,积极建言献策,帮助遂宁破解发展难题,为遂宁的改革发展注入新理念、增添新动力、提供新支撑。启动仪式结束后,来自清华大学、北京大学、中国科学院、电子科技大学等高校和科研机构的20名博士后,奔赴遂宁市各区县科技园区和20余家企业,上门开展"一对一"科技服务,破解各种技术难题,内容涉及城乡规划、环境科学、微电子、材料科学与工程等专业领域。②

图6—6 第31批中国博士后科技服务团四川遂宁行活动现场

---

① 第30批中国博士后科技服务团广东珠海行活动在横琴启动 [EB/OL]. 闽南网, http://www.mnw.cn/2016-10-26.

② 第31批中国博士后科技服务团四川遂宁行活动正式启动 [EB/OL]. 人民网四川频道, http://sc.people.com.cn/2016-11-24.

四川遂宁城市优美、环境宜人，是中国十佳宜居城市，是西部唯一的国家海绵城市建设试点地级市，拥有全球绿色城市、国际花园城市、国家卫生城市、中国优秀旅游城市等20余张城市名片。遂宁地处蓉渝中心，区位优势明显，交通便利，90分钟交通圈覆盖成都、重庆及周边地区1.2亿人口。遂宁历史文化悠久，观音文化、宋瓷文化、诗酒文化等文化资源丰富、底蕴深厚，影响深远。近年来，遂宁坚持绿色发展，电子信息、天然气、机电与装备制造等新兴产业迅速发展，食品、纺织等传统产业加快转型升级，经济保持了良好的发展势头。

6.1.9 第32批中国博士后科技服务团广西百色行

2016年11月30日，由全国博士后管委会办公室、中国博士后科学基金会、广西壮族自治区人力资源和社会保障厅主办的第32批中国博士后科技服务团广西百色行活动正式启动（见图6—7）。此次活动旨在为百色产业创新发展找到良方，带动当地经济发展尤其是为当前的脱贫攻坚工作助力。同时，还将通过此次活动进一步搭建产、学、研合作交流平台，为博士后科技项目转化、为企事业单位与科研院所进一步合作牵线搭桥。百色市市长周异决、广西壮族自治区人力资源和社会保障厅党组成员、广西壮族自治区公务员局局长、广西壮族自治区外国专家局局长蒋劼出席启动仪式并致辞。

图6—7　第32批中国博士后科技服务团百色行活动现场

百色市市长周异决代表百色市委、市政府和全市各族人民对各位博士后莅临百色考察指导、助力老区创新发展表示热烈欢迎和衷心感谢。他说，人才是推动经济发展和社会进步的重要力量。一直以来，百色市都十分重视人才工作，始终坚持"人才强市"战略，不断加大人才的引进和培养力度。特别是近年来，百色市依托重点产业、重点项目、重点学科和优势企事业单位，先后建立了现代农业、铝冶炼、临床医学、煤炭、铝产业、茶叶产业、烤烟产业、经济社会发展研究等8个人才小高地，有力促进了百色科技进步，为经济社会发展提供了智力支持和人才保障。当前，百色已经进入全面建成小康决胜阶段，对先进科技的需求更加旺盛，对高层次人才的引进更加紧迫，同时也为人才发展提供了更加广阔的空间。这次科技服务活动对百色来说是一场及时雨。周异决希望，各位博士后能够用己所长、尽己所能，为各需求项目单位以及百色市经济社会发展建言献策，在各自熟悉的领域给予百色更多的指导和帮助。同时也希望博士后通过这次服务活动，进一步增进对百色的了解，一如既往地关心、关注和帮助、支持百色革命老区的发展。

蒋劼局长对人力资源社会保障部、全国博士后管委会办公室、各位博士后对广西高层次人才工作的支持表示感谢。科技服务团成员清华大学博士后彭禄代表在发言中表示，此次活动是博士后发挥专业所长，服务社会的良机，要发扬厚德载物、自强不息的精神，担负起研究者的责任，围绕项目单位急需破解的课题开展调查研究，为百色各项事业添砖加瓦，为百色美好的明天共同努力。

启动仪式结束后，来自全国著名院校、科研院所及标杆企业的博士后科研流动站、科研工作站的19名博士后，结合自身专业特点，深入百色相关工业园区、基层企事业单位开展技术指导服务，专业涵盖与百色市经济社会发展密切相关的农业、矿业、经济学、医学等多个领域。①

6.1.10 第33批中国博士后科技服务团云南玉溪行

2016年12月6日，由全国博士后管委会办公室、中国博士后科学基金会组织的第33批中国博士后科技服务团云南玉溪行活动启动仪式在江川举行。玉溪市委常委、副市长尚建华在启动仪式上讲话，对中国博士后科技服务团一行的到来表示欢迎，并简要介绍了玉溪的市情概况。尚建华说，此次活动是玉溪市拓宽高层次人才引进渠道，引进先进理念、先进技术，搭建生态环境保护研究新平台的一个重要举措，他希望通过项目对接交流，各位博士后能对玉溪市提供更多的帮助与支持，促进玉溪市生态环境保护工作再上一个新台阶，推进玉溪市经济社会的发展。

此次活动开展之前，云南玉溪市林业局、农业局、抚仙湖管理局、江川区环保局、通海县环保局等单位，认真筛选出湿地野生动物栖息地生态

---

① 第32批中国博士后科技服务团广西百色行活动正式启动［EB/OL］. 中国新闻网, http://www.gx.chinanews.com/2016-12-04.

系统恢复研究及外来物种防控研究、湿地监测体系建设研究、高原湖泊地下水与湖泊水力交互关系研究、湖泊流域生态环境保护与经济社会发展研究、高原深水湖泊入湖河水多级人工湿地深度净化技术研究与示范、运用农业技术治理污染湖泊技术研究、蓝藻应急处置及资源优化利用、水葫芦削减水体氮磷及资源化处理、农业面源污染治理等需求项目。活动中，来自中国科学院、中国林业科学研究院、清华大学环境学院等9所高校及科研单位的13名博士后与玉溪市有关单位进行了8项科技项目对接，就生态系统恢复、湖泊保护治理、农业面源污染治理等领域的需求与玉溪市相关单位进行交流、洽谈、服务，对技术难题把脉问诊，解决需求项目单位在发展中存在的技术难题。①

6.1.11 第34批中国博士后科技服务团山东蓬莱行

2016年11月28日，中国博士后科学基金会下发《关于组织博士后参加第34批中国博士后科技服务团（山东蓬莱行）活动的通知》，确定组织第34批中国博士后科技服务团赴山东蓬莱开展科技服务活动，要求已取得一定科研成果、掌握一定专利或技术项目、目前在站的博士后研究人员报名参加，由中国博士后科学基金会对报名情况进行汇总后交需求项目单位。对达成初步合作意向的博士后研究人员，由活动主办方发邀请函，并组织赴山东蓬莱进行实地项目对接服务。2017年1月中旬，确定参加第34批中国博士后科技服务团山东蓬莱行的博士后研究人员，应邀来到中粮集团与隆华集团合资兴建的君顶酒庄，围绕科技成果转化、酿酒葡萄提质提量等方面进行对接。活动期间，博士后研究人员与君顶酒庄的技术骨干进行了座谈交流，将自己掌握的葡萄种植技术、花色苷萃取技术进行了分享，并解答了企业技术人员的疑问。随后，参加科技服务活动的博士后来到葡萄园，现场指导葡萄树的修剪增产工作。②

另据报道，中国博士后科技服务团首次赴山东蓬莱行活动于2016年1月6日上午在山东蓬莱市举行启动仪式，人力资源社会保障部留学人员和专家服务中心副主任、中国博士后科学基金会副秘书长邱春雷，中国人民大学经济学院区域与城市经济研究所所长、博士后合作导师孙久文，蓬莱市市委副书记杨升岩，市委常委、常务副市长张祖玲，市委常委、组织部长李少娜出席

---

① 中国博士后科技服务团玉溪行启动 [EB/OL]. 云南网，http://yuxi.yunnan.cn/2016-12-07.
② 此次活动是列入2016年中国博士后科技服务团科技服务计划内的活动，推迟到2017年1月中旬组织实施，具体日期、参加博士后人数、对接单位和对接项目数量不详。参见：第34批中国博士后科技服务团走进君顶酒庄 [EB/OL]. 蓬莱市人民政府网站，http://www.penglai.gov.cn/2017-01-16.

启动仪式。此次蓬莱行活动，共有 18 名博士后与蓬莱市 11 家企业进行 21 个科技项目的洽谈对接，并现场进行技术指导。①

6.2 2016 年其他博士后科技服务活动的情况

2016 年，除集中组织的 11 批次中国博士后科技服务团活动外，中国博士后科学基金会和各地人力资源和社会保障厅（局）、相关高等院校、科研院所还组织开展了其他一些科技服务活动，受到有关政府部门的欢迎和相关企业的好评。

6.2.1 山东大学博士后科技服务沂水行

2016 年 4 月 27—28 日，由山东省人力资源和社会保障厅、山东大学主办的"万名专家服务基层行动计划暨山东大学博士后沂水行活动"在沂水县举行。本次活动旨在贯彻中国博士后工作会议精神，助推革命老区跨越式发展。沂水县根据县域经济发展实际，重点遴选了 34 项重点人才需求项目，涉及化学化工、生物能源、生物工程等领域。在项目对接的基础上，山东省人力资源和社会保障厅、山东大学联合邀请长江学者特聘教授、国家杰出青年基金获得者、山东大学化学与化工学院院长郝京诚、泰山学者海外特聘专家、临沂大学特聘教授刘敬权，教育部新世纪优秀人才、临沂大学教授李雪梅以及来自山东大学的 10 名博士后研究人员对接指导，为沂蒙老区的跨越式发展提供人才智力支持（见图 6—8）。

图 6—8　山东大学博士后深入沂水相关企业车间一线指导

---

① 此次活动应是列入 2015 年中国博士后科技服务团科技服务计划内的活动，推迟到 2016 年 1 月 6 日组织实施。参见：中国博士后科技服务团山东蓬莱行活动启动［EB/OL］．蓬莱信息港，http://www.penglai.com.cn//2016－01－07.

参加此次活动的各位专家和 10 名博士后,分赴山东泓达集团、鲁洲生物科技有限公司、山东鼎欣生物科技有限公司、山东沂蒙山酒业有限公司、山东玻纤集团有限公司、山东隆大生物工程有限公司等单位,围绕企业发展的关键、技术难题及转型困境,充分发挥专长,积极建言献策,为企业产品研发和创新发展提出了宝贵意见和建议,多名专家、博士后与企业达成初步合作意向,很多企业负责人表示将专程赴专家、博士后所在单位开展对接,洽谈下一步合作事宜。①

6.2.2 中国科学院博士后寿光科技服务行

2016 年 8 月 27—28 日,中国科学院博士后寿光科技服务行活动在山东省寿光市举行,来自中国科学院的 60 多名博士后和专家到寿光对接交流,分布在化学工程、新材料、微生物、电子信息、农业经济等 17 个领域,寿光市 51 家相关领域的企业参加对接交流。

活动中,寿光市委书记朱兰玺向参会博士后和专家做出五点承诺和希望,一是全力支持中国科学院博士后联谊会和各位博士后以各种形式与寿光展开合作;二是全力支持各位博士后人才来寿光立业安家;三是在科技研发过程中,各专家人才及所在的科研院所研究内容与寿光产业发展相符合的,将深入开展产、学、研合作,全力提供试验基地等科研平台或载体;四是在与寿光产业发展战略相关的科研成果申报过程中,全力提供合作企业或其他合作载体;五是参加活动的博士后将被聘为寿光发展创新人才顾问,希望各位人才成为寿光"以才招才""以智引智"的纽带,搭建起寿光与外界的合作之桥、友谊之桥。另外,寿光市还将为落户博士后在项目扶持、住房保障、子女入学等方面提供全方位服务保障。

活动期间,中国科学院博士后联谊会秘书长衣冰和寿光市委副书记、市长赵绪春分别代表中国科学院博士后联谊会和寿光市人民政府签署合作协议。根据协议,双方将围绕寿光企业发展需求和中国科学院博士后联谊会的人才、技术优势,开展互惠共赢合作,吸引优秀成果在寿光市落地转化,助推"产业强市"战略实施。活动还邀请中国科学院化学研究所郭玉国研究员和中国科学院植物研究所梁振昌研究员,分别以"高性能二次电池及其关键材料"和"中国葡萄产业现状与对策"为题做了报告。与会专家、博士后参观了寿光市部分企业和科技项目,与相关企业就创新创业项目进行对接洽谈。通过本次科技行活动,进一步增强了中国科学院博士后与地方政府、企业的交流,

---

① "万名专家服务基层行动计划·山东大学博士后沂水行"活动成功举办 [EB/OL]. 山东人社厅网, http://www.sdhrss.gov.cn/2016 – 05 – 04.

通过项目对接让科技成果能够真正地落地转化。①

中国科学院在管理体制、人才队伍、培养体系、科研工作等方面具有雄厚的实力，而寿光市有着非常好的创新历史和基础。通过本次活动，可以充分发挥中国科学院的研发优势和人才优势，为增强寿光市企业自主创新能力，加快推进实施"产业强市"战略，提供强有力的科技、人才支撑。同时，也可以充分发挥寿光市的区位优势和市场优势，推动中国科学院博士后科研成果的转移转化，为国家培养更多的高层次专业人才。

6.2.3　全国博士后科技扶贫六安金寨行

2016年9月21—22日，由全国博士后管委会办公室、中国博士后科学基金会、南京航空航天大学、南京总医院、安徽省六安市金寨县联合主办的"全国博士后科技扶贫研讨会"在六安金寨县隆重召开。研讨会由金寨县委常委、副县长薛万里主持。来自有关省（自治区、直辖市）人力资源和社会保障厅（局）、博士后设站单位、企事业单位领导、著名高校专家以及博士后代表共40余人汇聚一堂，紧紧围绕充分发挥博士后群体在科技扶贫、智力扶贫、人才扶贫等方面优势深入展开研讨交流。

开幕式上，金寨县政府副县长张金全简要介绍了金寨县的历史沿革、风土人情、革命传统和经济社会发展情况。他说，金寨县地处皖西大别山腹地，是安徽省面积最大、人口最多的国家级贫困县，是著名的革命老区，中国第二大将军县，也是淠河、史河两大河流的发源地。南京航空航天大学副校长黄志球介绍了该校的学科建设、科研成果、博士后科研队伍情况，安徽省六安市军分区政治部主任赵克信介绍了六安市的市情。人力资源社会保障部专业技术人员管理司博士后处处长、全国博士后管委会办公室副主任刘连军对此次博士后科技扶贫研讨活动的筹备工作给予肯定，认为此次活动坚持把务虚与务实结合起来，集中研讨如何充分发挥全国博士后群体在扶贫攻坚中的优势，不仅能有效解决像金寨这样的贫困地区经济社会发展诸多难题，而且能极大促进博士后们科技项目对接和成果转化，有利于推动博士后事业的发展。之后，泰通科技公司总工程师陈建平宣读了"点对点义捐网"战略合作协议，有关博士后管理工作部门负责人就"淠史杭工程历史和淠史杭精神研究"课题立项进行了说明，并介绍了《中国博士后发展蓝皮书》及《中国博士后发展蓝皮书·系列报告》的编纂情况。

开幕式结束后，与会领导、专家和博士后代表紧紧围绕"博士后科技扶

---

① 中国科学院博士后寿光科技行活动成功举办 [EB/OL]. 中国科学院网站, http://www.pe.cas.cn/2016 - 09 - 08.

贫"这一主题展开研讨交流。金寨县委党校、金寨县卫生与计划生育委员会、安徽利民生物科技股份有限公司等单位，分别对高层次人才需求状况进行了详细介绍，指出了当前县域扶贫工作存在的人才学历低、学科建设不足、人才培养体系不完善、高层次人才短缺，以及企业设备老化、科技含量不高等方面问题。与会代表认为，金寨县区位优越、资源富集，要充分发挥博士后群体在人才扶贫、智力扶贫、科技扶贫的优势，加强产业、技术、人才服务对接，加快老区的精准脱贫攻坚步伐。会议期间参会人员还参观了金寨县革命博物馆，实地调研了茶叶种植和加工情况（见图6—9）。

图6—9　参加金寨行的专家和博士后深入麻埠镇调研科技扶贫情况

参加金寨行的专家和博士后认为，为深入贯彻落实习近平总书记视察安徽时的重要讲话精神，加快推进精准扶贫步伐，突出科技扶贫、智力扶贫、人才扶贫，要充分利用现代科技手段，采用互联网+扶贫新模式，通过构建类似"点对点"义捐平台，进一步增强公益义捐的透明度，减少捐赠中间环节，提高公益捐赠效率和实际效益。①

6.3　博士后科技服务活动的总体分析与建议

2016年，无论参加中国博士后科技服务团还是其他科技服务活动的专家

---

① "全国博士后科技扶贫研讨会"在六安金寨县隆重召开［EB/OL］. 金寨县人民政府网，http://rsj.ahjinzhai.gov.cn/2016-09-22.

和博士后研究人员，都能充分发挥自己的聪明才智，积极为当地提供科技服务，为企事业单位解决科技难题，取得了明显成效。

（1）领导高度重视，活动组织严密。2016年，人力资源社会保障部、全国博士后管委会对组织开展博士后科技服务活动十分重视，组织每批中国博士后科技服务团之前，都由全国博士后管委会办公室、中国博士后科学基金会下发专门通知，明确报名参加中国博士后科技服务团的条件（通常为在站博士后研究人员，并已取得一定科研成果、掌握一定专利或技术项目），要求申请人根据中国博士后科技服务团的具体活动项目，认真填写汇总表和报名表，上报拟对接项目序号、姓名和设站单位。对拟参加中国博士后科技服务团的博士后研究人员，经过各有关设站单位严格遴选认真审核后报至中国博士后科学基金会，在对报名情况进行汇总后交需求项目单位。需求项目单位筛选后，通过电话或E-mail方式与报名人员初步对接。对于达成初步合作意向的博士后研究人员，由活动主办方发出邀请函，组织其赴实地进行科技项目对接并解决难题。2016年，中国博士后科技服务团所到之处，受到了当地博士后管理部门、政府、企事业单位领导的热情欢迎，普遍开展了活动启动仪式。相关省（自治区、直辖市）博士后主管部门领导、当地政府分管领导亲临现场讲话，有的领导全程参加活动。为促进博士后科研成果转化、科技项目对接，积极为地方经济发展贡献力量，全国各设站单位积极鼓励和支持在站博士后参加中国博士后科技服务团活动，对于入选科技服务团的博士后在优秀博士后评选、中期及出站考核等方面给予加分，有效促进了博士后科技服务活动的持续顺利进行。

（2）服务主题鲜明，活动重点突出。从2016年全国博士后管委会办公室、中国博士后科学基金会组织的中国博士后科技服务团活动情况来看，虽然每批活动的具体地点不同、服务内容有别，但都围绕着一个共同主题，即充分发挥全国博士后人才优势，通过广泛深入开展科技服务活动，有效促进地方经济社会发展，同时帮助博士后实现科技项目对接、科研成果转化。紧密结合全国各地特别是中西部地区的实际，中国博士后科技服务团开展科技服务活动重点均有不同。例如，中国博士后科技服务团博士后河南信阳行活动，旨在推动人才引进，搭建项目对接，加快科技攻关步伐；宁夏中卫行活动，旨在实现项目对接并开展技术服务；齐齐哈尔行活动，旨在通过项目对接、科研成果转让、技术服务等形式，推动产、学、研结合，促进成果转化，提供智力和科技支持；江西南昌行活动，旨在促进科技成果转化；新疆昌吉行活动，旨在为新疆经济社会发展做贡献；河北固安行活动，旨在深入固安，贡献科研成果、才华知识和真知灼见，实现科研成果与运用推广深度融合，解决技术难题；广东珠海行活动，旨在引导博士后走向基层以及生产一线，将科技创新成果直接服务于地区的经济社会发展；全国博士后金寨科技扶贫活动，旨在实现科技扶贫、智力扶贫、人才扶贫；中国科学院寿光科技行活动，旨在通过对接让科技成果能够真正落地转化；山东大学博士后沂水行活动，旨在贯彻中国博士后工作会议精神，助推革命老区跨越式发展。

（3）各方配合联动，活动成果显著。2016年，除全国博士后管委会办公室、中国博士后科学基金会集中组织的11批中国博士后科技服务团活动之外，中国科学院、山东大学、南京航空航天大学、南京总医院等设站单位也分别组织在站博士后为地方开展科技服务活动，并取得明显成效。回望2016年的博士后科技服务活动，不仅上下相互联动，而且左右之间的配合也很密切，博士后科技服务活动主办和承办方，及时与当地政府、企业事业单位特别是具体需求项目单位沟通对接。例如，第24批中国博士后科技服务团河南信阳行活动开始前，信阳市农科院、信阳市林学院、信阳职业技术学院附属医院、河南羚锐制药有限公司、河南华英农业发展股份有限公司、河南黄国粮业股份有限公司10个单位，共收集整理38项需求项目，为科技服务团有针对性开展科技服务活动提供了依据。第26批中国博士后科技服务团新疆昌吉行活动前期，新疆昌吉州有关部门，通过各种渠道先后征集到"数字化博物馆建设"等123个需求项目，涉及国际经济法与贸易、高分子材料、医疗卫生、环境科学等80余个专业，由于前期准备工作充分，保证了此次科技服务活动取得实效。再例如，全国博士后金寨科技扶贫活动之前，主办方通过多种渠道获取了金寨县委党校、金寨县卫生与计划生育委员会、安徽利民生物科技股份有限公司等单位的30多项专业人才和技术需求，促使博士后科技扶贫更具针对性、实效性。据不完全统计，2016年中国博士后科技服务团及其他博士后科技服务活动，先后帮助全国各地特别是中西部地区有关政府部门找到急需高层次青年科研人才105名，有165名在站博士后的167项科研项目成果与产业实现有效对接，帮助当地企业事业单位解决科技难题147个，提升了相关企业的核心竞争力，促进了当地经济、社会健康发展。

（4）美中尚有不足，后效有待巩固。2016年，全国博士后管委会办公室、中国博士后科学基金会有计划分期组织的各批次中国博士后科技服务团活动总体进展顺利、实际成效明显，但有个别批次没能按计划如期进行，相关报道不及时，信息发布不详。此外，2016年除中国科学院、山东大学、南京航空航天大学、南京总医院等设站单位外，其他地区、高等院校、科研院所自行组织的博士科技服务活动不多，特别是中西部地区对组织本部门、本系统和本单位在站博士后开展科技服务团活动不积极。有的地方可能也组织开展了博士后科技服务活动，但由于没有公开信息或信息发布不及时，人们很难了解到相关情况。为此建议，今后在继续组织中国博士后科技服务团活动的基础上，要积极鼓励、大力支持更多地方、更多博士后设站单位有计划分期组织博士后开展科技服务活动，进一步推动全国各地科技创新，促进地方经济社会发展，同时促进博士后科研项目有效对接、科研成果及时转化。对在2016年博士后科技服务活动中已经帮助一些企事业单位解决的科技难题要跟踪问效，防止有的问题反弹。对2016年在站博士后已经对接的一些科研项目、初步转化的科研成果，要采取有力措施进行督查，防止出现虎头蛇尾现象。对组织博士后开展科技服务活动的相关信息，要通过各种渠道和媒体及时公开发布，以利人们及时了解相关活动的动态，扩大中国博士后科技服务团活动的影响力。

6.4 2016年全国博士后联谊活动集萃

2016年各省（自治区、直辖市）博士后联谊会、各博士后设站单位联谊会分别组织了学术研讨会、报告会、科技洽谈会、趣味运动会、户外拓展训练等形式多样的联谊活动，进一步加强了在站博士后研究人员的联系和了解，增进了博士后之间的友谊和互助合作。以下选取2016年全国部分博士后联谊活动并按时间顺序加以报告。

6.4.1 特华公司博士后联谊会成功举办

2016年1月16日下午，第二届特华投资控股有限公司（以下简称特华公司）博士后联谊会在北京五洲大酒店举行。特华公司博士后科研工作站站长李光荣博士、研究总指导李茂生教授、执行站长王力博士、管理办公室主任滕素静、第二届特华公司博士后联谊会理事长张领伟以及几十名特华博士后参加了联谊会。

联谊会由特华公司博士后管理办公室主任滕素静主持，李光荣站长向第14批优秀博士后代表邹传伟博士颁发了荣誉证书，向出站博士后颁发了特华博士后科研工作站研究员聘书。

在理事会增选环节，理事长张领伟宣读了特华公司博士后联谊会增选成员候选名单，提议增选郜亮亮博士、姚良博士为学术交流部副部长，邹传伟博士为外联部副部长，梅雪松博士为深圳分会会长。候选名单经在场博士后一致表决通过。随后，当选成员分别发表了感言。

在自由讨论环节，张领伟、李清娟、梅佳、丁玉龙、罗鸣、祝玉坤、裴力、苏薪茗等博士后分别提出了对工作站以及博士后联谊会下一步工作的计划和方向。

最后，李茂生教授根据自身多年对经济学的研究心得，就经济学家的处事方法以及经济学研究方法向大家作了生动的阐述，提出要"读万卷书、行万里路"。李光荣站长结合自身经历，从知行统一的角度强调了认识世界的重要性，并提出要在实践中多创造交流的机会。①

6.4.2　华中科大成功举办博士后趣味运动会

2016年2月10日，由华中科技大学人事处、博士后管理办公室主办，华中科技大学博士后联谊会承办的"华中科技大学博士后趣味运动会"在主校区操场上成功举办，200余位博士后及其家属参加了该项活动。运动会坚持以"和谐、友谊、健康、快乐"为主题，各位博士后及家属积极报名并参加了个人项目绿箭侠、掷沙包、快乐大脚和欢乐跳跳，以及袋鼠运瓜、摸石过河、螃蟹背瓜和两人三足等多项趣味运动。博士后们将平时科研工作中的拼搏劲头用在了比赛中，同时又在家庭项目和集体项目中展现出精诚合作、相互鼓励的作风，比赛场成为一片欢乐的海洋。赛后大家普遍觉得，此次活动促进了和谐校园建设，丰富了博士后文化生活，缓解了工作及学习压力，加深了博士后之间的了解，促进了博士后交流合作，有助于培养合作精神和提高健康水平。②

6.4.3　中国科学院地理资源所举办博士后科技洽谈会

2016年3月18日，为加强同山东省寿光市的人才交流与科技服务，中国科学院地理资源研究所在北京召开博士后科技洽谈会（见图6—10），与来访的寿光市组织部副部长葛树涛、市科技局副局长杨炳辉等一行人进行了座谈。中国科学院博士后联谊会理事长蔡亚春、副理事长陈印政以及全所博士后联谊会全体理事成员出席了此次洽谈会。

中国科学院地理资源研究所副所长封志明对各位来宾表示欢迎，阐述了中国科学院新时期"三个面向""四个率先"的办院方针和研究所"率先行动"计划的实施方案，表明"博士后科技行"活动契合"面向国民经济发展主战场"的时代发展要求。封志明表示，中国科学院地理资源研究所会全力

---

① 2016特华博士后联谊会顺利举行［EB/OL］. 特华博士后科研工作站网，http://www.tehua.org/2016-01-19.

② 华中科技大学博士后趣味运动会成功举行［EB/OL］. 华中科技大学网，http://postdoctor.hust.edu.cn/2016-03-23.

图 6—10　中国科学院地理资源研究所博士后科技洽谈会现场

支持博士后服务地方政府经济社会发展，希望该所博士后联谊会与寿光市的合作能落到实处，并强调地理资源研究所博士后学科优势明显，能够根据地方政府与广大中小企业的实际发展要求，提供合适的科技服务与政策建议。会谈中，封志明强调地理资源研究所在盐碱地治理和土壤修复方面都积累了大量科研成果与技术经验，在着力解决问题同时，可以进一步提高土壤质量，从而提高农作物质量，优化产品品质，增进土地收益。

　　山东省寿光市组织部副部长葛树涛充分肯定了中国科学院博士后队伍的科研实力，尤其是对地理资源研究所在盐碱地治理、土壤修复等方面的国内领先水平给予了高度关注，并对未来合作提出了深切的期望。葛树涛和杨炳辉随后简要介绍了寿光市的基本情况，着重强调了北部盐碱地治理问题、针对化肥和农药残留的土壤修复等对人才和技术的迫切需求，以及寿光市政府对引进高层次创新创业人才的"双百计划"，重点介绍了坐落在寿光市的潍坊科技学院以及寿光市软件园海外学子创业园。

　　洽谈会听取了《地理资源研究所博士后介绍》《中国科学院博士后介绍》两个专题报告，地理资源研究所博士后联谊会理事长柴思跃博士以"助力创新驱动"为主题，阐明了所博士后人才特点与优势。中国科学院博士后联谊会理事长蔡亚春博士简要介绍了中国科学院博士后队伍整体的基本情况，表明中国科学院博士后联谊会致力于为博士后服务地方政府和中小企业搭建更加广阔的交流平台，并以 2015 年江苏淮安"博士后科技行"活动为例，详细介绍了科技行目标、内容、活动方式、组织优势和实施效果等。随后，双方就开展"联合培养博士后""组织博士后挂职""博士后科技行"活动进行了深入的交流和讨论，并就下一步开展"博士后科技行"活动的具体计划、组织筹备、时间节点、人才对接等方面交换了意见，洽谈会在热烈气氛中圆满结束。①

6.4.4 中国科大举办第二季"相约科大、幸福一生"单身青年联谊活动

2016年4月23日，由中国科学技术大学女知识分子联谊会、校团委主办的第二季"相约科大、幸福一生"单身青年联谊活动，在大学西区学生活动中心举办，来自中国科学技术大学、合肥工业大学、安徽大学3所高校以及合肥物质科学研究院等单位70余名适龄单身青年博士后参加了联谊活动。活动以圆桌交流为主，座位轮换，辅以互动和游戏，通过自我介绍、破冰游戏、真情告白、8分钟交友等互动环节，为单身青年男女制造相互认识、加深了解的机会，也让每一名单身青年都有机会面对面交流并展示自己，全场气氛温馨而活跃。参加此次活动的一位女博士后称，本次活动参加人员素质较高，人数控制合理，给了大家更多的交流时间，现场氛围温馨和谐，活动效果很好。一位安徽大学教师坦言自己是典型的宅男，平时工作也很忙碌，认识异性的机会较少，非常高兴能有这个机会来到这样的平台认识很多高素质的异性。此外，现场的工作人员很热心，服务也很周到，非常感谢主办方，谢谢他们的付出。一位"90后"男青年说，自己原本打算来"打酱油"，但是在现场竟然真的遇到了心仪的女生，非常感谢主办方提供这么好的平台。②

据了解，中国科学技术大学"相约科大、幸福一生"单身青年联谊活动，由各单位单身教职工报名参加，主办方对名额分配和身份认证进行了严格的控制和审核。此次报名参加的单身男女多为高校和科研单位的科技英才、管理骨干。通过搭建这样一个情感交流平台，不仅能丰富单身青年男女的业余文化生活，而且能更好地展现青年人真诚、乐观、积极向上的精神风貌，给单身青年提供认识和交友的机会，增进彼此的了解和沟通。

6.4.5 2016北京博士后趣味运动会圆满落幕

2016年5月7日，由中国博士后科学基金会主办，北京博士后联谊会和北京体育大学共同承办的2016北京博士后趣味运动会在北京体育大学英东田

---

① 中科院地理资源所与寿光市政府顺利召开"博士后科技行"活动洽谈会 [EB/OL]. 中国科学院地理科学与资源研究所网站, http://www.igsnrr.ac.cn/2016-03-21.

② "相约科大、幸福一生"单身青年联谊活动在我校举办 [EB/OL]. 中国科学技术大学网站, http://ustc.edu.cn/2016-04-23.

径场隆重举行（见图6—11）。来自北京大学、清华大学、中国科学院、中国社会科学院以及解放军代表队等29家设站单位和天津代表队的1 200多名博士后及家属参加了本次趣味运动会，北京博士后联谊会理事长蔡亚春主持了开幕式。

图6—11　2016北京博士后趣味运动会开幕式一角

本次趣味运动会按照往年惯例，将比赛分为集体项目、个人项目、家庭项目和少儿项目4大类，更好地激发了博士后们的运动热情。赛场上，博士后运动员们一改平时从事科研工作的内敛沉静，散发着青春和活力，精神抖擞，斗志高昂，充分展现了博士后们不畏艰险、勇于挑战的精神。比赛现场，拉拉队员神采飞扬，加油助威声震耳欲聋。博士后亲属们的到来更是为激烈的赛场带来了轻松与欢笑。在赛场上忙碌的还有裁判、医护人员和志愿者们，正是他们的辛勤工作保证了运动会的顺利进行。整个运动会既充满趣味性，又充满了挑战性，经过激烈角逐，中国农业科学院代表队、解放军代表队和天津代表队获得了团体总分前三名。

据了解，北京博士后趣味运动会自2005年举办以来，每年一次已形成惯例，现已成为京津地区博士后们的盛大节日，为广大博士后们搭建了一个充分交流、展示自我和释放激情的重要舞台。本届运动会上，不少博士后携家人共同参加，一个个镜头闪耀着博士后们青春的身影，一幅幅画面传递着"家"的温馨，将成为博士后及家属们终生的美好回忆。①

---

① 2016年北京博士后趣味运动会圆满落幕［EB/OL］. 留学人员和专家服务中心网, http://www.zjzx.org.cn//2016 - 05 - 13.

6.4.6 中国科学院南京分院组织开展"博士后户外拓展训练"

2016年6月4日,中国科学院南京分院博士后联谊会组织开展了"博士后户外拓展训练",近30名来自南京土壤研究所、南京地理与湖泊研究所、南京地质古生物研究所、紫金山天文台、南京天文光学技术研究所、苏州纳米技术与纳米仿生研究所和苏州生物医学工程技术研究所的博士后参加了拓展训练。上午,训练队员在教练的带领下进行了团队组建(见图6—12),随后开展了"破冰之旅"和"珠行千里"活动,紫金山天文台褚哲、葛翀等博士后给参训队员讲解了宇宙的形成和演化,普及了外太空天文观测以及外星文明搜寻方面的知识。下午,参训队员一同前往句容市宝华山风景区,在"天然氧吧"和千年古寺中沉淀思绪,思索科研的真谛……此次活动,为青年科研人员提供了相互交流学习的机会,增强了锻炼身体的意识,提高了团队凝聚力,有助于博士后以更加积极、饱满、健康、向上的状态投入到科技创新工作当中。①

图6—12 "博士后户外拓展训练"团队组建仪式

6.4.7 清华大学组织博士后"真诚之约"活动

2016年6月18日,由清华大学博士后联谊会组织的清华大学博士后"真诚之约"活动在北京奥林匹克森林公园举行。20余位单身博士后参加了本次真诚之约活动。本次活动旨在服务清华大学单身博士后,促进大家的互相了解和交流。活动开始后,清华大学博士后联谊会首先组织大家进行了自我介

---

① 南京分院博士后联谊会成功举办博士后户外拓展训练[EB/OL]. 中国科学院网站, http://www.njb.cas.cn/2016-06-07.

绍，然后，各位博士后席坐在奥林匹克森林公园南园南门附近林木空地处，进行野餐、交流和猜谜游戏、体育游戏等活动。本次活动，为博士后互相认识搭建了平台，使博士后收获了友谊。

6.4.8 清华大学举办博士后中秋赏月暨联谊交流活动

2016 年 9 月 14 日晚，清华大学博士后中秋赏月暨联谊交流活动如期举行，来自清华大学不同院系的 30 余位博士后在校内荷塘"临漪榭"亭共度中秋佳节。"临漪榭"亭内布置了古典电式灯笼，准备了月饼水果等美食。清华大学博士后联谊会组织大家进行自我介绍、猜字谜和击鼓传花等活动。博士后积极参与并进行了各种才艺表演，胡浩博士弹奏了多曲古筝，别有一番中秋之味。还有博士后表演了唱歌、诗朗诵以及分享趣味计算机知识和营养、养生知识。活动还给大家准备了纪念礼品，美术学院魏佳博士将赞助八一电影制片厂《士兵突击》电影纪念的玩偶分发给所有参加活动的人员。本次活动增进了博士后之间的沟通交流。

6.4.9 第四届"创联教育"杯全国博士后网球总决赛

2016 年 9 月 23—25 日，由全国博士后管委会办公室、中国博士后科学基金会主办，北京体育大学、北京博士后联谊会承办的第四届"创联教育"杯全国博士后网球大赛总决赛隆重举行，来自全国 16 支代表队的近 300 名选手参加了本次大赛（见图 6—13）。

图 6—13 第四届"创联教育"杯全国博士后网球总决赛开幕式

本届比赛分为团体赛、男子单打比赛和双打比赛3大项,每个团体赛由男子双打(第1组)、混合双打、男子双打(第2组)3场单项比赛组成。参赛人员为在站及出站博士后研究人员、博士后合作导师及博士后工作管理人员。历经2个多月全国各大区的层层选拔和淘汰,清华大学、中国科学院(北京)、北京工业大学、北京建筑大学、黑龙江队、上海队、东南大学—南京科润一队、东南大学—南京科润二队、江苏省农业科学院、山东队、安徽队、武汉大学—武汉海特生物队、武汉体育学院、广东队、重庆队、解放军队等16支代表全国博士后最高网球水平的精英队伍汇聚在北京体育大学,参加全国总决赛。

9月23日上午,总决赛开幕。大会开幕式由全国博士后管委会办公室副主任刘连军主持,创联教育集团执行董事及董事会主席路行致辞,预祝选手们在比赛中取得佳绩。与此同时,奥运会冠军陈中、李婷、宫金杰也来到开幕式现场,为选手加油助威,并为大赛开球。在3天的激烈厮杀中,逆转好戏频频上演,各路选手奋力拼搏、高潮迭起。最终,林哲生(东南大学—南京科润一队)战胜同队战友刘超阳,夺得男子单打冠军,邰峰(北京工业大学)与戚其丰(东南大学—南京科润一队)并列第三名;武汉体育学院的黄浩军、潘兵战胜中国科学院的罗小安、于宗丙,获得双打冠军;安徽队朱家存、孙锐和解放军队潘志松、吴栋取得并列第三名的好成绩。东南大学—南京科润一队成为本届比赛的最大赢家,最终战胜山东队,荣获本次团体赛总冠军,武汉体育学院、江苏省农业科学院并列第三名。人力资源社会保障部留学人员和专家服务中心主任、中国博士后科学基金会秘书长夏文峰,北京体育大学校长、党委副书记池建,人力资源社会保障部留学人员和专家服务中心副主任、中国博士后科学基金会副秘书长邱春雷,国家体育总局科教司教育处处长隆胜军,创联教育集团执行董事及董事会主席路行等共同为获奖选手颁奖。本次总决赛不仅促进博士后的群众体育活动,而且推进了博士后研究人员这一高端智力人群之间的联谊和交流。①

6.4.10 中国科学院大连化物所组织博士后羽毛球混合团体决赛

2016年11月2日,中国科学院大连化学物理研究2016年羽毛球混合团体决赛暨颁奖典礼在该所化工楼礼堂举行。本次比赛旨在丰富博士后的业余生活,增进博士后之间的交流与友谊。按照往年惯例,本次比赛分为小组赛和淘汰赛两个阶段,最后进入决赛。决赛在15室1队和6室1队之间展开,

---

① 第四届"创联教育"杯全国博士后网球大赛总决赛圆满落幕[EB/OL]. 广东省博士后网,http://www.pap.org.cn/2016 - 09 - 27.

两支队伍均是首次进入决赛。整场比赛悬念迭起、精彩纷呈，场下球迷欢呼沸腾，焦灼紧张。15 室 1 队在混双和男双中技高一筹轻松获胜，6 室 1 队在女双比赛中不慎先失一局，随后连下两城获得胜利。男单比赛中，两位队员在场上腾挪跳跃，身姿飒爽，跳杀、网前截杀、后场吊球，不时引来雷鸣般的喝彩声与掌声。6 室 1 队通过男单比赛获胜，顽强将比分追至 2∶2，将比赛带入女单决胜盘。最终 15 室 1 队凭借女单的绝对优势轻松取胜，以盘分 3∶2 获得冠军，6 室 1 队获得亚军。季军的争夺战在 5 室 1 队和机关 1 队之间进行。经过 5 局鏖战，5 室 1 队获得季军，机关 1 队获得第四名。通过本届比赛，参赛选手们整体的技术水平比往年有较大幅度提高，涌现出了更多年轻的、实力强的新队员，为该所羽毛球运动注入了新鲜的血液，进一步丰富了博士后的业余生活，营造了积极蓬勃的文化氛围。

6.5　博士后联谊活动的总体分析与建议

2016 年通过开展丰富多彩的博士后联谊活动，改善了博士后们的工作和生活环境，反映了博士后的意见和要求，维护了博士后的合法权益，促使他们心情舒畅地全身心投入科研工作中。

（1）传统博士后联谊活动特色鲜明且影响力进一步扩大。2016 年，一些传统博士后联谊活动特色鲜明。例如，中国博士后科学基金会主办、北京博士后联谊会和北京体育大学共同承办的北京博士后趣味运动会，至 2016 年已经连续举办了 11 届，为京津地区乃至全国博士后搭建了一个充分交流、展示自我和释放激情的重要舞台。从项目内容来看，无论是集体项目、个人项目还是家庭项目、少儿项目，都保持了自身的传统特色，已成为京津地区乃至全国博士后的盛大活动。北京体育大学、北京博士后联谊会承办的"创联教育"杯全国博士后网球大赛，截至 2016 年也已连续举办 4 届，得到了全国博士后管委会办公室、中国博士后科学基金会的充分肯定。2016 年，全国有 16 支代表队派出近 300 名选手参加了第四届"创联教育"杯全国博士后网球大赛总决赛，参赛人数和规模超过以往，其影响力进一步扩大。

（2）中央直属单位和部分高校博士后联谊活动保持经常性。2016 年，中国科学院大连化学物理研究所博士后联谊会举办了 2016 年羽毛球混合团体决赛暨颁奖典礼，中国科学技术大学博士后联谊会举办了第二季"相约科大、幸福一生"单身青年联谊活动，清华大学博士后联谊会组织博士后开展了"真诚之约"和中秋赏月暨联谊交流活动。这些单位之所以能够经常组织开展博士后联谊活动，与其能够正确认识博士后联谊活动的重要作用是分不开的，同时也与各地博士后主管部门、各设单位博士后联谊会的坚强领导密切相关。据了解，2016年还有不少博士后设站单位也根据自身条件和博士后实际需求，举办了一些有益博士后身心健康的联谊活动。但有些活动内容陈旧、形式单一、效果不佳；有的虽然开办了一些活动，但没能报道相关情况，人们很难了解到相关信息。为此建议，各省（自治区、直辖市）博士后主管部门要加强对各设站单位博士后联谊会的领导，督促其及时改选或增选博士后联谊会成员，科学制定本单位年度博士后联谊活动计划，想方设法抓好博士后联谊活动计划的落实。各博士后设站单位不仅要加强博士后联谊活动的具体指导和领导，以保持博士后联谊活动的制度化、常态化，而且要及时报道有关博士后联谊活动的消息，以便相互借鉴、相互学习、取长补短，把博士后联谊活动办得更好、更有成效。

（3）博士后联谊活动内容需要丰富形式需要改进。2016年举办的一些博士后联谊活动，主要内容和形式分别是科技洽谈会、趣味运动会、网球比赛、羽毛球比赛、自然风光欣赏、单身青年男女联谊等。这些活动的开展，不同程度上丰富了博士后的业余生活，促进了相互交流和理解。但从总体情况来看，博士后联谊活动内容还不太丰富，形式也相对单一，有的活动根本吸引不了博士后研究人员。为此建议，全国各设站单位博士后联谊会要不断丰富博士后联谊活动内容，改进博士后联谊活动方式，除传统特色活动外，还可组织开展联谊约跑、节日晚会、友谊舞会、登山行、集体旅游、音乐会、读书交流会、参观访问等丰富多彩的活动，努力打造有特色的博士后联谊活动，推出更多品牌项目，以适应广大博士后日益增长的文化生活需求。

（4）切实加强对博士后联谊会和联谊活动的组织领导。2016年，在全国和各地博士后主管部门的领导和具体指导下，各设站单位都分别进行了博士后联谊会组成人员改选或增选，使博士后联谊会的组织领导得到进一步加强。今后，要在认真总结经验教训的基础上，采取更加得力措施，充分调动各个博士后联谊会的积极性创造性，进一步加强对博士后联谊活动的组织领导，充分发挥博士后联谊活动的积极作用。要坚持把组织开展博士后联谊活动与国家大政方针紧密结合起来，不断提高联谊活动的层次和质量；要建立健全一支学术水平较高、科研能力强、热心联谊会工作且具有奉献精神的领导、骨干队伍，保证博士后联谊活动的顺利开展；要从精神、人力、物力和财力等多个方面支持博士后联谊会开展日常工作、举办各类有益博士后研究人员身心健康的活动。

第七章　2016年博士后站与创新实践基地建设

2016年，在全国博士后管委会的正确领导下，在全国博士后管委会办公室的具体指导下，各省（自治区、直辖市）博士后管理部门、各博士后设站单位持续加强科研流动站、科研工作站（以下简称"博士后站"）全面建设，进一步提高各站点建设质量，为博士后研究人员招收培养和管理服务工作提供了重要的基础性支撑。与此同时，全国、各省（自治区、直辖市）博士后管理部门坚持统筹规划、服务发展、统一管理、稳步推进的原则，大力加强博士后创新实践基地建设，推动产、学、研、用相结合，不仅提高了博士后研究人员科技成果的转化率，而且提高了相关企业的技术创新能力。

7.1　2016年全国博士后站分布与建设情况

博士后科研流动站是指在高等学校或科研院所的某个一级学科范围内，经批准设立的可以招收博士后研究人员的组织。博士后科研工作站是指在企业、科研生产型事业单位和特殊的区域性机构内，经批准可以招收和培养博士后研究人员的组织。设立博士后科研流动站、工作站是中国培养高层次创新型青年科技人才的一项重要制度。博士后站建设是指博士后站的申报设立、基础设施以及设站后围绕博士后研究人员招收、培养、使用和管理服务等工作进行的全面建设。研究和加强博士后站点建设，首先要对全国博士后站点的设置及分布情况有一个比较全面的了解。

7.1.1　2016年全国博士后站的分布

截至2016年年底，在30个省（自治区、直辖市）相关高等学校或科研院所的494个博士后科研流动站设站单位，共设立博士后科研流动站3 009个；在31个省（自治区、直辖市）的企业、科研生产型事业单位和特殊的区域性机构,共设立博士后科研工作站 3 364 个。①

7.1.1.1 博士后科研流动站的学科分布

2016 年各学科门类设立的博士后科研流动站数量及占比详见表 7—1、图 7—1。

表 7—1 2016 年各学科门类博士后科研流动站数量

序号	学科门类	设站数量（个）	序号	学科门类	设站数量（个）
1	哲学	44	8	工学	1 153
2	经济学	102	9	农学	164
3	法学	163	10	医学	257
4	教育学	67	11	军事学	67
5	文学	105	12	管理学	195
6	历史学	96	13	艺术学	55
7	理学	541	合计		3 009

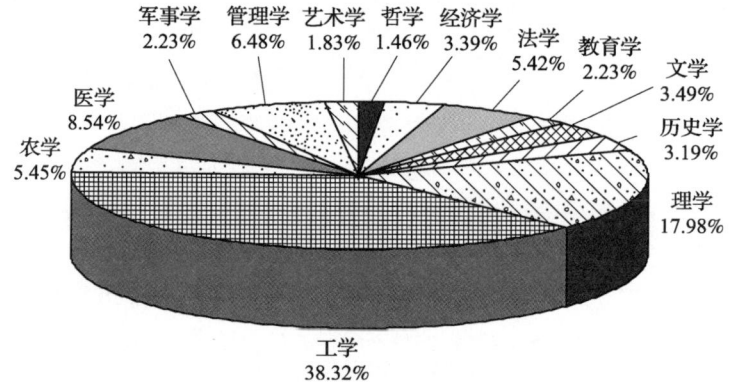

图 7—1 2016 年各学科门类博士后科研流动站所占比例

由表 7—1、图 7—1 可知,2016 年各学科门类所设的博士后科研流动站,工学的数量最多,为 1 153 个（比 2015 年减少了 1 个）,约占科研流动站总数的 38.32%;其次是理学,为 541 个,约占科研流动站总数的 17.98%;再次是医学,为 257 个,约占科研流动站总数的 8.54%。其他学科门类博士后科研流动站数量均在 200 个以下,其中,哲学所设的博士后科研流动站数量最

---

① 这里及本章参考引用的其他原始数据、资料等信息,均源自中国博士后网、中国博士后网上办公系统和中国博士后科学基金会官网,作者又对相关数据和资料进行了认真核实、重新整理和加工。

少，为 44 个，约占科研流动站总数的 1.46%。

7.1.1.2 博士后科研流动站的区域分布

2016 年，在 31 个省（自治区、直辖市）设立的博士后科研流动站设站单位、站点数量及其占比详见表 7—2、图 7—2。

表 7—2 2016 年各省（自治区、直辖市）博士后科研流动站设站单位及站点数量

省（自治区、直辖市）	设站单位（个）	科研流动站（个）	省（自治区、直辖市）	设站单位（个）	科研流动站（个）
北京	117（市属8）	551（市属51）	湖北	26	190
天津	10	77	湖南	13	133
河北	11	58	广东	20	148
山西	8	49	广西	6	21
内蒙古	4	19	海南	1	2
辽宁	22	116	重庆	8	74
吉林	10	90	四川	21	100
黑龙江	15	96	贵州	3	11
上海	32	220	云南	12	34
江苏	38	303	西藏	0	0
浙江	12	81	陕西	25	174
安徽	11	73	甘肃	11	50
福建	10	85	宁夏	1	3
江西	8	26	青海	2	4
山东	19	127	新疆	8	30
河南	10	64	合计	494	3 009

由表 7—2、图 7—2 可知，2016 年博士后科研流动站设站单位数量最多的是北京市，为 117 个（市属 8 个），其设站数量也最多，为 551 个（市属 51 个），约占科研流动站总数的 18.31%；其次是江苏省，设站单位 38 个，设站数量 303 个，约占科研流动站总数的 10.07%；再次是上海市，设站单位 32 个，设站数量 220 个，约占科研流动站总数的 7.31%。其他省（自治区、直辖市）博士后设站单位数量均未超过 30 个，所设立的科研流动站数量也均未超过 200 个，其中海南省、青海省、宁夏回族自治区设立的科研流动站均在

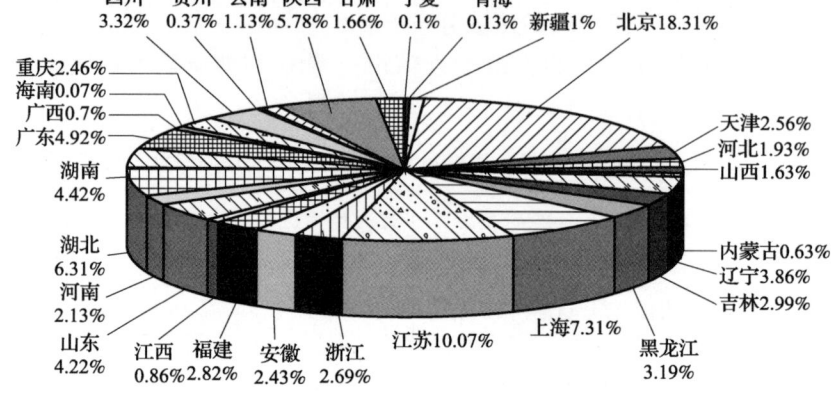

图7—2 2016年各省（自治区、直辖市）博士后科研流动站数量所占比例

10个之内，西藏自治区没有设博士后科研流动站。可见，中国博士后科研流动站与高校的分布密切相关，由于优质高等教育资源分布不均衡，从而导致博士后科研流动站的区域分布也不均衡。

7.1.1.3 博士后科学工作站的区域分布

2016年在31个省（自治区、直辖市）的企业、科研生产型事业单位和特殊的区域性机构设立博士后科研工作站数量及所占比例详见表7—3、图7—3。

表7—3 2016年各省（自治区、直辖市）博士后科研工作站设站数量

省（自治区、直辖市）	科研工作站（个）	省（自治区、直辖市）	科研工作站（个）
北京	407	湖北	122
天津	66	湖南	77
河北	73	广东	363
山西	34	广西	44
内蒙古	32	海南	17
辽宁	85	重庆	58
吉林	29	四川	77
黑龙江	114	贵州	32
上海	149	云南	43
江苏	400	西藏	4

续表

省（自治区、直辖市）	科研工作站（个）	省（自治区、直辖市）	科研工作站（个）
浙江	203	陕西	92
安徽	100	甘肃	33
福建	103	宁夏	14
江西	89	青海	3
山东	306	新疆	52
河南	143	合计	3 364

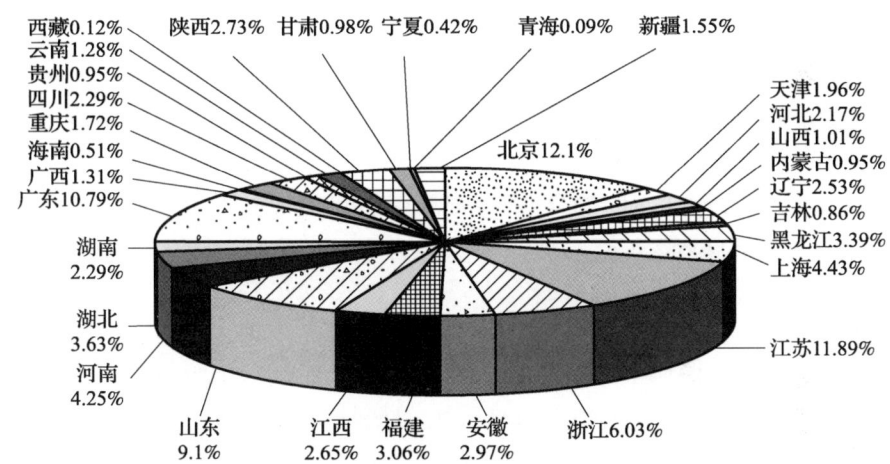

图7—3 2016年各省（自治区、直辖市）博士后科研工作站数量所占比例

由表7—3、图7—3可知，2016年北京市博士后科研工作站的数量最多，为407个，约占全国博士后科研工作站总数的12.1%；江苏省次之，为400个，约占全国博士后科研工作站总数的11.89%；再次是广东省，为363个，约占全国博士后科研工作站总数的10.79%；山东省紧随其后，为306个，约占全国博士后科研工作站总数的9.1%；青海省博士后科研工作站的数量最少，仅有3个，占全国博士后科研工作站总数的0.09%。其他省（自治区、直辖市）所设的博士后科研工作站数量均未超过300个，科研工作站在10个以内的有西藏自治区（4个）、青海省（3个）。与2015年相比，全国博士后科研工作站总数减少了5个，其中海南省、广西壮族自治区各减少1个，湖北省减少3个。

7.1.2　2016年全国博士后站建设情况

2016年，全国博士后站大力加强自身建设，在基础设施建设、规章制度建设以及服务质量、管理能力建设等方面都取得了新的进步，具体表现在以下方面。

7.1.2.1　经费投入不断加大

加强博士后建设离不开必要的经费投入。2016年为进一步搞好博士后招收培养工作，鼓励博士后研究人员开展创新性研究，全国博士后管委会办公室、中国博士后科学基金会及时推出《博士后创新人才支持计划》(人社部发〔2016〕33号)，全年共资助200人，每人给予60万元人民币的培养经费和科研经费，总资助金额达12 000万元人民币。"国际交流计划"派出项目和学术交流项目资助人数均由2015年的100人增至120人，资助金额各增加了600万元、60万元人民币。"香江学者"计划资助由2015年的55人增至60人，资助金额由1 650万元人民币 (港方提供1 650万元港币) 增至1 800万元人民币 (港方提供1 800万元港币)。

为了给在站博士后研究人员营造创新创业氛围，创造更加优越的科研条件，全国各省 (自治区、直辖市) 紧密结合本地区实际，参照国家规定的标准和要求，不仅增加了博士后研究人员日常经费和工资，而且增加了博士后站点建设经费的投入。据《南方都市报》消息，广东省佛山市人力资源和社会保障局对新建立的博士后科研流动站和科研工作站，由市财政一次性拨付建站启动经费40万元人民币；对经人力资源社会保障部批准设立的博士后站，每进站1名博士后研究人员给予10万元人民币的科研工作经费；对区级设站单位开展相应工作后，市财政一次性给予20万元人民币的建站启动经费；对市直设站 (分站、基地) 单位在站博士后研究人员，每人每月给予2 000元工资外津贴、2 000元住房补贴，并解决子女入学等后顾之忧。据"新华网"报道，武汉市人力资源和社会保障局发文明确提出，凡是在武汉市企业和科研生产型事业单位博士后工作站的博士后研究人员，只要从事国家、省、市重点科技攻关项目、重大技术改造项目、具有广泛应用前景的新技术研究开发项目，或者某一学科领域具有领先水平的研究开发项目等，均可申请10万元人民币科研项目启动经费，2016年有23名博士后研究人员首次拿到了该科研项目启动经费。再例如，珠海市人力资源和社会保障局明确提出，给予在站博士后研究人员每人每年10万元人民币作为开展科研活动的经费补贴，对于获得中国博士后科学基金资助的博士后研究人员，给予等额配套资助。山东省青岛市人力资源和社会保障局不仅给国家批准设立的博士后科研流动站和工作站设站单位一次性发放 30 万元人民币的建站资助,而且对承担具有创新性或创业前景应用研究项目的博士后,一次性给予 5 万元人民币的科研启动经费,对博士后科研流动站、工作站每招收一名博士后人员(不含在职人员),给予合作导师 2 万元人民币的科研经费资助,对招收的博士后研究人员出站后留在青岛创业的,再给予合作导师 5 万元人民币奖励。博士后经费投入的不断加大,推动了各博士后站的基础设施建设,改善了在站博士后研究人员的工作环境和生活条件。例如,全国各博士后站都能为进站博士后提供必要的办公、科研与实验条件。对原来无住房的在站博士后研究人员,目前绝大多数住上了博士后公寓。对没有博士后公寓的,由所在博士后站按月随工资发给每人 1 000～2 000 元的住房津贴。

7.1.2.2 规章制度不断完善

规章制度建设是博士后站建设的一项重要内容。2016 年,为深入贯彻落实《国务院办公厅关于改革完善博士后制度的意见》(国办发〔2015〕87 号),各省(自治区、直辖市)根据本地区博士后站建设的实际,坚持以问题为导向,以提高博士后培养质量为核心,纷纷出台本地区改革完善博士后制度的实施意见,进一步完善配套政策措施。例如,针对以往博士后职称评定中的难题,河北省人力资源和社会保障厅明确提出,博士后研究人员在站期间或出站后,首次参评专业技术职务的,按其所符合的专业技术职务条件,可不受单位岗位限制,直接推荐申报,参加职称评审委员会评审,其在站期间的科研成果可作为评聘职称的依据。《辽宁省人民政府办公厅关于改革完善博士后制度的实施意见》(辽政办发〔2016〕73 号)中,将博士后招收、培养、创业、成果转化、服务保障等工作分解落实到人力资源和社会保障厅、省科技厅、省教育厅、省财政厅、省经济和信息化委、省政府金融办、省公安厅、省住房城乡建设厅以及各设站单位。《甘肃省人民政府办公厅关于改革完善博士后制度的实施意见》(甘政办发〔2016〕161 号)中明确提出,完善推广博士后科研流动站、工作站"人才＋项目＋基地"工作模式,鼓励设站单位依托国家重点科研基地或鼓励设站单位依托国家重点科研基地或承担的国家重大科技项目招收培养博士后研究人员。积极支持基础产业、特色优势产业和战略性新兴产业领域内的大中型企业、高新技术企业申请设立博士后科研工作站。引导新设立的博士后科研流动站向重点学科、优势学科、新兴学科的一级学科倾斜。支持各行各业各领域、各设站单位通过举办学术研讨会、博士后论坛等形式,聘请一流专家与博士后研究人员进行学术交流。《福建省人力资源和社会保障厅关于贯彻落实国务院办公厅改革完善博士后制度的意见》(闽人社发〔2016〕2 号)中,鼓励、支持中小型高科技企业特别是民营中小型高科技企业申报设立博士后科研工作站,对列入福建省《实施创新驱动发展战略行动计划》范围的新产业、新技术、新平台、新业态以及新模式行业龙头企业,予以优先支持。为鼓励和支持在站博士后研究人员开展科研工作,上海市出台了《博士后科研资助计划》,专门设立面上项目(A类)和重点项目(B类)两类资助,其中面上项目(A类)资助经费为每个项目4万元人民币,重点项目(B类)资助经费为每个项目16万元人民币。江苏省启动"企业博士集聚计划",择优资助围绕省重点产业领域从事重大项目研发的企业博士后人员,对列入集聚计划的企业博士后人员给予每人不低于20万元人民币的资助(免交个人所得税)。广东省推出海外青年人才引进计划(博士后资助项目),优先资助国家和省重点发展产业领域及基础学科研究的博士后,对于进站博士后,省财政先行资助每人60万元人民币,后续再资助,承诺连续在粤工作3年以上的博士后安家补助40万元人民币,每年资助50名左右,每个设站单位每年不超过5人。

7.1.2.3　服务质量不断提升

　　提供优质服务是博士后站的一项重要职责,也是博士后站建设的重要方面。为进一步完善博士后进出站服务流程,提高服务质量和工作效率,建立博士后档案信息化管理机制,2016年2月,全国博士后管委会办公室下发《关于启用"在线预审、一次办结"博士后进出站服务平台的通知》(博管办〔2016〕3号),决定在全国各博士后服务窗口启用"在线预审、一次办结"博士后进出站服务平台。该平台以现代信息技术为手段,以实现规范、便捷、高效、透明的博士后进出站服务为工作目标,可实现在线预审、网上预约、短信通知、现场办理等功能。各省(自治区、直辖市)博士后主管部门及设站单位管理工作人员,借助服务平台启用的良好契机,进一步加强和改进博士后服务工作,完善博士后研究人员进出站材料审核和备案管理办法,促使博士后服务窗口做到标准统一、程序规范、服务优质、运转高效。

　　2016年,各博士后站对所有进站博士后人员,都能依据其本人意愿在设站单位(设立有集体户)所在地办理常住户口,并可随其迁移配偶及未成年子女户口。博士后研究人员在站期间,均可凭有效证明到其子女迁入落户所在地的教育部门(单位)直接办理入学(托)手续。中国科学院启动"外籍青年科学家计划""发展中国家访问学者计划",大力引进外籍来华博士进站做博士后,为外籍来华博士进站人员提供便利条件,按照在站时间办理签证、工作许可和居留许可手续。各省(自治区、直辖市)人力资源开发服务机构按照人事档案管理规定,主动接收妥善保管退站、滞站博士后研究人员的人事档案,并在其就业后办理相关手续。全国各博士后站还主动加强与企业技术中心、工程研究中心、工程实验室等平台的协同合作，发挥政府、企业、高校和科研院所的联动作用，将博士后与项目结合起来，实现技术创新。2016 年，中国博士后科学基金会继续与广西壮族自治区钦州市合作实施第四期"筑巢引博"行动，组织协调钦州市 17 个单位为 23 名博士后提供了挂职锻炼岗位；继续组织博士后赴辽宁葫芦岛市开展挂职服务活动，协调葫芦岛市 21 家单位为 23 名博士后提供了挂职锻炼岗位。北京市委组织部、市委教育工委等为 18 名符合挂职锻炼岗位要求的博士后提供优质服务。河北省沧州市一次性接收清华大学 21 名博士后到该市渤海新区挂职锻炼。

7.1.2.4 日常管理不断强化

强化博士后日常管理，既是博士后站的一项重要工作，也是博士后站建设的重要内容。2016 年，全国各博士后站深化落实《国务院办公厅关于改革完善博士后制度的意见》（国办发〔2015〕87 号）精神，进一步完善博士后管理办法。各设站单位普遍研究和制定了博士后研究人员招收、培养、考核、管理、服务等的具体办法，进一步规范博士后研究人员进站程序，加强过程评价，严格出站考核。各地博士后管理部门加强了博士后研究人员培养质量的动态跟踪和科研情况考核，定期对设站单位实施考核评估，对考核评估结果优秀的设站单位按有关规定给予表彰或表扬，对考核评估不合格的设站单位限期整改。各博士后站坚持把博士后研究人员独立组织科研活动能力、研究项目实施成效、在站期间关联学术成果等纳入考核评价内容，进一步完善以创新性科研成果为核心评价标准的博士后绩效考核评价体系，坚持做到分类培养、分类评价。对博士后研究人员工作进行定期和全过程考核，严格执行对进站满 3 个月的博士后研究人员进行开题评审、对进站满 1 年的博士后研究人员进行中期考核、对拟出站博士后研究人员综合考核的三段式管理规定。

7.2 2016 年博士后创新实践基地建设情况

博士后创新实践基地是指在具备一定条件的机构中设立的、与博士后科研流动站及博士后研究人员围绕技术创新联合进行科学研究、技术开发、成果转化的组织。博士后创新实践基地建设按照国家和各省（自治区、直辖市）有关博士后工作的政策和规定运行，坚持政府主导与社会参与相结合的原则，实行动态管理。

7.2.1 博士后创新实践基地的由来与发展

中国博士后创新实践基地由博士后科研流动站设站单位与非设站单位企

业自发合作设立的博士后科研基地发展而来。1994年12月，北京牡丹电视机厂与广东华南理工大学合作，尝试建立了华南理工大学牡丹电视机厂博士后科研基地，这是广东省第一个博士后科研基地，也是全国最早设立的博士后科研基地。2001年7月，上海市博士后联谊会与上海市高新技术成果转化服务中心联合建立了上海市博士后高新技术创新基地，这是全国第一个博士后高新技术创新基地。2008年7月，天津市在全市8个区县同时建立了博士后创新实践基地，启动了大面积进行博士后创新基地建设的探索工作。此后，全国各地博士后科研和创新基地如雨后春笋般出现。

2011年，在认真总结全国各地创建博士后科研基地、博士后创新实践基地、高新技术创新基地成功经验的基础上，人力资源社会保障部、全国博士后管委会下发了《关于博士后创新实践基地建设有关问题的通知》（人社部发〔2011〕21号文件，以下简称《通知》），要求有条件的省、自治区、直辖市在建立省级博士后工作平台时，统一名称为"博士后创新实践基地"。各地已经探索建立的博士后科研基地、创新基地等各种省级博士后工作平台名称也应统一改为"博士后创新实践基地"。同时明确了建立博士后创新实践基地的目的、建设原则、基地考核管理部门以及博士后研究人员招收等内容，这标志着全国博士后创新实践基地建设进入了一个新的发展阶段。

《通知》明确，建立博士后创新实践基地的主要目的是促进产、学、研结合，促进科技成果转化为生产力，推进企业技术创新。博士后创新实践基地既不同于博士后科研流动站，也区别于博士后科研工作站。它是构建产、学、研、用相结合的创新研发支撑平台，是构建企业自主创新的促进平台，也是构建博士后人才快速成长和有效发挥作用的服务平台。建立博士后创新实践基地的主要目的，是建立健全各地高等学校、科研院所和企业协同创新的长效机制，整合人才、智力、科技资源；提升科技创新型企业自主创新能力，促进科技成果转化；培养造就符合各地经济社会发展需要、具有创新精神的青年英才。

《通知》要求，博士后创新实践基地建设要坚持统筹规划、稳步发展的原则，博士后创新实践基地一般应在技术开发条件较好的园区或有较强技术实力的企业设立。由于博士后创新实践基地的设立、考核、管理等工作由省级人力资源社会保障部门负责，所以各省（自治区、直辖市）对博士后创新实践基地的设立条件也略有不同。例如，《山东省博士后创新实践基地管理办法》（鲁人社发〔2014〕16号）明确，山东省行政区域内的企业、从事科学研究或者技术开发的事业单位、设区的市级以上高新技术开发区、经济技术开发区或留学人员创业园区，申请认定为基地，应当具备下列条件：①具备独立法人资格，有较强的经济实力和较好的经济效益；②设有专门的研究开发机构，拥有较高水平的专业技术人员队伍和较好的研究开发条件；③拥有较高水平的研究开发团队，能提出理论创新、技术领先、具有较好市场前景的博士后研究项目；④重视博士后工作，能为博士后研究人员提供较好的科研条件和必要的生活条件及其他后勤保障。建有省级以上工程（技术）研究中心、重点实验室、企业技术中心等研发载体，承担国家或省级重点项目的单位可优先推荐申请设立基地。区域性单位申报基地，必须能组织辖区内3家以上高新技术企业同时申请设立基地分站，申请设立基地分站单位的条件可以略低。

《通知》规定，博士后创新实践基地申报认定的程序通常是，由申报单位向所隶属的市人力资源社会保障部门或上级主管部门提出申请；各设区的市人力资源和社会保障局、省直及中央驻地方有关部门（单位）审核后，形成正式报告，报省人力资源和社会保障厅；省人力资源和社会保障厅组织有关专家对申请设立博士后创新实践基地的单位进行考查、论证和评审，确定设立博士后创新实践基地的单位，并发文授牌。博士后创新实践基地的申请和认定工作通常是每两年或一年组织一次。

《通知》强调，博士后创新实践基地应当委托博士后科研流动站招收博士后研究人员，双方的权利、义务以及委托招收的博士后研究人员的权利、义务等通过协议的方法约定。博士后创新实践基地与博士后科研流动站招收博士后研究人员，流动站应选派相关专业的博士后合作导师作为学术指导人，由创新实践基地（或基地分站）选派相关专家作为项目研究指导人，共同指导博士后研究人员开展研究工作。

根据《通知》精神，各省（自治区、直辖市）进一步细化了博士后创新实践基地上报审批程序和建设办法。关于博士后创新实践基地的上报审批，各省（自治区、直辖市）要求由各地市级组织相关企业申报并填写申报表；申报单位必须与科研流动站设站单位签订共建博士后创新实践基地合作协议；博士后管理部门要对申报单位进行相关业务培训，指导申报单位建立管理机构、制定管理办法和工作计划、确定科研项目等。关于博士后创新实践基地的建立，各省（自治区、直辖市）明确主要依托科技园区、高新技术开发区、经济技术开发区等经济区域设立，通过委托博士后科研流动站代招博士后研究人员，或直接吸引具有博士学位的青年英才，到博士后创新实践基地开展科学技术和理论创新实践活动。这一条，既借鉴了博士后制度在培养人才方面的成功经验，又在规划设立、管理运行、人员招收等方面具有独创的地方特色，可以使招收人才的机制更灵活，重点是推动人才跨单位、跨地区、跨所有制的交流与合作。关于博士后创新实践基地的建设，各省（自治区、直辖市）多角度大强度给予扶持和支持，对基础设施建设、博士后招收、基地科研和产学研项目申报倾斜、博士后相关费用免计征税、博士后创业、设立基地企业融资和上市等多方面提供优惠政策，逐步形成了由国家宏观指导、省级政策主导、地方政策支持立体化的博士后创新实践基地政策扶持体系。例如，在博士后创新实践基地申报运行方面，强调依托项目、能进能出，凡是有意向建立博士后创新实践基地的单位，首先必须符合企业产业发展的基本方向，同时相关企事业单位必须提出符合本单位发展战略、能够实现理论创新和技术创新的科研项目，为科研项目提供足够的经费保障。在代招和招收人员模式方面，实行分类招收、专兼结合，明确博士后创新实践基地既可委托博士后科研流动站代招博士后研究人员，也可以招收吸引具有独立研究能力的青年英才。青年英才在基地工作既可以全职从事2～3年的研究工作，也可以兼职从事项目研发工作，兼职人员可以不纳入单位人事管理范围。

7.2.2 部分省（自治区、直辖市）博士后创新实践基地建设情况

全国各地进行博士后科研基地建设探索22年以来，博士后创新实践基地建设、成绩斐然。但由于各地博士后创新实践基地的建立和发展很不平衡，加之相关信息发布不及时、不完全，这里只能报告部分省（自治区、直辖市）博士后创新实践基地建设情况。

7.2.2.1 广东省博士后创新实践基地建设情况

广东省是全国最早进行博士后创新基地建设工作探索的省份之一。1994年12月建立了第一个博士后科研基地——华南理工大学牡丹电视机厂博士后科研基地。该基地1995年11月招收的第一个博士后于1997年12月顺利出站。此后广东省博士后基地建设数量越来越多，表现出旺盛的活力。2011年以来，广东省人力资源和社会保障厅认真贯彻人力资源社会保障部、全国博士后管委会《关于博士后创新实践基地建设有关问题的通知》精神，先后组织6批次博士后创新实践基地申报认定工作。其中，第一批认定设立46个基地（2011年）、第二批认定设立38个基地（2011年）、第三批认定设立81个基地（2012年）、第四批认定设立54个基地（2013年）、第五批认定设立57个基地（2014年）、第六批认定设立94个基地（2016年，详见表7—4）。截至2016年年底，广东省共建立博士后创新实践基地370个（含已升格为国家级博士后科研工作站的创新实践基地）。

表 7—4　　　2016 年广东省新设博士后创新实践基地情况

序号	新设基地单位名称	序号	新设基地单位名称
1	广州商学院	23	珠海康晋电气有限公司
2	香港中文大学（深圳）	24	珠海霍普金斯医药研究院股份有限公司
3	广州薇美姿实业有限公司		
4	广东润华环保产业有限公司	25	珠海纳金科技有限公司
5	广州兴森快捷电路科技有限公司	26	汕头市保源节能建材与装备制造科技有限公司
6	广州中望龙腾软件股份有限公司	27	广东航宇卫星科技有限公司
		28	佛山科学技术学院
7	广州玻思韬控释药业有限公司	29	广东中西达一新药开发有限公司
8	广州恒泰生物科技有限公司	30	佛山市柏克新能科技股份有限公司
9	中天启明石油技术有限公司	31	佛山伊贝尔科技有限公司
10	广州海豚博鳌人力资源有限公司	32	佛山市南海中南机械有限公司
		33	南海朗肽制药有限公司
11	广州帝奇医药技术有限公司	34	广东高聚激光有限公司
12	广州华睿光电材料有限公司	35	广东星联精密机械有限公司
13	深圳市星源材质科技股份有限公司	36	广东海纳川生物科技股份有限公司
		37	佛山市粤海信通讯有限公司
14	深圳市盐田区人力资源局	38	广东万顷洋农业发展有限公司
15	珠海丽珠试剂股份有限公司	39	粤北人民医院
16	珠海光宇电池有限公司	40	广东万山土壤修复技术有限公司
17	长园共创电力安全技术股份有限公司	41	惠州市蓝微新源技术有限公司
		42	广东祯州集团有限公司
18	珠海云洲智能科技有限公司	43	广东佳禾声学科技有限公司
19	珠海太阳鸟游艇制造有限公司	44	东莞市厚街医院
20	番禺珠江钢管（珠海）有限公司	45	东莞市巨冈机械工业有限公司
		46	广东国方医药科技有限公司
21	珠海市润星泰电器有限公司	47	东莞同济大学研究院
22	珠海市斗门生态农业园	48	东莞华南设计创新院

续表

序号	新设基地单位名称	序号	新设基地单位名称
49	东莞泛亚太生物科技有限公司	71	台山市红岭种子园
50	华南协同创新研究院	72	台山市精诚达电路有限公司
51	东莞市李群自动化技术有限公司	73	江门市芳源环境科技开发有限公司
		74	广东创源节能环保有限公司
52	约克夏染料（中山）有限公司	75	宏元（江门）化工科技有限公司
53	广东康和新材有限公司	76	茂名市金阳热带海珍养殖有限公司
54	中山市疾病预防控制中心	77	化州化橘红药材发展有限公司
55	中山翠亨新区管理委员会	78	肇庆皓明有机硅材料有限公司
56	中山市陈星海医院	79	广东德诚网络科技有限公司
57	中山昂帕微电子技术有限公司	80	肇庆市端州区程良端砚工艺行
58	广东高璐美数码科技有限公司	81	肇庆市新利端砚艺术发展有限公司
59	广东科捷龙机器人有限公司	82	广东佳纳能源科技有限公司
60	中山新诺科技股份有限公司	83	广东豪美铝业股份有限公司
61	嘉宝莉化工集团股份有限公司	84	广东新功电器有限公司
62	江门市科恒实业股份有限公司	85	广东侨华科技有限公司
63	广东新会中集特种运输设备有限公司	86	揭阳中诚集团有限公司
		87	云浮高新技术产业开发区管理委员会
64	广东富华重工制造有限公司		
65	江门市南洋船舶工程有限公司	88	云浮市人民医院
66	广东嘉士利食品集团有限公司	89	云浮市科特机械有限公司
67	江门市大光明电力设备厂有限公司	90	广东达美新材料有限公司
		91	广东万昌印刷包装股份有限公司
68	广东盛方化工有限公司	92	广东体必康生物科技有限公司
69	江门市新会区新农机械有限公司	93	蓝盾信息安全技术股份有限公司
70	台山平安五金制品有限公司	94	广东省保化检测中心有限公司

从相关文献资料得知，广东省主要根据《关于博士后创新实践基地建设有关问题的通知》（人社部发〔2011〕21号）组织博士后创新实践基地的申报评审工作，并对基地单位一次性给予20万元的基地建设费用。广东省的省辖市也非常重视博士后创新实践基地的建设工作，除组织开展省级的博士后创新实践基地的建设工作外，还组织开展市级博士后创新实践基地建设的相关工作，并给予一定的基地建设经费和人才培养经费。例如，2016年，珠海市对获批的博士后创新实践基地一次性给予35万元补助和项目启动经费补贴；在站的博士后研究人员每人每年给予10万元的经费补贴；博士后研究人员出站后若留珠海工作，还将给予20万元的安家、生活补贴。2016年，深圳市给每个博士后创新实践基地的认定补贴为50万元；每招收一名博士后研究人员给予5万元的创新实践基地日常补贴；对在站期间完成开题报告和中期考核合格的博士后研究人员发放每人每年12万元的生活补贴，总额不超过24万元；博士后研究人员留（来）深圳从事科研工作，且与深圳市企事业单位签订3年以上劳动合同的，给予30万元资助。

在博士后创新实践基地建设和运行模式方面，广东省参照企业博士后制度建设经验，探索了以市场为导向的"双协议"合作建设博士后创新实践基地模式，要求基地申报建设时必须与博士后科研流动站设站单位签订共建博士后创新实践基地协议，招收博士后进站时要签订联合培养博士后协议，基地紧紧依托流动站设站单位建设。这一模式有利于充分发挥博士后科研流动站设站单位的积极性，有利于博士后创新实践基地在设站单位指导下顺利开展工作，也有利于保证博士后创新实践基地建设质量和效果。运用这一模式，既不牵涉政府太多时间和精力，有利于节约政府行政资源，又可以最大限度地克服博士后创新实践基地设立后因缺乏博士后科研流动站工作人员指导和协助而难以开展工作，最终流于形式，难求实效的弊端。

7.2.2.2 江苏省博士后创新实践基地建设情况

为深入实施科教与人才强省战略、创新驱动战略，加快推进企业技术创新，服务经济转型升级，加强高层次创新人才队伍建设，从2009年开始，江苏省依托高校、科研机构与企业、科研生产型事业单位建立博士后创新实践基地。截至2016年年底，该省已建立620个博士后创新实践基地（含已升格为国家级博士后科研工作站的创新实践基地单位），仅2016年就新增博士后创新实践基地75个，详见表7—5。

表7—5　　　2016年江苏省新设博士后创新实践基地情况

序号	新设基地单位名称	序号	新设基地单位名称
1	南水北调东线江苏水源有限责任公司	20	江苏丰县经济开发区管理委员会①
2	江苏交通控股有限公司		（1）江苏天元中科生物技术有限公司
3	解放军理工大学特种机器人创新与应用基地		（2）徐州胜海机械制造科技有限公司
4	南京博特新材料有限公司		（3）徐州百事利电动车业有限公司
5	南京越博动力系统股份有限公司	21	江苏今创车辆有限公司
6	南京迪威尔高端制造股份有限公司	22	江苏中兴西田数控科技有限公司
		23	常州市妇幼保健院
7	中车南京浦镇车辆有限公司	24	常州市中医医院
8	江苏龙睿物联网科技有限公司	25	华润包装材料有限公司
9	南京泰通科技股份有限公司	26	上海振华重工（集团）常州油漆有限公司
10	南京大学医学院附属口腔医院		
11	江苏广信感光新材料股份有限公司	27	江苏德威新材料股份有限公司
		28	苏州工业园区洛加大先进技术研究院
12	无锡市瑞尔精密机械有限公司	29	常熟市华德粉末冶金有限公司
13	雄宇重工集团股份有限公司	30	江苏迎阳无纺机械有限公司
14	上能电气股份有限公司	31	苏州同大机械有限公司
15	江苏亿金环保科技有限公司	32	苏州轴承厂股份有限公司
16	确成硅化学股份有限公司	33	常熟市泓博通讯技术股份有限公司
17	无锡市第三人民医院	34	常熟市友邦散热器有限责任公司
18	江苏中腾石英材料科技有限公司	35	苏州固锝电子股份有限公司
19	江苏星星家电科技有限公司	36	中广核三角洲（江苏）塑化有限公司

① 江苏丰县经济开发区管理委员会属于区域性单位，可以申报博士后创新实践基地，但必须组织辖区内3家以上高新技术企事业单位同时申请设立基地分站，申请设立基地分站单位的条件略低一些。

续表

序号	新设基地单位名称	序号	新设基地单位名称
37	江苏铁锚玻璃股份有限公司	57	扬州恒德工业科技有限公司
38	南通东泰新能源设备有限公司	58	江苏金飞达电动工具有限公司
39	南通华信中央空调有限公司	59	扬州杨杰电子科技股份有限公司
40	南通万德科技有限公司	60	高邮市卫星卷烟材料有限公司
41	启东乾朔电子有限公司	61	扬州市嘉丰罗氏沼虾良种繁殖有限公司
42	江苏奥蓝工程玻璃有限公司		
43	江苏东浦管桩有限公司	62	江苏精工特种材料有限公司
44	连云港电子口岸信息发展有限公司	63	天奈（镇江）材料科技有限公司
		64	镇江市计量检定测试中心
45	江苏三吉利化工股份有限公司	65	镇江威特药业责任有限公司
46	江苏金卫机械设备有限公司	66	江苏江南生物科技有限公司
47	江苏协诚科技发展有限公司	67	江苏大中电机股份有限公司
48	江苏井神盐化股份有限公司	68	江苏能建机电实业集团有限公司
49	淮安柴米河农业科技发展有限公司	69	江苏扬子鑫福造船有限公司
		70	江苏光芒新能源股份有限公司
50	江苏华生基因数据科技股份有限公司	71	江苏永昇空调有限公司
		72	泰州市人民医院
51	江苏神龙药业有限公司	73	江苏景宏新材料科技有限公司
52	智美达（江苏）数字技术有限公司	74	江苏领焰智能科技股份有限公司
		75	运河宿迁港产业园管理委员会①
53	扬州峰明金属制品有限公司		（1）宿迁恒润管业有限公司
54	九力绳缆有限公司		（2）江苏康美新材料科技有限公司
55	扬州腾飞电缆电器材料有限公司		
56	江苏明珠试验机械有限公司		（3）国电宿迁热电有限公司

① 运河宿迁港产业园管理委员会属于区域性单位，可以申报博士后创新实践基地，但必须组织辖区内3家以上高新技术企事业单位同时申请设立基地分站，申请设立基地分站单位的条件略低一些。

江苏省按照国家有关部门的规定要求,对博士后创新实践基地申报设立条件进行严格把关,明确企业、研发型事业单位和市以上高新技术开发区等区域性单位未设立博士后科研工作站的,方可申请设立创新基地,并具备以下基本条件:①具备独立法人资格,有较强的经济实力和较好的经济效益,最近两年连续盈利。其中,研发型单位的上一年度末净资产值应不低于800万元人民币,产业型单位的上一年度末净资产值应不低于2 000万元人民币。②具有专门的研究与开发机构,研发机构应具备必要的检测、分析、测试手段和实验设备,且设备原值不低于500万元人民币,已取得2项以上具有自主知识产权的科技成果。③拥有较高水平的研究开发团队,能提出理论创新、技术领先的博士后科研项目,专职研发人员数量应在10人以上,且能为博士后人员提供较好的科研条件和必要的生活条件。④建有省级以上工程(技术)研究中心、重点实验室、企业技术中心等研发载体,承担国家或省重大项目的单位可优先设立创新基地。⑤区域性单位申报创新基地,必须能组织辖区内3家以上高新技术企事业单位同时申请设立基地分站。

为加强博士后创新实践基地建设,江苏省人力资源和社会保障厅于2011年10月18日出台《江苏省博士后管理工作实施办法》(苏人社规〔2011〕3号),明确了博士后创新实践基地的申报条件、申报流程、管理机构、经费管理、评估工作以及(产业)博士后研究人员的聘用和管理等,厘清了博士后创新实践基地与流动站设站单位的关系,明确了(产业)博士后研究人员的权利,规范了博士后创新实践基地的权利和义务等,保障了博士后研究人员的培养和使用质量。近年来,江苏省人力资源和社会保障厅又在"江苏博士后网"专门开辟"博士后创新实践基地"栏目,定期公布博士后创新实践基地申报和审批信息,实时公布省级博士后创新实践基地招收人员信息等。

7.2.2.3 北京市博士后创新实践基地建设情况

2010年北京市下发了《关于开展北京市博士后(青年英才)创新实践基地建设试点工作的通知》(京人社专家发〔2010〕238号),制定了《北京市博士后(青年英才)创新实践基地建设试行办法》,确定首批在中关村科技园区海淀园、中关村科技园区丰台园、中关村科技园区昌平园、中关村科技园区电子城科技园、北京经济技术开发区开展博士后(青年英才)创新实践基地建设试点工作,并于2011年建立了北京市博士后创新实践基地。

北京市在推进博士后创新实践基地建设过程中,十分注重搭建一体化平台,坚持以引进新的研发人才为突破口,努力把进入博士后创新实践基地的博士(青年英才)培育成企业科研骨干,为研发团队注入新鲜血液,破解产品推广和升级换代带来的相关技术难题。近6年来,有1 230余名有独立研能力的博士获准进入博士后创新实践基地开展技术攻关,承担重大科研任务,研究项目内容涉及电子信息、现代制造、现代农业、生物医药、金融传媒等22个领域。

7.2.2.4　上海市博士后创新实践基地建设情况

2001年7月"上海市博士后高新技术创新基地"的建立,开创了上海市博士后创新实践基地建设的先河。在全市各区县有计划有组织地建设博士后创新实践基地则起步于2011年。近年来,重点建成了上海多媒体产业园博士后创新实践基地、闵行区博士后创新实践基地、青浦区博士后创新实践基地、上海国际汽车城博士后创新实践基地、松江区博士后创新实践基地以及杨浦知识创新区博士后创新实践基地。这6个博士后创新实践基地分别与复旦大学、上海交通大学、同济大学、华东师范大学、华东理工大学、上海大学签订了合作协议,有22家企业自带23个重大科研项目入驻各个博士后创新实践基地,有力推进了产、学、研、用一体化进程,促进了相关企业的科技进步。

上海市博士后创新实践基地充分利用自身经济优势、集聚高层次人才的优势以及多媒体产业发展所积累的高新技术基础,与国内外知名高科技企业合作,力求将博士后创新实践基地建成国内一流、国际上有影响的多媒体研发基地,成为上海市大规模、高效益的高新技术产业发展主要基地和博士后人才培养教育基地,加速上海市高新技术成果的商品化、产业化和国际化。例如,上海多媒体产业园博士后创新实践基地,坚持以多媒体产业为发展重点,联合无线通讯研究中心、天宇技术发展有限公司等知名高科技企业,致力于多媒体技术和产品研究开发,为企业提供差异化、高附加值的服务,培养高层次的多媒体技术执行与管理人员。

上海市博士后创新实践基地依托科技主管部门,积极为留学人员创业园区、科学园区、工业区等高新技术企业服务,为博士后科研和项目研究提供工作条件和信息支持。注重建立完善工作机制,形成创新实践基地的联合体,争取更多企业的加入,每年计划吸纳3~5个高新技术企业加入到实践基地之中,增加企业和科研机构2~5个,每年完成项目立项2~3个,新增立项2~4个,实现项目转化1~2个;每年吸纳1~2名在站博士后进入创新实践基地工作,到有关企业进行科研攻关;每年组织1~2次博士后学术交流、技术开发和项目调研活动。

下一步,上海市各个博士后创新实践基地将根据"十三五"期间上海新一轮经济发展功能定位和产业发展方向,积极吸纳具有一定规模的支柱企业和高新技术企业加盟,坚持以教育服务、科学研究、科研成果孵化、产学研一体化为核心,开展信息电子、机电制造、现代纺织以及IT、微电子、生命科学、生物医药、新材料等高新技术项目和金融、资产运作、风险投资等项目的研发,推进上海市经济快速、协调、可持续发展。

7.2.2.5 湖北省博士后创新实践基地建设情况

2011—2013年,湖北省按照动态管理、滚动发展的原则要求,积极引导和支持博士后等高层次人才向基层和生产一线集聚,把博士后创新实践基地建设指标分配到各市,并注重向恩施、黄冈等落后地区倾斜,每年在各县(市、区)企业、从事科学研究和技术开发的事业单位建立30个博士后创新实践基地。从2014年起,为充分发挥博士后在促进经济转型升级和建设国家中心城市中的重要作用,形成博士后创新实践基地与博士后科研工作站相结合的梯队培养机制,湖北省优先安排建有省级以上研发和技术中心,承担国家、省、市重大项目的高新技术企业,或战略性新兴产业的企业建立博士后创新实践基地,结果有19家与高校合作关系密切、具有较强创新能力的企事业单位,以及科教资源富集的东湖国家自主创新示范区获准开展博士后创新实践基地试点工作。截至2016年年底,湖北省已建立134个博士后创新实践基地。对于这些基地,湖北省有关部门分别给予基金资助扶持,不仅新建博士后创新实践基地能一次性获得10万元人民币专项经费支持,而且博士后创新实践基地在设置省博士后创新岗位和省博士后科技活动项目择优资助时也给予倾斜,在申报国家博士后科研工作站时给予优先推荐。同时每年对10个重点博士后创新实践基地进行扶持,对30个博士后创新岗位进行扶持资助,推荐和选聘优秀博士后人员到新建博士后创新实践基地开展合作研发项目,有效激发了博士后人才的动力和活力。

为进一步优化实施博士后创新实践基地项目,打造人才发展新高地,《湖北省创新型省份建设推进计划(2016—2020年)》(鄂政发〔2016〕26号)提出,以"创新人才集聚工程"为核心内容的"产业提升、成果转化、企业培育、基地建设、人才集聚、科技金融、科技扶贫"七大工程,把博士后创新实践基地建设与"湖北省急需紧缺专业技术人才培养工程""金蓝领人才开发工程""急需紧缺技能人才振兴计划"紧密结合,建立了"博士后+项目+平台"的人才培育开发体系,根据湖北省重点产业和战略性新兴产业发展需求,突出高、精、尖、缺导向,实施与产业、企业发展需求紧密对接的科技博士后,有效加强了博士后创新实践基地建设。

7.2.2.6 山东省博士后创新实践基地建设情况

2014年,山东省人力资源和社会保障厅、教育厅、公安厅、财政厅联合出台《山东省博士后创新实践基地管理办法》(鲁人社发〔2014〕16号),明确提出建立博士后创新实践基地的目的要求和具体条件，并于当年批准建立了 38 个博士后创新实践基地。2016 年，山东省再次组织开展博士后创新实践基地申报认定工作，共批准 100 个博士后创新实践基地，涉及金融、新能源、海洋生物制品、高端装备制造、电气机械、医药制造等 27 个重点行业及领域，详见表 7—6。

表 7—6 2016 年山东省新设博士后创新实践基地情况

序号	新设单位名称	序号	新设单位名称
1	齐鲁银行股份有限公司	22	山东华夏神舟新材料有限公司
2	济南优诺思喷印设备有限公司	23	山东泰和水处理科技股份有限公司
3	山东轩竹医药科技有限公司		
4	山东博科生物产业有限公司	24	滕州市悟通香料有限责任公司
5	山东宏济堂制药集团股份有限公司	25	山东中力高压阀门股份有限公司
6	山东华凌电缆有限公司	26	山东亿丰源生物科技股份有限公司
7	青岛海大生物集团有限公司		
8	青岛征和工业股份有限公司	27	中国石榴研究院
9	青岛罗博飞海洋科技有限公司	28	山东圣光化工集团有限公司
10	青岛环球集团股份有限公司	29	山东亨圆铜业有限公司
11	青岛尤尼科技有限公司	30	山东恒邦冶炼股份有限公司
12	青岛乾运高科新材料股份有限公司	31	烟台中集来福士海洋工程有限公司
13	青岛易邦生物工程有限公司	32	烟台同立高科新材料股份有限公司
14	怡维怡橡胶研究院有限公司		
15	青岛聚大洋藻业集团有限公司	33	山东东方海洋科技股份有限公司
16	山东新华医疗器械股份有限公司	34	山东中际电工装备股份有限公司
17	山东美陵化工设备有限公司	35	莱州明波水产有限公司
18	淄博工陶耐火材料有限公司	36	山东默锐科技有限公司
19	山东凯盛新材料有限公司	37	山东柠檬生化有限公司
20	淄博泰光电力器材厂	38	潍坊恒彩数码影像材料有限公司
21	山东布莱凯特黑牛科技股份有限公司	39	山东青能动力股份有限公司
		40	山东大业股份有限公司

续表

序号	新设单位名称	序号	新设单位名称
41	山东浩信集团有限公司	65	山东宝纳新材料有限公司
42	山东新和成药业有限公司	66	山东绿润食品有限公司
43	卡松科技股份有限公司	67	临沂市海纳电子有限公司
44	山东通佳机械有限公司	68	临沂市沂水中心医院
45	济宁中科先进技术研究院有限公司	69	金中证项目管理有限公司
45	济宁中科先进技术研究院有限公司	70	山东玻纤集团股份有限公司
46	曲阜天博汽车零部件制造有限公司	71	临沂市拓扑网络股份有限公司
46	曲阜天博汽车零部件制造有限公司	72	山东中瑞电子股份有限公司
47	山东星源矿山设备集团有限公司	73	索通发展股份有限公司
48	山东艾孚特科技有限公司	74	山东百多安医疗器械有限公司
49	济宁碳素集团有限公司	75	山东奥博环保科技有限公司
50	瑞星集团股份有限公司	76	山东智衡减振科技股份有限公司
51	山东明佳科技有限公司	77	山东鼎力枣业食品集团有限公司
52	泰安市农业科学研究院	78	山东聚力焊接材料有限公司
53	海斯莫尔生物科技有限公司	79	德州恒力电机有限责任公司
54	威海市正大环保设备股份有限公司	80	天鼎丰非织造布有限公司
54	威海市正大环保设备股份有限公司	81	山东东阿钢球集团有限公司
55	威海银兴预应力线材有限公司	82	山东凯美瑞轴承科技有限公司
56	山东安然纳米事业发展有限公司	83	山东鑫丰种业股份有限公司
57	乳山华信食品有限公司	84	山东聊建集团有限公司
58	威海多晶钨钼科技有限公司	85	山东创新金属科技股份有限公司
59	威海百合生物技术股份有限公司	86	山东民强生物科技股份有限公司
60	威海市中心医院	87	山东海容电源材料有限公司
61	日照海恩锯业有限公司	88	滨州中裕食品有限公司
62	日照海卓液压有限公司	89	山东玉皇新能源科技有限公司
63	山东双港活塞股份有限公司	90	菏泽金正大生态工程有限公司
64	山东莱芜金雷风电科技股份有限公司	91	菏泽三垒塑料业有限公司
64	山东莱芜金雷风电科技股份有限公司	92	菏泽城建工程发展集团有限公司

续表

序号	新设单位名称	序号	新设单位名称
93	龙口矿业集团有限公司	96	山东省教育科学研究院
94	山东地矿工程勘察院（山东省地质矿产勘查开发局八〇一水文地质工程地质大队）	97	山东亚特尔集团股份有限公司
		98	山东出版媒体股份有限公司
		99	山东广电网络有限公司
95	山东省交通科学研究院	100	莱阳农学院兽药厂

为加强博士后创新实践基地建设，山东省和各市人力资源管理部门和财政部门不断加大经费投入。例如，2016年淄博市委组织部、人力资源和社会保障局、财政局联合下发《淄博市博士后工作管理办法》，对全市范围内新建博士后科研工作站、博士后创新实践基地进行资助。规定对企业新设立的工作站、基地，分别一次性给予15万元人民币、10万元人民币的建站资助，基地经批准设立工作站的，再给予5万元人民币的资助。基地和工作站每招收一名博士后人员，在完成开题报告后，一次性给予5万元人民币的启动资金。

2016年，山东省各个基地充分利用博士后科研流动站的人才和技术优势，依托博士后科研流动站代为招收博士后进行技术攻关，解决产、学、研过程中的难题急事，加速科技成果转化，为提高企事业单位技术创新能力、培养高层次创新型青年人才发挥了重要作用。例如，山东省华夏神舟新材料有限公司，充分发挥其建立的省级博士后创新实践基地的桥梁和纽带作用，不断提高技术研发水平，逐步将人才优势转化为产业优势，为企业带来新的发展契机。

山东省博士后创新实践基地的设立与国家级博士后站的申报工作按年交叉进行。对于省级管理规范、业绩突出的博士后创新实践基地，在完成博士后研究人员招收后，可优先推荐申报设立国家级博士后科研工作站。

7.2.2.7 陕西省博士后创新实践基地建设情况

为深入实施人才强省战略，加快陕西省博士后事业，促进经济社会快速发展，陕西省于2013年发布《陕西省博士后创新基地管理暂行办法》（陕人社发〔2013〕50号），明确每年组织一次博士后创新实践基地的申报审批工作。根据《中共陕西省委、省政府关于加强高层次创新创业人才队伍建设的意见》（陕发〔2011〕15号）精神，2016年陕西省人力资源和社会保障厅批准设立了10个博士后创新基地。根据相关资料得知，目前陕西省共设立博士后创新实践基地 43 个，详见表 7—7。其中，陕西延长石油（集团）有限责任公司、西安鑫垚陶瓷复合材料有限公司、西北有色地质矿业集团有限公司、西安巨子生物基因技术股份有限公司、华陆工程科技有限责任公司 5 个博士后创新基地于 2015 年经人力资源和社会保障部、全国博士后管委会批准设立博士后科研工作站，占当年陕西省获批博士后科研工作站总数量（共 10 个）的 50%。这也说明，相关单位会优先推荐博士后工作开展较好的博士后创新实践基地设立博士后科研工作站。

表 7—7　　　　近年来陕西省博士后创新实践基地设立情况

序号	单位名称	设立时间
1	中国电建集团西北勘测设计研究院有限公司	2016 年
2	黄陵矿业集团有限责任公司	2016 年
3	安康市中医医院	2016 年
4	西安爱邦电磁技术有限责任公司	2016 年
5	西安福莱特热处理有限公司	2016 年
6	陕西西部资信股份有限公司	2016 年
7	陕西航天蓝西科技开发有限公司	2016 年
8	陕西省引汉济渭工程建设有限公司	2016 年
9	陕西广电网络传媒（集团）股份有限公司	2016 年
10	陕西省煤气层开发利用有限公司	2016 年
11	陕西延长石油（集团）有限责任公司	2014 年
12	陕西新光源科技有限责任公司	2014 年
13	华陆工程科技有限责任公司	2014 年
14	西安重工装备制造集团有限公司	2014 年
15	陕西省杂交油菜研究中心	2014 年
16	西安泰科迈医药科技有限公司	2014 年
17	西安科技大市场服务中心	2014 年
18	西安瑞联近代电子材料有限责任公司	2014 年
19	西安工程大学	2014 年
20	西安公路研究院	2014 年

续表

序号	单位名称	设立时间
21	陕西斯瑞工业有限责任公司	2014 年
22	西安前沿动力软件开发有限责任公司	2014 年
23	西安鑫垚陶瓷复合材料有限公司	2014 年
24	陕西省环境科学研究院	2014 年
25	中核工业集团公司	2014 年
26	陕西省西咸新区开发建设管理委员会	2014 年
27	汉中百盛实业有限公司	2014 年
28	陕西文化产业投资控股（集团）有限公司	2014 年
29	西北有色地质矿业集团有限公司	2013 年
30	陕西黄河集团有限公司	2013 年
31	西安天隆科技有限公司	2013 年
32	西安巨子生物基因技术股份有限公司	2013 年
33	西安瑞特溃堤制造工程研究有限公司	2013 年
34	西安西测电子技术服务有限公司	2013 年
35	西安邮电大学	2013 年
36	陕西中医学院附属医院	2013 年
37	陕西汉德车桥有限公司	2013 年
38	西安富士达科技股份有限公司	2013 年
39	陕西信息化工程研究院	2013 年
40	西安石油的大学	2013 年
41	陕西省煤田地质有限公司	2013 年
42	陕西省文物保护研究院	2013 年
43	汉中市农业科学研究所	2013 年

为加强对博士后创新实践基地建设的支持力度和日常管理，陕西省专门制定下发的《博士后创新基地管理暂行办法》明确提出，支持校企博士后科研项目联合对接，鼓励博士后创新实践基地制定博士后研究项目与有

关高校、科研院所对接。对新设立博士后创新实践基地的单位，省财政一次性给予 10 万元人民币奖励。对协助企业开发、改进取得有较高应用价值的科研成果（产品）的博士后，由省财政每项给予 10 万元人民币的研发奖励；对转化成功并取得重大经济效益的博士后研究项目，由省财政一次性分别给予博士后科研人员和创新基地 20 万元人民币和 50 万元人民币奖励。近 4 年来，陕西省共有 11 个博士后创新实践基地和 100 余名博士后研究人员受到了表彰和奖励。

7.2.2.8 河北省博士后创新实践基地建设情况

为贯彻落实人力资源社会保障部、全国博士后管委会《关于博士后创新实践基地建设有关问题的通知》（人社部发〔2011〕21 号）精神，河北省于 2011 年组织首批博士后创新实践基地申报评审工作，截至 2015 年，该省共建立博士后创新实践基地 72 个。2015 年 12 月 18 日，全国第一个国家级博士后成果转化基地——中国（河北）博士后成果转化基地在固安县挂牌成立，人力资源社会保障部汤涛副部长参加了揭牌仪式并发表讲话，他希望该基地依托河北固安高新技术开发区，包括基地总部功能区、科技成果转化区和科技功能服务区，以全国博士后人才研发创新和成果转化高地、京津冀高端人才协同发展示范区、具有国际影响力的科技型企业创新孵化聚集区为定位，为推动博士后科研成果转化、鼓励和吸引海内外高端人才到河北创新创业，促进京津冀协同发展提升区域创新能力搭建重要平台。北京大学、清华大学、南开大学、天津大学、中国电子科技集团第五十四研究所等高校、科研单位代表，分别与基地代表签订战略合作协议。据悉，该基地落成后短短 10 个月内，即已签约入驻博士后企业 49 家，累计签约投资金额 30 多亿元人民币。首个国家级博士后成果转化基地落户河北固安县之后，河北省更加重视全省博士后创新实践基地申报、设立和建设工作。2016 年年底，该省新建立博士后创新实践基地 32 个，详见表 7—8。

表 7—8　　2016 年河北省新设博士后创新实践基地情况

序号	新设基地单位名称	序号	新设基地单位名称
1	河北安能绿色建筑科技有限公司	6	承德信通首承矿业有限责任公司
2	石家庄汉卓能源科技有限公司	7	秦皇岛市惠斯安普医学系统股份有限公司
3	嘉诚环保工程有限公司	8	河北鹏远光电股份有限公司
4	河北煜环环保科技有限公司	9	河北中科遥感信息技术有限公司
5	承德宽航新材料有限公司	10	中粮华夏长城葡萄酒有限公司

续表

序号	新设基地单位名称	序号	新设基地单位名称
11	河北瑞兆激光再制造技术有限公司	20	曲阳宏州雕塑园林有限公司
		21	大元建业集团股份有限公司
12	河北天善生物技术有限公司	22	河北程杰汽车转向机制造有限公司
13	唐山华熠实业股份有限公司	23	河北西伯力特种橡胶有限公司
14	固安鼎材科技有限公司	24	邢台市第三医院
15	固安信通信号技术股份有限公司	25	邢台医学高等专科学校
		26	河北钢诺新材料科技有限公司
16	京东方（河北）移动显示技术有限公司	27	邯郸银行股份有限公司
		28	邯郸市中心医院
17	河北中康韦尔环境科技有限公司	29	定州市人民医院
		30	河北德胜农林科技集团有限公司
18	乐凯胶片股份有限公司	31	河北清华发展研究院
19	保定乐凯新材料股份有限公司	32	河北省环境科学研究院

此外，2016年河北省还与北京市人力资源社会保障部门签署了深化区域人才交流合作协议，力争在2017年6月底建成京冀高层次人才信息数据库，同时围绕区域重点产业和科技创新重点领域以及2022年冬奥会等重大活动，联合引进国外人才和项目。力争到2017年年底，使博士后成果转化基地孵化、中试场地全面投入使用，入驻博士后成果转化项目100个。

7.2.2.9 江西省博士后创新实践基地建设情况

2014年，江西省人力资源和社会保障厅专门下发《关于建立博士后创新实践基地的实施意见》（赣人社发〔2014〕45号），对博士后创新实践基地的功能定位、申报流程、申报程序、运作方式、政策待遇、管理服务等做出明确规范，并首次组织开展了博士后创新实践基地的申报评审工作。经严格评审，贝谷科技股份有限公司等31个单位获准建立博士后创新实践基地，详见表7—9。

表 7—9　　江西省首批建立博士后创新实践基地单位情况

序号	建立基地的单位名称	序号	建立基地的单位名称
1	贝谷科技股份有限公司	16	江西省福斯特新能源集团有限公司
2	江西天佳实业有限公司	17	江西同和药业有限责任公司
3	南昌轨道交通集团有限公司	18	普正药业股份有限公司
4	南昌水业集团有限责任公司	19	博硕科技（江西）有限公司
5	中船九江工业有限公司	20	江西赣电电气有限公司
6	蓝星化工新材料股份有限公司 江西星火有机硅厂	21	江西博雅生物制药股份有限公司
		22	江西省科学院
7	景德镇陶瓷股份有限公司	23	江西省社会科学院
8	江西德宇集团	24	江西省出版集团公司
9	江西蓝翔重工有限公司	25	江西省妇幼保健院
10	江西新余国科科技有限公司	26	赣中南地质矿产勘查研究院
11	江西恩达麻世纪科技股份有限公司	27	江西省交通设计研究院有限责任公司
12	江西华电电力有限责任公司	28	江西晶安高科技股份有限公司
13	中冶南方（新余）冷轧新材料技术有限公司	29	江西省航空材料工程技术研究中心
		30	江西省水工程安全与资源高效利用工程研究中心
14	崇义章源钨业股份有限公司		
15	赣州虔东稀土集团股份有限公司	31	江西科技学院

2016 年，江西省人力资源和社会保障厅再次组织博士后创新基地的申报评审工作，当年新设立博士后创新实践基地 30 个（具体名单未公布）。为加强博士后创新基地建设，江西省有关部门不仅为其提供政策保障，而且对批准设立的博士后创新实践基地单位一次性给予 10 万元人民币的建设启动资金。南昌市人力资源和社会保障局等参照省给予的建设经费给予等额匹配，博士后创新实践基地可获得 20 万元人民币建设启动经费。

7.2.2.10　四川省博士后创新实践基地建设情况

四川省从 2012 年开始组织博士后创新实践基地建设申报评审工作，截至 2016 年年底，共批准设立博士后创新实践基地 94 个。其中，2012 年设立 17 个，2013 年设立 15 个，2014 年设立 12 个，2015 年设立 25 个，2016 年设立

25 个。按照《四川省专业技术人才队伍建设资金使用和管理办法》(川人社发〔2015〕49 号)精神,对新设立的博士后创新实践基地一次性资助 20 万元人民币,用于添置研究工作所需的仪器设备、实验材料,以及开展博士后研究人员学术交流(论坛)活动等。

7.2.2.11 广西壮族自治区博士后创新实践基地建设情况

广西壮族自治区博士后创新实践基地建设始于 2015 年,当年在自治区水产科学研究院、北海市人民医院等 12 家单位设立博士后创新实践基地。2016 年,广西壮族自治区组织第二批博士后创新实践基地申报和设立工作,批准广西防城港核电有限公司等 10 家单位设立博士后创新实践基地,涉及国家重大项目、自治区特色产业、生物医药等多个行业领域。截至 2016 年年底,广西壮族自治区共建立博士后创新实践基地 22 个,详见表 7—10,并委托博士后科研流动站招收博士后研究人员,或依托项目柔性引进博士后研究人员进基地从事科研工作 10 人,其中 4 人是招收或引进的区外博士后研究人员。

表 7—10　广西壮族自治区博士后创新实践基地设立情况

序号	设基地单位名称	批次	设立时间
1	广西壮族自治区水产科学研究院	第一批	2015 年
2	广西壮族自治区中国科学院广西植物研究所	第一批	2015 年
3	广西壮族自治区畜牧研究所	第一批	2015 年
4	广西壮族自治区食品药品检验所	第一批	2015 年
5	广西中医药大学附属瑞康医院	第一批	2015 年
6	北海市人民医院	第一批	2015 年
7	钦州学院海洋学院	第一批	2015 年
8	钦州高新技术产业开发区、中马钦州产业园区	第一批	2015 年
9	百色百矿集团有限公司	第一批	2015 年
10	广西扬翔股份有限公司	第一批	2015 年
11	南宁信肽生物技术有限公司	第一批	2015 年
12	南宁灵康赛诺科生物科技有限公司	第一批	2015 年
13	广西防城港核电有限公司	第二批	2016 年
14	广西慧宝源医药科技有限公司	第二批	2016 年
15	广西丹泉酒业有限公司	第二批	2016 年
16	桂林福达股份有限公司	第二批	2016 年

续表

序号	设基地单位名称	批次	设立时间
17	中铝广西国盛稀土开发有限公司	第二批	2016 年
18	柳州市工人医院	第二批	2016 年
19	广西壮族自治区水牛研究所	第二批	2016 年
20	广西柳州银海铝业股份有限公司	第二批	2016 年
21	梧州市农业科学研究所（梧州市六堡茶叶研究院）	第二批	2016 年
22	广西中农富玉国际农业科技有限公司	第二批	2016 年

7.3 博士后站与创新实践基地建设的总体分析与建议

7.3.1 博士后站建设的总体分析与建议

（1）在适当控制博士后站点规模的同时大力提高站点建设质量。贯彻落实《国务院办公厅关于改革完善博士后制度的意见》（国办发〔2015〕87 号）关于"严格设站条件，严守设站程序，优化设站结构布局，适度控制设站规模"的指示精神，2016 年全国未新增博士后科研流动站和科研工作站，相反因学科门类调整合并、检查评估不合格等原因，分别注销了 1 个科研流动站、5 个科研工作站。在适当控制博士后站点规模的同时，全国和各地博士后管理部门注重了博士后站点建设质量的提升，无论是基础设施建设、规章制度建设还是服务质量、管理能力建设等都取得了新的进步。但从全国科研流动站、工作站站点的实际情况看，建设经费投入力度还不大，质量水平提升幅度有大有小。为此建议，今后在适当控制站点规模的同时，应紧紧围绕提高博士后人才培养质量和加强服务保障水平，尤其要积极适应中国经济发展新常态下"高精尖缺"人才的实际需要，进一步加大博士后站点建设经费的投入，日益改善博士后办公、科研和住宿环境，为博士后创新创业营造良好氛围，切实维护博士后科研成果的知识产权，进一步提高科研成果转化率，等等。

（2）加强博士后站点建设工作辅导和检查评估的监督。据调查了解，一些进站博士后研究人员较少、科研成果数量不多或质量一般的站点，自身建设质量不高，也不知道如何加强建设；有的博士后站点工作管理人员和少数博士后合作导师，对博士后制度和相关政策不熟悉，对中国博士后科学基金资助项目申报流程、注意事项等把握不准,直接影响了博士后站点建设质量的提升。此外,2016年全国没有统一组织开展博士后站点建设检查评估工作,各博士后站点建设情况主要由各地博士后管理部门指导设站单位进行自我检查评估,尽管各单位也将自评结果在线提交至其相关主管部门,但由于对各站点建设自我检查评估工作缺少必要的监督,以致各个设站单位自我评估标准不一,流程不太规范,评估结果含有一定水分;有的地方博士后主管部门对各个设站单位上报的评估报告特别是对存在的问题,没有及时给予点评或提出相关对策建议。为此建议,全国和各地博士后管理部门要组织相关领导和专家,加强对各站点建站工作的辅导,尤其是对那些进站人员较少、科研成果数量不多或质量一般的站点,更要加强建站工作辅导。今后再组织各个设站单位进行自我检查评估时,必须要求其严格按照全国博士后站建设评估标准和要求进行,同时要通过抽查、实地察访等形式,加强对各站点检查评估工作的跟踪监督,针对存在的问题及时点评或提出整改意见。

7.3.2　博士后创新实践基地建设的总体分析与建议

7.3.2.1　博士后创新实践基地建设的总体分析

(1) 全国建立的博士后创新实践基地总量偏少,区域之间差距较大。自2011年人力资源社会保障部、全国博士后管委会下发《关于博士后创新实践基地建设有关问题的通知》以来,全国各地比较重视博士后创新实践基地的申报、设立和建设工作。据对全国11个省(自治区、直辖市)的统计,近年来共建立博士后创新实践基地1 500多个①(其他省级单位未公布基地建设的相关数据),基地总量与实际需求相比明显偏少。从全国现有基地的分布来看,各地区之间发展很不平衡,区域之间差距较大。截至2016年年底,江苏省已建立博士后创新实践基地620个,广东省已建立博士后创新实践基地370个,山东省(138个)、湖北省(134个)和河北省(104个)博士后创新实践基地数量也均超过100个,而其他特别是一些中西部地区建立的博士后创新实践基地,在10~50个之间。

(2) 现有博士后创新实践基地经济和科研实力逊色于博士后科研工作站设站单位。目前,中国博士后创新实践基地不仅数量少,而且建设质量也存在问题,一些基地经济和科研实力与博士后科研工作站设站单位相差较大。据对某省博士后创新实践基地的调查,约有六成的博士后创新实践基地年产

---

① 截至2016年年底,全国共建立多少个博士后创新实践基地并没有官方信息发布,这里1 630多个博士后创新实践基地是通过对11个省(自治区、直辖市)相关资料的统计而获得的。

值不超过 15 亿元人民币，21 家上市企业的博士后创新实践基地只有 1 家年产值超过 15 亿美元；从基地人员的学历和职称构成看，约有 21.9% 的基地只有 1~5 名博士，拥有大学学历超过 10 人的基地约为 43.8%，没有教授级高级工程师的基地约有 47%。从基地拥有的技术研发平台、主持或参与的科研项目水平以及与高校科研合作的情况看，只有三成的基地建有市级以上的技术中心，约有五成以上的基地是高新技术企业，有 13% 的基地参与过国家"863""973"等重大科研项目，有 63% 的基地参与过省部级重点项目，91% 的基地与国内高校保持着长期合作关系。据了解，该省博士后创新实践基地建设一直走在全国前列，其经济和科研实力尚且如此，其他各地博士后创新实践基地的情况可想而知。

（3）博士后创新实践基地管理制度不健全、服务保障滞后。目前，虽然有不少省（自治区、直辖市）出台了《博士后创新实践基地管理暂行办法》，但多数省（自治区、直辖市）对博士后创新实践基地的科学管理缺少得力有效的措施。有些单位对设立博士后创新实践基地的动机不纯、定位不准，不同程度地存在着傍名牌高校、名牌科研院所及图虚名的现象。有的基地在申报前很积极，但批准设立后相关工作跟不上，不能为基地博士后研究人员提供优质服务保障，以致有半数以上的基地委托招收博士后难、留住进入基地的博士后也难。例如，某自治区 2015—2016 年两年内共设立博士后创新实践基地 22 个，总共才招收引进博士后研究人员 10 人，年均招收引进 5 人，每个基地平均只有 0.45 名博士后研究人员。

7.3.2.2 加强博士后创新实践基地建设的建议

为进一步加强博士后创新实践基地建设，以整合人才智力科技资源，促进科技成果转化，培养造就具有创新精神的青年英才，提出如下几点建议。

（1）在扩大基地建设数量规模的同时应注重质量建设并严格考核。着眼进一步整合人才、智力、科技资源，推动博士后科技成果转化，培养造就大批具有创新精神的青年英才，迫切需要在全国范围内持续增加博士后创新实践基地数量，尤其要鼓励和支持中西部地区加快建立博士后创新实践基地。但在扩大数量规模的同时，应坚持"宽审批、重建设、严考核"的原则。各省（自治区、直辖市）对每年或每两年一次申报的省级博士后创新实践基地，只要符合设立条件的应当压减申报流程，简化审批手续，让更多符合条件的单位尽早加入到博士后创新实践基地建设的行列，省级以下单位组织申报和审批博士后创新实践基地时也应当照此办理。但必须实行"基地设立备案制"，对那些因动机不纯、定位不准而设立的博士后创新实践基地，一经查实要取消其基地设置资格。要进一步建立健全博士后创新实践基地建设总体目标、具体标准和考核评价体系，对重申报轻建设的单位要及时发警告、亮黄牌，督促其限期整改。建立博士后创新实践基地退出机制，对于设立后连续两年"空壳"或达不到考核标准要求的博士后创新实践基地应当予以撤销，并规定3年内不得重新申报。

（2）不断完善博士后创新实践基地内部管理制度机制。按国家相关规定，博士后创新实践基地的设立、考核、管理等工作，由省级人力资源社会保障部门负责。一方面基地建成以后，各省级主管部门要直接行使监管职责，或委托高校协助规范博士后创新实践基地的运行机制健康发展，以外部监督管理的手段，保障博士后创新实践基地的制度机制建设水平。另一方面，各个基地设立单位要根据自身发展的内在需求，促使其内部建立健全相关管理机制，例如以增强吸引力为目的的博士后进站招收机制、以保证培养质量为核心的内部考核机制等。为加强博士后创新实践基地的内部管理，建议在各省（自治区、直辖市）现行的《博士后创新实践基地管理暂行办法》基础上，由全国博士后管委会领导、全国博士后管委会办公室牵头，组织全国相关专家学者，抓紧研究制定《全国博士后创新实践基地管理指导意见》或《全国博士后创新实践基地管理办法》，进一步明晰全国博士后创新实践基地管理主体、各方职责权限、权利义务关系等。各省（自治区、直辖市）也要认真总结近些年开展博士后创新实践基地建设的成功经验，汲取经验教训，进一步修订和完善本级《博士后创新实践基地管理办法》，对已经设立的博士后创新实践基地要全部纳入属地管理，切实解决一些单位重申报设立、轻内部管理，以及在科技成果创新方面重数量、轻实用，重理论水平、轻实践应用，重评奖、轻市场需求，重论文数量、轻推广应用等问题。

（3）加大博士后创新实践基地建设资金投入和政策支持力度。博士后工作是高层次人才的孵化炉和助推器，而博士后创新实践基地建设则是博士后工作的拓展和深化。借助博士后创新实践基地提供的平台，充分调动和利用博士后人才智力、整合资源优势，须加大博士后创新实践基地建设资金投入和政策支持力度。应由各省级博士后工作主管部门牵头，成立博士后创新实践基地基金会。资金可通过省级财政提供部分种子资金，各基地申报单位、博士后工作站设站单位、各地方政府财政共同分担，动员社会力量捐款资助等形式共同筹集。博士后创新实践基地基金会可根据各个基地基础建设和科研所需设立若干个资助项目，由进基地博士后研究人员提交申请，经组织相关专家评审后，确定相应资助项目及资助额度。受资助的项目成果转化或创业，可通过股份制形式组成创业公司，共享成果。

为推动全国博士后创新实践基地建设和发展，全国和各地博士后工作管理部门还要进一步加大对博士后创新实践基地建设的政策支持，通过外部支持和内部力量的双向调节，进一步推动博士后创新实践基地建设制度机制的改革与完善，尤其要高度重视基地管理人才队伍建设，将基地工作管理人员培训纳入全国和各地博士后工作管理人员和业务培训工作之中，建立常规化、制度化的基地博士后工作管理人员培训交流机制，不断提高基地工作管理人员的能力素质。

第八章 2016年博士后工作管理人员及业务培训

2016年，人力资源社会保障部留学人员和专家服务中心、中国博士后科学基金会、中国高级公务员培训中心联合举办了两期全国博士后工作管理人员培训班（以下简称"管理培训班"）、两期中国博士后科学基金业务培训班（以下简称"业务培训班"）。此外，北京市、内蒙古自治区、江苏省、浙江省、安徽省、山东省、河南省、广东省等人力资源和社会保障厅（局）及其所属部分省辖市、地级市也组织本区域内博士后工作管理人员进行了相关培训。通过各级各类培训，进一步提高了博士后工作管理人员的综合素质与业务能力。[①]

8.1 2016年全国博士后工作管理人员培训

为努力建设一支高素质的博士后工作管理人员队伍，进一步加强博士后日常管理工作，人力资源社会保障部留学人员和专家服务中心、中国博士后科学基金会、中国高级公务员培训中心于2016年7月12—16日在广西壮族自治区北海市联合举办了为期5天的全国博士后工作管理人员培训班（以下简称北海"管理培训班"）。9月20—22日，又在陕西省延安市举办了一期全国博士后工作管理人员培训班（以下简称延安"管理培训班"）。两期"管理培训班"的培训对象、培训内容和基本流程基本相同。

8.1.1 北海"管理培训班"基本情况

8.1.1.1 北海"管理培训班"概况

2016年7月12—16日，来自全国各地100多所高校、科研院所和企事业单位的244名博士后工作管理人员参加了北海"管理培训班"。此次培训的内

[①] 本章参考引用的原始数据、资料等信息除特别注明出处外，均源自中国博士后网、中国博士后网上办公系统和中国博士后科学基金会官网，作者又对相关数据和资料进行了认真核实、整理和加工。

容主要是介绍中国博士后制度和博士后管理工作政策、规定，讲解中国博士后科学基金资助金的管理和申请办法，介绍"全国博士后管理信息网络系统及基金申报系统"的使用方法，交流、讨论博士后工作管理经验。

7月13日上午，北海"管理培训班"举行了开班仪式，北海市委组织部副部长、市人力资源和社会保障局党组书记、局长田卫民出席开班仪式并致欢迎辞，他代表北海市有关部门领导对本次培训班的举办表示祝贺，向来自全国的博士后工作管理人员表示欢迎，并简要介绍了近年来北海的发展及基本情况。广西人力资源和社会保障厅副厅长蒋勐，人力资源社会保障部留学人员和专家服务中心副主任、中国博士后科学基金会副秘书长邱春雷参加开班仪式，并分别作了讲话。开班仪式由中国博士后科学基金会博士后评估与服务处刘丹华处长主持。开班仪式结束后，分别邀请复旦大学、国家信息中心、原沈阳军区总医院、广西医科大学、江苏省农业科学院等单位的有关领导介绍了博士后管理工作经验。

8.1.1.2 北海"管理培训班"参训人员区域分布

参加北海"管理培训班"的244名人员，分别来自国内27个省（自治区、直辖市），内蒙古、浙江、贵州、西藏4个省（自治区）无博士后工作管理人员参加培训。北京市参加此次培训的人数最多，为51人，约占北海"管理培训班"参训人员总数的20.9%；其次是河南省，为21人，约占北海"管理培训班"参训人员总数的8.61%；再次是陕西省，为20人，约占北海"管理培训班"参训人员总数的8.2%，详见表8—1、图8—1。

表8—1　2016年北海"管理培训班"参训人员所在区域情况

序号	省（自治区、直辖市）	参训数量（人）	序号	省（自治区、直辖市）	参训数量（人）
1	北京	51	9	江苏	8
2	天津	2	10	安徽	2
3	山西	5	11	福建	1
4	河北	9	12	江西	8
5	辽宁	6	13	山东	18
6	黑龙江	14	14	河南	21
7	吉林	2	15	湖北	7
8	上海	6	16	湖南	9

续表

序号	省（自治区、直辖市）	参训数量（人）	序号	省（自治区、直辖市）	参训数量（人）
17	广东	11	23	陕西	20
18	广西	9	24	甘肃	3
19	海南	2	25	青海	1
20	重庆	10	26	宁夏	2
21	四川	5	27	新疆	10
22	云南	2	合计		244

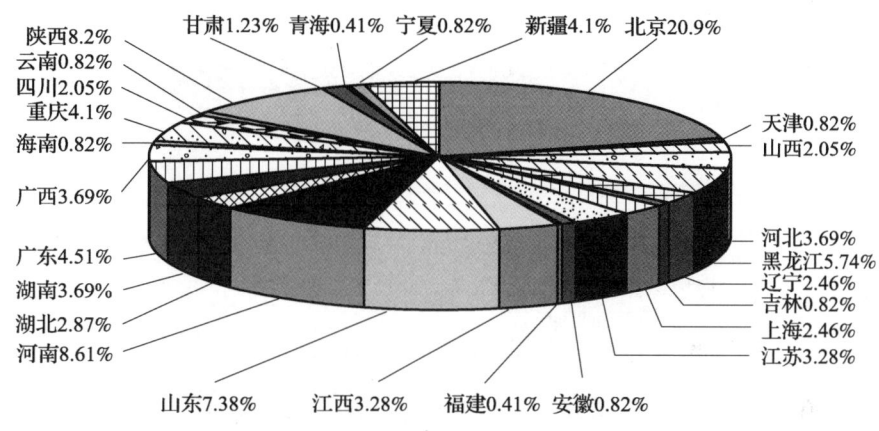

图8—1　2016年北海"管理培训班"参训人员所在区域占比

8.1.1.3　北海"管理培训班"参训人员单位分布

2016年参加北海"管理培训班"人员分别来自全国博士后科研流动站设站单位、科研工作站设站单位以及人力资源社会保障行政部门。其中，科研流动站设站单位的参训人员最多，为119人，约占北海"管理培训班"参训人员总数的48.77%；其次是科研工作站设站单位的参训人员，为109人，约占北海"管理培训班"参训人员总数的44.67%；人力资源社会保障行政部门有16人参训，约占北海"管理培训班"参训人员总数的6.56%，详见表8—2、图8—2。

8.1.1.4　北海"管理培训班"参训人员性别情况

2016年北海"管理培训班"参训人员中，男性116人，约占北海"管理培训班"参训人员的47.54%；女性128名，约占北海"管理培训班"参训人员的52.46%；男性学员比女性学员少12人（如图8—3所示）。

表 8—2　2016 年北海"管理培训班"参训人员所在单位情况

序号	单位类型	参训数量（人）
1	科研流动站设站单位	119
2	科研工作站设站单位	109
3	人力资源社会保障行政部门	16
	合计	244

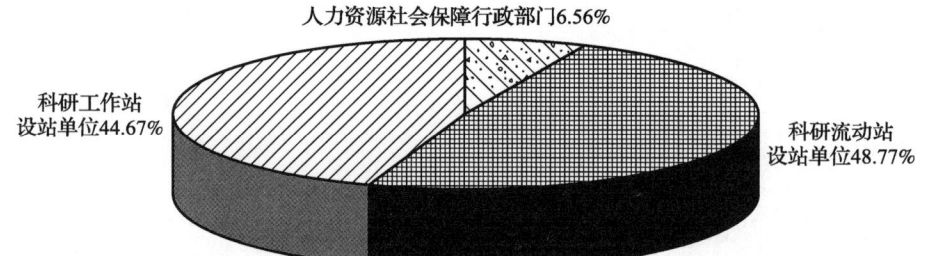

图 8—2　不同类别单位 2016 年参加北海"管理培训班"人员比例

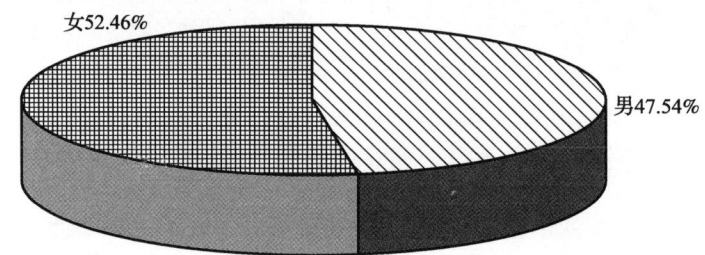

图 8—3　2016 年参加北海"管理培训班"男女人员比例

8.1.2　延安"管理培训班"基本情况

8.1.2.1　延安"管理培训班"概况

2016 年 9 月 20—22 日，由人力资源社会保障部留学人员和专家服务中心、中国博士后科学基金会、中国高级公务员培训中心联合举办的"管理培训班"在陕西省延安市举行。此次培训是北海"管理培训班"的延续，培训对象仍是全国博士后设站单位从事博士后工作的管理人员、有关地区和部门博士后工作负责人。来自全国各地 100 多所高校、科研院所、企事业单位博士后站及人力资源社会保障行政部门的 301 名博士后工作管理人员参加了培训。此次培训的主要内容与北海"管理培训班"相同，也是围绕中国博士后制度的发展概况、博士后工作日常管理规定和实施细则、中国博士后科学基金的管理和申请办法、"全国博士后管理信息网络系统及基金申报系统"使用方法等进行授课培训。9月20日上午举行了开班仪式，仪式结束后，同样邀请复旦大学、国家信息中心、原沈阳军区总医院、广西医科大学、江苏省农业科学院等单位相关领导介绍了博士后管理工作经验。

8.1.2.2　延安"管理培训班"参训人员区域分布

参加延安"管理培训班"的301名学员，来自国内26个省（自治区、直辖市），内蒙古、青海、宁夏、西藏、海南5个省（自治区）没有派人参加培训。参加延安"管理培训班"的人数北京市最多，为100人，约占延安"管理培训班"参训人员总数的33.22%；其次是广东省，为31人，约占延安"管理培训班"参训人员总数的10.3%；再次是山东省，为23人，约占延安"管理培训班"参训人员总数的7.64%，详见表8—3、图8—4。

表8—3　2016年延安"管理培训班"参训人员所在区域情况

序号	省（自治区、直辖市）	参训数量（人）	序号	省（自治区、直辖市）	参训数量（人）
1	北京	100	15	河南	13
2	天津	2	16	湖北	14
3	山西	1	17	湖南	6
4	河北	2	18	广东	31
5	辽宁	8	19	广西	6
6	黑龙江	6	20	重庆	5
7	吉林	6	21	四川	6
8	上海	9	22	贵州	7
9	江苏	13	23	云南	5
10	安徽	5	34	陕西	10
11	福建	2	25	甘肃	3
12	江西	10	26	新疆	4
13	浙江	4			
14	山东	23		合计	301

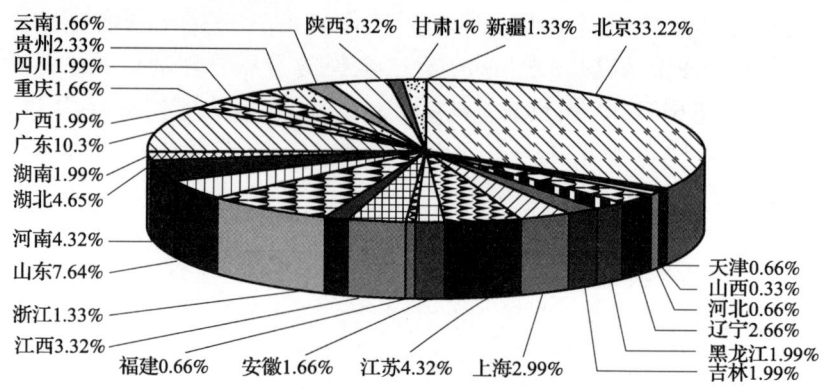

图 8—4　2016 年各省（自治区、直辖市）参加延安"管理培训班"的人员比例

8.1.2.3　延安"管理培训班"参训人员单位分布

延安"管理培训班"的参训人员分别来自全国博士后科研流动站设站单位、科研工作站设站单位以及人力资源社会保障行政部门。其中，来自科研工作站设站单位的人员最多，为 179 人，约占延安"管理培训班"参训人员总数的 59.47%；其次是来自科研流动站设站单位的人员，为 98 人，约占延安"管理培训班"参训人员总数的 32.56%；来自人力资源社会保障行政部门有 24 人参训，约占延安"管理培训班"参训人员总数的 7.97%，详见表 8—4、图 8—5。

表 8—4　2016 年延安"管理培训班"参训人员所在单位情况

序号	单位类型	参训数量（人）
1	科研流动站设站单位	98
2	科研工作站设站单位	179
3	人力资源社会保障行政部门	24
	合计	301

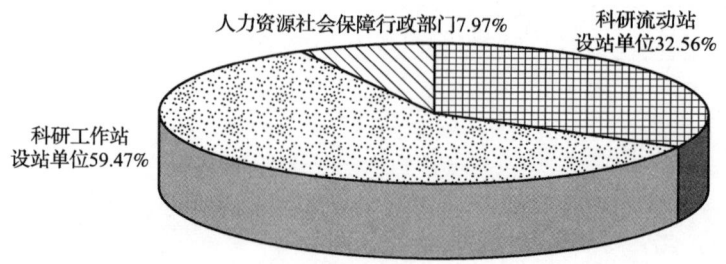

图 8—5　不同类别单位 2016 年参加延安"管理培训班"的人员比例

8.1.2.4 延安"管理培训班"参训人员性别情况

参加延安"管理培训班"的博士后工作管理人员中,男性139人,约占延安"管理培训班"参训人员总数的46.18%;女性162名,约占延安"管理培训班"参训人员总数的53.82%;男性学员比女性学员少23人(如图8—6所示)。

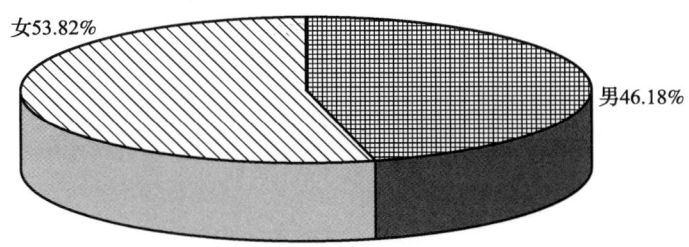

图8—6 2016年参加延安"管理培训班"的男女人员比例

8.1.3 两期"管理培训班"的培训内容

根据留学人员和专家服务中心、中国博士后科学基金会、中国高级公务员培训中心的计划安排,两期培训班的培训内容基本一致,分别邀请相关专家、领导全面介绍了中国博士后制度的产生、发展和现状,详细解读了博士后工作日常管理规定和实施细则,认真讲解了中国博士后科学基金的管理和申请办法,并就"全国博士后管理信息网络系统及基金申报系统"使用方法等集中进行授课。在此基础上,组织参训人员认真学习借鉴复旦大学、国家信息中心、原沈阳军区总医院、广西医科大学、江苏省农业科学院等单位博士后管理工作的成功经验,联系全国和本单位博士后管理工作实际展开热烈的讨论。其主要内容如下。

8.1.3.1 讲授和解读博士后工作日常管理政策规定

两期"管理培训班"均邀请相关专家根据2007年1月1日起执行的全国博士后管委会《博士后管理工作规定》(国人部发〔2006〕149号)以及《关于调整博士后日常经费标准的通知》(人社部函〔2015〕185号),详细解读了博士后科研流动站、工作站的设立条件;博士后研究人员的招收条件、提交材料、进站流程、协议签订等;博士后研究人员的管理,包括在站期限、中期考核、出站考核、工资标准、福利待遇、奖励惩处、户口管理、子女入学入托、知识产权归属、出站手续等内容;博士后日常经费,包括日常经费标准、用途、管理及地方和设站单位给予博士后研究人员的经费资助要求;博士后工作评估,包括新设站评估、综合评估、评估内容、评估流程、评估结果、评估奖惩等。针对贯彻落实《国务院办公厅关于改革完善博士后制度的意见》(国办发〔2015〕87 号) 中遇到的一些问题,相关专家与参训人员进行了互动。通过解读和学习,参训人员对博士后科研流动站、工作站的建设、管理、评估以及博士后研究人员的招收、培养、管理等工作有了更加全面的了解,对博士后工作日常管理一般程序和基本方法的掌握更加熟练,对博士后制度改革的新走向更加清晰。

8.1.3.2　讲解和演示中国博士后科学基金管理办法和申报评审系统

讲解和演示中国博士后科学基金管理办法和申报评审系统,是两期"管理培训班"的重要培训内容。两期"管理培训班"中,不仅专门介绍了设立中国博士后科学基金的背景和特点、资助的类型、资助的金额与强度、相关政策规定,而且现场演示、讲解中国博士后科学基金的申报与评审工作,包括申报条件、报表填写、评审流程、专家在线评审等。通过培训,参训人员对中国博士后科学基金有了更加全面的认识,对中国博士后科学基金申报的基本流程以及基金管理的基本要求更加熟悉。

8.1.3.3　学习交流博士后工作管理的成功经验

北海和延安"管理培训班"邀请复旦大学、广西医科大学、国家信息中心、江苏省农业科学院和沈阳总医院 5 个博士后设站单位的博士后工作管理人员,介绍了他们做好博士后工作管理的经验体会。参训人员联系全国和本单位实际,对照这 5 个单位的成功经验,展开热烈讨论,找差距、查不足,一致表示,要认真学习借鉴先进单位的成功做法,进一步做好博士后研究人员招收培养工作,完善博士后研究人员管理办法,搞好中国博士后科学基金申报与基金管理工作,办好博士后学术沙龙、学术交流活动,想方设法把博士后研究人员进出站考核、职称评定、经费管理、激励机制以及社会保险等服务保障工作做得更好。

8.2　2016 年中国博士后科学基金业务培训

为进一步做好中国博士后科学基金相关业务工作,提高博士后科学基金使用效益,促进广大博士后多出成果、出好成果,人力资源社会保障部留学人员和专家服务中心、中国博士后科学基金会、中国高级公务员培训中心于 2016 年 4 月 20—22 日在江西省南昌市联合举办了为期 3 天的中国博士后科学基金业务培训班(以下简称南昌"业务培训班")。12 月 9—11 日,又在广东省珠海市举办了 1 期中国博士后科学基金业务培训班(以下简称珠海"业务培训班")。两期"业务培训班"的培训对象、培训内容和基本流程基本相同。

8.2.1 南昌"业务培训班"基本情况

8.2.1.1 南昌"业务培训班"概况

2016年4月20—22日,由中国博士后科学基金会主办,江西省人力资源和社会保障厅、江西财经大学承办的中国博士后科学基金业务培训班在南昌市举办。全国博士后科研流动站、工作站设站单位的管理人员,相关省(自治区、直辖市)博士后主管部门负责人共413人参加了此次培训活动。人力资源社会保障部留学人员和专家服务中心副主任、中国博士后科学基金会副秘书长邱春雷,江西省人力资源和社会保障厅副厅长王书红等出席开班仪式并致辞。王书红副厅长介绍了江西省省情,高度肯定了博士后制度在高层次人才培养方面所做的突出贡献,祝愿南昌"业务培训班"取得圆满成功。邱春雷副秘书长介绍了中国博士后制度的特色、中国博士后科学基金在培养博士后人才中发挥的重要作用及博士后创新人才支持计划,他希望各位学员认真参加培训,积极做好博士后科学基金相关业务工作。此次培训班主要采取集中授课、政策答疑、经验交流、分组讨论等方式进行。

8.2.1.2 南昌"业务培训班"参训人员区域分布

参加南昌"业务培训班"的413名学员,分别来自国内26个省(自治区、直辖市)的博士后科研流动站、工作站及人力资源社会保障行政部门,浙江省、海南省、内蒙古自治区、青海省、西藏自治区没有派人参加此次培训,详见表8—5、图8—7。

表8—5 2016年各省(自治区、直辖市)参加南昌"业务培训班"人员数量

序号	省(自治区、直辖市)	参训数量(人)	序号	省(自治区、直辖市)	参训数量(人)
1	北京	74	10	安徽	3
2	天津	2	11	福建	13
3	山西	20	12	江西	55
4	河北	13	13	山东	25
5	辽宁	7	14	河南	7
6	黑龙江	11	15	湖北	20
7	吉林	7	16	湖南	2
8	上海	23	17	广东	24
9	江苏	21	18	广西	3

续表

序号	省（自治区、直辖市）	参训数量（人）	序号	省（自治区、直辖市）	参训数量（人）
19	重庆	7	24	甘肃	2
20	四川	19	25	宁夏	3
21	贵州	8	26	新疆	18
22	云南	10			
23	陕西	16		合计	413

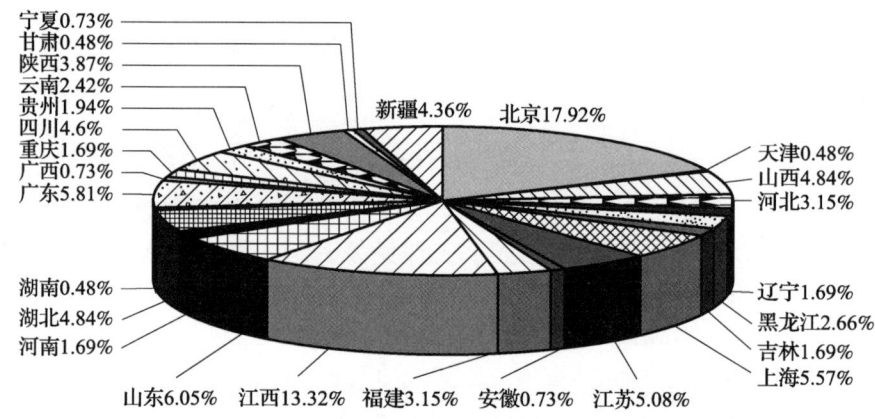

图8—7　2016年参加南昌"业务培训班"人员所在区域占比

由表8—5、图8—7可知，参加南昌"业务培训班"的学员来自北京市的最多，为74人，约占南昌"业务培训班"参训人员总数的17.92%；其次是江西省，为55人，约占南昌"业务培训班"参训人员总数的13.32%；山东省位列第三，为25人，约占南昌"业务培训班"参训人员总数的6.05%。江西省参训人数位列第二，可能与举办地设在该省南昌市有关。

8.2.1.3　南昌"业务培训班"参训人员单位分布

2016年参加南昌"业务培训班"的学员来自博士后科研工作站设站单位的人数最多，为210人，约占参训人员总数的50.85%；来自博士后科研流动站设站单位的人数次之，为184人，约占参训人员总数的44.55%；来自人力资源社会保障行政部门的有19人参训，约占参训人员总数的4.6%，详见表8—6、图8—8。

表 8—6　2016 年南昌"业务培训班"参训人员所在单位情况

序号	单位类型	参训数量（人）
1	流动站设站单位	184
2	工作站设站单位	210
3	人力资源社会保障行政部门	19
	合计	413

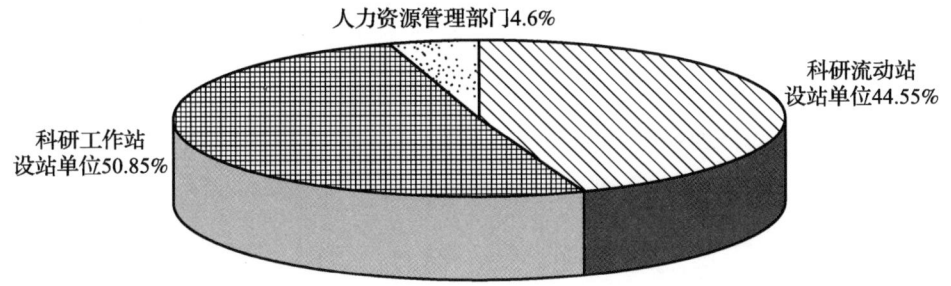

图 8—8　不同类别单位 2016 年参加南昌"业务培训班"人员比例

8.2.1.4　南昌"业务培训班"参训人员年龄结构

参加南昌"业务培训班"的博士后工作管理人员的年龄结构详见表 8—7、图 8—9。①

表 8—7　2016 年南昌"业务培训班"参训人员年龄结构情况

序号	参训者年龄段	参训数量（人）	序号	参训者年龄段	参训数量（人）
1	21～30 岁	65	5	60 岁以上	1
2	31～40 岁	193	6	年龄不详	8
3	41～50 岁	105			
4	51～60 岁	41		合计	413

由表 8—7、图 8—9 可知，参加 2016 年南昌"业务培训班"的学员中，21～30 岁的人员有 65 人，约占参训人员总数的 16.05%；31～40 岁的人员有 193 人，约占南昌"业务培训班"参训人员总数的 47.65%；41～50 岁的人员

---

① 参加南昌"业务培训班"的人员中有 8 人未填报年龄信息，被列为"年龄不详"，故未列入图 8—9 作分析。

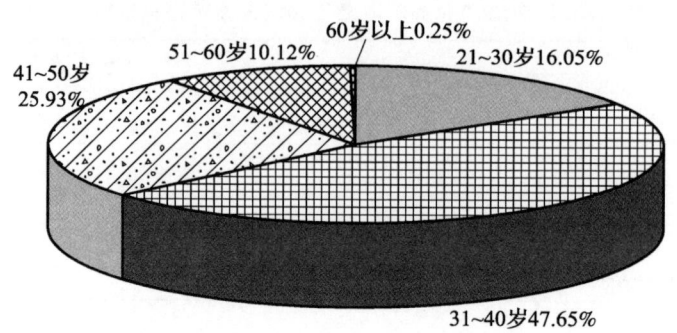

图8—9 2016年南昌"业务培训班"参训人员各年龄段占比

有105人,约占南昌"业务培训班"参训人员总数的25.93%;51~60岁的人员有41人,约占南昌"业务培训班"参训人员总数的10.12%;60岁以上的人员有1人,约占南昌"业务培训班"参训人员总数的0.25%。从总体来看,南昌"业务培训班"40岁及以下的人员占参训人员总数的63.7%。这与2015年参加"业务培训班"学员的年龄结构基本相似,反映了全国博士后工作管理人员的老、中、青梯队结构相对合理。

8.2.1.5 南昌"业务培训班"参训人员性别情况

参加南昌"业务培训班"的413名学员中,男性为196名,约占参训人员总数的47.46%;女性为217名,约占参训人员总数的52.54%;男性学员比女性学员少21人(如图8—10所示)。

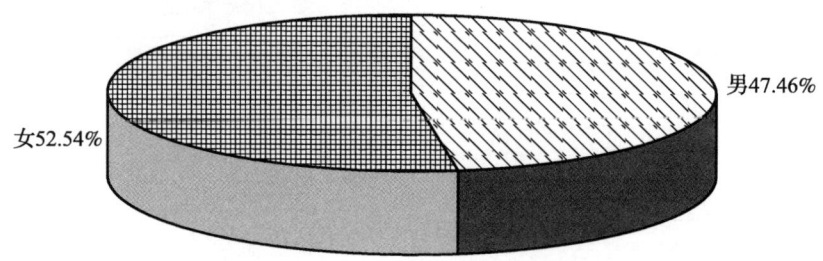

图8—10 2016年参加南昌"业务培训班"男女人员比例

8.2.2 珠海"业务培训班"基本情况

8.2.2.1 珠海"业务培训班"概况

2016年12月9—11日由中国博士后科学基金会主办,广东省人力资源和社会保障厅、珠海大横琴科技发展有限公司承办的"业务培训班"在广东珠海市举办。人力资源社会保障部留学人员和专家服务中心主任、中国博士后科学基金会副理事长兼秘书长夏文峰,珠海横琴新区党委副书记叶真等出席开班仪式并讲话。来自全国博士后科研流动站、工作站设站单位的管理人员,相关省(自治区、直辖市)博士后主管部门的负责人共402人参加此次培训活动。12月9日上午举行了开班仪式。此次培训班同样采取集中授课、政策答疑、经验交流、分组讨论等方式进行。

8.2.2.2 珠海"业务培训班"参训人员区域分布

参加珠海"业务培训班"的402名博士后工作管理人员,分别来自国内28个省(自治区、直辖市)的博士后科研流动站、工作站及人力资源社会保障行政部门,青海省、贵州省、西藏自治区没有派人参加此次培训。其中,来自北京市的参训人数最多,为98人,约占珠海"业务培训班"参训人员总数的24.38%;其次是江苏省,为30人,约占珠海"业务培训班"参训人员总数的7.46%;河南省位列第三,为24人,约占珠海"业务培训班"参训人员总数的5.97%,详见表8—8、图8—11。

表8—8 2016年各省(自治区、直辖市)参加珠海"业务培训班"人员数量

序号	省(自治区、直辖市)	参训数量(人)	序号	省(自治区、直辖市)	参训数量(人)
1	北京	98	16	河南	24
2	天津	1	17	湖北	20
3	山西	14	18	湖南	3
4	河北	10	19	广东	13
5	内蒙古	1	20	广西	16
6	辽宁	14	21	海南	1
7	黑龙江	19	22	重庆	10
8	吉林	13	23	四川	3
9	上海	9	24	云南	6
10	江苏	30	25	陕西	16
11	浙江	6	26	甘肃	12
12	安徽	12	27	宁夏	8
13	福建	5	28	新疆	14
14	江西	11			
15	山东	13		合计	402

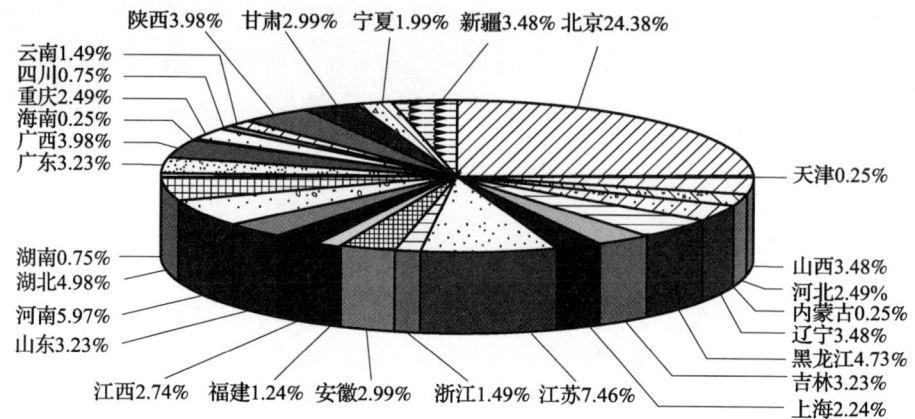

图 8—11　2016 年珠海"业务培训班"参训人员所在区域占比

8.2.2.3　珠海"业务培训班"参训人员单位分布

参加珠海"业务培训班"的学员来自博士后科研流动站设站单位的人数最多，为 224 人，约占珠海"业务培训班"参训人员总数的 55.72%；来自博士后科研工作站设站单位人数次之，为 151 人，约占珠海"业务培训班"参训人员总数的 37.56%；来自人力资源社会保障行政部门的有 27 人，约占珠海"业务培训班"参训人员总数的 6.72%，详见表 8—9、图 8—12。

表 8—9　2016 年珠海"业务培训班"参训人员所在单位类型分布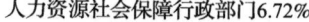

序号	单位类型	参训数量（人）
1	流动站设站单位	224
2	工作站设站单位	151
3	人力资源社会保障行政部门	27
合计		402

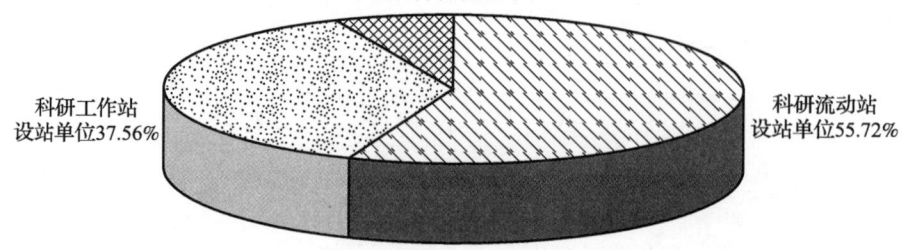

图 8—12　2016 年珠海"业务培训班"参训人员所在单位占比

8.2.2.4 珠海"业务培训班"参训人员年龄结构

参加珠海"业务培训班"学员的年龄结构情况详见表8—10、图8—13。①

表 8—10　　2016年珠海"业务培训班"参训人员年龄结构情况

序号	年龄段	参训数量（人）
1	21～30岁	72
2	31～40岁	169
3	41～50岁	91
4	51～60岁	50
5	60岁以上	1
6	年龄不详	19
	合计	402

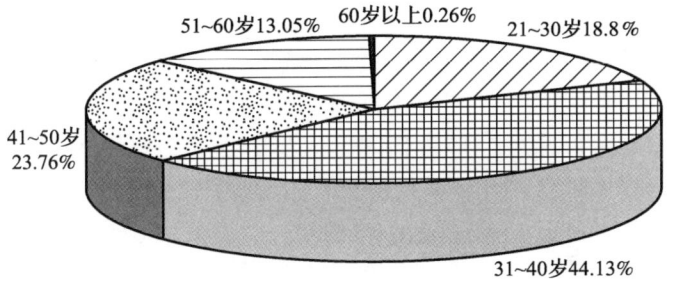

图 8—13　2016年珠海"业务培训班"参训人员各年龄段占比

由表8—10、图8—13可知，参加2016年珠海"业务培训班"的学员中，21～30岁的有72人，约占参训人员总数的18.8%；31～40岁的有169人，约占珠海"业务培训班"参训人员总数的44.13%；41～50岁的有91人，约占珠海"业务培训班"参训人员总数的23.76%；51～60岁的有50人，约占珠海"业务培训班"参训人员总数的13.05%；60岁以上的有1人，约占珠海"业务培训班"参训人员总数的0.26%。从总体来看，40岁及以下的人员占珠海"业务培训班"参训总人数的62.93%。其总体年龄结构情况与南昌"业务培训班"基本相似，说明全国博士后工作管理人员老、中、青梯队结构相对合理。

---

① 参加珠海"业务培训班"的人员中有19人未填报年龄信息，被列为"年龄不详"，故未列入图8—13作分析。

8.2.2.5 珠海"业务培训班"参训人员性别情况

参加2016年珠海"业务培训班"的402名学员中,男性为187名,约占参训人员总数的46.52%;女性为215名,约占参训人员总数的53.48%;男性学员比女性学员少28人(如图8—14所示)。

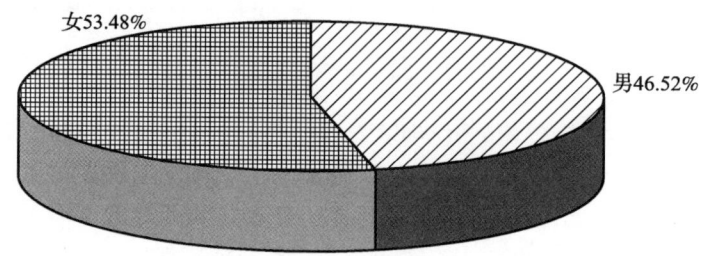

图8—14 2016年参加珠海"业务培训班"的男女人员比例

8.2.3 两期"业务培训班"的培训内容

在江西南昌和广东珠海举办的两期"业务培训班",主要围绕中国博士后制度发展概况、中国博士后科学基金资助政策以及博士后日常管理政策规定等内容展开,人力资源社会保障部留学人员和专家服务中心主任、中国博士后科学基金会副理事长兼秘书长夏文峰,中国博士后基金会基金管理处处长陈颖及相关业务人员分别介绍了中国博士后制度发展历史、主要特色、现状以及博士后日常工作政策及规定;讲解了中国博士后科学基金资助政策,博士后基金申报和评审组织工作,以及博士后基金管理信息系统的使用,并对博士后基金评审和日常管理工作提出意见和建议。主要培训内容如下。

8.2.3.1 中国博士后科学基金资助工作的开展

在两期"业务培训班"上,人力资源社会保障部留学人员和专家服务中心主任、中国博士后科学基金会副理事长兼秘书长夏文峰,以及相关业务管理人员张永涛、王添翼、陈媛等详细解读了《国务院办公厅关于改革完善博士后制度的意见》(国办发〔2015〕87号)和《中国博士后科学基金资助规定》(中博基字〔2008〕1号)、《中国博士后科学基金面上资助实施办法》《中国博士后科学基金特别资助实施办法》(中博基字〔2007〕05号)、《中国博士后科学基金专家评审结果反馈办法(试行)》(中博基字〔2015〕03号)、《2016年度中国博士后科学基金申请指南》等相关政策文件,具体阐述了中国博士后科学基金产生的背景、发展历程、资助概况、基金的特点、资助类型、申报条件以及"西部资助计划"等。重点分析讲解了中国博士后科学基金资助的组织工作,包括申报审核工作、学科分组工作、专家评审工作、分数汇总、确定资助人员名单、结果审核与公示、基金资助后期管理、未获资助人员的专家评审结果反馈内容等。此外，还介绍了优秀学术专著出版资助、联合资助优秀博士后以及"博新计划"的申报条件、资助数量、资助金额、审核标准等。通过讲解和讨论，参训人员不仅掌握了开展中国博士后科学基金资助工作的基本套路，而且对2016年新增设"博新计划"的各项工作也有全面的了解和掌握。

8.2.3.2 中国博士后科学基金管理信息系统的使用

中国博士后科学基金管理信息系统的使用，是两期"业务培训班"的又一项重要内容。有关领导和相关业务人员分别围绕中国博士后科学基金管理信息系统建设目标、运行环境、系统架构，演示和讲解了如何运用该系统组织博士后研究人员进行基金申报和材料上传，博士后设站单位如何进行审核并生成打印汇总表，中国博士后科学基金会如何对材料进行分组、确定评审专家并进行自动（或人工）匹配，评审专家如何进行在线评审、提交基金结题报告等。通过学习、讨论，参训人员全面了解和掌握了中国博士后科学基金资助的基本流程、规范要求、注意事项，同时对中国博士后科学基金资助评审工作的公平、公正性有了更深刻的认识。

8.2.3.3 交流、学习博士后工作管理人员先进经验

两期"业务培训班"，邀请江苏省农业科学院、中国矿业大学（北京）、重庆市人力资源和社会保障局等单位的相关领导，分别介绍了新形势下做好博士后管理工作、进一步搞好中国博士后科学基金资助工作等方面的经验体会，在交流会现场，台上台下形成了良好的互动，对于某些问题，则由中国博士后科学基金会相关领导和专业工作人员进行补充和现场答疑。参训人员普遍反映，利用业务培训这一难得的机会，认真学习先进单位的成功经验，并与基金会相关领导、相关业务管理人员零距离交流互动，受益匪浅，增加了对于回单位后做好博士后日常管理和业务工作的信心。

8.3 2016年地方博士后工作管理人员及业务培训

2016年，除人力资源社会保障部留学人员和专家服务中心、中国博士后科学基金会、中国高级公务员培训中心联合举办的两期"管理培训班"、两期"业务培训班"之外，部分省（自治区、直辖市）及其所属省辖市、地级市的人力资源和社会保障厅（局）还单独举办或采用以会代训的形式组织开展了博士后工作管理及业务培训。

8.3.1 北京市博士后工作管理人员培训会

为了加强北京市博士后科研流动站、工作站（含分站）的博士后工作管理人员队伍建设，更好地推进各设站单位做好博士后管理工作，2016年10月28日，北京市人力资源和社会保障局、北京市人才服务中心联合召开了"北京市博士后工作管理人员培训会"。中国博士后科学基金会评估与服务处刘丹华处长、北京市科委法规处杨仁全处长参加了此次培训会。培训内容包括《国务院办公厅关于改革完善博士后制度的意见》解析、北京市科协政策，以及"十三五"期间博士后站的管理、发展规划及展望。北京工业大学人事处乔俊飞处长介绍了该校博士后科研流动站日常管理工作的经验做法。通过本次培训会，参会人员对有关博士后管理工作的新政策、新规范有了更加深刻的理解，明确了发展的新方向，寻找到了前进的新动力，进一步提升了做好新形势下博士后日常管理工作的信心，提高了业务工作能力。

8.3.2 内蒙古自治区职称改革暨博士后工作业务培训班

2016年4月，为贯彻落实国家职称制度改革和全国博士后工作会议精神，内蒙古自治区人力资源和社会保障厅在包头市举办"职称改革暨博士后工作业务培训班"。各盟（市）人力资源和社会保障局分管职称工作和博士后工作的局领导、科长，自治区各博士后科研流动（工作）站负责人，以及自治区有关企事业单位的领导同志，共80人参加培训。内蒙古自治区人力资源和社会保障厅副厅长林丛虎在开班仪式上讲话，总结了近年来特别是"十二五"期间自治区职称改革暨博士后工作取得的主要成绩，分析了当前工作面临的形势和任务，对今后一个时期博士后管理工作提出了要求和期望。

此次培训重点学习了中共中央《关于深化人才发展体制机制改革的意见》《国务院办公厅关于改革完善博士后制度的意见》等重要文件。呼和浩特市人力资源和社会保障局、包商银行、内蒙古大学等8个单位分别就职称及博士后招收、培养、管理、考核、使用等工作进行经验交流。培训班还组织学员参观了包头稀土研究院、包头市农业科学研究院博士后科研工作站的建设情况。[1]

---

[1] 2016年内蒙古自治区职称改革暨博士后工作业务培训班在包头市顺利举办 [EB/OL]. 内蒙古人社厅官网, http：//www. chinajob. gov. cn/2016 – 04 – 22.

8.3.3 江苏省部分市（区）博士后工作管理人员培训班（会）

8.3.3.1 常州市新北区博士后工作业务培训会

为有效加强博士后科研工作站在企业的地位，进一步扩张新北区的建站规模，扩充博士后科研工作站的招收规模，扩大博士后科研工作站的影响力，提高博士后工作管理人员的业务水平，2016年3月11日下午，江苏省常州市新北区召开"全区博士后工作业务培训会"。常州市及新北区有关领导出席会议并授课，全区数十家企业参加培训。据悉，常州市新北区博士后工作已基本形成一个以企业为主体、与产业发展和人才成长相适应的博士后工作模式。通过博士后科研工作站这个平台，新北区众多企业与高等院校、科研院所技术团队建立了广泛合作，企业自主研发创新能力得到有效提升。目前，新北区已建有博士后科研工作站8家，江苏省创新实践基地9家，总量达17家，位居常州市前列。①

8.3.3.2 无锡市举办高层次人才暨博士后政策业务培训班

为进一步加强无锡市博士后科研工作站管理人员队伍建设，提升管理人员业务水平和管理能力，促进无锡市博士后事业健康发展，2016年5月20日下午，江苏省无锡市举办"博士后科研工作站管理人员业务培训班"。各市（县、区）人力资源和社会保障局的专业技术人员管理科科长、辖区内各博士后科研工作站、省博士后创新实践基地负责人共80余人参加了此次培训。江苏省人力资源和社会保障厅专家和国际合作处调研员金凡、无锡市人力资源和社会保障局副调研员俞建平参加了此次培训。培训班上，江苏省博士后管理办公室相关领导就博士后制度、规定、政策文件、日常管理、中国博士后科学基金申报、江苏省博士后科研资助计划申报、常见问题等作了详细解读，帮助参训人员进一步厘清了办事流程，明晰了有关注意事项，提高了博士后工作管理能力和业务工作水平。②

8.3.4 浙江省及所属部分市博士后工作管理人员培训会

8.3.4.1 浙江省博士后工作交流培训会

为了加强博士后工作经验交流，提高全省博士后工作管理水平，2016年4月21日，浙江省在台州市召开"博士后工作交流培训会"。全省各市（区、县）人力资源和社会保障局专业技术人员管理处（科）长，博士后科研流动

---

① 新北区召开博士后工作业务培训会 [EB/OL]. 常州市人社局网站，http://www.changzhou.gov.cn/2016-05-30.

② 我市举办博士后科研工作站管理人员业务培训班 [EB/OL]. 无锡市太湖网，http://www.taihuwang.com/2016-05-21.

站、工作站设站单位相关负责人共 430 余人参加了此次交流培训会。台州市委常委、组织部部长蔡永波，浙江省人力资源和社会保障厅副厅长宓小峰等出席交流培训会开幕仪式并致辞。

交流培训会上，浙江省博士后工作办公室负责人解读了国家和浙江省博士后工作的相关政策，介绍了全省博士后工作的发展概况、博士后工作日常业务办理流程以及即将上线的浙江省博士后工作平台。台州市人力资源和社会保障局领导介绍了台州市开展博士后工作的一些优惠政策。浙江大学、浙江海正药业股份有限公司博士后工作管理人员就博士后研究人员招收、培养、管理、使用等交流了经验。通过相互交流启发和学习探讨，提高了博士后工作管理人员的管理能力和业务水平，对于加强博士后工作管理人员队伍建设、推动浙江省博士后工作创新发展将发挥积极作用。①

8.3.4.2 温州市博士后工作交流培训会

2016 年 1 月 20 日，温州市召开博士后"工作交流培训会"，来自各市（区、县）人力资源和社会保障局的业务负责人、38 个博士后科研工作站（试点）设站单位负责人共 63 人参会。培训会上，外国专家局主要领导介绍了温州市博士后工作发展现状，分析了当前存在的问题，并提出了解决问题的对策。外国专家局相关领导介绍了博士后制度的起源、博士后制度的意义、博士后优惠政策以及博士后招收、培养、管理、使用等日常管理工作。瑞立集团有限公司博士后工作负责人介绍了该公司博士后工作发展情况以及做好博士后管理工作的经验。这次培训会为博士后工作管理人员提供了一个相互交流切磋的平台，帮助新建博士后科研工作站负责人掌握了博士后工作相关政策，进一步熟悉了博士后业务工作流程，有助于推进温州市博士后工作快速发展。②

8.3.4.3 宁波市博士后工作推进暨业务培训会

为贯彻落实《国务院办公厅关于改革完善博士后制度的意见》精神，进一步推动宁波市博士后事业深入发展，2016 年 7 月 15 日下午，宁波市人力资源和社会保障局组织召开"博士后工作推进暨业务培训会"。各市（区、县）人力资源和社会保障局分管领导及博士后工作职能科室负责人、各设站单位博士后工作负责人共 150 余人参加会议。浙江省人力资源和社会保障厅专业技术人员管理处麻晓莉副处长、宁波市人力资源和社会保障局周永全副局长

---

① 全省博士后工作交流培训会在台州举行 [EB/OL]. 中国台州网，http://paper.taizhou.com.cn/ 2016-04-22.

② 2014 年浙江省人力资源和社会保障厅印发《关于做好我省企业博士后工作站先设站后授牌工作的通知》（浙人社函〔2014〕99 号）。根据该通知，2015 年浙江省审批设立了 160 家企业博士后科研工作站（试点）单位，其中温州市新建了 3 个国家级博士后科研工作站，16 个省级博士后科研工作站。

出席会议并讲话。周永全副局长总结回顾了近年来宁波市开展博士后工作的总体情况，分析指出了当前博士后工作面临的形势和存在的主要问题，并对博士后工作提出了四点要求：一要提高思想认识；二要健全工作机制；三要注重典型带动；四要加强规范管理。①

8.3.5 安徽省博士后工作管理人员培训班

2016年11月12—13日，由安徽省人力资源和社会保障厅主办、合肥学院承办的"2016年安徽省博士后管理人员培训班暨第三届博士后羽毛球联谊赛"在合肥学院体育馆隆重举行。人力资源社会保障部专业技术人员管理司博士后处调研员薛万里，安徽省人力资源和社会保障厅专业技术人员管理处处长罗志年、副处长占家礼，合肥学院党委书记蔡敬民出席开班仪式并讲话。来自全省18个地级市人力资源和社会保障局、56家科研院所和企业博士后科研工作站及其21支羽毛球代表队，共230人参加此次培训活动。薛万里调研员和占家礼副处长分别向学员介绍了新形势下博士后工作，针对博士后发展历程、现状及未来发展，提出了博士后管理工作的新要求。

8.3.6 山东省博士后工作管理人员培训班

2016年11月16—17日，山东省人力资源和社会保障厅举办的"全省博士后工作管理人员培训班"在济南举行，各市人力资源和社会保障局、2015年部分新增设的博士后科研工作站以及2016年部分新增设的省博士后创新实践基地博士后工作管理人员约150人参加培训。长江学者特聘教授、北京师范大学国际与比较教育研究院院长刘宝存，人力资源社会保障部专业技术人员管理司博士后处调研员薛万里，中国博士后科学基金会博士后评估与服务处副处长李劼、贺洪增等博士后业务领域的专家为培训班学员授课。山东大学、胜利石油管理局、海信集团有限公司、威高集团有限公司4个优秀博士后设站单位介绍了经验体会，为新设站（创新实践基地）单位开展博士后工作提供了良好的借鉴。据悉，此次培训班是近几年来山东省人力资源和社会保障厅首次面向博士后新设站（创新实践基地）单位举办的培训班，对进一步推进山东省博士后载体平台建设，提高博士后工作管理人员管理能力和业务水平，促进博士后事业健康持续发展具有重要意义。②

---

① 我局组织召开全市博士后工作推进暨业务培训会 [EB/OL]. 宁波市人社局网站, http://www.nbhrss.gov.cn/2016 - 07 - 18.

② 全省博士后工作人员培训班成功举办 [EB/OL]. 山东省人力资源和社会保障厅官网, http://www.sdhrss.gov.cn/2016 - 11 - 25.

8.3.7 河南省博士后工作管理人员培训班

2016年10月20—21日,"河南省博士后工作管理人员培训班"在河南大学金明校区举办。各市人力资源和社会保障局博士后主管部门相关领导、博士后科研流动站、工作站和博士后创新实践基地的负责人近150人参加此次培训。河南大学副校长宋纯鹏、河南省博士后工作管理办公室主任张成出席开班式。张成主任作了题为《认清形势、开拓进取、推动我省博士后工作创新发展》的报告,并对河南省今后博士后工作进行了安排和部署。河南省人力资源和社会保障厅博士后与留学人员工作处副处长周得现对国家博士后有关政策、博士后进出站手续和中国博士后科学基金管理办法进行了解读,回答了参训代表的提问。河南大学人事处处长尚富德、河南省中医药大学基础医学院副院长高剑峰、驻马店市人力资源和社会保障局专业技术人员管理科科长吴彦军、河南省中原油田组织部科长孟国兵等就博士后招收、进出站考核、培养、国际化、联合招收及校企合作等方面的工作进行了经验交流。培训班还组织参训人员参观了河南大学地理学、生物学和特种功能材料重点实验室博士后科研流动站。

通过此次培训,参训人员对国家博士后工作政策规定更加熟悉,进一步了解了河南省博士后工作的发展概况及未来发展部署,掌握了做好博士后工作的方法和策略。尤其是部分设站单位领导的经验分享,对刚从事博士后工作的管理人员具有重要的参考借鉴价值。

8.3.8 广东省部分省辖市博士后工作管理人员培训班(会)

8.3.8.1 广州市高层次人才暨博士后政策业务培训班

为深入贯彻落实国家、广东省及广州市有关人才政策精神,进一步宣扬企业博士后国际培养计划、高层次人才学术休假体检制度等政策,加强广州市高层次人才工作队伍建设及提高服务博士后研究人员的水平,2016年7月21—22日,由广州市人力资源和社会保障局专业技术人员管理处(博士后管理办公室)主办、市政府培训中心承办的"2016年高层次人才暨博士后政策业务培训班"在广州市花都区举行。全市各区人才综合管理部门、市直属单位人事部门和博士后科研工作站、流动站负责人约130人参加了此次培训。广州市人力资源和社会保障局副巡视员谢大均、专业技术人员管理处调研员谢晓燕等出席并讲话。①

---

① 我市举办2016年高层次人才暨博士后政策业务培训班[EB/OL]. 广州市人社局网站, http://www.hrssgz.gov.cn/2016-08-04.

此次培训班采用专题授课、分组座谈和互动答疑等方式进行。广州市高层次人才窗口（留学人员服务管理中心）、市博士后管理办公室天河受理点（南方人才市场人事代理中心）有关负责人分别介绍和解读了广州市高层次人才、博士后管理服务相关政策和业务流程。广州开发区组织人事局、番禺区人力资源和社会保障局、广州建筑集团有限公司、广州无线电集团有限公司4个单位的代表，分别介绍与交流了博士后工作的经验。专业技术人员管理处有关负责人参加讨论交流并现场答疑。参训人员一致认为，通过此次培训，不仅掌握了博士后工作相关政策和业务，解决了思想上的一些疑惑，而且学到了许多有用的经验做法，营造了"老站带新站（基地）、老人帮新人"的良好氛围。

8.3.8.2 江门市博士后工作业务培训会

为深入贯彻落实国家、广东省、江门市关于改革完善博士后制度的决策部署，推进全国博士后创新（江门）示范中心建设，加大博士后引进工作力度，提升全市博士后工作管理服务水平，2016年10月19日，江门市人力资源和社会保障局组织召开"全市博士后工作业务培训会"，全国博士后创新（江门）示范中心、各区（市）人力资源和社会保障局（社会事务局）、各设站（创新实践基地）单位的相关工作负责人共约90人参会。江门市人力资源和社会保障局副局长刘学文总结分析了江门市博士后工作取得的成绩和面临的新形势，并就面对艰巨任务如何加强和推进江门市博士后工作提出了具体工作要求。会议特别邀请南方医科大学博士后管理办公室主任马林就博士后工作进行业务培训，他认真解读了国家、广东省关于博士后工作的政策文件，详细讲解了博士后招聘、考核、管理、激励等重点环节的操作办法及注意事项，围绕如何引进、用好博士后等工作与大家分享了心得，并结合江门市实际给出了加强博士后招收、招聘、使用的建议。此次培训会议，对推进江门市博士后工作、提高博士后工作的服务质量、落实人才新政具有重要意义。

8.4 博士后工作管理人员及业务培训的总体分析与建议

8.4.1 博士后工作管理人员及业务培训的主要特点

（1）培训班次和参训人数明显增多。2016年，"管理培训班"和"业务培训班"的培训班次以及参训总人数明显增加。其中，来自全国各地100多所高校、科研院所和企业工作站的545名博士后工作管理人员参加了两期"管理培训班"，来自全国博士后科研流动站、工作站设站单位和人力资源管理部门的815人参加了两期"业务培训班"。参加"管理培训班""业务培训班"的总人数为1 360人，比2015年增加626人，增幅达84.94%。另据不完全统计，2016年北京市、内蒙古自治区、浙江省、安徽省、山东省、河南省以及广州市、无锡市、温州市、宁波市等组织的各类培训班（会）先后有1 707人参训，比2015年各地参训人数增加1 400余人，增幅约为213.22%。究其原因主要有三：一是2015年年底下发了《国务院办公厅关于改革完善博士后制度的意见》，多个省（自治区、直辖市）也结合当地实际情况相继出台了贯彻落实措施。2016年全国博士后管委会办公室下发了《关于启用"在线预审、一次办结"博士后进出站服务平台的通知》（博管办〔2016〕3号）、人力资源社会保障部印发了《博士后创新人才支持计划》，全国博士后管委会下发了《关于印发博士后创新人才支持计划的通知》（人社部发〔2016〕33号）。为了贯彻落实好上述文件和通知精神，亟须组织全国和地方博士后工作管理人员进行认真学习、深刻理解，并结合实际贯彻落实。二是全国和地方博士后主管部门、各博士后科研流动站、工作站设站单位的管理人员有不同程度的调整变动，一些新入行博士后工作管理的人员对做好博士后日常管理和业务工作不太熟悉，迫切需要参加博士后工作管理及业务培训。三是一些新增设的博士后科研工作站、博士后创新实践基地的管理工作人员对博士后相关政策制度还不了解，对做好相关管理工作心中没底、思路不清，也要求增加"管理培训班""业务培训班"的培训班次及参训规模。

（2）培训方式方法更加科学合理。2016年，无论是国家还是地方举办的博士后工作管理人员管理和业务培训，在举办开班仪式后，主要采用集中授课、政策答疑、经验交流、分组讨论等方式进行。其中，集中授课阶段，分别邀请人力资源社会保障部留学人员和专家服务中心、中国博士后科学基金会、省（自治区、直辖市）博士后主管部门和业务机关的领导、专家、相关业务管理人员，认真讲授博士后制度的发展历史、重要意义和现实情况，解读《国务院办公厅关于改革完善博士后制度的意见》、省（自治区、直辖市）出台的本地区改革完善博士后制度的实施意见以及人力资源社会保障部《博士后创新人才支持计划》、全国博士后管委会《关于印发博士后创新人才支持计划的通知》，详细讲解和示范如何启用"在线预审、一次办结"博士后进出站服务平台、如何运用中国博士后科学基金会网和中国博士后网络办公系统做好中国博士后基金资助申报等业务工作。普遍组织邀请全国和各地优秀科研流动站、工作站博士后工作管理人员介绍分享做好博士后工作管理的经验做法。在集中授课和经验交流环节，一改以往有些培训班"一人讲大家听"的做法，针对参训者提出的许多困惑或疑难问题，分别请有关领导、专家和相关业务管理人员及时进行答疑解惑，台上台下形成了良好互动。在分组讨论阶段，参训的各位领导和专家放下架子，与学员们一起研讨，大家相互交流心得体会，既充分肯定取得的成绩，也查找存在问题与不足，使各个培训班（会）真正成了认真研讨问题、寻找对策建议的重要场所。

（3）培训内容能贴近多数学员实际需求。从 2016 年"管理培训班""业务培训班"的主要培训内容来看，除中国博士后制度发展概况、博士后日常管理制度、中国博士后科学基金申报管理、"西部资助计划"、博士后办公系统、优秀学术专著出版资助、联合资助优秀博士后、"博新计划"、博士后经验交流等之外，还有关于"香江学者计划""国际交流计划"（包括派出项目、引进项目、学术交流项目）以及中德博士后交流项目申报和执行，全国博士后学术交流（论坛）活动、中国博士后科技服务团活动、博士后挂职锻炼服务活动的组织实施。这些内容非常贴近博士后工作管理人员的需求，尤其是对新加入博士后工作管理人员队伍的人员来说，更是亟须了解和掌握的内容。再从部分省（自治区、直辖市）举办的博士后工作管理人员培训班（会）来看，培训内容不只局限于博士后管理制度、博士后日常管理、博士后研究人员招收、博士后进出站管理等一般性内容，而把重点放在学习领会全国和地方新出台的与博士后密切相关的政策文件，以及对国家和地方博士后优惠政策的正确理解和全面把握方面，这些方面对参训人员的吸引力较大，也是他们在实际工作中必须了解和掌握的内容。

（4）各类培训班（会）成效比较显著。据参加 2016 年全国和地方博士后工作管理人员培训班（会）学员的反馈信息看，大家普遍感到，参加与不参加培训大不一样，主要有六个方面的收获：一是对中国博士后制度的发展历史和现状有了更加全面深刻的理解；二是更加全面地了解和掌握了国家和地方新出台的博士后相关政策规定；三是进一步明确了对博士后日常管理工作的总体思路和基本套路；四是对博士后相关业务工作主要内容、基本流程、实施办法、注意事项等有了更加深入的了解和把握；五是学习和借鉴了许多优秀设站单位做好博士后工作的成功经验，进一步增强了新形势下开展博士后工作管理的信心和决心；六是进一步拉近了全国和地方博士后主管部门领导、相关机构业务管理人员与博士后设站单位管理工作人员之间的距离，更加有利于上下之间、同行之间的思想沟通与工作协调。

8.4.2 博士后工作管理人员及业务培训存在的问题

（1）参训人员所在区域分布不均。以 2016 年举办的全国"管理培训班""业务培训班"为例，每期都有 3~5 个省（自治区）没有派人参训，各省（自治区、直辖市）之间参训人数相差较大，参训人数最少与最多的人数之比为 0:100（如图 8—15 所示）。

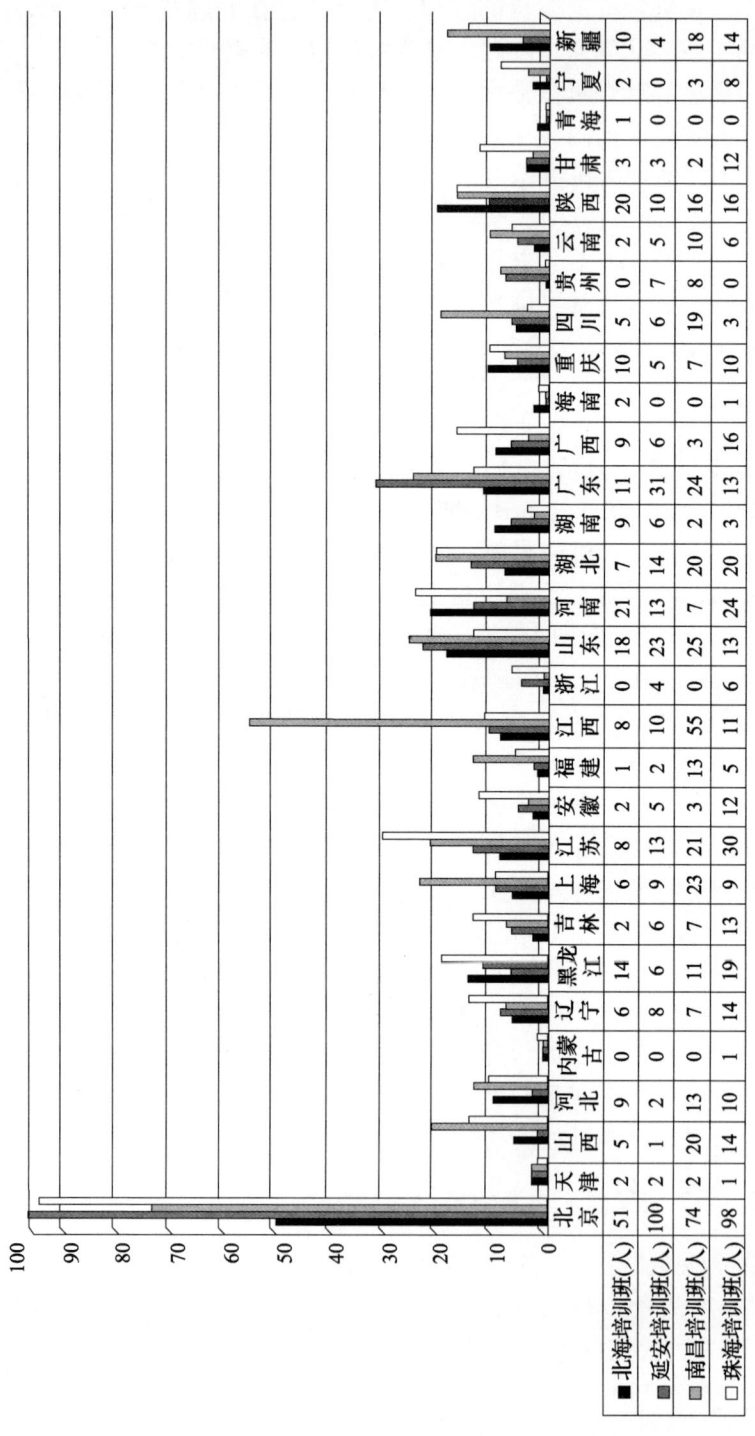

图 8—15 2016年各省(自治区、直辖市)参加"管理培训班""业务培训班"的人员柱状图

由图 8—15 分析可知，2016 年参加全国两期"管理培训班""业务培训班"的人员，北京市均居于首位，仅参训延安"管理培训班"的人员就达到 100 人，占该期培训班人员总数近 1/3。而西藏自治区两期"管理培训班"和两期"业务培训班"均没有派人参训；内蒙古自治区仅参加了珠海"业务培训班"且只有 1 人参训，其他 3 期培训班缺席；青海省仅参加了北海"管理培训班"且只有 1 人参训，其他 3 期培训班缺席；浙江省只参加了延安"管理培训班"和南昌"业务培训班"，其他 2 期培训班缺席；海南省没有派人参加南昌"业务培训班"；贵州省只参加了延安"管理培训班"和南昌"业务培训班"，其他 2 期培训班缺席；天津市参加了 4 期培训，但每期均只有 1~2 人；吉林省、安徽省、福建省、海南省、云南省、宁夏回族自治区、山西省、河北省、湖南省、甘肃省各期参训人员也很少，有的只有 1 人，有的为 2 人。

（2）参训人员以设站单位为主，人力资源社会保障行政部门为辅。从参加全国 4 期培训班学员所在单位类型来看，来自博士后科研流动站的 625 人，占参训人员总比例约为 45.96%；来自博士后科研工作站的 649 人，占参训人员总比例为 47.72%；来自人力资源社会保障行政部门的 86 人，占参训人员的总比例约为 6.32%。从总体上讲，参训人员所在单位的分布相对合理，详见表 8—11、图 8—16。

表 8—11 2016 年全国各期培训班参训人员所在单位类别及分布比例

序号	参训者所在单位类型	各期参训人员占各该期培训总人数比例（%）			
		北海"管理培训班"	延安"管理培训班"	南昌"业务培训班"	珠海"业务培训班"
1	流动站设站单位	48.77	32.56	44.55	55.72
2	工作站设站单位	44.67	59.47	50.85	37.56
3	人力资源社会保障行政部门	6.56	7.97	4.60	6.72

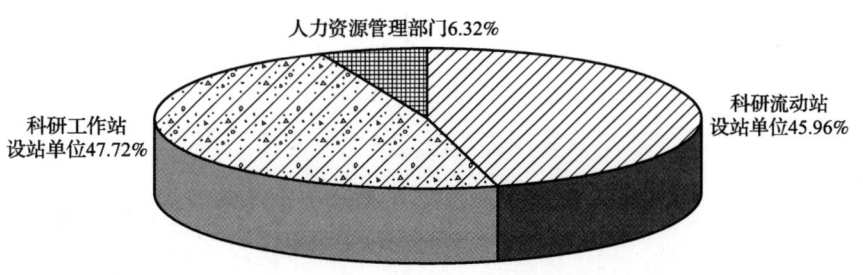

图 8—16 2016 年 4 期培训班参训人员所在单位所占比

如果结合各期参训人员的所在单位类型来看，则上下波动幅度较大，如图8—17所示。

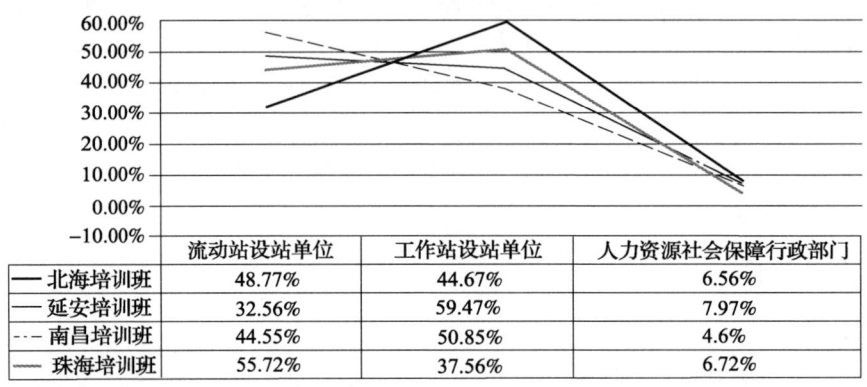

图8—17　2016年各期"管理培训班"与"业务培训班"参训人员分单位所占比例

由表8—11、图8—17分析可知，北海"管理培训班"和珠海"业务培训班"参训人员中，来自科研流动站设站单位的人数较多，所占比例分别为48.77%和55.72%，接近或超过参训人员的1/2；延安"管理培训班"和南昌"业务培训班"参训人员中，来自科研工作站设站单位的人数较多，所占比例分别为59.47%和50.85%，均超过了参训人员的1/2。与往年情况有所不同，2016年全国4期培训班中有2期来自科研工作站设站单位的人数超过了科研流动站设站单位的人数。出现这一情况，主要原因有三：一是全国博士后科研工作站设站单位的领导越来越注重博士后工作管理人员综合素质和业务能力的提升，报名和实际参加培训人数随之上升；二是2015年全国新设了628个博士后科研工作站，这些新建站点的博士后工作管理人员对博士后招收、培养、基金申报等不是很了解和熟悉，亟须报名和参加培训；三是2015年博士后工作综合评估时有184个博士后科研工作站考核不合格，这些工作站期望通过加强博士后工作管理人员培训，确保做好限期整改工作。2016年，人力资源社会保障行政部门参加每期"管理培训班""业务培训班"的人数明显少于2015年，各期参训人数所占培训总人数的比例分别为4.56%、7.97%、4.6%、6.72%，平均比例为5.96%，比2015年人力资源社会保障行政部门参加"管理培训班""业务培训班"的平均比例（9.14%）低3.18个百分点。究其原因：一方面是因人力资源社会保障行政部门的工作比较繁忙，加之部分机关工作人员参加培训的积极性不高，不愿意报名参训；另一方面，相关培训内容比较适合科研流动站、工作站设站单位的管理人员，而不能很好地满足人力资源社会保障行政部门相关人员的需求。

8.4.3 加强和改进博士后工作管理人员及业务培训的建议

（1）将培训人员的范围扩大至拟设站单位。2016年，无论是全国组织的"管理培训班""业务培训班"，还是地方组织的博士后工作管理人员培训班（会），培训对象都主要是博士后科研流动站、工作站博士后工作管理人员和人力资源管理部门的人员。从实际需求看，一些拟设站单位的相关人员更需要提前了解和掌握博士后相关政策制度、日常管理工作和业务办理流程等，以便设站后能快速展开博士后招收培养等工作。再从2016年报名参加博士后工作管理人员培训的情况看，一些新设站的博士后管理人员十分踊跃，因为他们刚接触博士后工作管理业务，对博士后招收、培养、管理、使用、基金申报等都不了解、不熟悉，非常愿意参加培训。与其让这些人先上岗后培训，还不如先培训后上岗。为此建议，今后再组织"管理培训班""业务培训班"，应当将培训人员的范围适当扩大至拟设站单位，提前让他们了解和掌握博士后工作管理的相关政策规定和业务知识，便于提高其业务工作能力，加强新设博士后站的管理工作。

（2）"管理培训班""业务培训班"可以合二为一。从近年来举办的"管理培训班""业务培训班"具体内容来看，两者基本相同，通常都是了解和掌握中国博士后制度发展概况、博士后日常管理工作规定以及中国博士后科学基金资助项目申报等业务工作。有些培训内容通常邀请同一人授课，也容易让参训者产生疲劳感。在现实中，有些参训人员因为不了解"管理培训班""业务培训班"两者的区别，一年同时报名参加两个培训班，结果培训的内容基本相似，渐渐便失去了报名参加培训的兴趣。为此建议，今后举办博士后工作管理人员培训班，或采用以会代训的培训方式，可以将"管理培训班""业务培训班"合二为一，如果所培训的具体内容较多，可以适当延长培训的时间。这样做，既可以减少有关部门领导和相关机构业务管理人员的工作量，也有利于进一步提高博士后工作管理人员培训质量和效益。

（3）进一步拓展培训渠道和改进培训方式方法。多年来，每年都会有部分省（自治区）博士后设站单位的管理人员不愿意报名参加全国或地方博士后工作管理人员培训活动，尤其是人力资源管理部门的同志，参加培训的积极性不高，参训人数呈逐年下降趋势。究其原因，既有思想认识上的因素，也有因工作繁忙而脱不开身的原因，加之所设培训点与其所在单位相距较远，不愿意来回奔波劳碌。当下，中国的智能手机非常普及，移动通信技术越来越发达，这给"泛在学习""移动化学习""碎片化学习"等提供了有力技术支撑。为此建议：在继续办好现行"管理培训班""业务培训班"的基础上，充分利用互联网和现代信息技术，借助微博、微信等自媒体拓展培训渠道，积极推广"微课""创课"① 等授课模式进行培训。全国和各地博士后主管部门可以组织一些专家和技术人员开发制作一些"微课"上传到"微课"平台或微博、微信公众平台，参训者可通过下载"微课"APP、关注微信公众号、官方微博等，在线观看、收听"微课"内容，而不再需要到现场参加专家讲座、专业人员授课、经验交流和考察参观等。推广使用"创课"模式进行培训，可以给授课人员提供更广阔的空间，更好地促进参训人员与授课专家的互动。培训者将"创课"内容拍摄下来，上传到"创课"平台供参训人员学习，可以有效解决一些博士后工作管理人员因路途遥远或工作繁忙而不能或不愿意参加培训的问题。

（4）下放举办或承办博士后工作管理人员培训的权力。《国务院办公厅关于改革完善博士后制度的意见》（国办发〔2015〕87号）明确提出"全面推开分级管理"，这给省级及以下博士后主管部门、设站单位赋予了更多的自主权。从2016年组织博士后工作管理人员培训的实际情况看，各省（自治区、直辖市）及其所属的省辖市、地级市组织相关培训的积极性比往年高，培训班次和参训人员也大大多于往年。从各地组织承办的培训班（会）的具体内容来看，更加符合本地区博士后工作管理人员的实际需求，培训效果也比较好。为此建议，全国和各省（自治区、直辖市）博士后主管部门应当将举办或承办博士后工作管理人员培训的权力下放到省辖市和地级市。为防止下放权力后由"自主"变成"自流"的现象，仍然由全国和各省（自治区、直辖市）博士后主管部门制定年度培训计划，提供相关培训的必要经费，负责对计划内培训工作落实情况和培训质量的检查监督，具体工作则可以放手让省级以下博士后主管部门和设站单位自行组织实施。

---

① "微课"是指按照新课程标准及教学实践要求，以视频为主要载体，记录教师在课堂内外教育教学过程中围绕某个知识点（重点难点疑点）或教学环节而开展的精彩教与学活动全过程。"创课"的核心是将一种新的教学方法化为教学现实，即"创课"=想法+做法。"创课"有多种形式，如创设新理念、开发新教材、设计新教法、组织新教学、开展新评价、撰写新反思……总之，"创课"是一个综合创新工程，一般而言有"六创"，即创想法、创教材、创设计、创教学、创反思、创发表，"六创"合一可以形成完整的环链。"六创"环链既相对独立，又相互回环、相互印证。

第九章 2016年博士后管理信息网络系统的建与用

移动互联网、云计算、大数据等的快速发展和广泛运用，给中国博士后管理信息化网络化带来前所未有的挑战，同时又面临着许多新的机遇。2016年全国、各省（自治区、直辖市）博士后管理部门以及各设站单位紧紧抓住新机遇、迎接新挑战，积极适应博士后事业发展的新要求，持续完善和加强博士后管理信息网络系统①建设及其应用工作，为推动中国"互联网＋"博士后发展做出了新的贡献。

9.1 2016年博士后管理网络信息系统的完善与新建

2016年博士后管理网络信息系统的完善与新建主要体现在三个方面：一是改版升级了博士后信息发布系统（网络）中的中国博士后科学基金会官网；二是拓展了博士后交互式网络办公系统中的中国博士后网上办公系统和中国博士后科学基金申报评审系统的相关功能；三是新研制开发了博士后创新人才支持计划申报和评审系统、博士后工作管理人员培训报名系统、全国博士后人才和科技交流信息服务系统、留学人员创业企业专家评审系统以及博士后项目对接系统。②

9.1.1 改版升级中国博士后科学基金会官网

中国博士后科学基金会官网（网址 http：//jj.chinapostdoctor.org.cn，下

---

① 博士后管理信息网络系统，是博士后信息发布系统（网络）、博士后交互式网络办公系统、博士后综合信息管理系统这3大系统的合称。每个大系统（网络）中又有若干个分系统（网络），例如，博士后信息发布系统（网络），分别由中国博士后网、中国博士后科学基金会网组成；博士后交互式网络办公系统，主要由中国博士后网上办公系统、中国博士后科学基金申报评审系统构成；博士后综合信息管理系统，包括"国际交流计划"申报评审系统、中国博士后学术论坛系统、中国博士后科学基金业务培训班报名系统等分系统。

② 这里及本章参考引用的其他原始数据、资料等信息，分别由解放军博士后管理信息中心和南京总医院博士后科研工作站提供，作者又对相关数据和资料进行了认真核实、重新整理和加工。

同）是由中国博士后科学基金会主办的面向全国公众、重点为博士和博士后研究人员以及博士后工作管理人员服务的官方网站。2016年1月，根据中国博士后科学基金会开展的主要工作业务的新需求，委托南京总医院博士后科研工作站对该网站的基本架构和主要功能进行重新规划、定位和研发，改版升级后的中国博士后科学基金会网于2016年10月正式上线运行，其主页界面如图9—1所示。

图9—1　2016年新版中国博士后科学基金会官网主页界面

2016年新版中国博士后科学基金会官网，以清新的浅蓝色系为主，整体设计采用当前主流的扁平化风格。页面在排版上采用了上中下结构，顶端为中国博士后科学基金会的名称和标识（LOGO），邓小平同志和李政道的题词以及网站导航；中间主体部分又分为左右两部分，左侧以信息发布内容为主，右侧为主要功能区域；底部为版权信息。网站页面除注重整体结构的排版外，还注重文字与文字、文字与图片、文字与图标、文字与按钮的排版，更好地帮助用户浏览网站内容，理解网站功能，同时也增强网站的易用性与交互性。网站页面在设计上秉承了扁平化设计风格的"拒绝特效，仅使用简单元素"的设计理念，使得网站在视觉上达到了层次结构清晰，功能上达到了直观易用的效果。

2016年新版中国博士后科学基金会官网在保留原有功能和主要内容的基础上，新增了"热点新闻""人才和科技服务""基金资助业务大厅""资助人员选介""友情链接"5个栏目。"热点新闻"主要发布与博士后相关的新闻政策等最新信息。"人才和科技服务"除发布最新的博士后科技服务团与科技项目对接信息外，还提供博士后科技服务团、人才与需求项目、博士后成果转化需求、创业平台展示的快速链接按钮，方便用户直接发布或查找自己所需信息。"基金资助业务大厅"栏目，涵盖了基金申报、审批、专家评审、资助指南、答疑解惑、结果公示等功能，可为用户提供基金资助的一站式服务。"资助人员选介"通过电子杂志的形式，详细展现每年度部分获资助博士后的基本情况、科研情况、奖励情况以及个人成就等。"友情链接"主要提供相关政府网站、人才科技网站、地方博士后网站3种类型网站的快速链接。

2016年新版中国博士后科学基金会官网，除新增的栏目之外，对原有网站栏目也进行了修改完善。将原有的"中国博士后科学基金会"栏目细分为"历史沿革""机构职能""历届理事""现任理事简介""基金会章程""大事记""博士后基金三十年"7个子栏目，为用户详细介绍中国博士后科学基金会的发展及工作职责等内容。"新闻公告"和"基金资助指南"栏目新增加了检索功能，用户可根据自己的需要设置检索条件，从而快速检索到所需信息。"北京博士后联谊会"栏目细分为"北京博士后联谊会简介""北京博士后联谊会章程""现任理事会""历任理事会"4个子栏目，较为详细地向用户展示北京博士后联谊会的具体信息。"资料下载"栏目除细分为"基金资助指南""面上资助""特别资助""博士后创新人才支持计划""联合资助优秀博士后项目""优秀学术专著出版""基金资助总结报告""常见问题解答""培训材料"9个子栏目外，还增加了检索功能，以方便用户根据自身需求快速检索到所需信息。

9.1.2 拓展中国博士后网上办公系统等相关系统的功能

为进一步提高全国、各省（自治区、直辖市）博士后主管部门的工作效率，简化博士后进出站及中国博士后科学基金资助申报工作的流程，2016年全国博士后管委会办公室、中国博士后科学基金会组织相关研发人员，分别对中国博士后网上办公系统、中国博士后科学基金申报评审系统、中国博士后科学基金业务培训报名系统的功能进行了拓展完善。

9.1.2.1 中国博士后网上办公系统的功能拓展

根据中国博士后网上办公系统（网址 http://bg.chinapostdoctor.org.cn，

下同）的业务功能变迁和扩展，2016年对该系统的功能进行了修改完善。针对中国博士后网上办公系统中的"博士后进出站"子系统做出如下功能调整。

（1）在"博士后进出站系统"中，调整各省（自治区、直辖市）博士后主管部门的管理权限，从而使各省（自治区、直辖市）博士后主管部门能够直接查询导师和课题的更换信息，可直接在线修改出站落户地址，还可以变更在站博士后身份以及修改在站博士后子女信息并打印介绍信等。

（2）对新增博管会管理员类型进行账号权限的设置（主要针对博管会窗口办理手续账号）。管理员的管理权限重新设置后，其权限如下：①不能对新进站博士后人员进行预审，只可办理预审过的博士后人员的相关工作；②不能直接添加办户人员信息，只能打印显示勾选办户人员（如申请数据没有勾选配偶、子女，则打印介绍信类别中不出现有关配偶、子女打印项，在博士后本人调动人员情况表中，配偶、子女条目也不能勾选）的介绍信；③出站迁户信息的"设置"中只能修改地址，不能修改下拉菜单中的选项；④办公系统中的任务栏只保留"我的工作""预约管理""博士后查询"3个导航菜单；⑤办理博士后子女入学（托）须通过补传材料及预审，方能打印子女入学（托）介绍信；⑥"在职人员""定向委培""港澳台""外籍"博士进站的人员，须在系统中转变为"非定向博士毕业生"或"无人事劳动关系人员"身份后，方可打印进站落户介绍信及调动人员情况登记表。

（3）在"博士后进出站系统"中，调整"定向委培"博士后人员的进出站所需提交材料。调整后，定向委培的博士后与在职人员博士后进出站所需提交的材料（包括必传项和非必传项）设置一致，仅在文字描述上区别"在职"或"委培"，从而可以提高博士后进出站提交材料的规范性、完整性、一致性。

（4）在"博士后进出站系统"中，拟进二站从事博士后研究工作的人员无法选择与一站博士后相同的设站单位和学科，但是可以选择博士就读的设站单位和学科，以便加速我国专业型研究人才向复合型创新型研究人才的转变。

根据《国务院办公厅关于改革完善博士后制度的意见》（国办发〔2015〕87号）要求，"博士后申请者一般应为新近毕业的博士毕业生，年龄应在35周岁以下"，虽然有利于促进博士后研究人员队伍的年轻化发展，但不利于吸取年龄较大的优秀博士进站从事博士后研究工作。针对这种情况，全国博士后管委会办公室和中国博士后科学基金会提出了试点进站和项目博士后计划。

针对北京大学、天津大学、南开大学、浙江大学、四川大学5家设站单位，中国博士后网上办公系统在原有常规进站的基础上新增了试点进站的选项，并对试点进站的流程、证明材料、进站学科、进站迁户等模块进行了相应的规范和限制。试点进站博士后不受现行博士后招收条件的限制，无须打印单位介绍信,也无须经过省级博士后管理部门以及全国博士后管委会的审批,只需通过拟进站单位审核即可进站。试点进站的博士后享受拟进站单位提供的相应待遇,除可申请博士后科学基金资助外,不享受全国博士后管委会有关文件规定的其他待遇。

中国博士后网上办公系统试点进站的具体流程如下:①拟进站博士登录"中国博士后网上办公系统"进行注册,注册完成后填写个人申请表并上传扫描件;②含二级学院在内的博士后流动站对拟进站博士申报材料进行审核;③博士后设站单位审核通过拟进站博士的申报材料;④"中国博士后网上办公系统"后台对拟进站博士信息进行备案,同时按常规分配博士后编号。

针对已申请的重大项目,中国博士后网上办公系统增加了项目博士后备案功能,并对单位的项目备案、申报流程、博士后个人申请进行了相应的规范和限制。博士后设站单位及非设站单位均可进行项目申报,设站单位(含非设站学科)无须重新注册,使用"中国博士后网上办公系统"的用户名和密码直接登录即可;非设站单位则需在中国博士后网上办公系统进行注册后方可登录。

拟做项目博士后的人员需在"博士后进出站系统"中注册登录,登录系统后可查看拟进站单位的具体项目信息并填写进站资料,如果博士后人员提交进站申请日期加 24 个月后超过截止日期,则表示该项目不再招收项目博士后。项目博士后也无须经过省级博士后管理部门以及全国博管会的审批,只需通过拟进站单位审核即可进站。

中国博士后网上办公系统增加试点进站和项目博士后备案的功能后,扩大了博士后研究人员的招收范围,简化了博士后研究人员进站审批程序,有利于吸引更多优秀的博士从事博士后研究工作,培养更多的高层次创新人才,提高中国的总体科研水平。

9.1.2.2 中国博士后科学基金申报评审系统的功能拓展

2016 年,不仅将中国博士后科学基金申报评审系统中的"评审专家库"更名为"评审专家数据库",而且对"评审专家信息"进行了全面更新升级,可为各院校的二级院(系)博士后科研流动站和工作站以及分站提供认领本单位专家的功能,如果院校的二级院(系)无博士后科研流动站、工作站及分站的单位,中国博士后科学基金会将直接为其新增评审专家。对于评审专家数据库中的已有专家,则以短信的形式通知其更新个人信息。

如有院校二级院(系)博士后科研流动站或工作站分站的设站单位,可从本单位提供的专家列表界面中"认领专家"。如设站单位尚未触发"启动专家认领"功能,则提示:您院系/分站无可以认领的专家。如设站单位已触发该功能,则显示该单位待认领专家名单列表。认领的专家"确认"后将提交至新认领专家列表中,若"取消"认领,可将已认领的专家退回该设站单位专家列表中。"确认"认领的专家进入待更新专家库后,需更新专家信息表(见表9—1)中相关内容,包括基本信息、专业信息、联系方式等内容,其中专业信息部分细分为主要从事的学科和次要从事的学科,并提供该专家选聘次数和回分次数的统计。

表9—1　　　　　　　　　更新专家信息表(样表)

基本信息(*为必填项)	
姓　　名*	
性　　别*	
出生年月*	
证件类型*	
证件号码*	
国　　籍*	
现任职务	

专业信息(*为必填项)				
设站单位*	(该项由系统自动回填,无须手动选择)			
院　　系*	(该项系统自动检测,有则系统自填,无则隐藏)			
分　　站*	(该项系统自动检测,有则系统自填,无则隐藏)			
专业技术职务*				
最高学位				
学位授予国家或地区				
外国语种				
主要从事的学科*	一级学科		次要从事的学科*	一级学科	
	二级学科			二级学科	
	专业方向①			专业方向②	
	研究方向			研究方向	

---

① 主要从事学科的专业方向,仅在一级学科选择为"生物医学工程""光学工程""中药学""管理科学与工程""材料科学与工程"时显示,选择其他一级学科时不可见。

② 次要从事学科的专业方向,仅在一级学科选择为"生物医学工程""光学工程""中药学""管理科学与工程""材料科学与工程"时显示,选择其他一级学科时不可见。

续表

专业信息（*为必填项）			
是否院士*		是否国家自然科学基金委员会学部评审专家*	
是否国家社科基金会评专家*		是否长江学者奖励计划特聘专家*	
是否"千人计划"创新长期专家*		是否国家杰出青年基金获得者专家*	
是否中国科学院特聘研究员		是否在国内做过博士后*	
联系方式（*为必填项，为便于联系，请务必填写准确信息）			
通信地址*			
邮政编码*			
办公电话*			
住宅电话			
手机号码*			
电子邮箱*			

各博士后设站单位先审核更新并提交的专家信息，审核通过后再提交至中国博士后科学基金会；基金会对提交的专家信息进一步复核，复核通过，则成为正式专家，复核不通过将驳回，并给出明确的驳回意见。各设站单位可在评审专家数据库中根据专家类别、主要从事的学科、次要从事的学科等条件对数据库中的正式专家进行查询。

中国博士后科学基金会查询评审专家数据库中的专家时，除可查询上述条件外，还可查询每位评审专家的选聘次数和回分次数，同时还可以有针对性地对专家进行关注。评审专家数据库中的专家在接到中国博士后科学基金会发送的更新完善个人信息的短信提醒后，需及时更新个人信息和账户信息，以提高评审专家的专业匹配度和准确度。

优化升级面上资助和特别资助的申报功能。例如，优化了中国博士后科学基金函评系统中专家自动匹配功能，提供了次要一级学科、二级学科以及研究方向的自动筛选和手动调整功能。统计正式专家累计参评次数，并给出信用标记，中国博士后科学基金会根据信用标记优先选择信用记录良好的评审专家。调整和优化评审系统的评分汇总计分系数、机动数、公示排序、相对回避专家计分算法。为便于每批次的资助通知与资助证书能及时送达，设站单位均需如实填写单位名称、博士后工作管理部门、联系人、手机号码、办公电话、电子邮箱、邮寄地址、邮政编码等详细信息。为便于及时收到基金资助经费，各设站单位需正确填写收款单位名称、开户行、银行账号等详细信息。

修改中国博士后科学基金数据导出功能，当前批次基金数据在下批次基金申报前均可导出。对中国博士后科学基金申报单位统计项，增加了包含地区类型、省市级设站单位、姓名、博士后编号、一级学科、二级学科、设站单位类型、项目名称在内的 Excel 表格导出功能。增加了中国博士后科学基金资助总结报告审核界面的统计功能，可按年度统计出站人数、出站者获得面上资助的人数、出站者获得面上资助的金额、出站者获得特别资助的人数、出站者获得特别资助的金额、面上资助结余金额以及特别资助结余金额。

在中国博士后科学基金面上资助评审系统"倾斜资助人员调节"功能的基础上，新增"调节人员汇总"和"出站人员汇总"功能。在"调节人员汇总"功能中具体展示以下 3 种评审组的人员名单：①与获得一等资助最后一名人员分数相同的二等资助人员；②与获得二等资助最后一名人员分数相同的未获资助人员；③只有二等资助的评审组的全部人员。这一功能的增加，可灵活调节中国博士后科学基金资助的受众面，调动更多优秀博士后研究人员的科研积极性，为其创造更良好的科研条件。

9.1.2.3　中国博士后科学基金会业务培训班报名系统的功能拓展

以往参加中国博士后科学基金会业务培训班的设站单位，如培训费用事前已转账的，可以在培训班的报到现场领取发票；如在报到现场以现金形式缴纳的，则需要待培训班结束后由中国博士后科学基金会以快递的形式将发票邮寄给各设站单位。同时，培训材料也仅限现场领取。这种发票发放形式在一定程度上存在发票丢失的风险，也容易耽误设站单位的财务报销流程。为了有效解决以上问题，2016 年在中国博士后科学基金会业务培训班报名系统中新增了"在线发票打印"功能和"在线打印快递单"功能，不仅能确保设站单位可及时领取到发票，而且减轻了中国博士后科学基金会工作人员在培训班报到现场的工作。对于无法到现场参加培训班的设站单位工作人员，也可以快递的形式领取到培训材料，从而提升自己的业务水平，更好地为博士后研究人员提供服务。中国博士后科学基金业务培训班在线报名系统简化了报名流程，减少了工作量，而且便于后期住宿、发票及其他工作的安排与处理，显著提高了培训报名工作的效率和质量。

9.1.3 新研发"博新计划"申报和评审等多个子系统

博士后综合信息管理系统原有中国博士后"国际交流计划"申报评审系统、中国博士后学术论坛系统、中国博士后科学基金业务培训班报名系统等分系统。2016 年,在这 3 个分系统基础上,又新研制开发了博士后创新人才支持计划申报和评审系统(简称"博新计划"申报和评审系统)等 5 个子系统,为博士后管理工作提供了更加方便快捷的服务平台。

9.1.3.1 "博新计划"申报和评审系统的研发

"博新计划"申报和评审系统是为了配合 2016 年人力资源社会保障部、全国博士后管委会最新推出的《博士后创新人才支持计划》(人社部发〔2016〕33 号)的组织实施工作,方便广大优秀博士申请填报、拟进站单位审核、专家评审以及中国博士后科学基金会对"博新计划"监管而委托解放军博士后管理信息中心研发的,于 2016 年 5 月正式上线启用(如图 9—2 所示)。

图 9—2　博士后创新人才支持计划申报和评审系统登录界面

"博新计划"申报和评审系统的用户主要包括拟进站博士、博士后设站单位、中国博士后科学基金会和评审专家。除拟进站博士需先行注册用户名之外,其他用户均可采用博士后办公系统的用户名直接登录。拟进站博士需如实填写个人相关信息,符合申报条件者,系统为其分配相应编号,并同时将拟进站单位管理人员联系方式以短信和电子邮件形式发送给项目申报人员。

项目申报人员可根据"博新计划"申报和评审系统的在线填报说明(见图 9—3)进行在线填报(见图 9—4),下载博士导师和博士后合作导师推荐意见表模板,导师签字完毕后扫描或拍照后上传,同时还需上传代表申请人最高学术水平和科研成果的论文、专著、专利或所获奖励等材料。确认无误后，提交申请材料至拟进站设站单位并在线打印申请书。打印的纸质申请书，检验码与网上校验码必须一致。纸质材料按照申请书、身份材料、学术及科研成果材料、博士导师和博士后合作导师推荐意见表的顺序分别装订成两册，在指定日期前邮寄到拟进站的博士后设站单位。

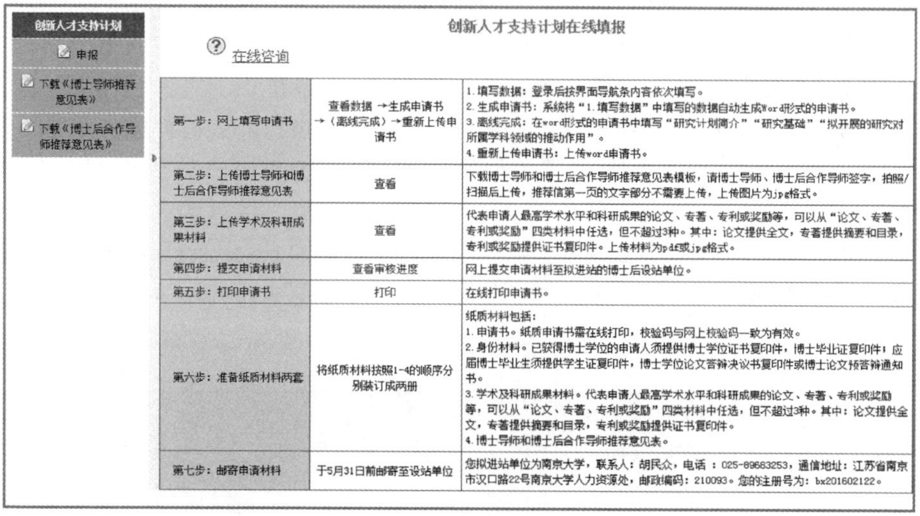

第一步：网上填写申请书	查看数据 →生成申请书 →（离线完成）→重新上传申请书	1. 填写数据：登录后按界面导航条内容依次填写。 2. 生成申请书：系统将“1. 填写数据”中填写的数据自动生成Word形式的申请书。 3. 离线完成：在word形式的申请书中填写“研究计划简介”“研究基础”“拟开展的研究对所属学科领域的推动作用”。 4. 重新上传申请书：上传word申请书。
第二步：上传博士导师和博士后合作导师推荐意见表	查看	下载博士导师和博士后合作导师推荐意见表模板，请博士导师、博士后合作导师签字，拍照/扫描后上传，推荐信第一页的文字部分不需要上传，上传图片为jpg格式。
第三步：上传学术及科研成果材料	查看	代表申请人最高学术水平和科研成果的论文、专著、专利或奖励等，可以从“论文、专著、专利或奖励”四类材料中任选，但不超过3种。其中：论文提供全文，专著提供摘要和目录，专利或奖励提供证书复印件。上传材料为pdf或jpg格式。
第四步：提交申请材料	查看审核进度	网上提交申请材料至拟进站的博士后设站单位。
第五步：打印申请书	打印	在线打印申请书。
第六步：准备纸质材料两套	将纸质材料按照1-4的顺序分别装订成两册	纸质材料包括： 1. 申请书。纸质申请书需在线打印，校验码与网上校验码一致为有效。 2. 身份材料。已获得博士学位的申请人须提供博士学位证书复印件，博士毕业证复印件；应届博士毕业生须提供学生证复印件，博士学位论文答辩决议书复印件或博士论文预答辩通知书。 3. 学术及科研成果材料。代表申请人最高学术水平和科研成果的论文、专著、专利或奖励等，可以从“论文、专著、专利或奖励”四类材料中任选，但不超过3种。其中：论文提供全文，专著提供摘要和目录，专利或奖励提供证书复印件。 4. 博士导师和博士后合作导师推荐意见表。
第七步：邮寄申请材料	于5月31日前邮寄至设站单位	您拟进站单位为南京大学，联系人：胡民众，电话 ：025-89683253，通信地址：江苏省南京市汉口路22号南京大学人力资源处，邮政编码：210093。您的注册号为：bx201602122。

图 9—3　博士后创新人才支持计划申报和评审系统在线填报说明

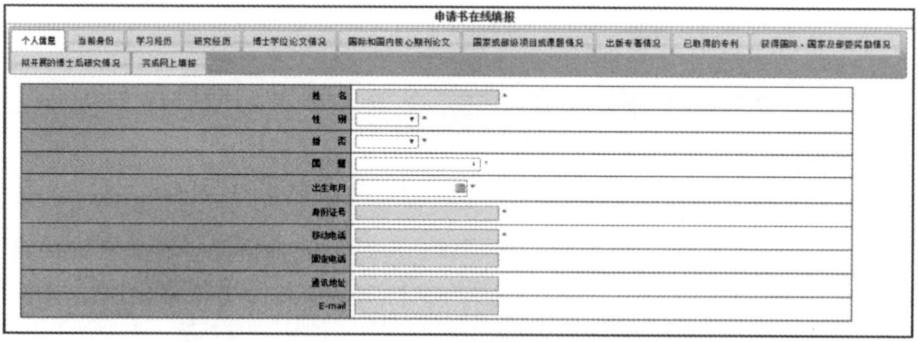

图 9—4　博士后创新人才支持计划申请书在线填报

为保证“博新计划”人员遴选工作的质量，博士后设站单位除运用“博新计划”申报和评审系统审核提交的申报材料外，还可向全国博士后管委会专家委员会推荐评审专家。推荐给博士后管委会专家委员会的专家由中国博士后科学基金会预先录入，如为该设站单位的专家，专家信息列表在推荐界面直接显示，设站单位确认并补充信息。增补专家需符合“长江学者奖励计划"特聘教授、"千人计划"创新人才长期项目专家、国家杰出青年科学基金获得者、中国科学院特聘研究员四类专家类型,有国内外博士后研究工作经历者优先,增补人数不限。

中国博士后科学基金会运用"博新计划"申报和评审系统,可实时监测申报人员的申请材料和设站单位对申报材料的审核环节,同时对申报材料按照一级学科进行分组。中国博士后科学基金会根据一级学科对评审专家进行选聘,选聘专家应为"长江学者奖励计划"特聘教授,或"千人计划"创新人才长期项目专家,或国家杰出青年科学基金获得者或者中科院特聘研究员,有国内外博士后研究工作经历者优先。如一级学科无法匹配到相应专家,则按照二级学科进行匹配,如二级学科也无可选专家,则将优先选择有博士后经历和有行政职务者。对于各设站单位增补的专家,进行资格审核,审核完成入库后,为其分配用户名和密码。中国博士后科学基金会运用该系统还可对专家评审的预评审环节、资助经费拨款、受资助人的进出站情况等进行实时监测,预评审结束后,汇总结果并组织会议评审。会议评审完毕后,确认最终获得资助名单并打印资助证书。

"博新计划"申报和评审系统分为预评审和会议评审两个环节。评审专家按照中国博士后科学基金会分配的用户名密码,先在线预评审并投票,再对投票选出的部分申请者进行会议评审,以确定最终入选名单。评审专家可在线审阅申请人网上提交的申请材料也可下载后审阅,并下载投票表模板,记录投票意见,再进行网上提交。投票意见分为"同意资助""列入备选""不予资助"3种,其中"同意资助"票数不得超过本组"同意资助"指标。会议评审中,根据中国博士后科学基金会给出的分组名单,本组评审专家均可看见该组的预评审汇总名单,组长启动会议评审后,方可查看该组申请者的详细电子材料。评审专家根据《博士后创新人才支持计划专家评审指标》(详见表9—2)对本组申报者进行投票,每名专家可以投的"同意资助"票数不得超过本组投票名额,可对本组最后一名并列票数申报者进行多轮投票直至确定。会议评审结束后,需打印评审结果并由各组组长签字确认。

表9—2　　　　博士后创新人才支持计划专家评审指标

序号	指标项	说明
1	申请人学术经历和学术绩效	相对稳定的研究领域,专业研究的深度与宽度,学术产出量
2	申请人代表性出版物的质量	申请人的个人贡献,原创性,创新性,对所在领域后续发展的影响力

续表

序号	指标项	说明
3	研究计划的原创性和创新潜力	对学科发展的重要性，研究方法的合理性，研究计划的可行性，取得创新成果的可能性
4	申请人未来学术发展潜力	学术研究潜力，成为该领域学术或技术带头人的发展潜力，未来职业发展展望
5	博士后合作导师提供的科研条件	拥有促进青年创新人才成长的科研环境和创新平台（基地），有可依托的特色优势学科或新兴交叉学科，且与申请人的研究计划契合
6	申请人拟开展的研究领域与国家重大发展战略的相关性	是否与国家重大战略领域、战略性高新技术领域、前沿和基础学科领域相关

"博新计划"申报和评审系统的研发及启用，不仅给申报"博新计划"的拟进站博士提供了一个十分便捷的通道，而且为全国博士后管委会、中国博士后科学基金会组织实施"博新计划"提供了实时监测的渠道，可确保"博新计划"的公开、公正性，鼓励和吸引优秀博士进站从事博士后研究工作，为国家培养造就更多的高层次创新型青年人才。

9.1.3.2 博士后管理人员培训系统的研发

为加强和改进全国博士后工作管理人员培训工作，2016年全国博士后管委会办公室委托解放军博士后管理信息中心研发了"博士后管理人员培训系统"，从而改变了过去邮件回执或电话报名的方式，管理培训工作日趋信息化。其登录界面如图9—5所示。

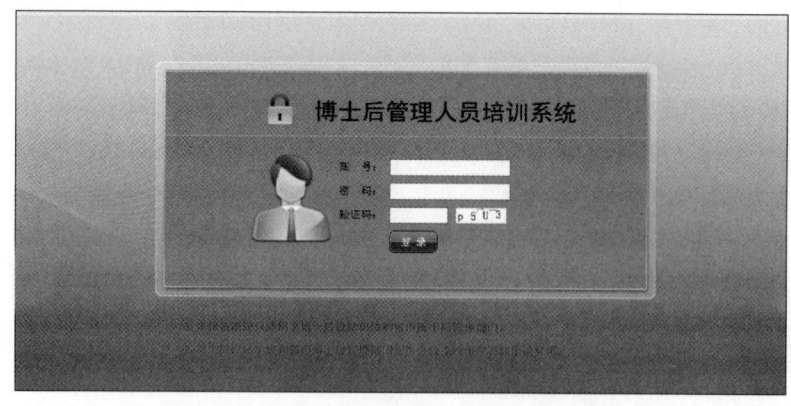

图9—5 博士后管理人员培训系统登录界面

全国博士后管委会办公室工作人员通过博士后管理人员培训系统可及时添加培训班的详细活动信息，设置培训班报名的起止时间、上限人数等，并向各博士后设站单位管理人员发送培训班通知，收到回复后对参加人员信息进行汇总。进行人员信息汇总时也是全国博士后管委会办公室工作人员对各设站单位博士后管理人员信息的更新。

博士后管理人员培训系统目前的主要功能是在线报名，各博士后设站单位的管理人员无须重新注册，直接使用博士后网上办公系统的用户名和密码即可登录。博士后工作管理人员根据该系统的通知要求选择已启动的培训班，填写姓名、性别、设站单位名称、职务以及联系电话等相关信息，如有随行人员可进行添加并填写相应信息（如图9—6所示）。

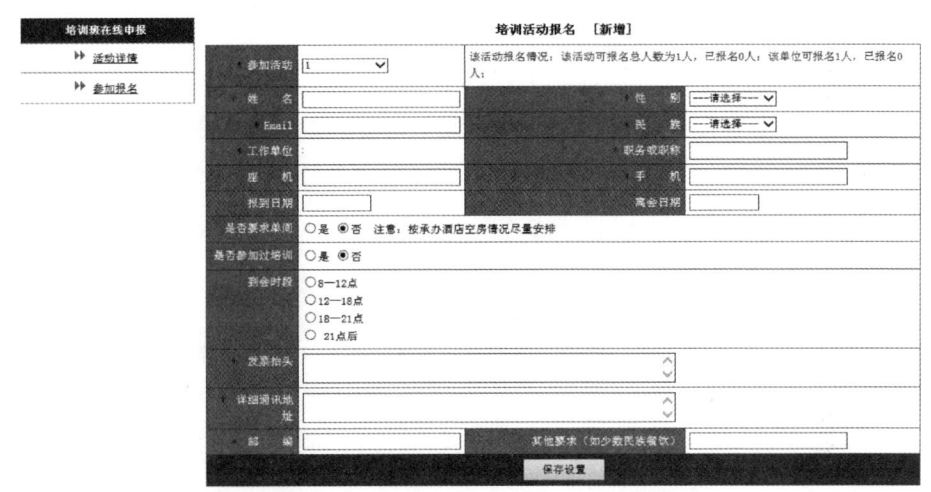

图9—6　博士后管理人员在线申报界面

博士后（工作）管理人员培训系统的研发及启用，不仅为全国博士后管委会办公室组织全国博士后工作管理人员培训提供了方便，而且便于各设站单位博士后工作管理人员按需选择培训班，同时可以有效控制培训班规模，节约培训成本，减少不必要的开支。

9.1.3.3　全国博士后人才和科技项目交流信息服务系统的研发

为贯彻落实《国务院办公厅关于改革完善博士后制度的意见》（国办发〔2015〕87号）中关于"发挥定期开展的博士后科技服务团作用，为中西部地区提供科技服务"的要求，进一步发挥中国博士后科技服务团推动经济社会发展的作用，2016年1月全国博士后管委会决定将原"中国博士后西部服务团"更名为"中国博士后科技服务团"，并将服务地区由西部地区扩展至全国边远贫困地区、边疆民族地区和革命老区及其他需要人才帮扶的地区。为适应"中国博士后科技服务团"更名特别是服务地区拓展后的需求，中国博士后科学基金会组织相关研发人员，及时推出了全国博士后人才和科技项目交流信息服务系统，其首页主界面如图9—7所示。

图9—7 全国博士后人才和科技项目交流信息服务系统主页

全国博士后人才和科技项目交流信息服务系统可供中国博士后科学基金会、博士后研究人员、地方政府、企业单位、各设站单位在线发布相关信息。博士后研究人员及设站单位可使用博士后进出站办公系统的用户名、密码直接登录，非博士后设站单位的地方政府或企业单位需先进行注册方可登录。

博士后研究人员登录全国博士后人才和科技项目交流信息服务系统后，可对个人信息（包括姓名、性别、出生年月、民族、证件类型、证件号、固定电话、手机、电子邮箱、身份，以及进站单位名称、进站时间、拟出站时间、进站学科等）进行维护；可以在线查看当前批次中国博士后科技服务团的通知等信息，根据自身科研水平及在站单位实际情况，选择拟参加科技服务团的科技服务项目，填写详细申请表（如图9—8所示）；还可在该系统中发布自己科研成果信息（包括科研项目名称、主要学科领域、交叉学科、项目说明、对拟开展合作的建议及要求等），以寻找到合适的科研成果转化途径和项目对接单位。

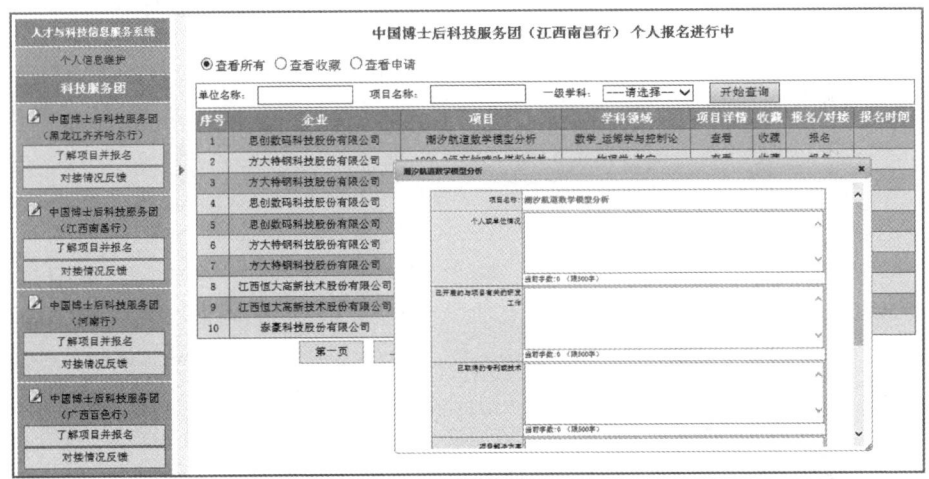

图9—8　博士后研究人员在线填报拟参加的科技服务项目

地方政府、企业单位、设站单位登录全国博士后人才和科技项目交流信息服务系统后，可发布当前批次科技服务团的科技项目需求。发布时，需标明项目名称、主要学科领域、交叉学科、研究开发内容及具体要求，为拟参加科技服务的博士后研究人员提供尽可能详细的项目需求信息，以吸引更多的博士后研究人员提供高层次的科技服务。同时，项目需求单位会员还可在该系统中查看博士后研究人员发布的拟转化的成果信息，对与本单位相匹配的成果可进行项目对接，也可直接招聘与本单位学科领域相符合的博士后研究人员。地方政府和企业单位会员无法直接获取博士后研究人员的联系方式，须通过基金会获取。

中国博士后科学基金会通过全国博士后人才和科技项目交流信息服务系统后台，不仅可以及时发布图片新闻、政策信息、博士后科技服务团报名通知、人才与需求项目信息、博士后成果转化需求信息、各地区创业平台展示，而且可以通过该系统对各批次中国博士后科技服务团活动全过程进行监测和监督,以确保会员单位的信息安全和博士后研究人员的合法权益。

9.1.3.4 最具成长潜力的留学人员创业企业专家评审系统的研发

根据人力资源社会保障部《关于组织推荐2016年度"最具成长潜力的留学人员创业企业"的通知》(人留专字〔2016〕16号)的要求,为做好2016年度"最具成长潜力的留学人员创业企业"推荐工作,进一步加大对留学人员回国创业的支持和服务力度,促进有成长潜力的留学人员创业企业做大做强,助推一批留学人员创业企业走上健康、稳健和可持续发展的轨道,中国留学人员回国创业专家指导委员会组织相关研发人员,及时推出了最具成长潜力的留学人员创业企业专家评审系统,其登录界面如图9—9所示。

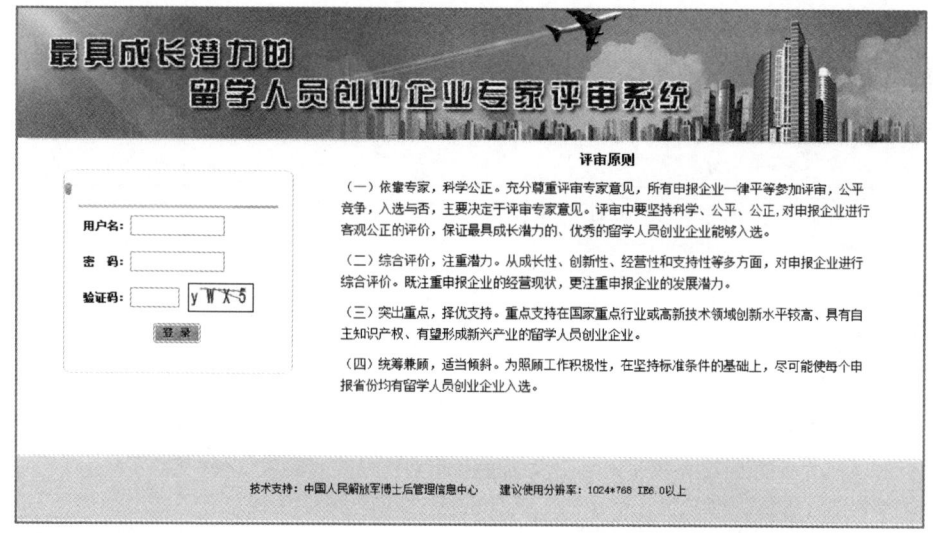

图9—9 最具成长潜力的留学人员创业企业专家评审系统登录界面

依托最具成长潜力的留学人员创业企业专家评审系统,拟申报创业项目的企业用户需符合以下条件:①企业法定代表人或最大股东为留学回国人员,留学人员出资额占企业注册资本的30%以上,企业注册时间不超过5年;②企业表现出较高成长性,近2年经济总量递增不低于30%;③企业具有较好发展潜力,创业团队具有较强的综合实力,拥有自主知识产权或发明专利,技术创新性强,产品(含服务)具有较好的市场前景;④创业项目符合国家产业政策或当地政府确定的产业发展方向,拉动就业,促进当地经济社会发展。属于电子信息、生物医药、先进制造、新材料、新能源与环境保护等重点支持领域的,可优先考虑。拟申报的企业用户需先进行注册方可登录该系统,登录后下载《最具有成长潜力的留学人员创业企业申报表》,并在所属省

（自治区、直辖市）人力资源和社会保障厅（局）以及留学人员创业园的指导下进行填写，填写完推荐意见后统一申报，在线申报时需上传完成申报表及证明材料。中国留学人员回国创业专家指导委员会专家评审完毕后，企业申报用户可在线查看评审结果。

中国留学人员回国创业专家指导委员会专家根据人力资源社会保障部留学人员和专家服务中心所分配的用户名及密码登录该系统，登录后应先修改原始密码，确保企业申报用户的信息安全。委员会专家选择当前批次申报信息，通过点击企业名称查看该企业用户的详细申报材料，并选择通过或驳回，同时给出审核意见。

最具成长潜力的留学人员创业企业专家评审系统的研发和启用，不仅简化了拟申报创业企业用户的申报流程，减少了打印申报材料和邮寄申报材料的步骤，很大程度上节约了申报成本，而且简化了中国留学人员回国创业专家指导委员会的专家评审过程，将会议评审改为网络评审，顺应了"互联网+"的时代潮流。

9.1.3.5　博士后项目对接系统的研发

为更好地服务全国各博士后设站单位以及博士后研究人员科技项目对接，2016年在中国博士后网上办公系统中新研发了博士后项目对接系统，其首页如图9—10所示。

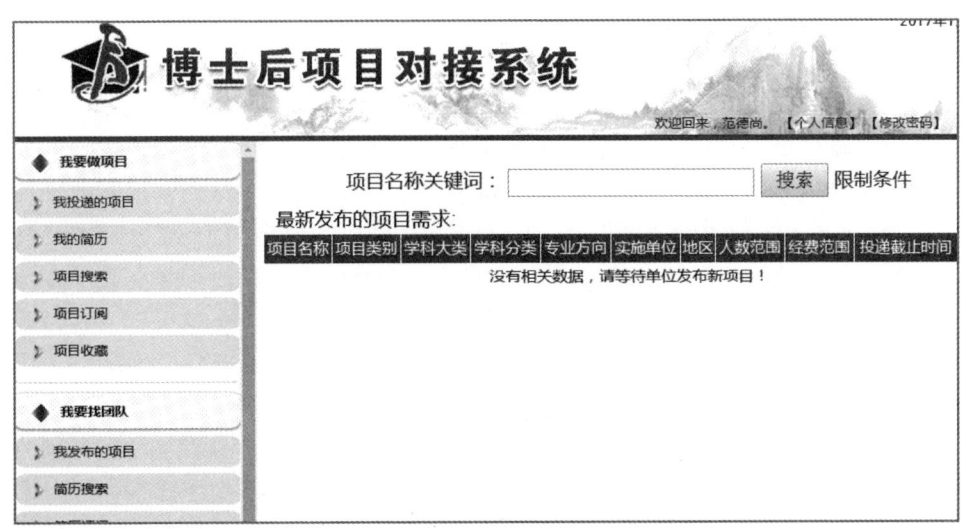

图9—10　博士后项目对接系统首页主界面

全国各设站单位以及博士后研究人员无须重新注册，可直接使用中国博士后网上办公系统用户名和密码登录博士后项目对接系统。无中国博士后网上办公系统用户名和密码的用人单位，可运用该系统根据学科领域发布详细的项目需求信息，具体给出项目名称、项目类别、学科大类、学科分类、专业方向、实施单位、地区、人数范围、经费范围以及投递截止时间，同时还可在该系统中按照学科分类搜索相关领域的博士后研究人员，直接查找所需人才并与其取得联系。博士后研究人员可根据自身条件在该系统中查找适合自己的项目并寻求合作伙伴，还可以对感兴趣的项目进行订阅和收藏，同时完善个人简历从而获得更多项目对接合作的机会。博士后研究人员可在该系统中发布项目合作需求信息，也按照学科分类搜索相关领域的其他博士后，直接查找到相关领域的合作伙伴并取得联系，达到科技项目合作开发的目的。全国博士后管委会办公室负责对博士后项目对接系统中的个人信息、项目信息进行实时监测，以确保各类信息的真实、设站单位及博士后个人信息的安全。

9.2 2016年博士后管理网络信息系统的维护与应用

为了让博士后管理网络信息系统更好地为各级博士后管理部门、各设站单位和广大博士后研究人员服务，2016年全国博士后管委会办公室、中国博士后科学基金会组织相关研发和技术维护人员进一步规范博士后管理网络信息系统的运行维护管理工作，确保网络信息系统安全可靠运行，切实提高了应用效率和服务质量。

9.2.1 博士后管理网络信息系统的日常维护

为了搞好博士后管理网络信息系统的日常维护，在全国博士后管委会办公室、中国博士后科学基金会的领导和指导下，专门成立了由1名硬件维护工程师、5名软件维护工程师、5名信息维护工程师组成的专业技术团队。其中，1名硬件维护工程师由服务器厂商提供，主要负责服务器、防火墙、交换机等硬件设备的维护；5名软件维护工程师由解放军博士后管理信息中心技术工作人员兼任；5名信息维护工程师由全国博士后管委会办公室、中国博士后科学基金会指定。博士后管理网络信息系统的日常维护工作，严格遵守《软件维护指南》（GB/T 14079—93）以及《计算机软件可靠性和可维护性管理》（GB/T 14294—93）的规范要求进行，各项维护工作的主要内容如下。

（1）硬件维护。硬件维护工作由硬件维护工程师负责，主要对服务器主机、显示设备、防火墙、交换机和磁盘阵列进行日常维护和管理，如服务器、防火墙的软件升级，安全漏洞的扫描，主机系统和网络设备上的用户审核，机器部件的清洗、润滑，设备故障的检修，易损部件的更换等。上述工作定期进行，以保证系统正常有效工作。目前，博士后管理网络信息系统的硬件设备主要包括 12 台服务器（4 台 IBM X3650 M3，2 台 IBM X3650 M4，3 台 Dell PowerEdge 6850，3 台 Dell PowerEdge R710）、1 台 HUAWEI USG5150 防火墙、1 台 HUAWEI S5700 交换机、1 套 DELL POWEREDGE VAULT MD3200 磁盘阵列。此套硬件设备总价在 100 万元人民币左右，在无重要机器部件损坏的情况下，年维护费用控制在 1 万 ~ 2 万元人民币。

（2）软件维护。软件维护工作由软件维护工程师负责，分别进行系统应用程序维护、数据维护、代码维护等。其中，系统应用程序维护是软件维护的重要内容，主要是对相应的应用程序及有关文档进行修改和完善。数据维护主要包括系统中主体业务数据的定期正常更新以及其他数据的不定期更新，以及数据内容的增加、数据结构的调整、数据备份与恢复等。代码维护主要是对原有的代码进行扩充、添加或删除等。软件维护的过程就是为了改正错误或满足新的需要而修改软件的过程，满足用户对已开发产品的性能与运行环境不断提高的要求，进而达到延长软件寿命的目的。从软件维护工作的性质来看，通常可分为纠错性维护、适应性维护、完善性维护、预防性维护这几种类型。从博士后管理网络信息系统的日常维护工作实践来看，一般纠错性维护约占维护工作量的 21%，适应性维护约占维护工作量的 25%，完善性维护约占维护工作量的 50%，而预防性维护以及其他类型的维护仅占维护工作量的 4%。可见，系统维护工作中一半以上的工作是完善性维护。

（3）信息维护。博士后管理网络信息系统的信息维护工作主要由全国博士后管委会办公室、中国博士后科学基金会指定的 5 名信息维护工程师负责，主要是对与博士后工作相关的政策法规、新闻热点、学术前沿、成果转化等信息及时采集并上传，同时负责相关申报工作、技术性问题的在线解答和电话解答。做好信息维护工作，目的是保障信息的准确性、及时性、安全性，以保证博士后管理网络信息系统中的各类信息始终处于适合使用的状态。为此，必须克服重使用、轻维护的倾向，高度重视和强调信息维护的重要性，在信息维护工作方面要舍得投入。

9.2.2 博士后管理网络信息系统的应用情况

（1）博士后管理网络信息系统的应用领域不断扩展。目前已经涵盖了全国博士后进出站业务办理、中国博士后科学基金申报、评审、汇总、"博新计划"申报、评审，博士后工作管理人员培训班及博士后基金会业务培训班的报名，最具成长潜力的留学人员创业企业申报、评审，博士后学术交流活动的发布及在线报名，以及中国博士后政策法规、新闻热点、重要活动等信息的发布。

（2）博士后管理网络信息系统的应用对象逐年增加。不仅为全国、各地博士后主管部门、各个博士后科研流动站（工作站）、博士后研究人员提供服务，而且为广大社会公众提供相关咨询和服务。截至 2016 年年底，已累计为 167 146 名进站博士后提供相关服务，其中出站博士后 97 850 人，在站博士后 69 296 人。目前日均访问量已达 10 000 人次以上，网上在线业务处理量日均达 400 人次以上。如在中国博士后科学基金申报或其他项目申报、组织博士后工作管理人员和基金会业务培训期间，每日访问量可高达 18 000 人次，网上业务处理量可达到每日 2 000 人次。以 2016 年中国博士后科学基金申报期间为例，日访问量最高达 21 094 人次，网上业务处理量可达到每日 8 000 人次。

（3）博士后管理网络信息系统的重要作用日益凸显。中国博士后网上办公系统为博士后研究人员提供了在线申请、预审材料上传，为博士后主管部门提供在线审核材料和办理博士后进出站手续等，简化了办理流程，缩短了办理时间，节约了办事成本，提高了服务质量。中国博士后科学基金申报评审系统操作简单，实时性好，减少了不必要的中间环节，不论是博士后研究人员还是博士后管理人员或者是博士后基金评审专家都不受时间和空间的限制，随时进行在线操作，确保评审的公正性，提高基金评审业务的办事效率。2016 年新研制的"博新计划"申报和评审系统、最具成长潜力的留学人员创业企业专家评审系统、博士后项目对接系统，为博士后研究人员和博士后管理工作人员带来更为高效便捷的工作方式；博士后人才和科技交流服务系统为博士后研究人员提供了科研成果转化的服务平台，也方便为偏远贫困地区提供技术指导和支持；博士后管理人员培训系统和博士后基金业务培训班报名系统的建立，便于参训人员信息统计和发票打印。总而言之，博士后管理网络信息系统在博士后日常管理、项目申报评审、管理人员培训、科技服务等方面发挥了积极有效的作用，充分展现了"互联网＋"的优越性。

9.3　完善与用好博士后管理信息网络系统的对策建议

博士后综合管理信息网络系统是我国博士后管理的重要平台，截至 2016 年年底，其开发建设已基本实现了博士后管理的信息化、网络化，完成了面向全国各个设站单位博士后人员信息的管理、查询和统计，为各级博士后管理部门及博士后研究人员提供了一个规范化的审批、管理平台。博士后综合管理信息网络系统的应用，简化了博士后管理工作办公流程，节约了办公时间,提高了办公效率,实现了博士后日常办公的集约化和规范化、人力资源管理的智能化,在博士后人才资源的开发使用上探索出了一条新路子。为继续完善与用好博士后综合管理信息网络系统,提出如下建议。

(1)不断增加博士后综合管理信息网络系统的信息供给。目前,博士后信息发布系统(网络)中的中国博士后网、中国博士后科学基金会网以及中国博士后网上办公系统等,均可定期或不定期发布与博士后管理密切相关的信息。但从信息发布的实际情况看,"两网一系统"所发布的信息量明显不足,许多信息比较陈旧,信息更新周期也比较长,远不能满足用户的实际需求,必须从"供给侧"改革入手,不断增加各类网络系统的信息有效供给。

(2)增设或拓展博士后综合管理信息网络系统的交互功能。例如,目前在运用中国博士后网上办公系统的"博士后进出站系统"时,拟申请进站的博士在选择设站单位时,主要还是依据自己对本研究领域内的设站单位了解,或根据周围同学、同事的介绍,选择的范围十分有限。而设站单位在发布博士后招收信息时,大多是以本单位网站、中国博士后网站、报纸杂志为主要平台,信息发布与获取都是静态的,拟进站博士与设站单位之间缺乏相互沟通和互动的平台。在这种情况下,拟进站博士要与设站单位进行面对面的沟通,只能亲自到设站单位,这在一定程度上增加了博士进站的成本,阻碍了拟进站博士进一步了解设站单位的意愿,也使设站单位不能全面掌握拟进站博士的能力和需求。因此,必须进一步拓展"博士后进出站系统"的交互功能,以利于拟进站博士与设站单位之间以及博士与博士之间的信息沟通。在中国博士后学术论坛系统、中国博士后科学基金业务培训班报名系统中,也需要增设或拓展相应的交互功能。

(3)拓展或加强博士后综合管理信息网络系统的实时监控功能。例如,通过运用现有的中国博士后科学基金申报评审系统,已经实现了中国博士后科学基金网上申报和评审,大大简化了基金评审的程序,但评审结果尚未能完全实现网上实时申报、评审、监控、公布信息化。此外,目前对中国博士后科学基金资助的跟踪问效、质量管理、经费使用、奖励激励等未纳入实时监控范围内。应当通过扩展或加强相关系统的实时监控功能,如加入基金资助项目过程跟踪的功能,随时掌握项目的进展情况,促使中国博士后科学基金资助效益的充分发挥。在中国博士后"国际交流计划"申报评审系统中,也需要扩展或加强实时监控的功能。

(4)进一步整合博士后综合管理信息网络系统各业务模块。现已投入运行的博士后综合管理信息网络系统中,有许多业务模块是在不同时间单独开发的,模块与模块之间的综合集成度还不够高,以致博士后各项业务之间的对接有时不够顺畅，衔接不够紧密。为减少博士后各项业务之间的孤立性，需要对现有博士后管理流程进一步设计和优化，对博士后网上办公系统进行更新和完善，真正实现人性化、智能化服务，提高办公效率和质量。

（5）进一步完善博士后项目申报评审及其他系统的功能。根据当前博士后项目申报评审及其他系统的使用情况，建议增设联合资助优秀博士后项目申报评审系统、优秀学术专著出版资助项目申报评审系统、中德博士后交流项目申报评审系统、国际交流计划引进项目（中文版、英文版）申报评审系统，优化完善博士后"国际交流计划"派出项目、"香江学者计划"、博士后科学基金的申报评审系统，尤其是加强相关项目的跟踪问效功能，全面掌握相关资助经费的使用情况和效用，从而也为未来的经费管理使用改革提供参考依据。另外，建议在博士后工作管理人员培训系统中增加在线支付、在线培训、往期培训视频回顾等功能，将线上线下报名培训工作有机结合，充分发挥信息系统的作用，更好地为博士后工作管理人员服务。

（6）通过大数据挖掘技术手段为博士后、合作导师、项目的信息管理提供科学依据。根据博士后管理综合信息系统的特点，要充分利用博士后知识水平、工作能力和成果业绩等指标，合作导师的专业、知识结构、熟悉的学科领域等指标，项目的理论意义、应用价值、项目效益等指标，运用模糊C均值算法实现博士后、合作导师、项目聚类；通过对历史数据的深度学习，实现对海量人力资源及项目数据的自动分类和聚类，为项目招标挑选最佳候选集合，从海量的博士后、合作导师信息中迅速发现所需的人才而提供有效方法。

第十章 2016年博士后科研成果转化及项目对接

为深入实施人才优先发展战略和创新驱动发展战略，持续推进大众创业、万众创新，加快高层次创新创业人才培养，2016年全国、各省（自治区、直辖市）以及新疆生产建设兵团、中央直属机关博士后管理部门，各博士后设站单位、科研流动站（工作站），高度重视博士后研究人员的科研工作，积极争取政府、产业、金融等方面的支持，不断开辟博士后科研成果转化绿色通道，努力提高博士后科研成果转化率特别是科技项目对接的成效，有效解决了企业产业转型升级中遇到的诸多关键性技术难题，为中国经济社会的平稳健康发展做出了贡献。

10.1 2016年出站博士后人员的科研成果情况

博士后科研成果，是指博士后研究人员在所从事的某一科学技术研究项目或课题研究范围内，通过实验观察、调查研究、综合分析等一系列脑力、体力劳动所取得并经过评审或鉴定，确认具有学术意义和实用价值的创造性成果，主要包括公开发表的学术论文、正式出版的学术著作、申报并获得的发明专利以及承担的科技项目等，是博士后科研成果转化的前提和基础。2015年及以前，各设站单位在统计博士后研究人员科研成果时，通常将在站博士后科研的成果统计进来，因在站博士后研究人员的许多科研工作还在进行中，加上部分在站博士后科研成果有漏报或补报不及时的情况，以致统计数据很不准确。所以，这里主要统计并报告2016年出站博士后研究人员的科研成果情况。[①]

10.1.1 出站博士后发表学术论文情况

学术论文是出站博士后的重要科研成果之一，也是考核其在站业绩的重

---

① 2016年出站博士后研究人员的科研成果，是指2016年出站的博士后在站期间取得的所有科研成果。

要内容。2016年,全国各博士后设站单位不但重视出站博士后发表学术论文的数量,更重视其发表学术论文的阅读量、转载量以及被SCI、SSCI、EI、A&HCI、ISTP、CSCD、CSTPCD、CSSCI等科学技术文献数据库收录或检索的情况。

10.1.1.1 出站博士后学术论文的学科门类

据不完全统计,2016年全国出站博士后研究人员共发表学术论文40 247篇[①],所发表的学术论文在各个学科门类的分布情况详见表10—1、图10—1。[②]

表10—1 2016年各学科门类出站博士后发表学术论文数量

序号	学科门类	论文数量(篇)	序号	学科门类	论文数量(篇)
1	哲学	598	9	农学	1 467
2	经济学	2 762	10	医学	2 861
3	法学	1 962	11	军事学	19
4	教育学	562	12	管理学	2 896
5	文学	1 510	13	艺术学	293
6	历史学	702	14	未注明学科	5
7	理学	6 820			
8	工学	17 790		合计	40 247

由表10—1、图10—1分析可知,2016年全国各学科门类出站博士后发表的学术论文中,工学出站博士后研究人员发表的学术论文数量最多,为17 790篇,约占发表学术论文总数的44.2%;其次是理学,为6 820篇,约占发表学术论文总数的16.95%;再次是管理学,为2 896篇,约占发表学术论文总数的7.2%。2016年出站博士后发表学术论文所在学科门类分布与出站博士后研究人员所在学科门类分布基本成正相关,居前两位的分别是工学和理学;医学出站博士后研究人员数量排在第三位,但其发表的学术论文数量比管理学出站博士后少35篇而排在第四位。经济学(2 762篇)、法学(1 962篇)、文学(1 510篇)、农学(1 467篇)出站博士后发表的学术论文均在千篇以上,其他学科门类的博士后发表的学术论文都不足千篇。值得一提的是,

---

[①] 这里及本章引用的其他原始数据、资料等信息除特别注明出处外,均源自中国博士后网、中国博士后网上办公系统和中国博士后科学基金会官网,作者又对相关数据和资料进行了认真核实、整理和加工。

[②] 2016年度出站博士后发表的学术论文中有5篇未注明所属学科门类,故未列入图10—1作分析。

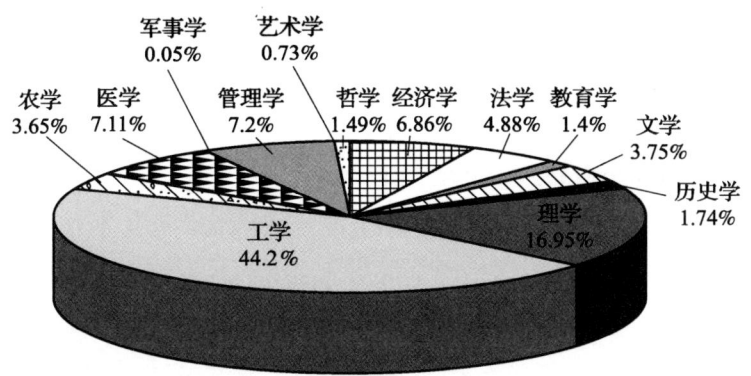

图 10—1　2016 年各学科门类出站博士后发表学术论文所占比例

2016 年经济学出站博士后发表的学术论文数量位居第五，这可能与 2016 年经济学出站博士后人员数量的增加（比 2015 年多出站 125 人）有很大关系。

10.1.1.2　出站博士后学术论文的影响力

出站博士后研究人员发表学术论文的影响力，通常包括阅读量、转载量以及被相关科学技术文献数据库收录或检索的情况，这里主要以 SCI、SSCI、EI、A&HCI、ISTP、CSCD、CSTPCD、CSSCI 等①收录或检索情况来衡量其影响力的大小，详见表 10—2、图 10—2。

---

①　SCI（科学引文索引，Science Citation Index），由美国科学情报研究所（ISI）于 1957 年创建，收录世界出版的数、理、化、农、林、医、生物、天文、地理、环境、材料、工程技术等自然科学各学科的核心期刊，它不仅是重要的检索工具，也是科学研究成果的重要评价依据。SSCI（社会科学引文索引，Social Science Citation Index），是美国科学情报研究所（ISI）创建的综合性社会文献数据库，涉及经济学、法律、管理学、心理学、区域研究、社会学、信息科学等。EI（工程索引，Engineering Index），由美国工程信息公司于 1884 年创建，收录文献涉及工程技术各个领域，如动力、电工、电子、自动控制、矿冶、金属工艺、机械制造、土建、水利等，具有综合性强、资料来源广、地理覆盖面广、报道量大、报道质量高、权威性强等特点。A&HCI（艺术人文引文索引，Arts & Humanities Citation Index），是美国科学情报研究所（ISI）建立的综合性艺术与人文类文献数据库，包括语言、文学、哲学、亚洲研究、历史、艺术等内容。ISTP（科学技术会议，Index to Science &Technical Proceedings），创刊于 1978 年，由美国科学情报学会编辑出版，为世界著名四大检索工具之一，涵盖学科包括农学、环境科学、生物化学、分子生物学、生物技术、医学、工程、计算机科学、化学和物理等。CSCD（中国科学引文数据库，Chinese Science Citation Database）创建于 1989 年，是收录中国数学、物理、化学、天文学、地学、生物学、农林科学、医药卫生、工程技术、环境科学和管理科学等领域出版的中英文科技核心期刊和优秀期刊。CSTPCD（中国科技论文与引文数据库，Chinese Science &Technical Papers and Citation Database）是受国家科技部委托由中国科技信息研究所（ISTIC）1987 年创建，主要统计和分析中国科技人员在国内外发表的论文数量、引用和利用等情况。CSSCI（中文社会科学引文索引，Chinese Social Science Citation Index），是用来检索中文社会科学领域的论文收录和文献引用情况。未被 SCI、SSCI、EI、A&HCI、ISTP、CSCD、CSTPCD、CSSCI 收录或检索，或为其他期刊转载或收录的学术论文被列为"其他"。

表 10—2 2016 年出站博士后学术论文被有关数据库收录或检索情况

序号	收录或检索数据库	被收录检索数量（篇）	序号	收录或检索数据库	被收录检索数量（篇）
1	SCI	15 608	6	CSCD	2 637
2	SSCI	344	7	CSTPCD	192
3	EI	5 320	8	CSSCI	5 644
4	A&HCI	20	9	其他	10 121
5	ISTP	361	合计		40 247

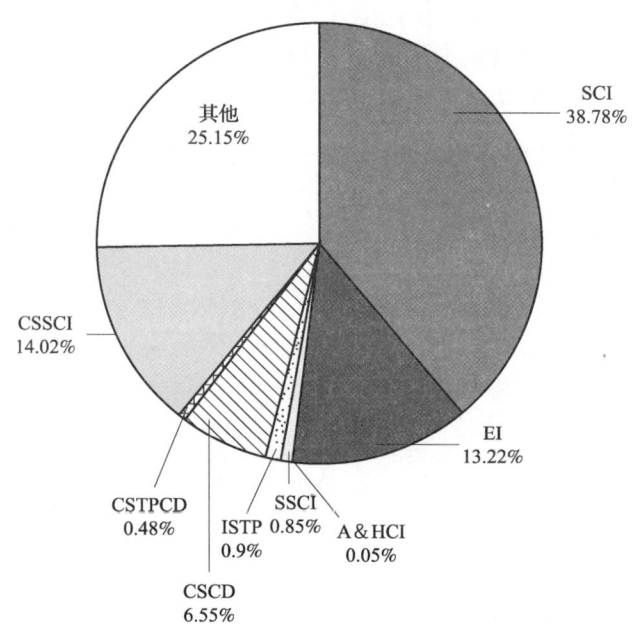

图 10—2 2016 年出站博士后学术论文被有关数据库检索或收录的比例

由表 10—2、图 10—2 分析可知，2016 年全国出站博士后发表的学术论文被 SCI、SSCI、EI、A&HCI、ISTP、CSCD、CSTPCD、CSSCI 检索或收录的 30 126 篇，占学术论文总数的 74.85%。其中，被 SCI 收录检索的最多，为 15 608 篇，约占发表论文总数的 38.78%；其次是被"其他"数据库检索或收录论文，为 10 121 篇，约占发表论文总数的 25.15%；再次是 CSSCI 收录的论文，为 5 644 篇，约占发表论文总数的 14.02%；EI 收录的论文 5 320 篇，约占发表论文总数的 13.22%；CSCD 收录的论文 2 637 篇，约占发表论文总数的 6.55%；ISTP 收录的论文 361 篇，约占发表论文总数的 0.9%；SSCI 收录的论文 344 篇，约占发表论文总数的 0.85%；CSTPCD 收录的论文 192 篇，约占发表论文总数的 0.48%；被 A&HCI 收录检索的学术论文数量最少，为 20 篇，约占发表学术论文总数的 0.05%。

10.1.2 出站博士后出版学术著作情况

2016 年出站博士后出版的学术著作主要包括学术著作、编著和教材三大类。其中，学术著作是指作者根据在某一学科领域内科学研究的成果撰写成的理论著作，该著作应对学科的发展或建设有重大贡献和推动作用，并得到国内外公认。编著包括基础论著、技术理论著作、应用著作。基础论著是指汇集国内外某一学科领域的新成就，经过分析整理撰写成的系统性的基础性理论著作，有创见，有新体系、新观点或新方法。技术理论著作是指作者总结生产实践中的技术经验，撰写的具有较强的创新性和理论性以及实用价值较高的理论著作。应用著作是指作者总结社会实践中的社会科学经验，撰写的具有较强的创新性和理论性以及实用价值较高的社会科学的理论著作。教材包含自然科学教材和社会科学教材，分全国统编和一般教材两种。主要是指通过收集、整理国内外已有的科学成就和资料，或根据科学研究成果和按照教学规律加以总结使之系统化的教学材料。

10.1.2.1 出站博士后学术著作学科门类分布

2016 年出站博士后研究人员共出版学术著作 2 523 部，其在各个学科门类中的分布情况，详见表 10—3、图 10—3。①

表 10—3　　2016 年各学科门类出站博士后出版学术著作的数量

序号	学科门类	著作数量（部）	序号	学科门类	著作数量（部）
1	哲学	68	8	工学	605
2	经济学	291	9	农学	142
3	法学	272	10	医学	222
4	教育学	86	11	管理学	330
5	文学	173	12	艺术学	36
6	历史学	102			
7	理学	196		合计	2 523

---

① 因军事学出站博士后学术著作有的不宜公开出版发行，故未列入表 10—3、图 10—3 进行分析。

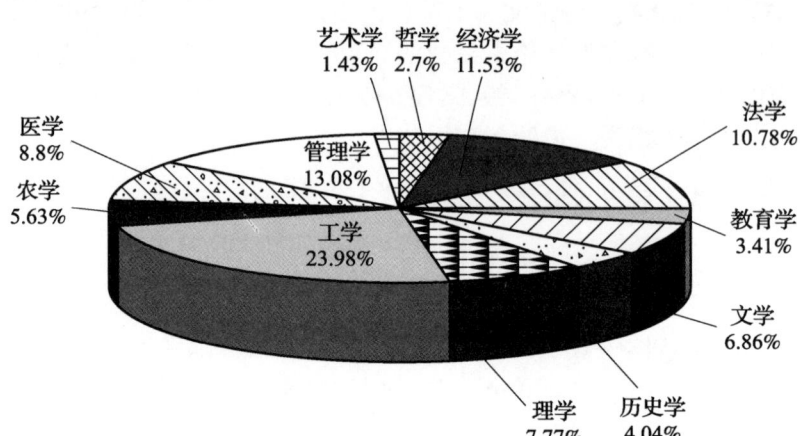

图 10—3　2016 年博士后出版学术著作在各学科门类中所占比例

由表 10—3、图 10—3 分析可知，在 2016 年各学科门类出站博士后出版的学术著作中，工学出站博士后出版学术著作最多，共出版学术著作 605 部，占出版学术著作总数的 23.98%；其次是管理学，共出版学术著作 330 部，占出版学术著作总数的 13.08%；再次是经济学，共出版学术著作 291 部，占出版学术著作总数的 11.53%；艺术学出站博士后出版的学术著作最少，为 36 部，约占出版学术著作总数的 1.43%。从出站博士后出版的学术著作所在学科门类来看，工学位居第一；管理学、经济学、法学、医学出站博士后出版的学术著作数量均超过了理学，打破了理学在学术论文、进出站人员数量以及博士后科学基金获资助数量稳居第二位的格局。医学在进出站人员数量中通常处于第三位，但 2016 年医学出站博士后出版的学术著作比例只有 8.8%，低于法学的 10.78%，位居各学科门类的第四位。值得关注的是，自然科学类出站博士后出版的学术著作合计比例为 46.18%，低于人文社科类出站博士后出版的学术著作合计比例 53.82%。

10.1.2.2　出站博士后学术著作署名情况

根据相关规定，学术著作署名次序应当以承担该著作的劳动量、所做贡献为依据，劳动量和所做贡献大的排名在前，但实际情况并非完全如此。有的博士后在其出版的学术著作中，希望借助合作导师或其他名人的威望，或者是其他原因所致，经常把自己的名字署在靠后的位置。这从 2016 年出站博士后研究人员出版学术著作署名次序情况可见一斑，详见表 10—4、图 10—4。

表 10—4　　　　2016 年出站博士后学术著作署名次序情况

序号	署名序次	著作数量（部）
1	第一作者	402
2	第二作者	771
3	第三作者	342
4	其他	1 008
	合计	2 523

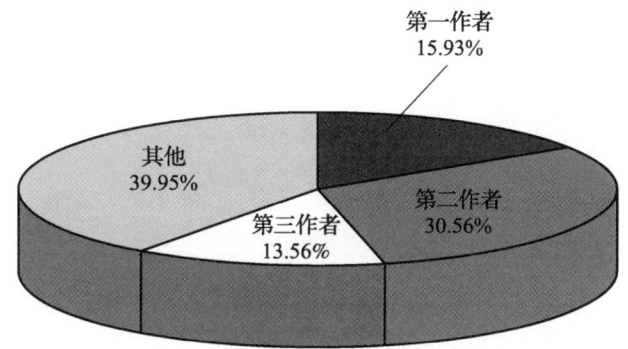

图 10—4　2016 年出站博士后学术著作署名次序所占比例

由表 10—4、图 10—4 分析可知，2016 年出站博士后出版的学术著作署名第三作者之后（即"其他"）的最多，为 1 008 部，约占出版学术著作总数的 39.95%；其次是署名第二作者的 771 部，约占出版学术著作总数的 30.56%；再次是署名第一作者的 402 部，约占出版学术著作总数的 15.93%；署名第三作者的 342 部，约占出版学术著作总数的 13.56%。

10.1.3　出站博士后获得专利情况

2016 年出站博士后研究人员获得各种专利（包括发明专利、实用新型专利、外观设计专利）3 691 件，详见表 10—5、图 10—5。①

---

① 2016 年出站博士后研究人员获得发明专利统计中有 516 件未标明具体类型，故被列为"其他"。

表 10—5　　　　　　　2016 年出站博士后获得专利数及类型

序号	专利类型	专利数量（件）
1	发明专利	2 583
2	实用新型专利	583
3	外观设计专利	9
4	其他	516
	合计	3 691

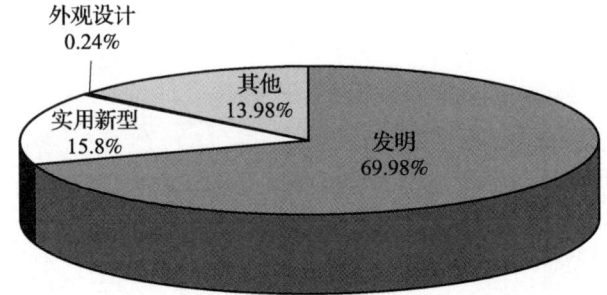

图 10—5　2016 年出站博士后获得专利的类型占比

由表 10—5、图 10—5 分析可知，在 2016 年出站博士后获得专利中，获得的发明专利最多，为 2 583 件，占所获专利总数的 69.98%；获得的实用新型专利 583 件，占所获专利总数的 15.8%；获得外观设计专利 9 件，占所获专利总数的 0.24%；未标明类型的（即"其他"）专利 516 件，占所获专利总数的 13.98%。按 2016 年出站的 10 228 人计算，人均专利数量只有 0.36 件。究其原因，主要是部分出站博士后对申报和获得专利的意识还比较淡薄，一些博士后设站单位没有把专利（发明专利除外）作为考核评价的重要指标。另外，中国专利保护机制尚不完善，专利保护成本比较高，专利成果转化渠道有限，也是导致出站博士后申报和获得专利数量少的重要原因。

10.1.4　出站博士后承担科研项目情况

10.1.4.1　出站博士承担科研项目的学科门类

2016 年出站博士后研究人员共承担科研项目 25 300 项，如果按照 2016 年出站博士后人数（10 228 人）计算，人均约承担 2.47 项科研项目，详见表 10—6、图 10—6。

表 10—6　　2016 年出站博士后承担的科研项目数量及学科门类

序号	学科门类	科研项目数量（项）	序号	学科门类	科研项目数量（项）
1	哲学	279	9	农学	1 189
2	经济学	1 323	10	医学	1 965
3	法学	949	11	军事学	16①
4	教育学	316	12	管理学	1 878
5	文学	566	13	艺术学	121
6	历史学	302	14	未说明学科	2
7	理学	4 713			
8	工学	11 681		合计	25 300

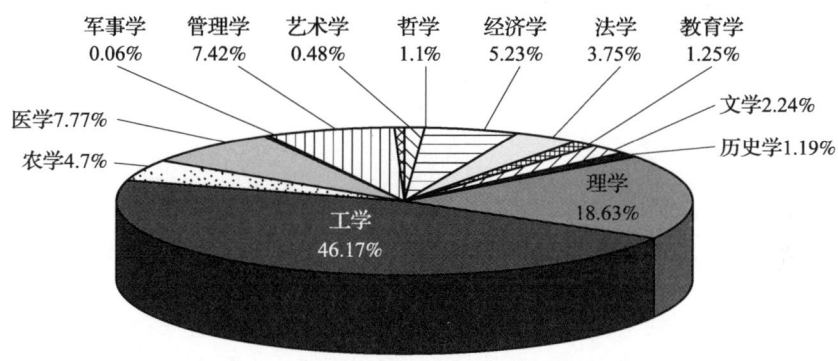

图 10—6　2016 年出站博士后承担的科研项目在各学科所占比例②

由表 10—6、图 10—6 分析可知，2016 年工学出站博士后承担的科研项目最多，为 11 681 项，约占出站博士后科研项目总数的 46.17%；理学承担的科研项目次之，为 4 713 项，约占出站博士后科研项目总数的 18.63%；再次是医学承担的科研项目，为 1 965 项，约占出站博士后科研项目总数的 7.77%；军事学（由地方设站单位招收的博士后）承担的科研

---

① 这里是指由地方设站单位招收的博士后所承担的军事学科研项目，而非军队系统博士后承担的科研项目。

② 2016 年出站博士后研究人员承担的科技项目统计中有 2 项未说明所属具体学科，故未列入图 10—6 作分析。

项目数量最少，为16项，约占出站博士后科研项目总数的0.06%；艺术学承担的科研项目排在倒数第二位，为121项，约占出站博士后科研项目总数的0.48%。

10.1.4.2 承担科研项目的级别分布

通过对2016年出站博士后承担的科研项目的级别分析，可以从一个侧面看出其科研项目的重要程度及影响力大小，详见表10—7、图10—7。

表10—7　　　　2016年出站博士后承担科研项目的级别分布

序号	项目级别分类	科研项目数量（项）
1	国家级	9 522
2	省部级	9 062
3	单位立项	3 034
4	其他	3 682
合计		25 300

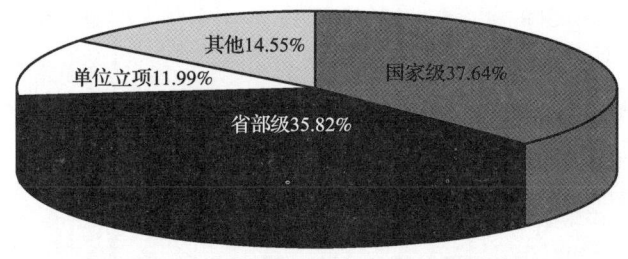

图10—7　2016年出站博士后承担的科研项目级别占比

由表10—7、图10—7可知，2016年出站博士后承担的科研项目中，国家级项目最多，为9 522项，约占出站博士后承担科研项目总数的37.64%；省部级项目次之，为9 062项，约占出站博士后承担科研项目总数的35.82%；未标明级别（即"其他"）的科研项目3 682项，约占出站博士后承担科研项目总数的14.55%；单位立项的科研项目最少，为3 034项，约占出站博士后承担科研项目总数的11.99%。

10.1.5　出站博士后主要科研成果比较分析

10.1.5.1　出站博士后主要科研成果学科比较

2016年出站博士后主要科研成果（不含获得的专利）在各个学科门类所占百分比及其变化情况如图10—8所示。

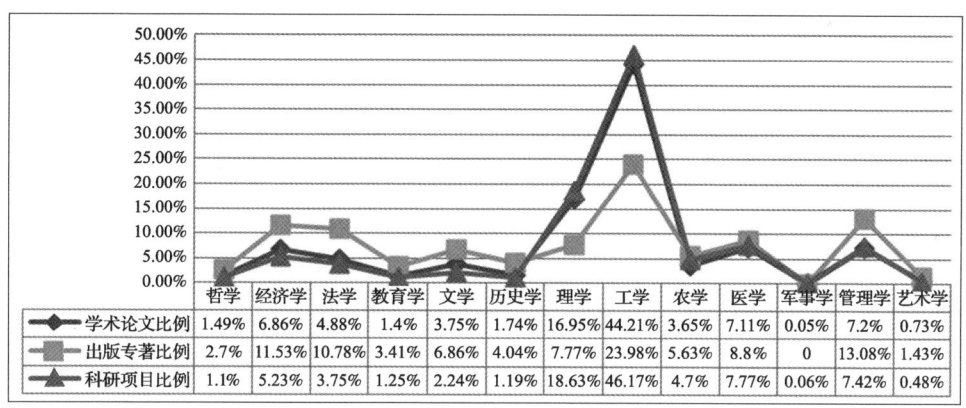

图 10—8　2016 年出站博士后主要科研成果在各学科门类所占比例及变化曲线

由图 10—8 可知，学术论文与科研项目占各学科门类的比例变化曲线排列紧密，多个学科门类之间的变化曲线几乎重合。而出版的学术著作占各学科门类的比例变化曲线与学术论文、科研项目占各学科门类的比例变化曲线排列比较疏散。其中，理学、工学出站博士后出版的学术著作所占比例低于学术论文、科研项目的比例；经济学、法学、文学、管理学出站博士后出版的学术著作所占比例高于学术论文、科研项目比例；哲学、教育学、历史学、农学、医学、军事学和艺术学出站博士后出版的学术著作、学术论文、科研项目所占比例基本相同，其变化曲线对应的拐点也几乎重合。

10.1.5.2　出站博士后主要科研成果人均比较

2016 年出站博士后研究人员共发表学术论文 40 247 篇，出版学术著作 2 523 部，承担科研项目 25 300 项，获得专利 3 691 件。从成果的绝对数值来看，科研成果还是比较可观的。按照 2016 年出站博士后数量（10 228）计算，人均学术论文约 3.93 篇，人均学术著作约 0.25 部，人均科研项目约 2.47 项，人均专利约 0.36 件，由此可见，博士后研究人员的学术论文和科研项目情况较好，但学术专著和专利的数量偏少。各学科门类出站博士后人均科研成果及变化曲线如图 10—9 所示。

由图 10—9 可知，2016 年出站博士后人均学术论文、学术著作、科研项目之间的数量相差比较明显，其变化曲线排列比较松散，也无明显相似性。各学科门类出站博士后人均发表学术论文数量排在所有成果的第一位。其中，文学出站博士后人均论文数量最多，为 5.1 篇；其次是艺术学出站博士后，人均 5.05 篇；再次是管理学出站博士后，人均 4.83 篇；农学出站博士后的人均学术论文数量最少，为 3.4 篇。各学科门类出站博士后人均科研项目数量排在所有成果的第二位。其中，管理学出站博士后人均科研项目数量最多，

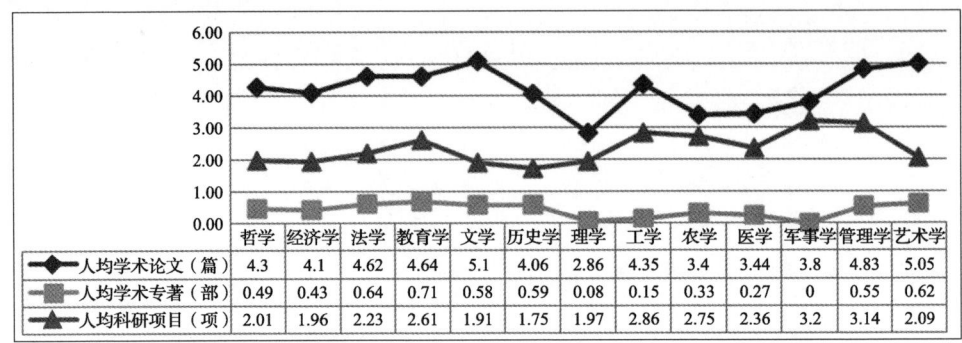

图 10—9　2016 年各学科门类出站博士后人均科研成果数量变化曲线

为 3.14 项；其次是工学出站博士后，人均 2.86 项；再次是农学出站博士后，人均 2.75 项；历史学出站博士后人均科研项目 1.75 项。各学科门类出站博士后人均学术著作数量最少，排在所有成果的第三位。其中，教育学出站博士后人均出版著作数量最多，为 0.71 部；其次是法学出站博士后，人均 0.64 部；再次是艺术学出站博士后，人均 0.62 部；理学出站博士后人均学术著作数量最少，为 0.08 部。大部分博士后设站单位把博士后发表的学术论文数量以及是否被 SCI、EI、SSCI、ISTP 等收录作为首要评价指标，且要求理工科类出站博士后发表的学术论文必须被 SCI、EI 收录，因此，发表的学术论文数量相对较多。

10.2　2016 年博士后科研成果转化及项目对接情况

为了进一步打通科技与经济结合的通道，持续推进大众创业万众创新，2016 年全国和各地博士后主管部门，认真贯彻 2016 年 2 月国务院印发的《实施〈中华人民共和国促进科技成果转化法〉若干规定》（国发〔2016〕16 号）和 2016 年 4 月国务院办公厅印发的《促进科技成果转移转化行动方案》（国办发〔2016〕28 号），通过发挥各级政府的引导作用、企业单位的主体作用以及中介机构的桥梁纽带作用，积极鼓励各博士后设站单位和广大博士后将创新性科研成果（包括科学研究与技术开发成果）尽快转移到产业部门，推动一批科技项目在相关企业落地生根，促使新产品增加、工艺改进和经济效益提高，有力带动了产业结构优化升级。以下扼要报告和分析 2016 年中国博士后科学基金会（以下简称"基金会"）和部分省（自治区、直辖市）组织的博士后科研成果转化及项目对接情况。

10.2.1　"基金会"组织博士后科研成果转化及项目对接情况

2016 年，中国博士后科学基金会继续集中组织中国博士后科技服务团深入中西部地区企事业单位开展科技服务活动，在科技服务基层、帮助企业释疑解难的过程中，推动了博士后科研成果转化及项目对接，让更多的博士后科技成果在企业落地生根。其主要做法是，先由各承办地有关部门负责征集本地区企事业单位科技服务需求项目，再由"基金会"出面协调各博士后设站单位报名，然后组织入选博士后赴有关地区开展科技服务活动，与需求项目单位进行项目对接，转化博士后科研成果。每次组织活动时间2~4天，参加科技服务活动和项目对接的博士后人员都在10人以上，基本流程包括举办启动仪式、召开博士后和对接单位座谈会、到需求项目单位开展科技服务及项目对接、召开科技服务及项目对接总结会等。① 对于列入"基金会"年度科技服务和项目对接计划的活动，"基金会"分别给予15万元资助，不足部分由相关省（自治区、直辖市）或承办单位落实解决。

根据全国博士后管委会办公室、中国博士后科学基金会的规定要求，各省（自治区、直辖市）组织的博士后科研成果转化及项目对接活动，每批次一般控制在50个以内，其活动大体安排和项目需求等情况应在活动启动前一个半月内报至中国博士后科学基金会，基金会负责全程指导；具体活动包括前期项目需求征集、科技成果转化及项目对接、后期跟踪服务等，则由各承办地自行制定计划和组织实施。项目对接单位一般以中小企业为主，对接项目应与相关博士后研究人员的学科专业领域相吻合。2016年，由"基金会"组织的博士后科研成果转化及项目对接情况见表10—8所示。②

表10—8　2016年"基金会"组织的博士后科研成果转化及项目对接情况

序号	组织实施月、日	累计批次及承办地	成果转化及对接项目（个）	项目对接单位（个）	参加博士后（人）	科研成果与对接项目涉及的专业领域
1	6月14—16日	第24批（河南信阳）	43	不详	35	环保、农业、医药、航空等
2	8月31—9月2日	第25批（宁夏中卫）	不详	9	13	生态环保、农业、食品、医疗等

① 有关中国博士后科技服务团科技服务活动的详情，可参见本报告第6专题"2016年博士后科技服务团及联谊活动"。

② 表10—8中有的数字"不详"是因为相关资料和统计信息缺失所致；"累计批次"是指延续2015年中国博士后科学基金会集中组织的中国博士后科技服务团批次。

续表

序号	组织实施月、日	累计批次及承办地	成果转化及对接项目（个）	项目对接单位（个）	参加博士后（人）	科研成果与对接项目涉及的专业领域
3	9月22—24日	第26批（新疆昌吉）	6	38	48	经济贸易、环境科学、高分子材料、医疗卫生等
4	10月19—21日	第27批（江西南昌）	20	11	15	环保、农业、汽车、冶金、机械、建筑等
5	10月18—19日	第28批（河北固安）	29	12	16	电子通信、化工、环保、农业等
6	11月2—4日	第29批（黑龙江齐齐哈尔）	12	不详	15	生态环境、现代农业、食品、物联网、体育产业等
7	10月26—28日	第30批（广东珠海）	27	11	25	电子信息、物联网、农业等
8	11月24—26日	第31批（四川遂宁）	12	20	15	生态环境、化工、电子信息、农业等
9	11月30日—12月1日	第32批（广西百色）	19	不详	19	经济学、互联网金融、矿业、农业、医药等
10	12月6—8日	第33批（云南玉溪）	8	不详	13	生态修复、湖泊保护、农业面源污染治理等
11	12月下旬	第34批（山东蓬莱）	不详	不详	不详	食品、农业等

由表 10—8 可知，2016 年由"基金会"组织的博士后科研成果转化和项目对接成效比较明显。其中，博士后在每个承办地转化的科研成果及对接项目数量（不详的除外）少的 6 个，多则 43 个；各地参加项目对接的单位（不详除外）少的 9 个，多则 38 个；每次参加科技服务、成果转化和项目对接的博士后少的 13 人，多则 48 人；博士后科研成果转化及对接项目的内容，涉及农牧业、食品、医药、生态环境（环保）、化工、高分子材料、电子信息、物联网等多个专业领域。

10.2.2 部分省（自治区、直辖市）组织博士后科研成果转化及项目对接情况

2016 年，除"基金会"组织的博士后科研成果转化和项目对接外，部分省（自治区、直辖市）的人力资源和社会保障厅（局）也通过召开国际交流与合作大会、国际精英创业周、海内外高端人才交流会、科技项目洽谈会等多种方式，组织全国各地的博士后研究人员开展科研成果转化及项目对接工作。以下摘要报告部分省市组织博士后科研成果转化及项目对接的情况。

10.2.2.1 第九届中国留学人员南京国际交流与合作大会

2016 年 4 月 26—27 日，江苏省南京市人民政府在南京国际博览中心举办了"第九届中国留学人员南京国际交流与合作大会"（简称"南京留交会"）。本届"南京留交会"重点推介以"创业南京"人才计划为核心的新一轮人才政策。大会期间举办了 2016 年度南京留学人员创业大赛总决赛，"众侨创新、才聚金陵"专场对接会、创业人才项目签约活动、海外人才融资专题讲坛及投融资对接会、人才与产业发展主题峰会、第六届北美创业大赛获奖选手南京推介会、"金陵金领"海外人才专场招聘会等多场活动。南京 16 个区（含园区）与来自海内外的 2 500 多名高层次人才先后洽谈 3 900 多人（次），达成落户或合作意向 430 多个，并与 15 个国内参会城市达成意向近百个，有 600 多名博士与招聘单位达成初步意向。

据介绍，本届"南京留交会"有近 70 家南京规模以上优秀科技企业在"金陵金领"海外高级人才专场招聘活动上现场设展，向海外人才推出近 200 个 30 万元以上年薪的招聘岗位。其中，年薪在 50 万元以上的招聘岗位有 30 多个。企业已确定有意向二次邀约面试的 370 多人次。来自红太阳集团有限公司的招聘经理介绍，前来对接的应聘者层次高，已找到 8 名合适人选。此外，有 48 家投融资机构代表、近 50 家企业代表、留学人员和各区（园区）代表共 200 多人，参加了海外人才专题讲坛以及投融资对接会，有 15 个创业项目进行了现场演示，12 个创业项目与投融资机构初步达成了合作意向。南京市鼓楼区专场对接 280 余人，有 120 人参加鼓楼区创业行活动，43 人达成落户意向，15 人签订入园协议，拟申报"创业南京"人才计划 37 人。南京市江宁开发区活动现场有 3 个创新项目宣布入驻未来网络众创空间示范基地孵化。150 多个创业项目参加了南京市浦口区集成电路专业人才沙龙暨人才项目签约活动，其中 8 个智能制造项目现场签约落户。在签约项目中，"基于互联网监控视频数据智能分析云平台"项目可将传统安防监控设备提升为高效的可视化管理工具，通过前端设备数据采集，并智能生成数据分析报表；"专业智能家居环境服务"项目可通过云端平台联网合作，全方位解决睡眠管理和优化问题；"笛卡儿智能门锁系统"能通过云端海量信息，延伸到解决城中村租户的住、吃喝玩乐 O2O 生活信息平台，实现催租房产业物联网化、管理无人化。

本届"南京留交会"还辟出国内部分省市专区，新疆维吾尔自治区和广州、杭州、苏州等 15 个人力资源管理部门组团参加。有 500 多名海内外高层次人才与各市对接交流，达成创业落户、科技项目合作及人才引进初步意向近百个。江苏省南通市达成 30 余个项目合作意向，江苏省连云港市首次组团参加"南京留交会"，带来的农业科学项目与 14 名农学博士达成初步意向。有关负责人说，"南京留交会"作为区域人才集聚载体，有力推动了城市间人才资源互动交流，平台作用日趋显现。①

10.2.2.2　第八届苏州国际精英创业周

2016 年 7 月 12 日，为期 3 天的第八届苏州国际精英创业周落下帷幕。本届创业周共有 3 087 名高层次人才携带 3 042 个项目参会，参会人才数和项目数分别比 2015 年增长 24.6% 和 20.4%，均创历史新高。截至活动结束，已正式签约 689 个项目（其中投资创业项目 597 个，合作创新项目 92 个），达成合作意向项目 701 个，正在洽谈对接项目 1 157 个。7 月 11 日，本届创业周 10 个代表性项目进行集中签约，苏州市领导陆新、徐国强、徐美健、谢鸣出席了签约仪式。

本届创业周紧紧围绕苏州市经济转型升级的实际需求，重点邀请九大重点新兴产业领域人才及项目参会。其中，生物医药占 22.2%、电子信息占 21.6%、装备制造占 15.7%、新材料和新能源均占 7.7%，有效实现了引进项目和城市产业的高匹配。主会场通过创新创业洽谈会、投融资对接会、"千人计划"专家和高校博士后对接会等活动，有力实现项目的集中洽谈和精准对接。例如，首次举行的投融资对接会，百余家创投机构直接对话项目，进而为项目顺利启动搭建资本对接平台；苏州市 200 多家高新技术企

---

① "南京留交会"闭幕 400 多个海归项目有意落户 [EB/OL]. 国务院侨务办公室网站，http://www.gqb.gov.cn/2016-04-28.

业同百名"千人计划"专家和高校博士后也首次对接,达成多个创新项目对接意向。

本届创业周十大分会场活动也是亮点纷呈、各具特色。例如,张家港市分会场突出装备制造和集成电路(芯片)产业,高新区分会场注重医疗器械产业,苏州工业园区分会场主推生物和纳米技术,相城分会场打造十大特色专场,昆山市分会场组织深化两岸人才合作交流活动。此外,着眼全过程服务,苏州国际精英创业周落户企业联盟常熟市分联盟、相城区分联盟、姑苏区分联盟、高新区分联盟均在活动期间正式成立。"赢在苏州"海外创业大赛苏州总决赛的10个获奖项目全部与创业导师顺利结对,未落户项目全部达成落户意向。①

据介绍,2009年以来,苏州市已连续成功举办了8届苏州国际精英创业周,一大批高层次人才、项目集聚输入,成为推动苏州市产业转型升级、创新驱动发展的重要力量。落户企业有力推动苏州市新兴产业的集群发展,取得了以新能源汽车动力系统、药物晶型研究、干细胞技术开发等为代表的一大批技术发明和科技创新成果,其中一些重要领域跻身全国乃至国际先进行列。

10.2.2.3 中国山东第九届海内外高端人才交流会

2016年10月12日,中国山东第九届海内外高端人才交流会(简称"海洽会")在德州开幕。本次"海洽会"坚持"交流、合作、创新、发展"的宗旨,突出"集聚海内外人才,服务产业转型升级"的主题,邀请150名海外高层次留学人员和留学生组织负责人、100名高层次外国专家、50名国内博士后、30名国家"千人计划"专家、20名创投企业负责人及投融资专家参加交流会。主要内容包括:第九届"海洽会"启动仪式,海外高端人才交流洽谈活动,外国专家洽谈活动,高校科研院所创新创业项目及博士后项目对接洽谈活动,山东省高端人才创新创业成果展,国家"千人计划"专家主题活动,"创业齐鲁、创启未来"——海内外创业创新项目路演活动,中外技术技能合作恳谈活动,中国海归创新创业峰会,合作项目签约仪式等。其中,前来参加洽谈会的博士后主要是农业、生物技术以及环保等方面的高层次人才,大部分博士后通过这次洽谈会找到了心仪的合作对象,有20名博士后与德州市相关企业达成合作意向。②

---

① 2016年苏州国际精英创业周落下帷幕 [EB/OL]. 苏州新闻网, http: // www.1099convey.com/ 2016 – 07 – 13.

② 国内博士后项目对接洽谈会:20名博士后青睐我市企业 [EB/OL]. 德州新闻网, http: // www.dezhoudaily.com /2016 – 10 – 13.

据介绍，中国山东海内外高端人才交流会每两年一届，是山东省海内外招才引智的知名品牌和人才引进的重要平台。各个博士后科研流动站一方面通过"海洽会"平台发布博士后或其他人才招聘、技术合作等需求项目，并积极与海内外人才进行项目对接洽谈；另一方面，重点向有专利、有技术、有项目的博士后研究人员宣传推介"海洽会"，吸引山东省在站或已出站博士后报名参会，并借助"海洽会"平台发布人才招聘、技术合作等需求项目，帮助在站或已出站的博士后推介自己的专利、技术和项目与山东省企事业单位进行对接，为企事业单位解决技术难题、寻求新的技术合作机会或促进创新创业。

10.2.2.4 第十届中国博士后和海外留学人员徐州科技项目洽谈会

2016年10月，第十届"中国博士后和海外留学人员徐州科技项目洽谈会"（简称"博洽会"）在徐州市成功举办。来自人力资源社会保障部留学人员和专家服务中心、中国博士后科学基金会、江苏省人力资源和社会保障厅以及各类"千人计划"专家，海外社团负责人和有关高校博管办、人事处负责人，国内外有关高校、科研院所的博士后、留学人员，博士后科研工作站和创新实践基地设站单位及需求项目对接单位负责人，徐州留学人员创业园和江苏东陇海留学人员创业园有关负责人和企业代表等参加"博洽会"。会前，徐州市各区人力资源和社会保障部门广泛宣传征集需求项目信息，共征集到装备制造、食品、电子、化工、农副产品加工等重点产业，以及新能源、新材料、新医药、环保、软件和服务外包、物联网以及现代服务业等新兴产业领域的技术合作项目以及创业落户项目167个。

据悉，2006年以来，徐州市已成功举办9届"博洽会"，累计邀请1 000余名博士后及海外留学人员，与当地的企事业单位对接科技项目近1 000个，一大批先进技术和人才项目落地徐州。"博洽会"不仅为本土企业提供招才引智平台，而且为海外人才展示才华提供了舞台，已成为徐州引进高层次人才的一张亮丽名片。①

10.2.2.5 2016中国·绍兴"名士之乡"暨国际人才科技项目洽谈大会

2016年11月13—14日，"2016中国·绍兴'名士之乡'人才峰会暨国际人才科技项目洽谈大会"（简称"绍兴科洽会"）在浙江绍兴市举办，来自美国、英国、法国、加拿大、比利时、瑞典、丹麦、日本8个国家的18名海外博士参加洽谈大会，并与20余家企业进行了商谈和对接，与4家企业达成了合作意向；还邀请海内外专家350余名，院士团队科技项目签约13项，建

---

① 第十届"中国博士后和海外留学人员徐州科技项目对接洽谈会"项目对接一览 [EB/OL]. 徐州市人力资源和社会保障网, http://www.jsxz.lss.gov.cn/2016-08-03.

立院士专家工作站 11 个，海外人才项目签约 10 项。[①]

10.2.2.6　2016 东莞高层次人才活动周

2016 年 11 月 23 日上午，"2016 东莞高层次人才活动周"（简称"东莞活动周"）开幕式在松山湖东莞理工学院举行。开幕式结束后，高端人才博览会、高层次人才交流洽谈会、海外人才工作站对接洽谈会、高层次人才项目路演等活动正式开始。其中，重点在于推动技术成果市场转化的高端人才博览会引起强烈关注，共有落户东莞的 29 个院士工作团队、"千人计划"专家、省市创新创业领军人才和省市创新科研团队，以及松山湖高新区、东莞理工学院、中国散裂中子源等 7 个单位（机构）参展，内容涵盖电子信息、生物医药、智能制造、新能源、新材料等领域，参会进行现场对接的相关产业企业、科研院所、投资机构和社会组织代表超过 3 000 人。

为推动海内外高层次人才和项目对接，"东莞活动周"还举办了高层次人才交流洽谈会，东莞市 43 家单位提出 19 个合作需求项目，200 多个高端人才岗位需求，拟招聘海内外博士 400 多人。实际到场参与洽谈的有国内外高校代表、博士和海外高层次人才近 260 人，其中有相当一部分来自剑桥大学、杜克大学、麻省理工学院、斯坦福大学等国际名校。

"东莞活动周"的一大亮点，是历经一年筹建的东莞创新创业人才服务中心于活动周开幕式当天正式投入使用。该服务中心位于松山湖北部工业园区，是东莞首个大型人才综合服务体，面积近 1 万平方米，包含了"一院一区三中心"，即东莞人才发展研究院、高层次人才服务专区、工信部人才交流中心华南分中心、创新创业人才服务中心、知识产权交易服务中心，集聚了"服务、交流、展示、成果转化、创新、创业"六大功能，为人才提供全方位的服务。活动周的人才工作成果展、海外人才工作站对接洽谈会、高层次人才项目路演、第三届东莞人才发展论坛、东莞创客论坛等活动都安排在该服务中心举行。

"东莞活动周"还充分结合"互联网＋"，提高招揽人才效率，举办了"互联网＋"人才竞聘会，用人单位与经过前期筛选的博士（后），通过互联网视频的方式进行商洽，尽快实现人才供需匹配。在竞聘会上，东莞的广东华中科技大学工业技术研究院、华南协同创新研究院、东莞中国科学院云计算中心等 9 个人才需求单位提供了 39 个竞聘岗位，与来自清华大学、北京大学等 18 所高校的 100 多名博士（后）人才进行商洽，涉及机械工程、材料工程、大数据等领域。

为加强活动周的宣传和推广，主办方还通过"智汇东莞""严实莞家"

[①] 海外英才踊跃参加 2016 中国·绍兴"名士之乡"人才峰会暨国际人才科技项目洽谈大会［EB/OL］. 绍兴市外侨办网站，http://www.sxwqb.gov.cn/2016-11-18.

微信公众号和东莞"阳光网"2016 东莞高层次人才活动周专题网站进行宣传，对相关情况作详细报道。①

10.2.2.7 2016 中国海外人才交流大会暨第 18 届中国留学人员广州科技交流会

2016 年 12 月 21—22 日，2016 中国海外人才交流大会暨第 18 届中国留学人员广州科技交流会（简称"海交会"）在广州市举办。本届"海交会"以"聚英才，圆梦想，创未来"为主题，以"面向海内外，服务全中国"为宗旨，并首次将参会人才由以海外留学人员为主，扩大到包括外籍高层次人才、港澳台人才、杰出华人华侨代表在内的全口径海外人才，两天内吸引 49 000 多人次到场参会，创举办以来人流量最高。来自美国、加拿大、英国、澳大利亚、独联体等世界各地 3 300 多名海外人才参加本届"海交会"，其中具有博士学位的占 65%，有意向回国创业发展者占 70%，带来科技发展项目 1 000 多项，20 多位海内外知名专家院士到场交流。全国 29 个省（自治区、直辖市）的 173 个政府代表团、193 个高校和科研院所等单位代表团携职位需求约 17 000 项参会，彰显了全国各地招才引才的决心和气魄。本届"海交会"促成广州市政府和白俄罗斯国家科学院签订科技合作协议，推动中国汽车市场需求和竞争动态的智能平台研究等 11 个项目达成落户广州开发区的合作意向，涉及生物医药、三维（3D）打印、平台开发及信用评估等多个领域，投资意向额约 5 亿元。据不完全统计，本届"海交会"平台上累计对接 13 528 对次，有意向签约项目 1 306 个，其中广州市相关单位洽谈近 2 500 对次，有意向签约项目 80 个。②

10.3 博士后科研成果转化及项目对接的总体分析与建议

10.3.1 博士后科研成果转化及项目对接的总体分析

（1）出站博士后科研成果数质量均呈现明显提升的态势。据不完全统计，2016 年全国出站博士后共发表学术论文 40 247 篇，出版学术著作 2 523 部，获得各种专利 3 691 件，承担科研项目 25 300 项。再从质量来看，出站博士后发表的学术论文被 SCI、SSCI、EI、A&HCI、ISTP、CSCD、CSTPCD、CSSCI 检索或收录的达 30 126 篇，约占发表学术论文总数的 74.85%。在出站博士

---

① 广东：2016 东莞高层次人才活动周开幕［EB/OL］. 网易新闻，http：//news.163.com/2016 - 11 - 24.

② 2016 海交会闭幕·人才项目对接创新高·多个重大项目多位一流专家有意落户广州［EB/OL］. 广州日报新闻网，http：//www.ocs—gz.gov.cn/2016 - 12 - 23.

后承担的科研项目中，省部级科研项目增加 7 322 项，约占科研项目总数的 28.84%；国家级科研项目增加 7 046 项，约占科研项目总数的 27.85%。这说明，2016 年出站博士后的科研成果无论是数量还是质量都有明显提升。

（2）"基金会"组织博士后科研成果转化及项目对接成效明显。2016 年中国博士后科学基金会共组织 11 批中国博士后科技服务团深入中西部地区开展科技服务活动，同时为博士后科研成果转化及项目对接提供了有效载体或平台。据不完全统计，全年先后组织全国优秀博士后 200 余人，与 100 多个项目需求单位对接科技项目 170 余个。但与 2016 年出站博士后的科研成果总量（学术论文 40 247 篇、学术著作 2 523 部、各种专利 3 691 件、科研项目 25 300 个）相比，成果转化及项目对接数量显得很少，即使是与出站博士后承担的科研项目相比，也只占出站博士后承担科研项目总量的 0.79%。

（3）部分省区市组织博士后科研成果转化及项目对接特色鲜明。例如，"南京留交会"16 个区（含园区）与留学博士（后）达成落户或合作意向达 430 多个。第八届苏州国际精英创业周与博士（后）正式签约项目 689 个，达成合作意向项目 701 个，洽谈对接中的项目 1 157 个。"海洽会"有 20 名博士后与德州市相关企业达成合作意向。在"海交会"平台上累计对接 13 528 对（次），有意向签约项目 1 306 个，其中广州市相关单位与相关博士后研究人员洽谈近 2 500 对次，有意向签约项目 80 个；"海交会示范园区"通过"2016 海交会"落户在广州开发区海创科技园的投资金额 15 亿元。参加"绍兴科洽会"的 18 名海外博士（后）与 20 余家企业进行了商谈和对接，与 4 家企业达成了合作意向。此外，河北博士后成果转化基地先后吸引 49 家相关企业签约入驻，其中成果转化类企业 34 家，研发类博士后创业项目 15 个，累计签约投资额 33.7 亿元。辽宁省大连市企业博士后科研成果转化或转让新增收入近 28 亿元，产生直接利润近 9 亿元。

（4）博士后科研成果转化及项目对接不同程度地存在"三重三轻"现象。一是重科技项目对接轻其他科研成果转化。2016 年，仅出站博士后发表的学术论文就有 40 247 篇，另外出版学术著作有 2 523 部、获得各种专利有 3 691 件，但相关媒体和各单位统计报告中对这些科研成果转化的情况很少有报道或涉及。无论是由"基金会"还是由部分省区市组织的博士后科研成果转化及项目对接，都把重点放在了博士后科技项目的对接上。这可能与对接单位的需求项目有很大关联，同时与博士后学术论文、学术著作以及各种专利的转化速度较慢、经济效益相对较低、知识产权保护成本较高等也有密切关系。二是重招聘博士后人才轻博士后科研成果运用。这在部分省（自治区、直辖市）召开的国际交流与合作大会、海内外高端人才交流会上显得较为明显。一些单位往往看中的是博士后研究人员自身的能力素质、发展潜力和既有的科研成果，普遍比较重视博士后人才的招收与招聘，且都提供了不菲的工资待遇，但对博士后手中掌握的科研成果如何转化、科技项目怎样对接则关注不够。这一方面说明有些省（自治区、直辖市）组织开展博士后科研成果转化及项目对接活动的定位还不准确，把科研成果转化与项目对接活动变成了单纯的博士后研究人才招聘活动；另一方面，反映出不少博士后既有的科研成果与相关企业、产业转型升级的实际需求不太吻合，有的差距还较大。三是重前期准备和相关活动的组织实施、轻活动后期成效的关注与跟进宣传。2016年，无论是由"基金会"还是由部分省（自治区、直辖市）组织的博士后科研成果转化及项目对接，都比较注重前期准备工作，包括制定计划、下发通知、组织博士后报名、组织有关单位征集需求项目等。相关活动的组织实施也比较严密顺畅，通常先要举行开幕（或启动）仪式，然后分别召开供需对接座谈会或举办专场对接会、代表性项目签约活动、主题报告会、创业创新比赛、专场招聘会、高层次人才项目路演等。有不少单位还开辟了专题网站或通过互联网视频的方式进行商洽。但是，对相关活动的宣传工作普遍不太重视。有的单位对举办的相关活动事先有计划也有通知，但该活动是否如期举办，举办情况和实际效果如何却没有了下文；有不少单位举办的相关活动没有按照中国博士后科学基金会的要求及时上报，也没有在网络和平面媒体上大力宣传，尤其是对博士后科研成果转化及项目对接的后续情况没有跟进关注和宣传，以致人们很难查找到相关方面的信息。

10.3.2 推进博士后科研成果转化及项目对接的建议

（1）要充分认识博士后科研成果转化及项目对接的重要意义和作用。全国、各地博士后主管部门以及博士后设站单位要清醒地看到，在当今世界范围内，经济的竞争愈来愈表现为科学技术的竞争，表现为科技成果（特别是高技术成果）转化数量、质量和转化速度的竞争，归根结底是科技成果商品化、产业化程度及其市场占有率的竞争。发展经济必须依靠科技进步，只有把作为第一生产力重要载体的科技成果在生产实践中得到广泛的应用，才能有效地提高中国的经济转型质量，实现经济增长方式的两个根本转变。同时还要认识到，推进博士后科研成果转化，是提高博士后人才培养质量、帮助博士后研究人员实现自身价值以及促进科技与经济结合的有效形式之一。评价博士后研究人员培养质量的高低，不仅是看其出站报告本身质量以及在站做博士后期间取得了多少科研成果，更要看其成果转化率及承担的科技项目与产业对接的成效，而后者往往是衡量博士后研究人员自身价值实现的重要指标。此外,任何新技术的产生并不等于新产业的形成,要使科技成果变成现实的生产力,特别是要形成规模效益,更需要动员包括博士后在内的科技工作者与经济工作者共同努力,制定有力措施,创造有利于各项科研成果转化的环境条件,加快博士后科研成果转化的步伐,为解决中国经济和社会发展中的难点、热点、重点问题做出新贡献。

(2) 认真分析影响博士后科研成果转化及项目对接的关键因素。分析影响博士后科研成果转化率及项目对接成效的因素很多,除博士后科研成果本身存在的一些缺陷(如缺乏创造性、先进性,科学价值、经济价值不太高)之外,主要在于"基础理论研究、工程项目探究、产业化运作实施"三者严重脱节,没有以市场为导向、以共同利益为驱动,造成许多博士后科研成果束之高阁,随着时间进一步推移,一些博士后的科研成果只能走入"先进→落后→淘汰→重新探究"的命运怪圈。再者,科研开发规律和产业经济规律之间存在矛盾,一些科研工作者不问经济效益,在国家经费的支持下致力于创新活动,科研成果大多只能走到鉴定就宣告结题,然后再度进入"申请经费→科研→鉴定"的循环。企业在原有产品中发展,难以推出满足市场需求的新产品,期盼高新技术产品却寻路无门。而在科研成果和产业化实施之间起着桥梁功能的工程技术人员,他们承担市场风险、生存压力,或因信息渠道不畅或因成果不适应市场需求等原因,很难找到适合的产品进行开发。导致上述问题的原因可归结为:一是目标不一致。研究人员追求先进性,开发人员考虑如何获得开发经费,如何交差,并不真正关心产品。企业关心产品,但是却难以得到适合市场的产品。二是信息不对称。尽管这些年在各级政府的主导下,不少企业和中介机构在畅通科研成果信息渠道方面也下了不小功夫,但许多科技成果与相关企业的结合,绝大多数还是个别科研人员和企业领导个人努力的结果。有的企业希望投资,却找不到投资方向;有的科研人员有好的成果,却找不到资金进行产品转化。即使最终实现结合,也不一定是最佳匹配,或者由于时间的浪费而失去市场商机。三是利益驱动机制不够完善。多年来我们一直强调推动政产学研结合,但由于没有明晰各自的利益边界,相互之间的利益常常脱节或产生矛盾,没有真正构成科研成果及项目对接的闭合回路,所以就形成不良循环的长效机制。

(3) 采取更加得力措施推进博士后科研成果转化及项目对接。①要进一步加强信息沟通,兼顾各方利益,不拘一格地转化博士后科研成果。众所周知,博士后不同特征的科研成果,由于适用的领域和具体的合作者不同,转化的方式也可能不同。应当在兼顾各方利益的前提下,以转化效益最大化为目标,鼓励博士后研究人员转化自己的科研成果,鼓励企业和社会多种投资主体发挥应有功能,因地制宜地采取灵活多样的合作方式推进博士后科研成果转化。②要促使成果供需方形成全方位合作思路。博士后科研成果转化要获得成功并可持续发展,必须着力从"供给侧"进行改革,切实站在帮助企业(需求方)提高自身科技创新能力、推动企业技术进步的战略高度上。因为只有企业(需求方)有效地消化、吸收的科技成果,才能有意识和能力进行中试和工业化试验的投入,才能保持持续的技术进步需求。要深刻认识到,推进博士后科研成果转化及项目对接的目的,不仅仅是向企业(需求方)提供技术支持和帮助,更重要的是要全方位地为企业(需求方)创新系统的建设服务,强化学习主体间的相互功能,推动政产学研合作向广度和深度扩展。③要加强博士后设站单位内部科研资源的整合,加强博士后单项技术能力的集成,提高相关科研成果的技术成熟度。同时,要鼓励和支持博士后设站单位及博士后研究人员,通过转让、许可或者作价投资等方式,向企业或者其他组织转移科研成果,除涉及国家秘密、国家安全外,不需审批或者备案。要通过加强知识产权管理,促进专利申请工作,运用专利许可、技术转让、技术入股等多种方式,鼓励和支持博士后处理好个人创业和技术创新关系,处理好相关知识产权、股权分配等方面的问题,充分调动博士后从事科研创新的积极性,提高其新开发技术的扩散应用。④要进一步完善博士后科研成果推广体系。要进一步发挥各级政府的牵头或主导作用,充分吸纳企事业单位、市场和技术中介组织等共同参与,以中期试验基地和风险投资机制建设为重点,完善博士后科研成果转化的配套条件。要注重与需求项目单位或潜在技术需求单位进行多方面、多层次地沟通和交流,注重把博士后研究人员、需求项目者以及投资机构、社会科技服务中介机构都整合到一个大平台上来,运用传统与现代技术手段相结合的方式,进行博士后科研成果转化的评估、检测、包装和推广。如果真正做到了以上几条,中国博士后研究人员的科研成果转化及项目对接工作必将呈现一个崭新的局面。

信息链接

2016年改革完善博士后制度及相关理论研究部分成果

1 改革完善博士后政策制度情况

1.1 全国启用"在线预审、一次办结"博士后进出站服务平台

为深入贯彻落实《国务院办公厅关于改革完善博士后制度的意见》（国办发〔2015〕87号）、《国务院办公厅关于简化优化公共服务流程方便基层群众办事创业的通知》（国办发〔2015〕86号）精神，进一步完善博士后进出站服务流程，提高服务质量和工作效率，建立博士后档案信息化管理机制，2016年2月，全国博士后管委会办公室印发了《关于启用"在线预审、一次办结"博士后进出站服务平台的通知》（博管办〔2016〕3号，以下简称《通知》），决定在全国各博士后服务窗口启用"在线预审、一次办结"博士后进出站服务平台（以下简称"服务平台"）。

《通知》明确，"服务平台"启用工作由全国博士后管委会办公室负责总体协调，中国博士后科学基金会负责组织实施和技术指导，各省（自治区、直辖市）博士后工作管理部门负责本地区设站单位的具体指导和落实，中国科学院人事局、中国社会科学人事教育局、中央军委政治工作部负责本系统相关工作。

《通知》指出，"服务平台"以现代信息技术为手段，以实现规范、便捷、高效、透明的博士后进出站服务为工作目标，主要功能包括在线预审、网上预约、短信通知、现场办理等。设站单位和有关省（自治区、直辖市）、部门博士后工作服务窗口可通过服务平台，对进出站申请人在系统中上传的主要申请材料和相关证明扫描件进行远程核对和备案，并通过服务平台及时反馈相关信息。进出站申请人可通过服务平台短信提示功能及时了解办理进度，提前预约办事时间，并按预约时间前往服务窗口现场一次办结相关手续或由设站单位统一办理。服务平台的相关使用说明可登录中国博士后网（www.chinapostdoctor.org.cn）"办事指南"或"帮助中心"查看。

《通知》要求，有关省（自治区、直辖市）博士后主管部门及设站单位管理工作人员，应按照本通知切实做好"服务平台"启用工作。一是尽早熟练掌握服务平台的使用方法，做好启动和指导工作。二是配合服务平台的启用，根据工作实际及时调整和规范办事流程，提高服务效率。三是认真做好进出站材料网上预审工作，确保博士后研究人员电子档案准确、完整并与纸质材料原件完全一致。因军队系统的特殊性，有的设站单位不启用网上服务平台的，可继续通过现有渠道对博士后研究人员主要申请材料和有关证明进行电子备案，并定期报送中国博士后科学基金会。

《通知》强调，有关省（自治区、直辖市）博士后主管部门和博士后设站单位管理工作人员，应借助服务平台启用的良好契机，进一步加强和改进博士后服务工作，完善博士后研究人员进出站材料审核和备案管理办法，力争使博士后服务窗口做到标准统一、程序规范、服务优质、运转高效。平台使用过程中出现的问题，可及时与中国博士后科学基金会沟通。

1.2 全面启动中国博士后创新人才支持计划

根据《国务院办公厅关于改革完善博士后制度的意见》（国办发〔2015〕87号），加强高层次创新型青年人才培养工作，人力资源社会保障部、全国博士后管委会研究制定了《博士后创新人才支持计划》，并于2016年4月14日下发《关于印发博士后创新人才支持计划的通知》（人社部发〔2016〕33号），以下简称《通知》），全面启动中国博士后创新人才支持计划。

《通知》明确，制定博士后创新人才支持计划的目的意义，结合国家实验室等重点科研基地，瞄准国家重大战略、战略性高新技术和基础科学前沿领域，通过个人申报、拟进站单位推荐、专家评审等程序，择优遴选一批应届或新近毕业的优秀博士，专项资助其从事博士后研究工作，争取加速培养一批国际一流的创新型人才。

《通知》规定，入选博士后创新人才支持计划人员的基本条件如下：①获得博士学位3年内的全日制博士毕业生，当年度应届博士毕业生优先；②31周岁以下；③具有良好的科研潜质和学术道德；④研究领域属于国家重大战略领域、战略性高新技术领域、基础科学研究前沿领域；⑤已初步选定博士后合作导师，并与合作导师商议形成初步研究计划；⑥获得资助后必须全脱产从事博士后研究工作。

《通知》规定，博士后创新人才支持计划人员选拔程序，按照"个人申请、单位审核、专家评审、择优资助"的原则，由全国博士后管委会统一组织选拔，每年1次。具体步骤如下：①组织申报。全国博士后管委会办公室印发开展博士后创新人才支持计划申报工作的通知，各博士后设站单位组织申报。②个人申请。符合条件的博士自主联系博士后设站单位和博士后合作导师，并与合作导师商议形成初步研究计划。③单位审核。拟进站单位审核申请人的资格条件。④专家评审。全国博士后管委会组织同行专家进行会议评审。评审专家为国内知名专家，以全国博士后管委会专家组成员为主体。⑤人选确定。全国博士后管委会审定专家评审结果，并确定拟资助人选；拟资助人选名单在中国博士后网站公示；公示结束后，全国博士后管委会办公室发文公布资助人选。

《通知》明确，博士后创新人才支持计划实施初期，每年资助200人，以后可逐步扩大。资助经费为每人每年30万元，两年共60万元，其中40万元为博士后日常经费，20万元为博士后科学基金。资助经费在资助名单公布后1个月内一次性拨付设站单位。设站单位应按照相关管理规定单独立账，专款专用。入选者如自动放弃资助资格，设站单位在当年底退回资助经费；入选者如提前出站或退站，设站单位须退回剩余资助经费。资助期限一般为2年，如需延期，2年后的经费由博士后研究人员与设站单位、合作导师协商解决。入选者需在资助人选名单公布3个月内办理进站手续，否则视为自动放弃资助资格。

《通知》进一步明确，博士后创新人才支持计划由全国博士后管委会办公室、中国博士后科学基金会组织实施。全国博士后管委会办公室定期组织对博士后创新人才支持计划实施情况、效果的跟踪和评估工作，并将实施成效纳入博士后工作综合评估指标。

《通知》最后要求，各地人力资源社会保障部门要高度重视博士后创新人才支持计划，加大宣传力度，加强对各设站单位的指导与帮助，组织做好申报和推荐工作，加强跟踪服务。各设站单位要以此为契机，采取切实可行的措施，鼓励和吸引优秀博士进站从事博士后研究工作。同时，要加强对资助人选的管理、服务工作，为他们提供良好的科研条件和宽松的科研环境，为培养造就一批高层次创新型人才贡献力量。

1.3 各地相继出台改革完善博士后制度实施意见

为深化落实《国务院办公厅关于改革完善博士后制度的意见》（国办发〔2015〕87号）精神，充分发挥博士后制度在促进人才培养、推动创新创业中的引领作用，2016年各省（自治区、直辖市）、新疆生产建设兵团以及中央直属机关博士后主管部门，根据本地区、本部门博士后科研流动站、工作站的实际，以解决制约博士后事业发展的重大问题为导向，以提高博士后研究人员培养质量为核心，相继出台改革完善博士后制度的实施意见，提出了多项新规定新举措。①

---

① 以下内容系根据各省（自治区、直辖市）、新疆生产建设兵团以及中央直属机关博士后工作门户网站公布的相关信息综合整理。

（1）进一步明确博士后研究人员定位。明确博士后研究人员是国家有计划、有目的培养的高层次创新型青年人才，在站期间是具有流动性质的科研人员。要求事业性质的设站单位应与博士后研究人员签订事业单位聘用合同，企业性质的设站单位应与博士后研究人员签订企业劳动合同或工作协议，明确双方的权利、责任和义务。规定博士后研究人员享受设站单位相同层次在职科研人员待遇或享受同区域市场化薪酬待遇。设站单位应提供必要的科研条件和生活条件，并按有关规定为博士后研究人员缴纳社会保险费。博士后研究人员在站时间一般为 2 年，根据项目需要可在 2~4 年内灵活确定；对进站后承担国家和省级重大科技项目的，应根据项目资助期限和承担的任务及时调整在站时间，最长不超过 6 年。

（2）进一步完善博士后招收办法。规定博士后申请者一般应为新近毕业的博士毕业生，年龄应在 35 周岁以下，申请进入企业博士后科研工作站或人文社会科学领域、人才紧缺基础薄弱的自然科学领域博士后科研流动站的，可适当放宽进站条件。设有国家重点科研基地、承担国家重大科技项目的非设站单位，备案后可依托重大科技项目招收项目博士后。在职博士后研究人员应以高等学校、科研院所教学科研人员为主，并严格控制比例。不得招收党政机关领导干部在职进站从事博士后研究。

（3）进一步完善博士后管理办法。明确由省级博士后工作管理部门负责制定博士后工作管理实施细则，开展进出站管理、经费资助、评估考核、服务保障等工作。设站单位是对博士后研究人员进行管理的责任主体，负责研究制定博士后研究人员招收、培养、考核、管理、服务等具体办法，规范博士后研究人员进站程序，加强过程评价，严格出站考核，切实履行管理责任。要求设站单位应结合本单位实际，制定博士后工作发展计划，健全相关工作规章制度，完善工作机构，加强工作人员力量，加强博士后研究人员的个性化培养，提高博士后培养质量，努力建设高水平博士后科研流动站和工作站。

（4）进一步健全博士后培养办法。要求建立健全博士后合作导师与设站单位专家学术委员会对博士后培养质量共同负责的工作机制。强化设站单位专家学术委员会在博士后进站遴选、中期考核、出站评定中的作用。严格博士后合作导师资格条件，博士后合作导师一般应为在职在岗的学术型博士生指导教师，主持相关重大或前沿项目课题，设站单位应当公布博士后合作导师名单，切实发挥博士后合作导师在博士后研究人员招收、培养、考核、管理等方面的作用。建立以科研计划书为主要内容的培养制度。鼓励设站单位围绕博士后研究人员组建科研创新团队。支持博士后研究人员参与国家和省级重点领域、重大专项、前沿技术和重大科学研究计划。

（5）进一步优化博士后工作考评办法。要求博士后工作管理部门加强博士后研究人员培养质量的动态跟踪和科研情况考核，定期对设站单位实施考核评估，对考核评估结果优秀的设站单位按有关规定给予表彰或表扬，考核评估不合格的设站单位要限期整改。设站单位应健全博士后研究人员在站期间的培养方案和考核办法，把博士后研究人员独立组织科研活动能力、研究项目实施成效、在站期间关联学术成果等纳入考核评价内容，完善以创新性科研成果为核心评价标准的博士后绩效考核评价体系，做到分类培养、分类评价。对博士后研究人员工作进行定期和全过程考核，严格执行对进站满3个月的博士后研究人员进行开题评审、对进站满1年的博士后研究人员进行中期考核、对拟出站博士后研究人员综合考核的三段式管理规定。

（6）积极推进博士后科研成果转化。强调围绕实施创新驱动发展战略和产业转型升级需要，统筹利用现有科技资源，充分依托博士后创新实践基地、科研成果转化基地，支持博士后研究人员创新创业，促进科研成果转化和应用。加强博士后研究人员科研成果产权保护，维护设站单位和博士后科研人员的合法权益。

（7）完善博士后创新创业激励政策。明确在站博士后研究人员按规定享受国家和各地关于支持科技人员创新创业的激励政策。博士后研究人员按国家和各地有关规定享受在站期间科研成果转化收益。鼓励符合条件的企业按照有关规定，通过股权、期权、分红等激励方式，调动博士后研究人员创新创业的积极性。

（8）进一步完善博士后经费投入机制。普遍将博士后研究人员日常经费标准提高到每人每年8万元，博士后科研流动站研究人员日常经费主要由国家博士后基金会及设站单位共同筹集，博士后科研工作站研究人员日常经费由设站单位按照联合培养协议提供。鼓励博士后研究人员积极参与全国博士后基金会特别资助、面上资助项目及省级科技计划等项目申报。设站单位投入博士后工作的经费中，用于研发新技术、新产品、新工艺的，按照国家税收的有关规定，享受企业所得税税前加计扣除优惠。博士后日常经费由设站单位统一管理，单独立账，专款专用。加强博士后工作经费管理，统筹安排人才资源开发专项经费、高层次人才创新创业专项经费中有关支持博士后发展的相关资金，按照有关资金管理办法，用于资助博士后研究人员科研项目、日常经费补助和工作奖励等。加大博士后工作经费扶持力度，鼓励有条件的企业设立博士后科研工作站，吸引人才开展科技咨询、技术攻关、实验示范，成果显著的给予专项经费资助；对建立博士后科研流动站、工作站且能充分发挥进站博士后作用的单位，以及对完成科研成果并产生重大效益的博士后，分别给予适当规模的资助和奖励。

（9）进一步提升博士后服务水平。明确科研流动站博士后证书由设站单位发放，科研工作站博士后证书由省级人力资源社会保障部门发放。健全博士后研究人员进出站工作服务机制，依托国家博士后研究人员进出站"在线预审、一次办结"服务平台，提高服务效率。强调为外籍来华博士后研究人员提供便利，按照在站时间办理签证、工作许可和居留许可手续。博士后在站人员可依据本人意愿在设站单位（设立有集体户）所在地办理常住户口，其配偶及未成年子女可以随其迁移。博士后研究人员在站期间，可凭有效证明到其子女迁入落户所在地的教育部门（单位）直接办理入学（入幼）手续。人力资源开发服务机构应按照人事档案管理规定，接收保管退站、滞站博士后研究人员的人事档案，并在其就业后办理相关手续。鼓励设站单位采取多种方式，解决在站博士后研究人员周转住房。

（10）进一步搭建博士后学术交流平台。要求充分利用全国博士后人才和科技项目交流信息服务系统，通过开展博士后企业行活动、举办学术论坛等形式，为博士后人才、科技成果与用人单位和市场的信息沟通，提供相应服务。要求充分发挥中国博士后科技服务团作用，为基层提供科技服务咨询。支持有条件的设站单位设立博士后国际交流项目，与国内外一流大学、科研院所等签订博士后研究人员交流协议，开展学术交流（论坛）活动。

2 博士后相关理论研究部分成果

2.1 陈晖、杨慧、冯健等：《地市级医院博士后管理工作的实践与思考》

文章发表在 2016 年《中医药管理杂志》第 17 期。作者认为，中国从 1985 年实行博士后制度至今，博士后工作快速持续发展。目前，国内不少大型综合性医院已设立博士后科研工作站，培养了大批博士后人才，对医院科研发展起到了极大的促进作用。以浙江省台州医院为例，自 2006 年经省人事厅批准成立博士后工作站，挂靠于浙江大学博士后流动站，是省内第二家设立博士后工作站的医院，在培养博士后人员方面积累了一定经验，但在博士后管理工作中，还存在不少问题需要改进。作者通过近年来博士后管理工作的回顾，针对博士后培养过程中遇到的问题，明确提出管理工作建议，以更好地发挥博士后工作站在吸引、培养和使用高层次人才方面的作用。

2.2 陈敏：《提高博士后研究人员的培养质量问题初探——以华中科技大学博士后培养工作为例》

文章发表在 2016 年《广西教育学院学报》第 2 期。作者认为，自 1985 年中国建立博士后制度以来，华中科技大学博士后工作在全国博士后管委会、中国博士后科学基金会及湖北省博士后管理委员会的大力支持下，得到了快速发展，已成为培养优秀学术骨干、学科带头人和优秀青年教师的重要基地。文章以华中科技大学博士后培养工作为例，从薪资、福利保障机制、科技论坛组织、博士后学术交流、"产、学、研结合"的培养模式、博士后管理制度规范化与科学化等角度，深入探讨了提高博士后研究人员培养质量的各种举措与办法。

2.3 范铁兵、朱晓博、顾东黎等：《从中医急症角度浅谈中医药传承博士后建设项目》

文章发表在 2016 年《中国中医急症》第 9 期。作者指出，中医药传承博士后培养工作是探索中医药人才与博士后培养相结合的新模式，属于中医药高层次人才培养项目，具体实施方案包括理论学习、学术访谈、临床实践 3 个部分。文章从中医急症传承角度，围绕中医药传承博士后建设项目，切实将中医药传承落到实处，化作具体的学科传承方式，实现人才培养与理论创新等问题进行了论述。

2.4 范铁兵、朱晓博、顾东黎：《中医药传承博士后的培养与创新》

文章发表在 2016 年《中医药管理杂志》第 13 期。作者围绕中医药传承博士后培养与创新问题展开研究，认为国家中医药管理局主办、中国中医科学院承办的中医药传承博士后培养工作，是中医药高层次人才培养项目，其结合中医药传统人才培养方式，强调理论研究与临床实践的统一，培养现代中医药高层次人才，探索中医药人才与博士后培养相结合的新模式，注重理论研究、学术访谈、临床实践等形式，深入挖掘合作导师的学术思想，培养造就高层次中医药人才队伍。

2.5 葛昀洲、黄欣钰、赵文华：《美国企业博士后职业选择与发展研究——以 IBM 公司 Goldstine Fellowship 项目为例》

文章发表在 2016 年《科学管理研究》第 2 期。作者以国际商业机器公司（IBM）Goldstine Fellowship 项目为例，通过研究发现，IBM 因长期重视基础研究工作及学术人才培养而闻名，其 Goldstine Fellowship 项目（简称"GF"）更因 IP 培养质量高而广受全球学者关注。作者试图通过对 GF 系统分析，为中国 IP 培养提供借鉴。作者认为，IBM 的企业博士后 Goldstine Fellowship 项目坚持高标准、国际化的生源质量，注重博士后在基础科学与理论前沿方面的培养，使博士后职业发展呈现学术性、多元化、高水平的特性。Goldstine Fellowship 博士后的职业成长分为萌芽期、培育期、成长期、成熟期和稳定期 5 个阶段，在职称晋升、论文发表体现了优于同龄人的能力与水平，呈现常态化的提升模式。

2.6 葛昀洲、梁枫、赵文华：《历史追溯与发展现状：基于对美国企业博士后制度的探究》

文章发表在 2016 年《科技管理研究》第 12 期。作者通过对美国企业博士后制度的探究发现，美国于 20 世纪 60 年代创立企业博士后制度，其中研发实力的提升、知识产权体系的完善、人力成本的增加和人才争夺日益激烈，是推动其企业借鉴高校博士后制度的主因。美国企业博士后制度历经萌芽期、形成期、快速发展期和成熟期等阶段发展，现已形成了企业主导与政府扶持、国际化与本土化、学术化与产业化相结合等特点，但仍面临职业动机不足、博士后属性缺乏和博士后与企业关系不对等等主要问题。

2.7 黄蓬蓬：《做好新形势下县域博士后科研站工作的思考》

文章发表在 2016 年《财经界（学术版）》第 16 期。作者指出，博士后科研工作站既能促进企业发展，又能为博士后提供实践的机会，在推动企业科技创新和人才培养方面发挥了巨大作用。博士后工作越来越受到各类企业、高等院校及各级政府的欢迎和支持，但随着新常态下经济社会的改革发展，博士后科研工作站的建设尤其是县域经济范围遇到了一些问题和困难，面临着阵痛与转型。例如，有的博士后科研工作站设站动机存有误区，博士后人员引进方式单一等。针对这些问题，作者在分析原因的基础上提出相应对策，以期促进博士后科研工作站健康有序发展。

2.8 蒋瑛、殷凌飞：《人才流动与高校博士后制度建设研究》

文章发表在 2016 年《中国高校师资研究》第 2 期。作者认为，发挥博士后制度的优越性来促进高校人才科学合理流动，并在人才流动背景下把握发展机遇推动博士后制度建设，是高校博士后工作当前极具现实意义的重大课题。文章在简述人才充分流动对促进博士后制度的建设和完善的重要意义基础上，明确提出，无论是对高校还是对博士后个人而言，保持博士后队伍的合理充分流动都是有利的，且其从整体上也推动了中国博士后工作的健康发展；结合目前高校博士后工作发展现状，针对其发展过程中存在着的观念障碍、管理障碍、收入分配机制障碍，以及区域流动障碍等阻碍人才充分流动的制约因素，应当从推进师资博士后制度、建立科学考核制度、构建激励性薪酬机制、健全人才流动机制等方面加强和改进高校博士后工作。

2.9 路平：《广东省出台实施意见改革完善博士后制度 支持博士后创新创业》

载《广东科技报》2016 年 8 月 5 日第 2 版。作者介绍了广东省出台改革完善博士后制度的实施意见,多举措支持博士后创新创业的情况。据该文透露,广东省政府办公厅《关于改革完善博士后制度的实施意见》,对改革完善博士后创新实践基地管理模式,积极推进博士后创新示范中心建设,探索建立博士后公共实验室(研究中心),支持博士后创新创业,做出明确规范、提出具体要求。大力推进"珠江人才计划"海外青年人才引进计划,加大宣传工作力度,开展广东博士后招聘海外行系列活动,吸引在世界排名前200名的高校(不含中国内地)获得博士学位的海外优秀青年人才到粤从事博士后研究,并优先资助从事国家和省重点发展产业领域及基础学科研究的博士后。其中,省财政对每名进站博士后资助60万元,对出站后留粤工作3年以上的博士后,给予每人40万元安家补助。同时,积极引导博士后向创新实体集聚。还将完善博士后经费投入机制。根据推进事业发展需要,统筹多渠道资金来源,完善经费投入机制,加强博士后事业发展经费保障;改造建设一批博士后公寓,切实解决博士后住房问题,为博士后到粤留粤提供便利。

2.10　孙忠河、陈小兰、张颖冬等:《医院博士后科研工作站的国际化背景及发展建议》

文章发表在2016年《中国医药导报》第8期。作者认为,加快人才培养已成为世界各国在激烈的国际竞争中积极应对、赢得主动的重大战略选择。发达国家正在创造条件培养优秀青年研究人才,尤其是博士后人员。医院博士后科研工作站有利于提升医疗、教学、科研水平,推动相关学科的发展。作者在文章中建议,完善博士后政策评估体系,建立符合医院特点的科研管理制度,激发博士后的积极性和主动性;优化科研工作环境,制定医院博士后科研资源整合信息系统,为博士后的成长及专业发展提供更好的平台和空间;加强导师队伍建设,选拔优秀导师开展博士后的带教工作,做到"教学相长";开展高水平的研究项目,提高博士后的科学素养,增强科研氛围,培养科研工作能力;广泛进行国际交流合作,跟踪国际科技发展前沿,探索和把握国际前瞻性科研方向;构建合理的学术团队,优势互补;增加博士后基金资助项目,建议国家更倾向于资助青年科技人员,重点资助35岁以下的年轻人;加强培养质量的评价研究,形成科学的博士后人才评价体系;同时做好后勤保障工作,使博士后能够脚踏实地,安心于科研及学习。

2.11　汪传艳、任超:《我国博士后人才培养:问题与展望》

文章发表在2016年《科技管理研究》第16期。作者根据湖北省7所部属高校博士后的调查数据,分析了博士后人才培养中存在的主要问题:由于不同主体间的利益博弈，博士后培养过程中存在学术动机弱化、"轻培养"现象突出、科研经费短缺、团队协作不够、发展机会欠缺、考核任务过重等问题。作者建议，进一步强化博士后制度的培养性目标，提高合作导师的培养意识和责任，加大科研经费投入，加强科研环境建设，完善博士后考核制度。

2.12　王娜：《大数据环境下博士后培养质量测度体系研究》

文章发表在 2016 年《中国高新技术企业》第 26 期。作者依据中国科学技术信息研究所大数据平台，以中国博士后制度建立以来博士后群体的科研成果、学术影响、学科贡献、社会影响及博士后站建设等方面为测度内容，构建综合性的测度方法来评估博士后研究成果、研究形式、合作关系对科学发展的贡献作用，期望从中发现科学的测度体系，能够尽可能全面、真实地反映博士后培养质量。

2.13　王培琳、段晓晖：《海南省推进博士后制度改革》

载《海南日报》2016 年 8 月 3 日 A02 版。作者介绍了海南省政府办公厅出台的《关于改革完善博士后制度的实施意见》的主要内容，通过改革管理制度、完善管理办法，推动博士后制度成为吸引、培养高层次青年人才的重要渠道。意见提出，要通过改革管理制度、完善管理办法，推动博士后制度成为吸引、培养高层次青年人才的重要渠道。海南省每个新设立的博士后站将享受 30 万元资助，博士后研究人员日常经费标准每人每年 8 万元。为博士后人才的培养，意见明确，依托重点科研基地和项目，支持博士后研究人员参与国家和海南省重点领域、重大专项、前沿技术及重大科学研究计划，支持博士后研究人员参与海南省产业园区、十二大重点产业及海洋产业科研项目。鼓励海南省博士后科研人员参与国家博士后"国际交流计划"，大力吸引海外博士到琼从事博士后研究。

2.14　王佩、方心：《高校师资博士后制度的思考与实践》

文章发表在 2016 年《价值工程》第 31 期。作者认为，高校师资博士后制度作为一种全新的人才选拔、师资培养模式，具有鲜明的开放性、竞争性和流动性，是高校师资力量的缓冲区和蓄水池，实施师资博士后制度对于高校师资队伍建设具有明显的推动作用。文章在阐述师资博士后制度发展和特点的基础上，对目前存在的问题进行了分析，对西安电子科技大学师资博士后制度的开展及成效进行了介绍。

2.15　卫丹、任武刚、张红：《高校博士后人才培养对师资队伍建设的影响作用研究》

文章发表在 2016 年《教育教学论坛》第 40 期。作者认为，为进一步加强高校博士后人才建设，充分发挥博士后人才的重要作用，要从高校博士后人才管理及培养现状着眼，针对高校教师补充方式及存在的问题，分析两者之间的联系及影响，并通过优化博士后管理体制、建立科学的考核培养体系、营造良好的学术文化氛围等途径，推进高校博士后制度的健康发展，整合高校人才资源，有效促进高校师资队伍建设。

2.16 吴云良、刘莉、单成俊等：《博士后成为省级农科院引才主渠道的"供给侧改革"研究——以江苏省农业科学院为例》

文章发表在 2016 年《农业科技管理》第 4 期。作者以江苏省农业科学院博士后科研工作站为研究对象，分析了博士后人才引进的主要优势，阐述了博士后队伍建设现状，研究了博士后成为引才主渠道的"供给侧改革"路径和措施，建议通过设置专门科室、配备专职人员，加大经费投入力度、提高博士后待遇，充分尊重人才、增强博士后归宿感等，努力将博士后打造成层次更高、视野更新、本领更强的高端青年人才，为研究团队输送更多、更好、更优的博士后，使之成为科技创新的新生力及人才引进的主渠道。

2.17 谢秋丽：《博士后过程质量管理评价及后效作用研究》

文章发表在 2016 年《高教学刊》第 5 期。作者通过研究发现，博士后过程质量管理评价是博士后管理的核心，科学合理的管理制度及有效实施有利于提高博士后的培养质量。文章提出，建立适合国情的博士后质量管理模式和质量控制机制，能够提高博士后培养的质量。应当按照过程质量管理体系，以先进的理论为指导，以科学的方法为手段，以合理的数据为基础，构建博士后质量目标的评价体系。通过进站质量评价、在站质量评价、出站质量评价过程控制及数据分析，有效地促进博士后人才培养水平的提高，使博士后管理工作健康发展。

2.18 尹娣、仝美妮：《浅析博士后工作站建设》

文章发表在 2016 年《经营管理者》第 20 期。作者认为，设立博士后制度是培养高层次研究人才的一项重要制度。实践证明，博士后工作是培养和选拔高水平科技和管理人才的重要途径，对促进产、学、研结合起到了良好作用。为了推动博士后工作发展，应当发挥其在增强自主创新能力、壮大创新人才队伍、培养高层次专业人才中的重要作用，为发展提供有效的科研动力和智力支持。同时，要建立健全博士后管理体系，完善管理制度，创新运行机制，实现博士后管理工作制度化、规范化，进一步提高博士后科研工作质量和学术水平。要营造有利于高层次人才培养，多产出科研成果的良好环境,不断提升基础研究能力和创新能力。

2.19 喻海良:《博士后工作中可能遇到的"意外"》

文章发表在 2016 年《科技导报》第 8 期。作者认为,无论是在国内还是国外做博士后,都希望找到一个梦寐以求的科研、教学职位,但找工作并非简单的投递简历、应聘面试和签订合同,还有很多千变万化的情况出现。毕竟,找工作涉及人、办事流程和用人机制,有时候会有一些"意外"。有些状况会牵涉当事人大量的时间和精力,造成职业发展和生活的不便,甚至会带来挥之不去的不快。其实,这些"意外"并非不可避免,事情发生之后,回过头想想,当事人或旁观者用一段话就能描述、总结问题之所在。

2.20 张骏:《人才国际化视角下中国博士后管理创新研究》

文章发表在 2016 年《中国成人教育》第 13 期。作者认为,作为人事制度改革与创新的一种方式,博士后制度为中国高层次人才的培养与使用发挥了重要作用,有力地促进了国家创新能力的提高,但政策环境的改变也使博士后事业的发展面临吸引力不足、就业难度增加等挑战。文章建议,要把握国家人才国际化建设这一重大机遇,以此为契机和突破口,更新观念,充分发挥政府的主导作用,在管理模式、培养方式等多方面与国际接轨,促进博士后事业的可持续发展。

2.21 赵克宁:《扎实推进博士后管理 促进企业科技创新——LPEC 博士后科研工作站管理提升的理性思考》

文章发表在 2016 年《继续教育》第 6 期。作者分析认为,博士后科研工作站自 1997 年发展至今,对国家的高层次人才培养、企业的科研技术自主创新以及加快研究成果转化为生产力都具有指导性意义,发挥了重要的作用。结合中石化洛阳工程公司(LPEC)博士后管理工作实践,从规范管理制度、优化管理模式、提高培养质量等方面,阐述了企业博士后管理工作的特色与创新,提出充分发挥博士后工作对促进企业高层次人才培养,推动产、学、研结合,促进技术创新与研究成果转化的重要作用。

2.22 姚云、方芳等:《博士后发展年度研究报告 2015》

2016 年 1 月由学苑出版社出版。该书类似于全国博士后管委会编撰的《中国博士后工作年报》,主要由四大部分构成:①中国博士后发展总报告,从国家层面对博士后制度 2015 年来的发展进行多角度分析。②各省区市博士后发展分报告，从多方面对 2015 年各省区市的博士后发展进行总结与分析。③专题报告，例如，"中国博士后院士成长研究""中国博士后国际化发展战略研究""中国博士后站点协同创新研究"等。④研究成果综述，对 2015 年国内外有关博士后制度研究进行要点式分析。

2.23 张洪娟、陈大胜、张爱莉：《中国博士后创新管理实践研究》

2016 年 3 月由南京大学出版社出版。主要内容包括中国博士后制度的创立、中国博士后制度的发展成效、中国博士后制度的发展反思、江苏省博士后工作的发展概况、江苏省企业博士后工作现状及发展对策等。书中数据资料翔实、调查资料丰富，深入分析和概括了中国博士后制度 30 年来创新发展的经验和不足，可以为中国博士后制度的进一步发展完善提供非常有价值的理论参考。

2.24 王飞：《我国体育产业发展的制度创新研究（精）》

2016 年 3 月由北京体育大学出版社出版。这是中国体育博士后文丛中的一本。作者王飞（女）1979 年 10 月出生，东北林业大学管理学博士，副教授，硕士研究生导师，北京体育大学体育学博士后。本书主要运用制度经济学的主要理论与分析方法，从系统角度以体育产业发展中的制度为研究对象，以顺利完成新制度体系的构建为目标，对体育产业发展的制度创新进行了研究。研究中涉及对体育产业发展中制度影响的判断，对制度创新需求与制度供给的分析，对体育产业发展的新制度体系设计以及对制度创新路径的构建和现实支撑策略的明确。

2.25 中国社会科学院近代史研究所：《历史进程中的中国与世界：中国历史学博士后论坛 2012 卷（共 3 册）》

2016 年 3 月由社会科学文献出版社出版。这是中国社科院与全国博士后管委会、中国博士后科学基金会、中国史学会共同主办的"首届中国历史学博士后论坛"的学术研究成果结集。经过专家遴选，共收入论文 81 篇，内容涵盖考古学、中国古代史、中国近代史、当代中国研究和世界史等学科，突出反映了各学科相关领域前沿的新进展新成果，以及当前史学研究中的热点和焦点问题。许多论文着眼于中国政治、经济、外交、民生发展问题，从历史研究的角度提供了有益借鉴，体现了作者强烈的社会责任感。在研究方法方面，跨学科研究理论方法的借鉴互补是《中国历史学博士后论坛 2012 卷》的显著特点，表明博士后们的研究视野和空间取得了相当的拓展。论坛专家委员认为,入选论文遵守学术规范、观点鲜明、论据充分、说理透彻、原创鲜明,对深化相关领域研究做出了贡献。

2.26 刘宝存、袁利平:《博士后制度的国际比较》

2016年3月由党建读物出版社出版。编写者以美国、德国、法国、日本、加拿大、澳大利亚等国家博士后的历史发展、身份定义和类型、管理体制、培养制度、经费筹措与资助制度、质量监控与评价机制、存在问题和发展趋势等问题进行个案研究,通过比较研究为中国博士后制度的改革和博士后事业的发展提供了有价值的借鉴和启示。

2.27 许士荣:《中国博士后政策分析》

2016年7月由浙江大学出版社出版。该书采用政策分析的视角,从政策制定、政策执行、政策评估、政策监控和政策终结等方面对中国博士后政策进行深入分析。尝试性地构建了研究中国博士后政策的理论框架,为博士后政策制定的科学化和民主化提供有价值性的政策建议,为博士后政策执行、评估过程中出现的问题提供建设性的解决思路。

2.28 王修来:《中国博士后发展报告·2015》

2016年11月由中国人事出版社出版。这是该主编出版全国首部《中国博士后发展蓝皮书》(2015年11月)之后策划的《中国博士后发展蓝皮书·系列报告》的首个专题研究报告。该报告真实记录了2015年中国博士后政策制度的改革创新,全面报告并分析了全国博士后进出站与挂职锻炼、博士后科学基金资助、博士后国(境)外交流、博士后学术论坛及联谊活动、博士后站建设与工作评估、博士后工作管理人员培训、博士后"一报一刊"宣传、博士后管理信息网络系统建设、博士后表彰及科研成果转化等专项工作。该报告继承前人的研究成果,力求以新的视野、新的范畴,对众多核心概念做出新概括、新诠释;在真实记录历史、客观报告情况的基础上,注重加强实证分析,力求从中总结提炼出带有规律性的经验,或提出加强和改进博士后工作的对策建议。该报告作为专业理论性和研究性较强的周期性连续出版物,不仅可以为博士后主管部门科学决策提供咨询参考,可供热心博士后事业的读者及相关研究人员阅读引证,而且也是博士后工作管理人员和广大博士后必备的实用参考书。